C.CHASSAING 1980

C.CHASSAING 1980

FAUNE POPULAIRE

DE

LA FRANCE

EUGÈNE ROLLAND

FAUNE POPULAIRE

DE
LA FRANCE

TOME III

LES REPTILES, LES POISSONS, LES MOLLUSQUES, LES CRUSTACÉS ET LES INSECTES.

NOMS VULGAIRES, DICTONS, PROVERBES, LÉGENDES, CONTES ET SUPERSTITIONS.

PARIS

MAISONNEUVE & Cie, LIBRAIRES-ÉDITEURS,

25, QUAI VOLTAIRE, 25.

—

1881

OUVRAGES CITÉS.

ABADIE (A.-Ph.).— Lou parterre gascoun... Toulouse, 1850.

ADAMS (Ernest). — On the Names of Ants, Earwigs and Beetles. (*Transact. of the philolog. Society*, 1858 et 1860.)

ANDREWS (J.-B.). — Vocabulaire français-mentonais. Nice, 1877.

ANJUBAULT. — Revue des poissons qui habitent le département de la Sarthe. 1855.

Annuaire stat. et adm. du dép. de l'Aveyron pour 1842. Rodez, in-12.

ARBOIS DE JUBAINVILLE. — Origine des voyelles et des consonnes du breton moderne. (*Mém. de la Soc. de ling.* 1880.)

ARMIEUX. — Topographie médicale du Sahara algérien, 1864.

ARNOLD. — Der Pfingstmontag. Strasbourg, 1851.

ABRIVABENE (Gaetano). — Dizionario domestico. Brescia, 1809.

ASTRUC (J.). — Mém. pour l'hist. nat. du Languedoc. Paris, 1737.

AUDOUIN et MILNE EDWARDS. — Recherches pour servir à l'histoire naturelle du littoral, 1829. In-8.

AULANIER (Alphonse). — Aperçu sur la géologie, l'agriculture, etc... de la Haute-Loire. Le Puy, 1823.

AZAÏS. — Dictionnaire des idiomes languedociens. Paris, 1877 et suiv.

AZUNI. — Hist. géographique de la Sardaigne. Paris, 1802.

BALSAMO-CRIVELLI (G.). — Fauna. Milano, 1844, in-8 (dans les *Notizie naturali su la Lombardia*).

BANFI (G.). — Vocabolario milanese. Milano, 1870.

BARJAVEL. — Dictons et sobriquets des villes..... du dép. de Vaucluse. Carpentras, 1849, in-8.

BARNES (W.) — A Grammar and Glossary of the Dorset dialect. 1863.

BAUDRIMONT (A.). — Vocabulaire de la langue des bohémiens habitant les pays basques français. Bordeaux, 1862.

BAUHIN. — Traicté des animaulx..... Montbéliard, 1593.

BEAUCHET-FILLEAU. — Essai sur le patois poitevin. Melle, 1863, in-8.

BELON (P.). — Histoire natur. des estranges poissons... Paris, 1551.

BÉRONIE.—Dictionnaire du Bas-Limousin (Corrèze).Tulle, s. date, in-4.

BESSIÈRES. — Les préjugés sur les maladies de l'enfance. 1876.

BIELZ. — Fauna der Wirbelthiere Siebenbürgens. Hermannstadt, 1856.

BIKÉLAS (D.). — Nomenclature moderne de la Faune grecque. Paris, 1878, in-8.

BLAAS. — Der Marienkäfer im niederoesterreichischen Kinderspruch. 1874.

— — Volksthümliches aus Niederoesterreich über Thiere. 1875.

BLANCHARD. — Poissons des eaux douces de la France. 1866.

BLANCHÈRE (de la). — La pêche et les poissons. 1868.

BLAVIGNAC. — L'empro genevois. Genève, 1875, in-8.

BOGROS. — A travers le Morvand. Château-Chinon, 1873.

BOISDUVAL. — Essai sur l'entomologie horticole. Paris, 1867.

BONAPARTE (Ch.-L.). — Iconografia della fauna italica. Roma, 1832-1841, 3 vol. in-folio.

BONHOTE (J.-H.). — Glossaire neuchâtelois. Neuchâtel, 1867, in-8.

BONIFACE (l'abbé L.). — Histoire du village d'Esne. Cambrai, 1863, in-8.

BONNAFOUX (J.-F.). — Erpétologie de la Creuse. Guéret, 1847.

BORLASE. — The Natural History of Cornwall. Oxford, 1758, in-fol.

BOSSI. — Statistique du département de l'Ain. Paris, 1808, in-4.

BOUCHERIE (A.). — Patois de la Saintonge. Angoulême, 1865, in-8.

BOURQUELOT (F.). — Patois du pays de Provins. Meaux, 1870, in-8.

BOYER DE FONSCOLOMBE. — Calendrier de Faune et de Flore pour les environs d'Aix. Aix, 1845, in-8.

BRACHET. — Vocabulaire tourangeau (dans *Romania* 1872).

BRAYER. — Statistique de l'Aisne. 1824, 2 vol. in-4.

BRÉBISSON (de). — Catal. méthod. des crustacés du Calvados. 1825.

BRIDEL. — Glossaire du patois de la Suisse romande. Bâle, 1866.

BRÜNNICHIUS (M.-Thr.). — Ichthyologia massiliensis. 1768.

BURGUET (H.). — Crustacés observés à La Teste (*Actes de la Soc. linn. de Bordeaux*, 2ᵉ série, t. V).

CALLET (P.-M.). — Glossaire vaudois. Lausanne, 1861.

CAMBRÉSIER. — Dictionnaire wallon-français. Liège, 1787.

CAMBRÉSIER. — Canard poitevin. Melle, 1876.

CARLIER. — Liste des Reptiles et des Poissons (dans le *Dict. géogr. de la province de Liège*, publ. par Vandermaelen). 1831.

CARR (W.) — A collection of Telugu Proverbs. Madras, 1860, in-8.

CASTELLI (R.). — Credenze ed usi popolari siciliani. Palermo, 1878.

CASTOR (J.-J.). — L'interprète provençal. Apt, 1843, in-12.

CAVOLEAU. — Statistique de la Vendée. Fontenay-le-Comte, 1844.

CÉNAC-MONCAUT. — Dictionnaire gascon-français. Paris, 1863, in-8.

CETTI. — Storia naturale di Sardegna. Sassari, 1774.

CHABANEAU. — Grammaire limousine. Paris, 1871-72, in-8.

CHABRAND et DE ROCHAS. — Patois des Alpes cottiennes. 1877.

CHAMBRUNE (E. de). — Glossaire du Morvan. Paris, 1878.

CHAMPOLLION-FIGEAC. — Nouv. rech. sur les patois. Paris, 1809, in-12.

CHARLETON. — Exercitationes de differentiis... animalium. 1677.

CHARVET. — Faune de l'Isère. Grenoble, 1846.

CHRÉTIEN. — Usages, etc., de l'arrondissement d'Argentan. 1835.

CIHAC (A. de). — Dictionnaire d'étymologie daco-romane. Francfort,
       1870 et 1879, 2 vol. in-8.

CLÉMENT-JANIN. — Sobriquets de la Côte-d'Or. Dijon, 1876.

CLOQUET. — Faune des médecins. Paris, 1822-1826.

COLLEN-CASTAIGNE. — Essai sur Bolbec. Rouen, 1839.

COMBES (A.). — Proverbes agricoles du Sud-Ouest. 1844.

COMPANYO. — Hist. nat. des Pyrénées-Orientales. Perpignan, 1861.

CONTEJEAN. — Gloss. du patois de Montbéliard. Montbéliard, 1876.

CORBLET (l'abbé). — Glossaire du patois picard. Paris, 1851, in-8.

CORDIER. — Vocabulaire des mots patois de la Meuse. Paris, 1833, in-8.

  —   — Coumédies en patois meusien. Paris, 1870, in-8.

CORNAT. — Dictionnaire du patois de l'Yonne. 1854.

CORNIDE. — Ensayo de una historia de la costa de Galicia. 1788.

CORNU. — Phonologie du Bagnard (*Romania*, 1877).

COSQUIN. — Contes lorrains rec. dans le Barrois (*Romania*, 1876 et ss).

COUZINIÉ. — Dict. de la langue romano-castraise. Castres, 1850, in-8.

CRESPON. — Faune méridionale. Nîmes, 1844, 2 vol. in-8.

CROY (de). — Études sur l'Indre-et-Loire. Tours, 1838.

DALPHONSE. — Mémoire statistique sur le dép. de l'Indre. Paris, an XII.

DARD. — Dictionnaire français-wolof. — Grammaire wolofe. Paris,
       1825 et 1826, 2 vol. in-8.

DARTOIS. — Importance de l'étude des patois. Besançon, 1850.

DEBUIRE DU BUC. — Nouveau glossaire lillois. Lille, 1867, in-8.

DECORDE. — Dictionnaire du patois du pays de Bray. Paris, 1852, in-8.

DELALANDE. — Hœdic et Houat, histoire, etc. Vannes, 1850.

DELARBRE. — Essai zoologique sur l'Auvergne. Paris, 1798.

DELAROCHE. — Observ. sur des poissons recueillis aux Iles Baléares.
       (*Annales du museum d'hist. nat.* 1809).

DELBOULLE (A.). — Glossaire de la vallée d'Yères. Paris, 1876.

DÉRIBIER. — Dict. statist. du Cantal. Aurillac, 1852.

DÉRIBIER DE CHEISSAC. — Vocabulaire du patois du Velay et de la
       Haute-Auvergne.

DESAIVRE (L.). — Le serpent, le lézard et le crapaud. Niort, 1877.

DESCOURADES (A.). — Usages locaux du canton de Mareuil (Dordogne). 1864.

Description de l'Égypte. Paris, 1809-1828, in-fol.

Descrizione de Genova e del Genovesato. Genova, 1846, in-8.

DESVAUX (A.-N.). — Sur les poissons de la Loire-Inférieure. 1843.

—   — L'apiculture simplifiée. Angers, 1849.

DÉSVAUX. — Dictionnaire portatif des proverbes. Utrecht, 1751.

DOLLFUS-AUSSET. — Matériaux pour les bibl. pop. Mulhouse, 1865.

DOUMET (N.). — Catalogue des poissons de Cette. Paris, 1860.

DUBOIS (L.). — Rech. sur certains mots de l'Orne. 1810 et 1823.

DUBRUEIL (E.). — Promenades d'un naturaliste sur le littoral. Montpellier, 1877.

DUEZ. — Dictionnaire ital.-franç. et franç.-ital. Genève, 1678.

DUHAMEL. — Traité général des pêches. Paris, 1769-1782.

DUMÉRIL. — Dictionnaire du patois normand. Caen, 1849, in-8.

EDMONDSTON. — A Glossary of the Shetland dialect. London, 1866.

EYS (W.-J. van). — Dictionnaire basque-français. Paris, 1873, in-8.

FABRE. — Guide de la conversation française-basque. Bayonne, 1862.

FATIO (V.). — Faune des vertébrés de la Suisse. Bâle.

FAVRE (L.). — Glossaire du Poitou, de la Saintonge. Niort, 1868, in-8.

FÉRAUD. — Dict. critique de la langue française. 1787, in-4.

FISCHER. — Faune conchyliologique de la Gironde. 1864.

FODÉRÉ. — Voyage aux Alpes-Maritimes. Paris, 1821.

FORIR (H.). — Dictionnaire liégeois-français. Liège, 1866, in-8.

FOUCAUD. — Poésies en patois limousin. Limoges, 1866, in-8.

FOURTIER (A.). — Les dictons de Seine-et-Marne. Provins, 1873.

FRISCHBIER (H.). — Preussische Sprichwörter. Berlin.

GALLET (Ch.-Ed.). — La ville de Beauvoir-sur-Mer. 1868.

GARY. — Dict. patois franç. à l'usage du Tarn. Castres, 1845, in-12.

GASCON (E.). — Expressions usitées en Franche-Comté. Besançon, 1872.

GASPARD. — Notice sur Montrêt. 1866.

GASSIES. — Tableau des mollusques de l'Agenais. 1849.

GÉHIN (J.-B.). — Révision des poissons du département de la Moselle. Metz, 1866.

GENÉ (J.). — Synopsis Reptilium Sardiniae. (*Mem. della Reale Acc. delle scienze di Torino. Ser. II, t. I*).

GERVILLE (de). — Etudes sur le dép. de la Manche. Cherbourg, 1854.

GILLIÉRON. — Patois de la commune de Vionnaz (Bas-Valais). Paris, 1880, in-8.

Glossaire de l'anc. théâtre français (X⁰ vol. de la *Coll. de l'ancien théâtre français*). Paris, 1857, in-12.

GLYDE (J.). — The Norfolk Garland. London, 1872.

GRANDGAGNAGE. — Dictionnaire wallon. Liège, 1846, in-8.

— — Vocabulaire des noms wallons d'animaux. 1857.

GRANGIER (L.). — Glossaire fribourgeois. Fribourg, 1864-1868.

GRATIEN DE SEMUR. — Traité des erreurs et des préj. Paris, 1843, in-18.

GREGOR. — The dialect of Banffshire. London, 1866, in-8.

— — Animal superstitions of Scotland(*Aberdeen journal*, 1877).

GRÉVIN (J.). — Deux livres des venins. Anvers, 1568.

GRIVEL (l'abbé). — Chroniques du Livradois. 1852.

GROSLEY. — Vocabulaire champenois. Paris, 1774.

GUERRY. — Note sur les usages et les traditions du Poitou.

GUILLEMIN. — Glossaire du patois de la Bresse châlonnaise. 1862.

HABASQUE. — Notions historiques sur le littoral des Côtes-du-Nord. 1832-1836, 3 vol. in-8.

HALBERT D'ANGERS. — Dictionnaire du jargon de l'argot. 1840.

HANOTEAU. — La Kabylie et les coutumes kabyles. Paris, 1872-1873, 3 vol. in-8.

HÉCART. — Dictionnaire rouchi-français. Valenciennes, 1834, in-8.

HENDERSON (W.). — Notes on the Folk-lore of the northern countries of England. 1879.

HENRY. — Essai sur l'arrondissement de Boulogne-sur-Mer. 1810.

HERMANN (J.). — Observationes zoologicæ. Argentorati, 1804.

HOCK (A.). — Œuvres complètes. Liège, 1872, 4 vol. in-8.

HŒFER (Ed.). — Wie das Volk spricht. Stuttgart.

HOLANDRE (J.). — Faune du département de la Moselle. Metz, 1836.

HOMBRES-FIRMAS (d'). — Proverbes des Cévennois. 1822.

HONNORAT. — Dictionnaire provençal-français. Digne, 1846, 3 vol. in-4.

IVE (Ant.). — Canti popolari istriani. Roma, 1877.

JACLOT. — Le Lorrain peint par lui-même. Metz, 1853-1854, in-18.

JACQUEMIN. — Guide du voyageur dans Arles. Arles, 1835.

JAMIESON. — A Dictionary of Scottish Language. Edinburgh, 1827.

JAUBERT (le comte). — Glossaire du centre de la France. Paris, 1864-1869, 2 vol. in-4.

JÔNAIN. — Dictionnaire du patois saintongeais. Royan, 1869, in-8.

JORET. — Essai sur le patois normand du Bessin. 1879.

JOUAN. — Poissons de mer observés à Cherbourg en 1858.

— — Mémoires sur les baleines et les cachalots. 1858.

JOUAN. — Note sur quelques animaux du grand Océan. Cherbourg, 1858.

JOUBERT (Laur.). — Erreurs popul. touchant la médecine. 1600.

JOUVE (L.). — Coup d'œil sur les patois des Vosges. Épinal, 1864, in-12.

—   — Chansons en patois vosgien. Épinal, 1876.

JUGE (J.-J.). — Changements dans les mœurs de Limoges. 1817.

JURINE. — Histoire abrégée des poissons du lac Léman. Genève, 1825.

JUSSERAUD (F.). — Statist. agric. de Vensat (Auvergne). 1843, in-8.

JUSTI (F.). — Les noms d'animaux en kurde. Paris, 1878, in-8.

KARL DES MONTS. — Légendes des Pyrénées. In-8.

KŒSTLIN. — Lettres sur l'hist. nat. de l'île d'Elbe. 1780.

KRAMER. — Elenchus vegetabilium et animalium. Viennæ, 1756.

LABILLE. — Les bords de la mer. Boulogne-sur-Mer, 1858.

LABOUDERIE. — Vocabulaire du patois de la Haute-Auvergne. 1836.

LA FARE-ALAIS. — Las Castagnados. Alais, 1844, in-8.

LAFONT (A.). — Note pour servir à la faune de la Gironde. Bordeaux, 1873.

LAFONTAINE (de). — Faune du pays de Luxembourg. 1865-1872.

LAGRAVÈRE (P.-Th.). — Poésies en gascon. Bayonne, 1865, in-8.

LAISNEL DE LA SALLE. — Croyances et légendes du Centre. 1875.

LALANNE. — Glossaire du patois poitevin. Poitiers, 1868, in-8.

LAMARCHE. — Ext. d'un dict. du vieux langage ou patois de Cherbourg, Valognes, etc. S. l. n. d. In-8.

LAPORTE (E.). — Faune ichthyologique de la Gironde. Bordeaux, 1853.

LATHAM (Mrs Ch.). — Some West Sussex Superstitions. London, 1878.

LAVALLEY. — Arromanches et ses environs. Caen, 1867, in-8.

LEGONIDEC. — Dictionnaire breton-français. Saint-Brieuc, 1847-1850.

LEGRAND (P.). — Dictionnaire du patois de Lille. Lille, 1856, in-8.

LE HÉRICHER. — Hist. et glossaire du normand. Avranches, 3 vol. in-8.

LE MARCHANT. — Topographie physique de Granville. 1826.

LEMARIÉ. — Poissons de la Charente, de la Charente-Inférieure, etc. Niort, 1867.

LEROUGE. — Histoire de Jersey. 1757, in-12.

LEROUX (Ph.-J.). — Dictionnaire comique. 1787, 2 vol. in-8.

LEROUX DE LINCY. — Le livre des proverbes français. Paris, 1859.

LESPY (V.). — Proverbes et dictons du Béarn. Montpellier, 1876, in-8.

LESSON (A.). — Catal. d'une faune de la Charente-Inférieure. 1841.

LEVRIER (G.). — Dict. étymol. du patois poitevin. Niort, 1867, in-8.

LIEURY. — Synopsis des reptiles de la Seine-Inférieure. 1865.

LORRAIN (D.). — Glossaire du patois lorrain. Nancy, 1876.

Low (Geo.). — Fauna orcadensis. Edinburgh, 1813, in-4.

Lucas de Montigny. — Récits variés. Aix, 1874.

Lütolf. — Sagen aus Lucern, Uri. etc., 1862.

M.... — Glossaire du patois rochelais de 1780, publié en 1861, in-4.

Macé (J.-A.). — Essai d'un catal. des mollusques des environs de Cherbourg. 1860.

Mantell (G.). — Outlines of the Nat. Hist. of Lewes. 1824.

Marcel de Serres. — Essai pour servir à l'hist. des anim. du midi de la France. Paris, 1822.

Marcotte. — Les animaux vertébrés de l'arr. d'Abbeville. 1860, in-8.

Marin (P.). — Dictionnaire français-hollandais. Dordrecht, 1728.

Mathieu. — Cours de zoologie forestière. Nancy, 1847.

Mattei (A.). — Proverbes de la Corse. Paris, 1867, in-18.

Mauduyt. — Tableau des mollusques de la Vienne. Poitiers, 1838.

— — Herpétologie de la Vienne. Poitiers, 1844.

— — Ichthyologie de la Vienne. Poitiers, 1848.

Maurin (F.). — Catalogue des poissons du Var. Draguignan. 1843, in-8.

Merrett. — Pinax rerum naturalium britannicarum. Londini, 1677.

Méry. — Histoire générale des proverbes. Paris, 1828.

Métivier (G.). — Dictionnaire franco-normand ou recueil des mots de Guernesey. London, 1870, in-8.

— — Rimes guernesiaises avec glossaire. Londres, in-8.

Métivier (de). — De l'agriculture des Landes. Bordeaux, 1839.

Meyer (L.-E.). Glossaire de l'Aunis. La Rochelle, 1870, in-8.

Michel (Francisque). — Étude de philologie comparée sur l'argot. Paris, 1856, in-8.

Mignard. — Vocabulaire du patois de la Bourgogne. Dijon, 1870, in-8.

Millet (P.-A.). — Faune de Maine-et-Loire. 1828.

Miorcec de Kerdanet. — Hist. de la langue des Gaulois. Rennes, 1821.

Molard. — Le mauvais langage corrigé. Lyon, 1810, in-8.

Moman (Jonas). — De superstitionibus hodiernis. Upsal, 1750 et 1752.

Monnier. — Vocabulaire de la langue du Jura. 1823.

Montesson. — Vocabulaire du Haut-Maine. Paris, 1859, in-12.

Moquin-Tandon (A.). — Éléments de zoologie médicale. Paris, in-8.

Morin (A.-S.). — Le prêtre et le sorcier. 1872.

Mulson. — Vocabulaire langrois. Langres, 1822.

Nardo (G.). — La pesca ne' valli della veneta laguna. Venezia, 1871, in-8.

Négrin (E.). — Promenades de Nice. Nice, in-8.

NEMNICH. — Catholicon od. allg. Polyglotten Lexicon der Naturgesch. Hamburg, 1793-1798, 3 vol. in-4.

NIGRA. — Fonetica del dialetto di val Soana. Torino, 1874, in-8.

NILSSON (S.). — Prodr. ichthiologiæ scandinavicæ. Lundae, 1832.

NOULET. — Précis de l'hist. nat. des mollusques du bassin pyrénéen. Toulouse, 1834, in-8.

NUCÉRIN (J.). — Proverbes communs. Rouen, 1612.

OBERLIN. — Essai sur le patois lorrain du Ban de la Roche. Strasbourg, 1775, in-12.

ODDE DE TRI ORS. — Les joyeuses recherches de la langue tolosaine. Paris, 1847, in-8.

OGÉRIEN et MICHALET. — Histoire naturelle du Jura. Paris, 1863-1867.

OLIVI (G.). — Zoologia adriatica. Bassano, 1792, in-4.

OLLIVIER (J.). — Ess. sur l'orig. des dial. du Dauphiné. Valence, 1836.

ONOFRIO. — Essai d'un glossaire du patois lyonnais. Lyon, 1864, in-8.

OZENNE (Ch.). — Sur les mollusques considérés comme aliments. 1858.

PALMER. — Leaves from a Word-Hunter's Note-Book. London, 1876, in-8.

PANESCORSE (F.). — Mollusques du dép. du Var. Draguignan, 1853.

PAVESI (P.). — I pesci e la pesca nel cantone Ticino. Lugano, 1871, in-8.

PAYOT (Venance). — Erpétologie, malacologie et paléontologie des environs du Mont-Blanc. Lyon, 1864.

PEACOCK. — A Glossary of the dialect of the Hundred of Lonsdale (County of Lancaster). London, 1869, in-8.

PEREYRA. — Prosodia in voc. bil. lat. et lusitanum dig. Evorae, 1723.

PÉRIGORDINISMES (les) corrigés, par J.-B. C. Périgueux, 1828.

PERRON. — Proverbes de la Franche-Comté. Besançon, 1876.

PESCETTI (Orlando). — Proverbi italiani. Venetia, 1611, in-18.

PETIT-LAFITTE. — L'année météorologique sous le climat girondin. Bordeaux, 1876.

PIERART. — Guide sur le chemin de Saint-Quentin à Maubeuge. Maubeuge, 1862.

PIET. — Mémoires laissés à mon fils. Noirmoutier, 1806, in-4.

PIÑOL (D. Juan Cuveiro). — Diccionario gallego. Barcelona, 1876.

PITRÉ (G.). — Biblioteca delle Tradizioni popolari siciliane. Palermo.

PLUCHONNEAU. — Voyage sur la corvette la *Salamandre*. Paris, 1845, in-8.

PLUQUET. — Contes populaires. Bayeux, 1834, in-8.

POETEVIN. — Dict. français-all. et allemand-français. Basle, 1754.

POILLY (de). — Coup d'œil sur l'idiome picard. 1833.

PONT. — Origine du patois de la Tarentaise. Paris, 1872, in-8.

POULET. — Patois de Plancher-les-Mines (Haute-Saône). 1878.

POUMARÈDE. — Manuel des termes usuels. Toulouse, 1860.

PUVIS (A.). — Des étangs. Paris, 1844, in-8.

PYLAIE (de la). — Recherches sur les poissons de l'Océan. 1834.

QUENIN. — Statistique du canton d'Orgon. Arles, 1838.

QUITARD. — Dictionnaire des proverbes. Paris, 1842.

RAFINESQUE. -- Indice d'ittiologia siciliana. Messina, 1810.

RAY (Jules). — Catalogue de la faune de l'Aube. Troyes, 1843, in-18.

RAYNOUARD. — Lexique roman. Paris, 1838-1844, 6 vol. in-8.

RAZOUMOWSKI. — Histoire naturelle du Jorat. 1789.

RÉGIS DE LA COLOMBIÈRE. — Les cris populaires de Marseille. In-8.

REINSBERG. — Traditions et légendes de la Belgique. Bruxelles, 1870.

—   — Sprichwörter der germ. und rom. Sprachen. 1872.

RICHEMOND (L.-M. de). — Le monde sous-marin. La Rochelle, 1860.

RIETZ (J.-E.). — Svenskt dialect-lexicon. Lund, 1867-1877, in-4.

RIGAUD (L.). — Dictionnaire du jargon parisien. Paris, 1878.

RISSO. — Histoire nat. des productions de Nice. 1826, in-8.

RIVIÈRE (de). — Considérations sur les poissons et particulièrement sur les anguilles. Paris, 1841.

ROLLAND. — Dictionnaire des expressions vicieuses des Hautes et Basses-Alpes. Gap, 1810, in-8.

RONDELET. — L'histoire des poissons. Lyon, 1558, in-4.

ROTHENBACH. — Volksthümliches aus dem kanton Bern. Zurich, 1876.

ROUDAIRE. — Catalogue des insectes de la Creuse. 1857.

RUFZ. — Enquête sur le serpent. Saint-Pierre-Martinique, 1845, in-8.

SAHLER. — Catal. des animaux de l'arrond. de Montbéliard. 1864.

SAUBINET (E.). — Vocab. du bas langage rémois. Reims, 1845, in-18.

SAUGER-PRÉNEUF. — Dict. des locutions vicieuses du Limousin. 1825.

SAUVAGE (H.). — Légendes normandes. Angers, 1870.

SAUVAGES (de). — De venenatis galliae animalibus. Monspelii, 1763.

SAUVAGES (l'abbé de). — Dict. languedocien·franç. Alais, 1820, 2 vol. in-8.

SAUVÉ (L.-F.). — Proverbes de la Basse-Bretagne. Paris, 1874, in-8.

SCHELER (A.). — Glossaire du XVᵉ s. (MS. de Lille). Anvers, 1865.

SCHINZ. — Fauna helvetica. 1837.

SCHLEICHER. — Litauische Mährchen, Sprichwörter. Weimar, 1857.

SCHNELLER. — Mährchen und Sagen aus Wälschtirol. 1867.

SÉBILLOT (P.). — Contes populaires de la Haute-Bretagne. Paris, 1880.

SÉLYS-LONGCHAMPS. — Faune de Belgique. Bruxelles, 1842.

SIGART (J.). — Glossaire étymol. montois. Bruxelles, 1866, in-8.

SIRAND. — Du patois bressan et bugiste comparés (*Revue du Lyonnais*, t. XXIII).

SOLAND (A. de). — Proverbes de l'Anjou. Angers, 1828, in-12.

SOUCHÉ. — Croyances, présages, etc. Niort, 1880.

SOUVESTRE (Emile). — Le Finistère en 1836. Brest, 1838, in-4.

SPINOLA (M.). — Lettre sur quelques poissons du golfe de Gênes. 1807, in-4.

Statistique générale de la France. Paris, in-fol. (Le t. XVI, 1868 contient des *Proverbes agricoles*).

STOEBER (A.). — Elsässisches volksbüchlein. Strasbourg, 1842.

STRACKERJAN. — Abergl. und Sag. aus d. Herz. Oldenburg. 1867.

TARBÉ. — Rech. sur l'hist. du lang. de Champagne. Reims, 1851, in-8.

—   — Romancero de Champagne. Reims, 1863, in-8.

TASLÉ. — Histoire naturelle du Morbihan. Vannes, 1860.

TAUPIAC. — Statist. de l'arr. de Castel-Sarrazin. Montauban, 1868.

TEXIER. — Patois du canton d'Escurolles (Bourbonnais). 1869.

THABUIS. — Reptiles des environs d'Annecy. 1872.

THIERS (J.-B.). — Traité des superstitions. Paris, 1741, 4 vol. in-12.

THIESSING. — Proverbes du Languedoc.

THIRIAT. — La vallée de Cleurie. Mirecourt, 1869.

THOMPSON (W.). — The Nat. History of Ireland. 1849.

TIPHAIGNE. — Essai sur l'histoire écon. des mers occid. de France. 1760, in-8.

TISSOT. — Le patois des Fourgs. Paris, 1865, in-8.

TOSELLI. — Recuei de prouverbi. Nissa, 1878, in-12.

TOUBIN (Charles). — Récits jurassiens. Salins, 1869.

—   — Suppl. aux dict. des patois jurassiens. Lons-le-Saulnier, 1870.

TOUSSAINT. — Nouveau manuel du pêcheur. Paris, s. d., in-18.

TRAVERS ET DUBOIS. — Dictionn. du patois normand. Caen, 1856, in-8.

TRÉMEAU DE ROCHEBRUNE. — Catal. des animaux de la Charente. 1841.

TROUDE (A.-E.). — Nouveau dictionnaire breton-français. Brest, 1876.

TROUVÉ. — Description du dép. de l'Aude. 1819.

TURIAULT. — Étude sur le langage créole de la Martinique. 1874.

VALLOT. — Ichthyologie française. Dijon, 1837, in-8.

VAR (Département du). Grand in-folio de 104 pages. Sans lieu ni date ni nom d'auteur.

VASNIER. — Dict. du patois de Pont-Audemer. Rouen, 1862.

VERMESSE. — Dict. du pat. de la Flandre française. Douai, 1867, in-8.

VIAUD-GRANDMARAIS. — Études médicales sur les serpents de la Vendée. Nantes, 1860.

—   — Note sur les mœurs des vipères indigènes. Nantes, 1867.

Viaud-Grandmarais. — Tableau des serpents de la Vendée. Nantes, 1868.

Villeneuve. — Statist. des Bouches-du-Rhône. Marseille, 1821.

Vincent (F.). — Quelques études sur le patois de la Creuse. 1861.

Vital. — Quinze jours de vacances. Promenades au bord de la mer. Rouen, 1857, in-8.

Woodward. — Manuel de conchyliologie. Paris, 1870.

Yarrell. — History of British Fishes. London, 1836-60, 3 vol. in-8.

FAUNE POPULAIRE

DE

LA FRANCE

LES REPTILES, LES POISSONS, LES MOLLUSQUES,
LES CRUSTACÉS & LES INSECTES.

LA TORTUE.

I.

1. — On donne d'une manière générale aux différentes espèces de la famille des Chéloniens les noms suivants :

TARTUGA, *f.* ancien provençal, Raynouard. — Menton, Andrews. — Nice, Risso.

TARTUGO, *f.* provençal, Castor. — Bouches-du-Rhône, Villeneuve. — Gard, Crespon. — Landes, de Métivier.

TARTUGUE, *f.* Auch, Abadie.

TORTUGA, *f.* ancien provençal, Raynouard.

TORTUE, *f.* français.

CAILLE TORTUE, Lyon, Molard.

Cf. **Tartuca**, sicil. Diez. — **Tartùga**, Sard. Gené. — Tartaruga, ital. — **Tartarüga**, Gênes, *Descriz.* — Tortuga, esp. — Turtle, Tortoise, angl.

Selon Diez, ces noms sont dérivés du latin *tortus*, l'animal ayant été ainsi appelé à cause de ses pieds tortus. — Les mots *testuggine*, it., *tostoini, tostoinu,* Sardaigne (Gené), se rattachent au lat. *testudinem.*

2. — La tortue est proche parente du crapaud, de la grenouille (¹), de la couleuvre; elle s'en distingue par sa cuirasse. Hors de France elle est appelée :

SAPO CONCHO, (m. à m. crapaud-écaille) gallicien, Piñol.

BOTTA SCUDAIA, lombard, Duez.

SCHILDKRÖTE, allemand.

SCHILDPAD, hollandais.

BISSA SCÜDELLERA, lombard, Balsamo.

Comment expliquer les formes :

Galana, lombard, Balsamo; **Gagiandra,** vénit. Paoletti (*Diz. venet. ital.*): **Bizzuca, Bizzuga,** Toscane : **Vezzuca,** île d'Elbe, Koestlin : **Galàpago,** esp. : **Cagado** (= Emys lutaria), port.?

3. — On appelle *caralage, m.* l'accouplement des tortues.
              PREVOST. *Suppl. au Manuel lexique.* Paris, 1755.

4. — *Faire la tortue* est une expression triviale que l'on emploie dans le sens de *jeûner.* Cet animal peut supporter de longues abstinences, surtout en hiver.

5. — La lenteur de la tortue est proverbiale.

Cf. l'expression **testudineus gradus** dans Plaute.

On trouve dans *le Tapaçeur*, roman d'A. Ricard, cette locution facétieuse que l'auteur met dans la bouche d'un homme très-lent :

« *On dit que je suis vif comme une tortue qui va en semestre.* »

6. — On dit en espagnol d'un homme taciturne, d'un homme qui cache soigneusement sa pensée :

« *Tiene mas conchas que un galàpago.* »

(1) Selon Schiefner, en langue aware (dialecte du Caucase), la tortue est appelée çila-**querq**, mot composé dans lequel **querq** signifie **grenouille**.

II.

1. — En latin, en parlant d'une impossibilité on disait « *testudo volat.* »   *Claudian in Eutrop*. I, 352. (*Dict. lat.* de FREUND.)

— Tòti sé volé si li té tini plimm (c.-à-d.: la tortue volerait si elle avait des ailes).   Prov. créole. TURIAULT.

— E' sa tanto di quel mestiero, quanto la testugine del volar.
        Prov. ital. PESCETTI.

2. — Un proverbe oji (Afrique), rappelle notre locution: *ne vendez pas la peau de l'ours avant de l'avoir tué.* Voici ce proverbe, traduit en anglais par RIIS (*Grammar and Vocab. of the oji Lang*. Basel, 1854) :

« *As long as you have not got the tortoise you do not cut the string for him.* »

3. — Dans les contes des sauvages du Brésil, la tortue joue le rôle de notre renard; elle trompe les autres animaux et par ses ruses elle les fait souvent périr. CH. FRED. HARTT ([1]) nous a fait connaître ces traditions dans un ouvrage bien curieux : *Amazonian Tortoise Myths* (1875, in-8° 40 p.) auquel nous empruntons le conte suivant dont nous trouverons des variantes françaises à l'art. *Crapaud* et à l'art. *Escargot.*

HOW THE TORTOISE OUT-RAN THE DEER.

Conte raconté en langue tupi ([2]) *à M. Hartt, en 1870, à Santarem (Brésil).*

A jabuti (*testudo terrestris, tabulata,* SCHOEFF) met a deer and asked : « oh deer ! what are you seeking? » The deer answered : « I am out for a walk, to see if I cannot find something to eat; and, pray, where are you going, tortoise ? »

« I am also out walking ; I am looking for water to drink. »

« And when do you expect to reach the water? demanded the deer?

([1]) Hartt, né en 1840, est mort à Rio de Janeiro en mars 1878.

([2]) A. G. DIAS a publié un dictionnaire de cette langue sous ce titre : *Diccionario da lingua Tupy, chamada lingua geral dos indigenas do Brazil.* Leipzig, 1858.

« Why do you ask that question ? returned the tortoise. »

« Because your legs are so short. »

« Well! answered the tortoise, « I can run faster than you can. If you are long-legged you cannot run so fast as I. »

« Then let us run a race! » said the deer.

« Well, answered the tortoise, « when shall we run ? »

« To morrow. »

« At what time ? »

« Very early in the morning. »

« Yes! yes! assented the tortoise, who then went into the forest, and called together his relations, the other tortoises, saying : « Come, let us kill the deer ! » « but how are you going to kill him ? « inquired they. » « I said to the deer » answered the tortoise, « let us run a race ! I want to see who can run the faster. » Now I am going to cheat that deer. Do you scatter yourselves along the edge of the campo, in the forest, keeping not very far from one another, and see that you keep perfectly still, each in his place ! To morrow when we begin the race, the deer will run in the campo, but I will remain quietly in my place. When he calls out to me, if you are ahead of him, answer, but take care not to respond if he has passed you.

So, early the next morning, the deer went out to meet the tortoise.

« Come ! » said the former, « let us run ! »

« Wait a bit ! said the tortoise, I am going to run in the woods. »

« And how are you, a little, shortlegged fellow, going to run in the forest ? » asked the deer surprised.

The jabuti insisted that he could not run in the campo, but that he was accustomed to run in the forest, so the deer assented and the tortoise entered the wood, saying : « When I take my position I will make a noise with a little stick so that you may know that I am ready. »

When the tortoise, having reached his place, gave the signal, the deer started off leisurely, laughing to himself, and not thinking it worth his while to run. The tortoise remained quietly behind. After the deer had walked a little distance, he turned around and called out : « *U'i yauti!*([1]) » when to his astonishement a tortoise a little way ahead cried out, « *U'i suasu!*([2]) »

« Well » said the deer to himself, that jabuti does run fast ! »

([1]) *Hullo Tortoise !* The indians prefix *u'i !* in calling.

([2]) *Suasu,* deer.

whereupon he walked briskly for a little distance and then cried out again, but the voice of a tortoise still responded far in advance. « How's this ? exclaimed the deer and he ran a little way, until thinking that he surely must have passed the tortoise, he stopped, turned about, and called again; but « *U'i suasu !* » came from the edge of the forest just ahead.

Then the deer began to be alarmed and ran swiftly until he felt surely that he had passed the tortoise when he stopped and called ; but a jabuti still answered in advance.

On this the deer set off a full speed and after a little, without stopping, called to the tortoise, who still from ahead cried : *U'i suasu!* He then he redoubled his forces, but with no better success, and at last, tired and bewildered, he ran against a tree and fell dead.

The noise made by the feet of the deer having ceased, the first tortoise listened. Not a sound was heard. Then he called to the deer, but received no response. So he went out of the forest and found the deer lying dead. Then he gathered together all his friends and rejoiced over the victory [1].

Dans une variante, recueillie sur le bord du fleuve des Amazones, la course a lieu entre un daim et un *carapato (a species of ixodes)* ; au moment du départ, le carapato saisit la queue du daim, et chaque fois que le daim interpelle l'insecte, celui-ci lui répond de si près qu'il se hâte de plus en plus et finit par mourir de fatigue.

Un autre conte de la collection Hartt rappelle d'une façon frappante un trait du conte *Le loup et l'écureuil*, publié dans le premier vol. de la présente *Faune popul.* p. 148. Le jaguar a à se venger de la tortue et s'efforce de la tirer par la patte d'un trou dans lequel elle s'est réfugiée, pour la tuer et la manger : « *pauvre garçon, dit-elle, tu as pris à ma place la racine de l'arbre.* » Le jaguar lâche la patte et la tortue s'enfonçant de plus en plus dans son trou est sauvée.

[1] On peut rapprocher de ce conte le N° 16 de BLEEK's. *Hottentot Fables and Tales.*

4. — Dans un zodiaque représenté dans une église de Cognac, une *tortue* remplace l'écrevisse. Cette tortue est célèbre dans tout le pays. Elle est devenue pour le *compagnonnage* un signe de reconnaissance. D'où es-tu ? — De Cognac. — As-tu vu la tortue? — Oui. — Où est-elle? — Au-dessus du portail de l'église. — Tu es de Cognac.   MICHON. *Statistique de la Charente*, p. 296.

SPHARGIS CORIACEA. GRAY.

LUTH, *m.* français, Rondelet.
RAT DE MER, TORTUE A CLIN, français, Nemnich.

CHELONIA MIDAS. SCHWEIGGER.

TORTUE VERTE, TORTUE FRANCHE, français.

CHELONIA IMBRICATA. SCHWEIGGER.

CARET, TORTUE CARET, français.
Cf. le mot espagnol **carey**=écaille de tortue.

TESTUDO CARETTA. L.

CAOUANE, *f.* TORTUE DE MER, français.
CAVOINE, *f.* français popul., Guillemin. *Dict. du commerce.*
TARTUGA DE MAR, provençal.
BAOT, VAOT, Morbihan, Taslé.

TESTUDO GRAECA. L.

TORTUE DE TERRE, TORTUE TERRESTRE, français.
TORTUGA DE GARRIGA, languedocien, Nemnich.

EMYS LUTARIA. MERREM.

TORTUE JAUNE, TORTUE D'EAU DOUCE, BOURBEUSE, français.
TORTUE BOUEUSE, BOUEUSE, midi de la France. Fournet. *Recherches sur quelques animaux aquatiques.* Lyon, 1853.

AGAMA (Genre). Daudin.

SOLITAIRE, *m.* français d'Algérie, Armieux.

GEKKO (Genre). Risso.

I.

GECKO, m. français savant.

LAGRAMUA, Nice, Risso. — provençal, Honnorat.

TARANTA, *f.* provençal, Honnorat.

TARANTO, *f.* Marseille, Régis de la Colombière. — Bouches-du-
Rhône, Villeneuve.

Cf. **Tarantola**, ital., Bonaparte. — A Gènes, le **Gecko** est appelé **Scurpiun**,
Descr.; en Sardaigne, **Ascurpi, Pistilloni, Gené.**

II.

1. — On a une peur terrible d'être mordu par cet animal inoffensif.   Marseille, RÉGIS DE LA COLOMBIÈRE.

2. — « Il y a aux Antilles, un gecko très redouté. On croit
qu'une fois qu'il s'attache à votre peau on ne peut plus l'en arracher. On l'a appelé *mabouïa*, du nom du mauvais génie des Caraïbes...
Si on lui mutile la queue, les mouvements qu'elle continue de faire
après avoir été séparée du corps, passent dans l'opinion vulgaire
pour des signes exprimant la malédiction dont ce reptile charge
celui qui l'a blessé. »

MOREAU DE JONNÈS. *Monogr. du gecko mabouïa
des Antilles.* 1821.

3. — Le *gecko lobatus* est commun en Égypte, où il est bien
connu du peuple, qui le regarde comme un animal venimeux. On
prétend que l'usage des aliments sur lesquels il aurait passé, suffit
pour produire la lèpre : d'où le nom de *abu burs*, c.-à-d.: *père de
la lèpre*, sous lequel il est connu au Caire. Hasselquist (*Voyage
dans le Levant*), dit même avoir vu dans cette ville, « deux femmes
et une fille qui pensèrent mourir pour avoir mangé du fromage sur
lequel cet animal avait répandu son venin. » Il est difficile d'admettre
la possibilité d'un tel danger, et l'on peut n'attacher que peu d'importance à ce témoignage, mais le fait qu'il rapporte ensuite ne
peut guère être révoqué en doute : « J'eus occasion, dit-il, de me

convaincre une autre fois, au Caire, de l'âcreté du venin d'un *lacerta gecko;* comme il courait sur la main d'un homme qui avait voulu l'attraper, sa main se couvrit à l'instant de pustules rouges, enflammées et accompagnées d'une démangeaison pareille à celle que cause la piqûre de l'ortie. »

Description de l'Égypte, t. XXIV.

STELLIO VULGARIS. LATREILLE.

I. — STELLION, PETIT LÉZARD ÉTOILÉ, français.

Ce reptile, peu connu des français, est appelé *estelion, salamanquesa* en esp., *osga* en port.

II. — Les musulmans ont pris en aversion le stellion parce qu'il a l'habitude de baisser sa tête ; ce qu'il fait, disent-ils, pour imiter l'attitude qu'ils prennent pendant leurs prières et pour les railler.

Description de l'Égypte, t. XXIV.

SEPS CHALCIDES. BONAPARTE.

RASSADO, provençal, Castor.
AGUGLIOUN DE PRAT, Nice, Risso.

Ce reptile, peu commun en France est appelé *lanzina-fenu, lassinafenu, schiligafenu, liscierba,* en Sardaigne, selon Gené, et *sepedon, sepia* en Espagne, selon Nemnich.

SCINCUS OCELLATUS.

Cet animal n'est connu en France que sous le nom savant de *scinque.* En Italie, on l'appelle *scinco,* en Espagne: *escinco, estinco,* en Sardaigne: *tiligugu, tilingoni, sazzaluga,* selon Gené.

LACERTA (Genre). L. — LE LÉZARD.

I.

1. Noms donnés d'une manière générale aux différentes espèces de ce genre :

LAZERT (¹), LAZER, *m.* anc. prov., Rayn.— Alpes cott., Chab. et
Roch.— Hérault, Marcel de Serres. — Saintonge, Jônain.

AZERT, *m.* (*l* pris pour l'article est tombé) Saintonge, Jônain.

AJER, *m.* AJERDA, *f.* Bagnard (Suisse romande), Cornu.

LESERT, *m.* provençal, *Arman. prouv.*, 1861, p. 38.

LÉZERTE, *f.* Auvergne, Delarbre.

LIZERD, *m.* Centre, Jaubert.

LINZERT, *m.* vaudois, J. Olivier. *Le canton de Vaud,* t. I, p. 253.

LAINZAR, LINZER, LANZER, *m.* Suisse romande, Bridel.

LAUZERT, *m.* ancien provençal, Raynouard. — Auch, Abadie.

LUZERT, LUZER, *m.* provençal, Castor. — Gard, Crespon. —
limousin, Foucaud.

LAZARDE, *f.* anc. fr. (XIIIᵉ siècle), Scheler. *Man. de Lille.*

LÉZARD, *m.* français.

LÉZARDE, *f.* anc. français. — Guernesey, Métivier.

LIZART, LIZARD, *m.* anc. fr., Rabelais.— Vienne, Maud. — Haut-
Maine, Montess. — norm., Le Hér. — pic., Marcotte.

LIZARDE, *f.* anc. français, Littré. — Deux-Sèvres, Lal. — Haut-
Maine, Montesson. — normand, Le Héricher.

L'ZADOT, *m.* Les Fourgs, Tissot.

LIUZARD, génevois, Littré.

LAHADE, Vagney (Vosges), communiqué par M. D. Pierrat.

LIEZAIDGE, *f.* Montbéliard, Sahler.

LOZADGE, Plancher-les-Mines, Poulet.

LASARME, *f.* Cambrai, Boniface.

LANZERNE, *f.* Neufchâtel, Bonhote.

LANTERNETTA, *f.* Valeyres (Suisse rom.), Bridel.

LIZETTE, *f.* Centre, Jaubert.

LINZETTE, *f.* Genève, Fatio.

SCHNIDRE, HHNIDRE, HHNADRELLE, Ban de la Roche, Oberlin.

GLAZARD, GURLAS, GURLAZ, armoricain, Troude ; Taslé.

(¹) Cette forme et quelques-unes des suivantes peuvent s'expliquer par
le latin **lacerta, lacertus,** mais les autres ?

En dehors des pays de langue d'oc et de langue d'oil, le lézard est appelé :

Lacerta, Lucerta, it. — Lagarto, esp., port. — Llagart, cat. mod., Rayn. — Lizard, angl. — Jungfer Sara(1), env. de Strasb., Oberlin. — Jungfer Saare, Alsace, Arnold. — Fliegenfänger, Eidechse, all. — Haagdis, holl. — Feieromes, Eibes, Lux. all., Laf. — Efete, anglo-sax. — Evet, Ewt, Newt. angl. — Ehgläse, Mulhouse, Dollfus.

2. — Les lézards aiment à se chauffer au soleil, surtout au printemps ; d'où par comparaison, les expressions suivantes :

LÉZARDER, français.
LUÏERNER, Morvan, Chambure.
PRENDRE UN BAIN DE LÉZARD, Côte-d'or, com. par M. H. Marlot.
FA LAS ENGROSOOULAS, Tulle, Béronie.

c.-à-d.: se chauffer au soleil, faire le paresseux.— On dit aussi : *paresseux comme un lézard.*

On dit d'une manière figurée des jeunes gens qui aspirent à jouir d'une certaine indépendance : *le lucertole cominciano a sentir il sole.*   Italien. PESCETTI.

3. — Le long corps mobile du lézard affecte rarement la ligne droite, par suite on a appelé une crevasse :

LÉZARDE, *f.* français.
LIZARDE, *f.* Centre, Jaubert.
LÉZARD, *m.* Langres, Mulson.

Cf. anguille, (avec le même sens) Centre, Jaubert. — L'esp. lagartera. (= crevasse) signifie proprement endroit, trou à lézards.

4. — Chi dalla serpe è punto, ha paura della lucertola.
                         Prov. it. PESCETTI.

5. — E meglio esser capo di lucertola, che coda di dracone.
                         Prov. it. PESCETTI.

6. — Saper distinguere i fagiani dalle lucertole. — Prov. it.

(1) Probablement corruption du mot lézar compris dans les pays lorrains comme lé sar = la sar ?

7. — Far ti possa il prò che fa l'orzo alla grù, o la lucertola al gatto.   Prov. it. PESCETTI.

8. — On dit d'un misérable qui n'a point le pouvoir de servir ni de nuire à personne : *c'est un pauvre lézard.* LEROUX. *Dict. com.* — En argot français, *lézard* a le sens de *mauvais camarade*; en argot espagnol *lagarto* signifie *voleur de nuit dans les campagnes, toujours déguisé.* En espagnol: *lagarto = homme fin, subtil,* et *buen lagarto = homme dont il faut se méfier, qui est adroit, insinuant.*

9. — Pereyra traduit l'expression portugaise *tirar à cega lagarta* par le latin *jacidari sine scopo.*

10. — Au XVIᵉ siècle, en France, on disait d'une personne calomnieuse qu'elle avait une *langue de lézard, une langue lézarde.*
                              (Voy. LITTRÉ.)

II.

1. — Le lézard est connu pour être *l'ami de l'homme* (¹). On raconte généralement que lorsqu'un homme couché et endormi est menacé par un serpent, le lézard lui passe et repasse sur la figure ou sur les mains jusqu'à ce qu'il l'ait réveillé.

« Quan la sarnalha ve alcuna serpent pres home dorment, soptament li sauta sobre la cara é l' revelha. »

(*Trad.* : quand la sernaille voit un serpent près d'un homme dormant, subitement elle lui saute sur la face et le réveille).
                    Elucid. de las propr. cité par Raynouard.

« Il *ramarro* (lézard vert) che in dialetto chiamasi *guarda-omu* o pel costume che ha, come ho sentito dire di tener gli occhi fissi sull'uomo, o di esserne il custode, credesi che lo salvi spesse volte dal morso delle serpi e delle vipere coll' avventarsi loro addosso. »
                              Sicile, CASTELLI.

Les Tupinambis qui sont de grands lézards du bord du Nil, ont en Égypte, une grande réputation de bienfaisance... on prétend que lorsque les hommes se trouvent, à leur insu, menacés par le crocodile, le tupinambis s'empresse de les avertir par des sifflements de la présence de ce redoutable animal.
                    Voy. *Descript. de l'Égypte,* t. XXIV, p. 14.

(¹) On ajoute quelquefois : et l'ennemi de la femme. Dans les Côtes-du-Nord, on assure que le **luzar** saute à la figure des femmes. C. de M. P. Sébillot.

2. — Il est admis partout que porter sur soi une queue de lézard porte bonheur.

« Celui qui, sans le savoir, porte une *queue de lavruche* dans sa poche est sûr de gagner au jeu. »

Deux-Sèvres, L. DESAIVRE. Bull. de la soc. de stat. des Deux-Sèvres. 1877.

« Celui qui porte sur soi une queue de lézard est à l'abri de tous les maléfices. Il ne peut être ni volé, ni trompé et il peut même, par ce moyen, empêcher dans les foires, les escamoteurs de gagner leur vie.... On raconte qu'un jour, une jeune fille allant chercher du fourrage, chargea sur ses épaules un faix d'herbe dans lequel se trouvait une queue de lézard. En son chemin elle rencontra un grand magicien qui voulut exercer sur elle ses incantations. La jeune fille ne se laissa pas séduire et le magicien la quitta en lui disant : *cela n'est pas naturel, vous devez avoir quelque chose dans votre herbe.* »   Environs de Lorient, rec. pers.

« Si vous avez besoin d'argent, mettez dans un de vos souliers une queue de lézard et il y viendra de beaux écus. » GRATIEN DE SEMUR. p. 97.

En Italie, le proverbe : *aver la lucertola da due code*[1], signifie *avoir de la chance.* — Sur certaines vertus prophétiques du lézard à deux queues, voy. CASTELLI. *Credenze sicil.* 1878.

3. — Je dois à M. de Charencey la communication suivante, malheureusement incomplète en ce qu'elle ne précise pas les sources : « J'ai vu dans je ne sais quel journal de 1869 ou 1870, la sécheresse de cette année expliquée par un gamin de Paris, prétendant qu'elle tenait à ce que le *diable* ayant marié sa fille à un *lézard* lui avait attribué en dot cent jours de sécheresse. »

Le lézard se trouve en rapport avec la sécheresse dans la tradition suivante : « Celui qui tue un lézard (de l'espèce *lacerta capensis*, SPARRMANN) passe pour un monstre d'impiété, et s'il survient une sécheresse on dit qu'il en est cause. » (Kalagari, Afrique du sud. *Journal des missions évangéliques*. 1847, p. 194.)

4. — On croit en Sicile qu'il ne faut pas tuer les petits lézards appelés *San Giovanni* parce qu'ils sont en présence de Dieu dans le ciel et qu'ils allument la petite lampe du Seigneur. Et pour éviter leur malédiction quand il est arrivé qu'on en a tué un, il faut dire,

---

[1] A un lézard dont la première queue a été rompue, quelquefois il en repousse deux.

en s'adressant à la queue qui s'agite encore, qu'on n'est pas le véritable meurtrier, mais que le crime a été commis par le chien de Saint-Mathieu.

> « Nun fu' ieu, nun fu'ieu — fu lu cani di San Matteu. »
> Sicile, GUBERNATIS. *Myth. Zool.*, t. II, p. 408.

5. — « Les enfants ne doivent pas marcher pieds nus, sinon il arrivera qu'un lézard leur montera le long de la jambe et la tordra. »   Flavigny (Côte-d'Or), comm. de M. H. MARLOT.

6. — « Le lézard tette les vaches. »
> *Bull. de la soc. protect. des animaux.* X, 190.

7. — « Il sangue della lucertola distrugge i porri delle mani. »
> Sicile, CASTELLI.

8. — On chante au lézard la formulette suivante :

> « Lesert, lesert, lesert,
> Aparo me di serp ;
> Quand passaras vers moun oustau
> Te bailarai un gran de sau. »

(*Trad.* : Lézard, préserve-moi du serpent, quand tu viendras à la maison, je te donnerai un grain de sel).
> Provence, *Arman. prouvenç.*, 1861. — Cf. *Revue des langues romanes.* Oct. 1873, p. 580.

En Catalogne, on lui chantonne, sur un air très doux, une formule dont voici la traduction: «Lézard, sors la tête, ton père s'est pendu au crochet d'une fenêtre, sors vite. »
> *Revue des langues romanes.* Janv. 1874, p. 120.

9. — On dit en italien qu'un homme est maigre *per che habbia mangiato lucerte.*   DUEZ.

10. — « Dipis leza terre ça tintin, l'agratiche porte épée. » — (*Trad.* : Depuis que le lézard est forgeron, l'agratiche (petit lézard) porte épée. — C.-à-d.: que le parvenu fait rejaillir sa faveur sur sa famille).   Prov. créole ou dolos. *Magasin pittor.*, 1840, p. 26.

11. — « Lénva a ra ével da eur glazard kouézed enn eur grugel-verien. » (*Trad.* : Il crie comme un lézard tombé dans une fourmilière.)
> Prov. breton. LEGONIDEC.

LACERTA VIRIDIS. ALDROVANDE.

I.

1. Ce lézard qui est d'un beau vert, est appelé :

VERDÉ, VERDET, Suisse romande, Bridel.

VODRÉA, VOIDRAI, VOIGNEDRAI, VOIGNEDRA, Côte-d'Or, comm. par M. H. Marlot.

VERDRAU, VERDEREAU, VERDARIOT, Jura, Ogérien.

VERDESIAU, *m.* VERDELLE, *f.* Yonne, Cornat.

VERDRET, Les Riceys (Aube), comm. par M. H. Marlot.

VARDELLE, *f.* Le Charme (Loiret), comm. par M. L. Beauvillard.

VEURDELLE, VARDUÏOT, VODRET, Morvan, Chambure.

LÉZARD VERT, *m.* français.

LIZAR VERT, LLYAVERT, VERT DE GRIS, Anjou, Millet.

VERT-CREÙ, Châteaudun, comm. par M. L. de Tarragon.

LIZAR, LIZAR VART, ALVAR, Vienne, Mauduyt.

LAVART, LAVERT, Poitou, Levrier; Lalanne ; Favre.

LEVARDE, LIAVART, ALVERT, Poitou, Lalanne.

LLOERT, *m.* Pyrénées-Orientales, Companyo.

GUILANVERT, Vienne, Lalanne.

LIZANVERT, SACAVERT, Centre, Jaubert.

LASIBERT, *m.* Menton, Andrews.

MILANVERT, Cluis (Indre), Jaubert.

LAMBERT, Nice, Risso.

LIMBER, prov. mod., Castor. — Bouches-du-Rh., Villeneuve.

LAOUZER, LOUZER, Gers, Cénac-Moncaut.

LUZERT, LUZER, provençal moderne.

LAOUZÈRP, *m.* Tarn, Gary.

LAUSERP, *m.* Aude. *La Lauseto.* 1877, p. 48.

LUSERP, Toulouse, Poumarède.

LÊTROU, *m.* Languedoc, Sauvages.

2. — Noms étrangers :

Ramarro (1), Lucertone, Lucertolone, it. — Racano, Racanello, it., Duez. — Leguro, Languro, vénit., Paoletti. — Ghezz, Lugher, lombard, Balsamo. — Lluert, anc. catalan, Raynouard.

____

(1) De **rame**. cuivre, à cause de sa couleur.

·3. — Bouffa coum un lêtrou=haleter comme un lézard ; se dit de celui qui fait du bruit en respirant.   Languedoc, SAUVAGES.

II.

Ce lézard, d'ailleurs inoffensif, passe pour très venimeux, très méchant, ne démordant jamais (¹).

On dit proverbialement :

> La verdelle,
> La pioche et la pelle

c.-à-d. : Si vous êtes mordu par la verdelle, il faudra sûrement vous creuser une fosse.   Yonne. CORNAT.

LACERTA AGILIS. (²) L.

1. — Noms de ce lézard :

LÉZARD GRIS, PETIT LÉZARD, français.

LUIZARD, *m.* Loiret, comm. par M. L. Beauvillard.

RELUSOTTE, RELUISOTTE, RELUGEOTTE, *f.* Côte-d'Or, comm. par M. H. Marlot.

LUISERNE, LUISARNE, LUÏERNE, *f.* Morvan, Chambure.

LUGEAIRNE, Saint-Brisson (Nièvre), comm. par M. H. Marlot.

LUGEAIRDE, Saint-Germain (Côte-d'or), comm. par M. H. Marlot.

YAYARDE, Les Riceys (Aube), comm. par M. H. Marlot.

LOUGEARD, *m.* LOUGEARDE, *f.* Luxembourg wallon, Lafontaine.

LUJAR, *m.* LEUJOTTE, *f.* BEURLUJOTTE, *f.* Morvan, Chambure.

LOZADIE, Bussy-le-Grand (Côte-d'or), comm. par M. H. Marlot.

LIZETTA, *f.* Suisse romande, Bridel.

LÜTSCHERNA, *f.* Engadine, Fatio.

SARNALHA, (³) *f.* ancien provençal, Raynouard.

(¹) Le fait est qu'il s'attache solidement à l'objet qu'il mord. En ital. on dit d'un individu opiniâtre, qu'il est come il ramarro.

(²) Le vulgaire confond avec cette espéce le **lacerta muralis** et le **lacerta vivipara**.

(³) Je pense que **sarnalha** est pour la**sarnalha**, *la* ayant été pris pour l'article. En ce cas, **lasarnalha** se rattacherait aux formes **luiserne, luisarne**, etc.

SARNAILLO, SERNAILLO, provençal moderne, languedocien.

SARNAILLE CLAOU DE S. PEYRE ([1]), Toulouse, Poumarède.

ANGRÔLA, *f.* Hérault, Marcel de Serres.

ANGROLO, *f.* provençal moderne.

ONGROLO, *f.* Quercy, Azaïs.

ANGLORO, *f.* Gard, Crespon.

RENGLORO, *f.* Alais, La Fare Alais.

LINGROLO, Bas Languedoc, Astruc.

ANGOIZE, Poitou, Lalanne.

ANGROISE, ANGROIZE, Poitou, Lalanne; Levrier. — Chef-Boutonne,
　　　　Beauchet-Filleau.—Charente, Trémeau de Rochebrune.

ANGROEIZE, Saintonge, Boucherie. *Curios. étymologiques.*

ANGRIZOLE, Périgord, Boucherie. *Curios. étym.* — Limousin,
　　　　Levrier.

ÉNGRIZOLO, *f.* Tarn, Gary.

ENGROSOOULO, *f.* Tulle, Béronie.

GRIZOLLO, Languedoc, Boucherie.

ANGROTTE, Saintonge, Boucherie.

LANGROTTE, Charente-Inférieure, Lesson.

GREMILLETTE, *f.* vaudois, Callet.

GREMELHETTA, GREMILHETTA, *f.* Suisse rom., Lausanne, Bridel.

LAGRAMUSA, *f.* prov. moderne, Honnorat.

LAGRAMUSO, *f.* prov. mod., Castor.—Alpes cottiennes, Chabrand.

LARMUS, *m.* Dauphiné. Champollion-Figeac.

LARMUSA, *f.* Dauphiné, Champollion-Figeac.

LARMUSE, LARMUZE, Isère, Charvet. — Jura, Ogérien.

LARMUIZE, Isère, Charvet.

LARMISE, Lyon, Molard.

LAGRAMUÉ, Bouches-du-Rhône, Villeneuve.

LANGROMUÉ, Bouches-du-Rhône, Villeneuve.

LAGRANUÉ, provençal moderne, Castor.

SINGRAULHETE, béarnais, Lespy. *Proverbes du Béarn*, p. 68.

SINGLANTANA, Pyrénées-Orientales, Companyo.

CHICHANGLE, Bayonne, Lagravère.

LABRENA, *f.* Menton, Andrews.

LABRÈCHE, *f.* Poitou, Lalanne.

LAVRUCHE, *f.* Deux-Sèvres, L. Desaivre. *Bull. de la société*
　　　　de statistique des Deux-Sèvres. 1877.

([1]) Cf. le mot grec moderne κλειδὶ τοῦ ʽΑγ. ʼΙωάννου qui sert à désigner
une espèce de scincus, l'ablepharus Kitaibelii, selon Bikélas.

ESTRAPIOUN, provençal moderne, Honnorat.
STRAPIOUN, Nice, Risso.
REGUINDOULO, prov. mod., *Rev. des langues rom.*, 1870, p. 63.
GRAPIETTE, Poitou, Lalanne.
RAPIETTE, RAPIÈTE, Deux-Sèvres, L. Desaivre. *Bull. soc. stat.
        des Deux-Sèvres.* 1877. — Poitiers, Beauchet-Filleau.
        — Poitou, Lalanne. — Vienne, Mauduyt.
COUATREPICHE ([1]), Pont à Mousson, recueilli personn.
QUATERPIÈCHE, rouchi, Hécart.
QOUATTEPESSE, wallon, Grandgagnage.
QUATREPIERRES, Maubeuge, Hécart.
COUÉTÉTRAPAY', COUÉTRÉPAY', CÔÉTRÉPAY', COUETTE-TRÈPAY', pays
        messin, recueilli personnellement.

2. — Noms étrangers :

Lacerta, Lacertola, Lucerta, Lucertola, it. — Luserta, milan., Banfi. —
Lüserta, lombard, Balsamo. — Lagheu, Gênes, *Descr.* — Lagartija, Lagar-
tezna, esp. — Lucernuzza, ital., Nemn. — Tiliguerta, Caliscertula, Caluxertola,
Sard., Gené.—Sagrantana ([2]), catal. mod., *Revue des langues romanes.* 1874, p. 120.
— Kupferschlängeli, Suisse all., Fatio.

3. — On dit : raoujous comuo uno sernaillo escouado, c.-à-d.
furieux comme un lézard auquel on a enlevé la queue.

                                Gascogne, CÉNAC-MONCAUT.

ANGUIS FRAGILIS. L. — L'ORVET.

I.

1. — Noms de ce reptile :

AVEUGLE, *m.* Maine-et-Loire, Soland. — Jorat, Razoumowski.
BORGNE([3]), *m.* français vulgaire.
BORNE, *m.* pays messin, recueilli pers. — franc-comt., Dartois.
BOUANOU, *m.* BOUANOTTE, *f.* Les Fourgs, Tissot.
ORVET([4]), *m.* français.

([1]) Peut-on rapprocher de ce mot et des suivants le nom cornique
padzgher pou (m. à m. quatre pieds) qui signifie lézard, selon Borlase?
([2]) Cf. la forme des Pyrénées-Orientales : singlantana, Companyo.
([3]) Borgne a ici le sens d'aveugle.
([4]) Du latin orbus, aveugle.

DORVEU, Saint-Brisson (Nièvre), comm. par M. H. Marlot.

ORVIN, Maine-et-Loire, A. de Soland.

ORVÈRE, ORVÉRE, *m.* norm., Joret. — pays de Bray, Decorde.

MORVET, ORVÉGE, Luxembourg wallon, Lafontaine.

ORGUIL, Bouches-du-Rh., Villen. — Cassis (B.-du-R.), Saurel. *Stat. de la comm. de Cassis.* Marseille, 1857.

ORGUI, Bouches-du-Rhône, Villeneuve.

OURGÜEI, provençal moderne, Castor.

ORGUEIL, canton d'Orgon, Quenin. *Statistique du canton d'Orgon.* Arles, 1838.

ORGUEILH, Var, *Département du Var.* Gr. in-fol.

ARGUÉU, Dauphiné, Champollion-Figeac.

ARÉU, Cantal, Deribier.

ARANGUI, *m.* provençal moderne, Castor.

ADEUX, ADEUIL, Creuse, Bonnafoux.

NADIOL, Langued., Sauvage. *Diss. de venenatis Gall. anim.*

ANEDUEL, ancien provençal, Raynouard.

ANADIEUL, Gard, Crespon.

ANIEUL, Vienne, Mauduyt.

ANEUIL, ANGUENEUIL, Poitou, Lalanne.

ANŒIL, ANEU, Centre, Laisnel de la Salle.

ANIEUIL, arrondissement de Poitiers, Lalanne.

ANUEIL, Deux-Sèvres, Lalanne.

ANILH, *m.* gascon, Azaïs.

NIEL, NIELLE, Vendée, Loire-Inf., Viaud-Grandmarais.

GNIEUL, NIEUL, Saintonge, Jônain.

ANVOIE, ANVOYE, anc. franç., Maine-et-Loire, Soland. — Noirmoutier, Piet.

ANVOUÉ, *m.* Suisse romande, Bridel.

DANVOUÉ, DANVOIS, *m.* Montbéliard, Sahler; Dartois.

ANVOU, Indre-et-Loire, de Croy.

ANNAIS, Vendée, Loire-Infér., Viaud-Grandmarais.

ANVA, *m.* Les Fourgs, Tissot.

ANVEUX, ANVEŬ, ANVEU, Jura, Vosges, Côte-d'Or, Eure-et-Loir.

LANVEUX, Jura, Ogérien.

DANVEU, Plancher-les-Mines, Poulet.

ANVET, DANVET, Baume, Dartois.

INVEU, INVAOU, Meuse, Cordier.

ANVÔ, ANVEAU, Vosges, Côte-d'Or, Loiret, Seine-et-Marne.

LANVÔ, LANVEAU, Yonne. Cornat. — Pithiviers, comm. par M. L. Beauvillard. — Semur, c. par M. H. Marlot. — Vosges.

LANBÔ, Saint-Didier, Côte-d'Or, comm. par M. H. Marlot.

LANVIEU, Montigny-sur-Armançon (Côte-d'Or), c. de M. H. Marlot.

LANVIAU, Morvan, Chambure.

LOENVIOT, Mont-Blanc, Gayot.

ANVIN, Vendée, Loire-Inf., Viaud-Grandmarais.—Beaumont-sur-
    Sarthe, com. par M. Aug. Besnard. — Ille-et-Vilaine.

AUVIN, Sud du dép. de la Sarthe, comm. par M. Aug. Besnard.

ANVERT, Neûchâtel, Alph. G. *Locut. vicieuses*, p. 262.

ANVRIN, Maine-et-Loire, A. de Soland.

ANVROUAIS, Vendée, Loire-Inf., Viaud-Grandmarais.

ANVROUILLE, Maine-et-Loire, A. de Soland.

ANIVAÏE, canton d'Escurolles, Texier.

ANGOU, Centre, Jaubert.

LANGOU, Issoudun, Jaubert.

ANTREVIÉ, Ban-de-la-Roche, Oberlin.

NARRE VOÉ, Le Tholy, Thiriat.

LANZER, *m.* vaudois, Callet.

RELUSANT, *m.* Bussy-le-Grand (Côte-d'Or), c. par M. Marlot.

LAINZER, *m.* Suisse romande, Bridel.

SERPENT DE VERRE([1]), français vulgaire.

SOURD, poitevin, Favre. — Vienne, Mauduyt.

CORPION, Montreuil, Corblet.

LISET, Toulouse, Poumarède.

AGUGLIOUN, Nice, Risso.

DZI, Liége, Carlier. — wallon, Sélys-Longchamps.

XY, Luxembourg wallon, Lafontaine.

PENTEFÉHUÉ, Guéméné-sur-Scorff (Morbihan), c. par M. J. Loth.

Noms étrangers :

Cecilia, Cecella, Cecigna, Lucignola, Orbettino, Orbiga, Orbighina, Bissa orbola, Soborgola, Serpente verme, Serpente di vetro, Ghiacciolo, ital. de diff. provinces, Bonap. — Sagueggia, Seixella, Sciguella, Gênes, *Descr.* — Orbisö, lombard, Balsamo. — Cecilia, Serpiente quebradiza (= serpent cassant), esp., Nemn. — Liscacer, Liscancre, gallic., Piñol. — Alicanço, Serpente cega, port., Pereyra. — Blindschleiche, Blindwurm, all. — Blind worm, Slow worm, angl.

2. — « Ben camja civada per juelh — e anguilas per aneduel. » (C.-à-d. : il change bien avoine pour ivraie et anguilles pour orvets= il fait un mauvais échange).

P. CARDINAL. *De Sirventesc*, cité par Raynouard.

---

[1] L'Orvet est ainsi appelé parce qu'il se casse facilement en plusieurs morceaux, par exemple si on le laisse tomber.

II.

1. — Cet animal inoffensif, dont les yeux sont très petits, passe généralement pour être aveugle. On le croit venimeux et très dangereux. On retrouve à son sujet dans toute la France ce dicton :

> « Si l'orvet (*ou* l'anvô, l'anvin) voyait
> Si le sourd (= salamandre) entendait
> Pas un homme ne vivrait (*var*. tout le monde périrait). »

> « Si l'anœil — avait œil
> Si serpent — avait dent
> Il n'y aurait bête ni gent. »
> > Berry, Laisnel de la Salle.

> « Si le serpent avait des dents
> Et si l'adeux avait des yeux
> On ne verrait bêtes ni gens. »
> > Creuse, Bonnafoux.

> « Si l'arguéu — aviet des oéu
> Et la chiura (*chèvre*) den (*dent*) dessus
> Tout le monde sarit perdu. »
> > Dauphiné, Champollion-Figeac.

> « Si anvin voyait — si sourd entendait
> Si bœuf raisonnait — jamais homme ne vivrait. »
> > Maine-et-Loire, A. de Soland.

On assure aussi, en différents endroits, que s'il était doué de la vue, il serait capable de démonter un cavalier. — Il peut lancer, dit-on, son venin à une grande distance.

2. — On croit que la blessure de ce reptile est inguérissable :

> « L'anveau
> Mène au tombeau :
> L'aspic
> Nous ensevelit ;
> La vipère
> Mène en terre ;
> La couleuvre
> On en releuve. »
> > *Journal des enfants.* 1855, 2ᵉ vol. p. 4.

« Emprès le langou
La palle et le trou. »

Issoudun, JAUBERT.

En Angleterre on dit d'une certaine couleuvre qui passe pour sourde (est-ce l'orvet ?) :

« If I could hear as see — Nor man nor beast should pass by me. » *Notes and Queries,* 1ᵉ vol. 2ᵉ série, p. 231.

3. — « L'orvet est également capable de nuire par le moyen de sa tête et par le moyen de sa queue. »

JONSTON. *Over de Slangen* ; *afdeel* II, *hoofdst.* I, p. 10 (cité par J. VAN LIER.)

4. — « Dans le Gothland (Suède), on dit que l'orvet ne mord qu'à midi. » LINNÉ. *Reizen door Gothland.* p. 457.

Cf. « The common water-snake — the most harmless of all Indian Ophidians — is said to be extremely venomous on certain days of the week. Friday for one, and on those days only. »
Popular native prejudices connected with natural History (*Indian Daily News,* june 1876.)

5. — « Dans certains cantons on ne croit pas que l'orvet soit aveugle, puisqu'on assure que son regard peut donner la mort. — On dit aussi qu'il a deux têtes, dont l'une veille tandis que l'autre dort. » Ille-et-Vilaine, *Journal d'Ille-et-Vilaine.*

6. — « Chaque tronçon d'un orvet cassé en deux donne naissance à un individu sans yeux dont on doit éviter la rencontre. »
Creuse, BONNAFOUX.

7. — « L'orvet est l'ami de l'homme. Bien des fois il a réveillé, par un coup de sifflet, des moissonneurs sur le point d'être mordus par une vipère. »
Melle (Deux-Sèvres), comm. par M. Ed. LACUVE.

Ordinairement c'est le lézard qui joue ce rôle. Voy. art. *Lézard,* p. 11.

8. — « Die blindschleiche stach die mutter Gottes, von dort an ist sie blind. » Souabe, *Zeitsch. f. d. d. Myth.,* t. IV, 48.

9. — « Autrefois, l'anvô et le rossignol n'avaient chacun qu'un œil. Le rossignol emprunta un jour l'œil de l'anvô pour aller à la noce et depuis refusa toujours de le lui rendre. Le serpent jura de se venger sur sa progéniture, mais l'oiseau répartit : *Je ferai mon*

nid si haut, si haut, que tu ne pourras jamais l'atteindre. —
Depuis ce temps, on trouve toujours un anvô sous le nid du rossignol.»

  Côte-d'Or, comm. par M. H. MARLOT. Cf. LAISNEL DE LA SALLE, II,
244, et ROLLAND. *Faune populaire*, II, 270.

  « L'orvet prêta un jour ses yeux au rossignol qui promit de les
lui rendre à la chute des feuilles de ronces. Or, ces feuilles sont
persistantes, c'est pourquoi l'orvet est toujours aveugle. »

          Canton d'Escurolles, TEXIER.

10. — Les sauvages de l'Afrique accusent ce reptile de
présomption si l'on en croit le proverbe suivant :

  « The blind worm said he would grow before he got his eyes: he
is grown, but (still) he thrusts his head about. »

      RHS. *Grammar and Voc. of the oji Lang.* Basel, 1854.

COLUBER NATRIX. L. — LA COULEUVRE.

1. — Noms de ce reptile :

COULEUVRE, COULEUVRE A COLLIER, COULEUVRE D'EAU, français.
COULEUVRE GRISE, COULEUVRE VERTE, français.
ANGUILLE DE HAIES (¹), ANGUILLE DE BUISSONS, français.
SERPENT D'EAU, Jura, Ogérien.
COULEUVRE DES DAMES (²), SERPENT NAGEUR, Maine-et-Loire, Soland.
SERPENT GRISE, environs du Mont-Blanc, Payot. — Semur, comm.
   par M. H. Marlot.
SÈRP, *f.* SÈRP A COLLIER, *f.* Tarn, Gary.
SERP, *m.* Auch, Abadie.
SARPENT, SERPENT, SERP, SERPE, différents dialectes.
SER, Gard, Crespon.
VREMINE, VREMINE GRISE, GROUSSE VERMINE, CLAIRETTE. Vienne.
   Mauduyt.
COLOBRA, *f.* COLOBRI, *m.* COLOBRE, *m.* anc. prov., Raynouard.
COULOBRÉ, provenç. mod., Castor.
CAROBRO, Bouches-du-Rhône, Villeneuve.

(¹) C'est sous ce nom que les paysans les mangent.
(²) Ainsi appelée parce qu'elle est inoffensive.

CULEUVRE, *f.* norm., Delboulle. — Boulonnais, c. par M. Deseille.

ÇULEUVE, picard, Marcotte.

COLIEUVE, COULIEUVE, Lorraine. — Pays wallons.

COULIEUVRE, QUILLEUVRE, Valognes, Le Héricher.

QUÉLIÉVE, Vosges, comm. par M. D. Pierrat.

CULÈVRE, pays de Caux, Collen-Castaigne.

COULEUFE, environs de Cambrai, Boniface.

COULUÈFE, *f.* wallon montois, Sigart.

COLOWE, COLOÛTE, wallon, Grandgagnage.

COUVRE, Mortain; Le Héricher.

BISSA, *f.* Nice, Risso.

LIE(¹), *f.* Poitou, Levrier. — Melle, comm. par M. Ed. Lacuve.

ALLANT, Chef-Boutonne, Beauchet-Filleau.

SILAN, Saintonge, Favre. — Charente, Trémeau de Rochebrune.

DZI, Liège, Forir.

DZAS'PI, Velay, Deribier de Cheissac.

BOBÀ, Canton de Murat, Deribier de Cheissac.

LONGÔ, Languedoc, Sauvages.

DARD, DERD, BEYINEE, Saintonge, Jônain.

BARBOTO, *f.* limousin, Foucaud.

BARBOTE, Poitou, Lalanne.

NAC'HER, AËR, breton armoricain.

En dehors de France la couleuvre est appelée :

Biscia, Biscia d'acqua, Bastoniere, Scacchiera, Anguilla di siepe, Serpe d'acqua, Mangïa rospi, Mangia botte, dans les diff. dialectes de l'Italie, Bonap.—Bissa d'acqua, lomb., Balsamo. — Culòvria, Sicile. — Colubro, it. — Pivera d'acqua, Sard., Nemn. — Vipera d'acqua, Tessin, Fatio. — Culebra, esp. — Cobra, Cobrega, gallic., Piñol. — Ringelnatter, Schiessotter, Wasserschlange, Hecknatter, Gründling, Suisse all., Fatio.

2. — On dit proverbialement : *faire avaler des couleuvres à quelqu'un* dans le sens de *lui faire éprouver des mortifications, des dégoûts*. Voy. dans Littré au mot *couleuvre* de nombreux exemples de cette locution.

3. — Certains oiseaux de proie fascinent, en décrivant des cercles concentriques, les reptiles dont ils veulent faire leur proie. C'est de là que vient l'expression *endormeur de couleuvres* qu'on applique à un flatteur, à un cajoleur.

(¹) On donne aussi ce nom à une jeune fille trop fluette pour son âge. Levrier. *Dictionnaire du patois poitevin.*

4. — On dit : *bére comme une couvre*.   Mortain, LE HÉRICHER.

5. — « Siler (= siffler) c'me in derd. »   Saintonge, JÔNAIN.

6. — On dit : *S'tortigner comme eune culeuvre*.
    Boulonnais, comm. par M. E. DESEILLE.

7. — Colubra restem non parit.   PETRONE. *Sat.* 45, 9.

COLUBER AESCULAPII. BOIE.

Noms de cette couleuvre :

SURGETON, SURGÉTON, Sarthe, comm. par M. Aug. Besnard. — Saumur, Millet.
SURCHETON, SUCHETON, SÉTON, arrond. de Saumur, Soland.
SANGLE, SERPE, Vendée, Loire-Inf., Viaud-Grandmarais.
ROUABE, ENFILANDRE, Vendée, Loire-Inf., Viaud-Grandmarais.
ESTERLANGE, ESTERLANDE, Vendée, Loire-Inf., Viaud-Grandm.
JAUNEAU, Saumur, Millet.
BISSAM, Nice, Risso.
DARBONIRE (¹), *f.* Environs d'Annecy, Thabuis.

COLUBER VIRIDIFLAVUS. FITZINGER.

1. — Noms de cette couleuvre :

SANGLIAS, SANLIAS, SANGLO, Vienne, Mauduyt.

En dehors de France cette couleuvre est appelée :

Scorzon, Tessin, Fatio. — Milord, Milò, Smiròld, lomb., Balsamo. — Milordo, Bello, Serpe uccellatore, it. dial., Bonap. — Biscia oxellinha, Gênes, *Descr.* — Coluru puzzonargiu, Colura puzzonargia, Sardaigne, Gené.

II. — « Les habitants du dépt. de la Vienne prétendent que cet animal a deux pattes. qu'il peut à volonté les faire sortir de son corps pour s'en servir au besoin et courir avec plus de vitesse. C'est une erreur. »   MAUDUYT.

(¹) Ainsi appelée sans doute parce qu'elle dévore les taupes (darbouns), cf. topajolo. île d'Elbe, Koestlin.

COLUBER VIPERINUS. Gervais.

1. — Noms de cette couleuvre :

ASPIC, Vienne, Mauduyt.
ASPIC D'EAU, Vendée, Loire-Inf., Viaud-Grandmarais.
COULEUVRE VIPÉRINE, VIPÉRINE, français.
GICLE, Loire, comm. de M. Sylvain Ebrard.

2. — On dit proverbialement: *aspic d'eau n'est pas dangereux.*
Loire-Inf., Viaud-Grandmarais.

« L'*aspic* est un petit serpent qui se tient sur le bord des ruisseaux et qui est très souvent dans l'eau. Les paysans *affirment qu'il ne mord pas dans l'eau*, ce qui est un jeu de mot. »
Melle (Deux-Sèvres), comm. de M. Ed. LACUVE.

3. — « On croit que lorsqu'on tourmente le Gicle, il se prend par la queue et roule ensuite comme un cercle pour courir sur son agresseur et le piquer. »   Loire, comm. de M. Sylvain EBRARD.

« On raconte dans la Beauce qu'il y a un serpent non venimeux, appelé la *sangle* ou le *sanglat* qui se jette sur les personnes qui passent à sa portée, s'enroule autour d'elles et avale sa queue pour serrer plus fort. »   Comm. de M de TARRAGON.

COLUBER CURSOR. Lacépède.

A la Martinique ce serpent est appelé *couresse* à cause de son agilité.   MOREAU DE JONNÈS. *Le Trigonocéphale des Antilles.*
On raconte que la couleuvre couresse bataille avec le trigonocéphale et que quand elle est blessée elle va se frotter à une certaine herbe pour se guérir de ses blessures.   Antilles, Dr RUFZ.

PELIAS BERUS. Merrem. — LA VIPÈRE.

1. — Noms de ce reptile :

VIPERA, *f.* anc. prov., Raynouard. — Nice, Risso.
VIPERO, VIPÈRO, *f.* Gard, Crespon. — Bouches-du-Rhône, Villen.
VIPÈRE, *f.* français.
VIPÈRE, VIPÈR, *masc.* dans un grand nombre de dialectes.
VIBRA, ancien provençal, Raynouard.

VUIVRE, *f.* Jura, Bridel.

ASPI, VOUIVRE, *m.* Centre, Jaubert.

VERPIE, *m.* Centre, Jaubert. — Jura, Toubin. *Réc. jurass.* p. 262.

VIPEIRE FLUTOU, *m.* VIPEIRE SUILLOU, *m.* Côte-d'or, comm. par
    M. H. Marlot.

AER-VYBER, Morbihan, Taslé.

VERMILIER, Sarthe, Toussenel.

VERMINE, Maine-et-Loire, Soland.

CREIEU, bressan, Sirand, p. 368.

2. — On appelle *verpillière* un endroit où foisonnent les vipères.

Jura, TOUBIN.

En dehors de France la vipère est nommée :

Vipera, it. — **Beipara**, Rovigo, A. Ive, p. XXIX. — **Vibora**, esp. — **Naya**.
gallic., Piñol. — **Marass**, Mantoue, Balsamo.

VIPERA ASPIS. BONAPARTE.

ASPIC, Charente-Infér., Lesson. — Loire-Infér., Viaud-Grand-
    marais. — Anjou, Millet. — Vienne, Mauduyt.

ASPICH, Nice, Risso.

ASPIC ROUGE, Anjou, Millet.

VIPÈRE ROUGE, Suisse romande, Fatio.

Cf. **Aspice**, vallée méridionale des Grisons, **Fatio**. — **Aspide**, île d'Elbe,
Koestlin.

VIPÈRA CERASTES. — LA VIPÈRE CORNUE.

Cette vipère qui se trouve au sud de l'Algérie est
appelée *lefaà* par les Arabes.

« Sa morsure est mortelle. Si l'on n'en meurt pas tout de suite
c'est que prétendent les Arabes, la vipère venait de boire et que
l'eau avait lavé son venin. »   DAUMAS. *Le Grand Désert.*

« Plusieurs arabes prétendent que cette vipère n'a point d'yeux,
d'autres qu'elle meurt quand elle a mordu un homme. »
        TISSEIRE. *Études sur la vipère cornue.* Alger, 1858.

« Nous quittâmes Hassy-en-Naga... ceux qui marchaient en tête virent au bout de quelque temps de ces vipères qui portent deux petites cornes sur le front et dont la blessure est mortelle : mais ils se gardèrent bien de les tuer, car il est connu que c'est un heureux présage de trouver une vipère en partant et que ne la tuant pas, on brise le mal derrière soi. Mais une fois en route on ne les épargne plus. »   DAUMAS. *Le Grand Désert.*

«Cette vipère était autrefois un serpent à belles couleurs, très aimé dans les tentes. Un jour un chef de tente qui en élevait une et qui avait deux filles qui la caressaient dit en badinant : que si le tentateur d'Ève avait autant d'amabilité et de charmes que son protégé, notre mère Ève était très excusable d'avoir failli. Il se repentit bientôt de ses paroles, car au bout de quelques jours cet hôte ingrat s'enfuyait après avoir ravi à chacune de ses filles, *sa précieuse pureté.* Le père pria Allah de punir le serpent qui perdit sa forme gracieuse et sa belle couleur et fut marqué au front de deux cornes. » Conte algérien. TISSEIRE. *Et. sur la vipère cornue.* Alger, 1858.

LES SERPENTS.

L'orvet, les couleuvres, les vipères et différentes espèces imaginaires sont habituellement confondues par le vulgaire sous le nom de *Serpents.* Tous les reptiles sont enveloppés dans la même haine et inspirent la même terreur. Nous allons passer en revue quelques unes des nombreuses légendes ou superstitions qui les concernent dans notre pays. Nous commencerons par celles relatives à leur amour bien connu pour le lait.

1. — C'est une question très controversée que celle de savoir si les couleuvres tettent les vaches ; cependant un grand nombre de témoignages semblent confirmer la réalité de ce fait. Chaque fois que les vaches donnent du lait rouge, on ne manque pas d'accuser les couleuvres de leur avoir sucé le pis pendant la nuit.

« Si vous voulez que vos vaches ne soient pas tettées par le serpent, aussitôt qu'elles auront fait veau, il vous faut les traire et répandre le lait sur le fumier ou autour de l'étable. Cela suffit pour éloigner le reptile. »

Cernois, près Semur, comm. par M. H. Marlot.

« On appelle *saettone* à l'île d'Elbe un certain serpent qui s'attache aux mamelles des vaches et des brebis et s'imbibe de leur lait de telle sorte qu'il en devient tout blanc. Il se défend en battant son ennemi avec sa queue. »   Koestlin.

« Une vache *jaïcée* (c. à d.: qui a été sucée avec le *jaïçon* ou dard des couleuvres) perd quelquefois de sa valeur parce que l'un des trayons du pis, celui, dit-on, qui a été touché par le reptile, demeure souvent improductif. »   Morvan, Chambure.

« La couleuvre pénètre par la bouche des enfants endormis au soleil, jusque dans leur estomac pour y déposer ses petits. Pour guérir les enfants ainsi attaqués, il faut les suspendre la tête en bas, au-dessus d'un vase de lait chaud afin que les petits, gourmands de ce breuvage, se hâtent de sortir de l'estomac du malade en nombre prodigieux. »

Bull. de la soc. prot. des animaux. T. V, p. 259.

« Arbeiter, die viel Moorwasser trinken, schlucken mit diesem manchmal Schlangeneier hinunter. Diese werden dann im Magen ausgebrütet und die jungen Schlangen wachsen heran und quälen den Menschen gar sehr. Sie halten sich in der Herzgrube auf und kommen zuweilen so vor den Hals, als ob sie heraus wollten. Einer wurde auch von diesem Uebel geplagt und ging zu einen Allerwelts-doctor, der sagte gleich, er habe eine Schlange im Leibe, und gab ihm eine halbe Kanne Branntwein zu trinken, dasz er und auch die Schlange ganz betrunken wurden und der Mann platt auf dem Boden lag, als ob er todt wäre. Dann stellte er vor den Mund des Mannes eine Schale mit Milch. Die Schlange, die von all dem Branntwein im magen durstig geworden war, witterte die Milch und kroch zum Halse heraus, um zu trinken. Darauf hatte der Doctor grade gewartet; er stand mit einer Zange daneben, packte die Schlange und schlug sie todt. Als der Mann seinen Rausch ausgeschlafen hatte, stand er gesund und munter wieder auf, als ob ihm nichts gefehlt habe. »

Duché d'Oldenbourg, Strackerjan.

2. — On dit généralement que l'on est *mordu* ou *piqué* par les serpents. Cette dernière expression peut avoir sa raison d'être en ce sens que la morsure faite par les vipères au moyen de leurs crochets venimeux ressemble à une véritable piqûre. Le vulgaire

croit à tort que les serpents piquent avec leur langue comme avec une sorte de dard.

« La morsure de la vipère se guérit par l'application de la tête coupée de la coupable. »   Creuse, BONNAFOUX.

La croyance à ce remède est très répandue en Europe et en Orient.

La langue des reptiles, qui, selon le vulgaire, leur sert de dard pour piquer est appelé **gesson** (Morvan, BOGROS, p. 93); **fisson** (Deux-Sèvres, L. DESAIVRE. *Bull. soc. stat. Deux-Sèvres*); **fiçou** (Toulouse, POUMARÈDE).

Certains dictons nous font connaître le degré de nocuité des différents reptiles :

> Aspi — met au lit;
> Couleuve — donne la fieuve;
> Vipère — met en bière;
> Anveau — couche au tombeau.
>> Pithiviers, comm. par M. L. BEAUVILLARD.

> Voignedrai (lézard vert) — le coutais (couteau);
> Vipeire — lai bière;
> Sarpan — lai bonne onguent;
> Anvô — le crô (le trou).
>> Semur, comm. par M. H. MARLOT.

Plusieurs formules semblables ont déjà été données à l'art. *Orvet*, p. 20. — Cf. aussi *Mélusine*, c. 370.

« Une personne piquée par un serpent, peut communiquer par son haleine le venin du serpent aux personnes qui l'entourent. »
> Touraine. *Feuille des jeunes naturalistes*. 1872, p. 56.

« Le paysan vendéen croit fermement que le mâle de la vipère fait deux piqûres et la femelle quatre. »
> A. DE SOLAND. *Et. sur les Ophidiens*, p. 25.

« Le regard de Saint Amable, dit la légende, suffit pour guérir toute morsure de serpent. »   SOLAND.

« Une dent de Saint Amable a la faculté de guérir de la morsure des vipères. »   GRATIEN DE SEMUR.

« A Lucé (Eure-et-Loir), Saint Pantaléon donne du lait aux nourrices qui lui offrent du fromage. Ce saint a en outre la spécialité de préserver des couleuvres tout le territoire de la paroisse. »

A. S. MORIN. *Le prêtre et le sorcier*, p. 268.

« On appelle *pauliano* un gueux qui se dit descendre de la race de saint Paul et chasse les serpents ; on appelle *gratia di San Paolo* une certaine pierre contre la morsure des serpents. »

Italie, DUEZ.

« Chi nasce la notte di S. Paolo e chi apprende la medesima notte presso un fonte battesimale non so quali parole, può trattare familiarmente con le bisce, e con le vipere medesime, prenderle in mano, attorcigliarsele al braccio, porsele in seno impunemente. Questa credenza può essere nata dalla tradizione, che trovandosi S. Paolo a Malta, ed essendoglisi avventata contro una vipera, egli le porse il dito, al quale essendosi la vipera attaccata, S. Paolo la portò cosi penzoloni lungo la spiaggia senza averne alcun male. »

Sicile, CASTELLI.

« Ordinairement, les empiriques font prendre aux personnes mordues, du vin blanc dans lequel on fait bouillir de la *vipérine*, (Echium vulgare, L.) de la *croisette* (Galium cruciatum, Sm.) et de la *potentille*. »　　　　　　　　A. DE SOLAND.

- Les formules superstitieuses contribuent puissamment à la guérison.

« Le *mégeyeur* (= le guérisseur) fait sur la morsure une croix de la main gauche, récite une prière à Sainte Amable et prononce gravement les paroles du psaume : *Super aspidem et basiliscum ambulabis, conculcabis leonem et draconem.* »

Anjou, A. DE SOLAND.

- Voici une formule anglaise copiée dans le cahier d'une vieille femme :

« Bradgty, bradgty, bradgty, under the ashing leef » to be repeated three times, and strike your hand with the growing of the hare. « Bradgty, bradgty, bradgty » to be repated three times nine before eight, eight before seven, seven before six, six before five, five before four, four before three, three before two, two before one, and one before every one three times for the bite of an ader. » In the list of Provincialisms, collected by VIDEO (Ire série, X[e] vol. p. 179) *braggaty* is said to mean « mottled, like an adder, etc. »

Notes and Queries. p. 25 du 4e vol. de la 2e série.

« Hâc imprecationis formulâ serpentes conjurantur : adjuro te, serpens, hac hora, per quinque sacra vulnera, ut hoc loco consistas nec movearis, tam certo, quam Deum ex virgine pura natum esse constat. Proinde te elevo + in nomine Patris et Filii et Spiritus Sancti. Eli lass eiter, eli las eiter, eli lass eiter. »

Formule latine citée par Moman.

. « Sic serpentes, bufones, lacertas in via sistere hoc modo solitum : fit in terra circulus trina circuitione iis verbis : in nomine Patris an + et Filii Elion + et Spiritus Sancti tedion + Pater Noster ; hinc ter dicitur : super aspidem et basiliscum ambulabis et conculcabis leonem et draconem trina circuitione. »

Autre formule citée par Moman.

Aux Antilles, on emploie le remède suivant contre la morsure dangereuse du trigonocéphale :

« Il faut commencer par poser sept ventouses sur la partie piquée et plus haut et dire à chacune d'elles : Venin, arrête ton cours ! — Comme Judas a trahi Notre Seigneur, les sept ventouses sont à l'honneur des sept plaies qu'a souffert N. S. J. C. puis un *pater* et un *ave* à chaque ventouse. Prenez ensuite de la poudre de pipe, neuf feuilles de calebasse d'herbes, neuf paquets de pied-de-poule (espèce de plante), neuf paquets d'herbe à couteau, neuf paquets de bouton-d'or, neuf paquets de malnommée rouge, etc. »

Rufz. Enquête sur le serpent. Saint-Pierre (Martinique), 1845.

M. Frischbier (*Hexensprüche*) a publié un certain nombre de formules de la Prusse orientale que l'on doit réciter quand l'on a été mordu par un serpent.

3. — « Salive d'homme
Tous serpents domme (dompte). »

Prov. du XIIe siècle. Leroux de Lincy.

Lucrèce avait déjà dit (Livre iv) :

Est utique ut serpens hominis contacta salivis
Disperit et sese mandendo conficit ipsa.

« Le mardi-gras, chaque maison a son pot-au-feu dont le bouillon se consomme en partie dans une cérémonie bizarre. La *mâtrosse* en

remplit une écuelle, prend un rameau de buis et asperge les
alentours de sa demeure en disant à haute voix :

> Sarpan, sarpan, va-t-en,
> Voiqui l'bouillon d'Cairmentran.

Cet exercice a pour but d'écarter les couleuvres qui rôdent dans
le voisinage et viennent quelquefois jusque dans les étables pour y
téter les vaches. »   Morvan, CHAMBURE.

« Le 1er mai on plante des mais sur les fumiers pour en chasser
les couleuvres. »   Morvan, BOGROS.

« Si vous tuez le premier papillon que vous apercevez au printemps, vous êtes garanti des morsures de la couleuvre pendant toute
l'année. »   Le Charme (Loiret), comm. par M. L. BEAUVILLARD.

« Les paysans qui ont peur de la couleuvre croient la *charmer* de
la manière suivante : ils prennent un mouchoir qu'ils tortillent en
forme de serpent au repos et chantent d'une voix langoureuse : *Je
t'endors, belle demoiselle, je t'endors !* »
               Melle (Deux-Sèvres), comm. de M. Ed. LACUVE.

« Quand on rencontre *une sarpent*, il suffit de la regarder en face
et de lui dire à voix basse : *te voilà, servante du Peut, je te dis que
Noël était* (dire ici le jour de la semaine où cette fête a été célébrée
pour la dernière fois) *et je t'ordonne de ne pas aller plus loin.*
La mauvaise bête entendant ces paroles, rebrousse chemin. »
                              Morvan, CHAMBURE.

« Un individu qui croit savoir conjurer les serpents prend un jour
une vipère et fait sur elle trois signes de croix en prononçant successivement trois mots : *ozi, oza, ozoa.* Le reptile se laisse faire, puis
est relâché. Le même individu veut recommencer l'expérience cinq
minutes après sur la même vipère et est dangereusement mordu. »
      Loire-Inf., VIAUD-GRANDMARAIS. *Note sur les mœurs des
      vipères.* 1867.

« Andar come la biscia all' incanto = aller contre son gré. »
                              Italien, DUEZ.

Sur les *Psylles* ou *charmeurs de serpents*, voy. *Description de
l'Égypte,* t. XXIV ; E. W. LANE. *An account of the manners of the
modern Egyptians,* t. II. p. 103 : Th. PAVIE. *Sur les Harvis* (dans
Revue des Deux Mondes. 1840).

4. — « Une peau de serpent appliquée sur une brûlure en précipite la guérison. »

Le Charme (Loiret), comm. de M. L. BEAUVILLARD.

« On recueille soigneusement les peaux que les couleuvres dépouillent au moment de leur mue ; on s'en sert pour faire sortir les épines entrées dans la chair. »

Environs de Lorient, recueilli pers.

Il y a peut être quelque chose de réellement efficace dans ce remède.

« Avoir dans sa poche un morceau de peau de serpent porte - chance. »

Saintonge, JÔNAIN. — Loiret, comm. par M. L. BEAUVILLARD.

« Dans la Brie champenoise, on dit d'un homme heureux : il a de - de la peau de couleuvre dans sa poche. »

FOURTIER. *Dictons de Seine-et-Marne.*

« The skin of a snake hung up in a house is supposed to bring good luck. »

West Sussex, LATHAM.

Les lutins n'aiment pas les habits faits de peau de serpent si l'on en croit un conte publié par le *Conseiller des Enfants* (1852), dont voici le résumé :

« Un lutin appelé le *lutin des broussailles* cause la prospérité d'un pays agricole en donnant de sages conseils aux paysans et en les prévenant des dangers que peut courir leur récolte. Cela ne fait pas le compte d'un usurier du pays qui jusque là faisait des affaires, d'autant plus belles que celles des autres étaient mauvaises. Il va consulter une fée qui lui donne le conseil suivant :

— Tue un serpent, prends sa peau, et quand elle sera sèche, fais couper dedans une culotte à la taille du *lutin des broussailles*; fais faire cette culotte par un tailleur, et jette-la sur le passage de ton ennemi; il ne manquera pas de la trouver. Voici la bise qui vient, il éprouvera le besoin de se vêtir plus chaudement, et quand il aura mis la culotte de peau de serpent, il ne pourra plus l'ôter jamais, jamais, et deviendra méchant. Il détruira les récoltes, dévalisera les granges... etc. Notre homme suit ce conseil et le lutin devenu furieux, ravage tout le pays si bien que tout le monde est ruiné y compris l'usurier. »

5. — « Nos campagnards croient que tous les serpents ont quatre pattes dont ils se servent pour sauter et qui, d'ordinaire, restent cachées sous la peau. C'est pour voir ces pattes que les enfants ne manquent jamais de faire griller les reptiles qu'ils assomment. Ils croient que le feu les oblige à *tirer leurs pattes*, quand il leur reste un peu de vie. Or, la seule patte qui sorte parfois, est le phallus bifide du mâle. »

L. Desaivre. *Bull. soc. stat. des Deux-Sèvres.* 1877.

Cf. le dicton telugu (Inde dravidienne) : « The snake only knows where it's feet are. » — Carr. § 1419. — M. Carr ajoute : The Hindus believe that a snake has feet, though they are invisible.

« Quand Dieu créa la femme, il tira une côte à Adam, et la déposa à terre tandis qu'il recousait la plaie. Le serpent s'en empara furtivement, et, comme à cette époque, il avait des pattes, il s'enfuit rapidement. Dieu envoya Michel à sa poursuite. L'archange croyait déjà le tenir ; il venait de réussir à lui saisir les pattes, mais le serpent les lui laissa entre les mains, en se dégageant par un violent effort.

« L'archange, tout penaud, vint raconter sa déconvenue au Père Éternel. Celui-ci, contrarié de la perte de la côte, réfléchit quelques instants, prit les pattes du serpent, souffla dessus et créa ainsi notre Mère commune. Voilà pourquoi la femme est si perfide, et c'est aussi depuis ce temps que le serpent n'a plus de pattes. »

Warloy-Baillon (Somme), comm. par M. H. Carnoy.

6. — « La tête de vipère séparée du tronc siffle encore pendant quinze jours. »   Creuse, Bonnafoux.

7. — En Angleterre (Cornwall, Devon, West Sussex, Dorsetshire), on croit que les serpents coupés en morceaux ne peuvent périr qu'au coucher du soleil. Jusqu'à ce moment les tronçons sont doués de vie. Voy. *Notes and Queries*, II, 164, 510; VIII, 146, 479, et Mrs Latham.

La même croyance existe dans le duché d'Oldenbourg, selon Strackerjan.

8. — « Les aspics naissent de crins de cheval plongés dans l'eau dormante, au lever du soleil, à certaines époques de l'année. »

Poitou, Guerry.

« On me racontait dans mon enfance qu'une vieille sorcière avait infecté de serpents le champ d'un voisin en venant s'y peigner chaque jour. »

L. DESAIVRE. *Bull. soc. stat. des Deux-Sèvres.* 1877.

Dans un conte de Luzel (*Contes bretons*, Quimperlé, 1870, p. 75), une sorcière s'arrache deux cheveux de la tête et les présente à un jeune homme (le héros de l'histoire), en lui disant : voilà deux chaînes pour attacher ton cheval et ton chien. Le jeune homme flairant un piège souffle dessus et les deux cheveux se changent en deux vipères.

« Dans un sortilège employé pour se procurer de l'or on se sert d'un crin de jument qu'on met dans un pot de terre neuf rempli d'eau pendant neuf jours. Ce crin se change alors en serpent ; on le nourrit et, en revanche, il donne de l'or et de l'argent. »

Voy. *Le Grimoire du Pape Honorius.*

9. — « Il n'y a si petit serpent qui ne porte son venin. »

Glossaire de l'anc. théâtre français.

10. — « He that has been bitten by a serpent is afraid of a rope. » — « Den einmal die schlange beisst der fürchtet sich von jedem gewundenen seil. » — « Ogni biscia hà il suo veleno. » — « Chi dalla serpe è punto, ha paura della lucertola. »

Les sauvages de l'Afrique ont le même proverbe : He whom a serpent has bitten dreads a slow worm. — RIIS. *Oji language.*

11. — On sait que le serpent est le symbole de la méchanceté et de la médisance. Les Wolofs (Sénégal) emploient la locution suivante : Personne ne coupe le filet au serpent, c.-à-d. : On ne peut empêcher les langues médisantes d'aller leur train.

DARD. *Gramm. wolofe*, p. 142.

12. — « Quand ou tini malhè, sèpent modé ou pa la khé = Quand vous êtes dans le malheur le serpent vous mord par la queue. »

Prov. créole. TURIAULT.

Le proverbe telugu (Inde dravidienne) dit : In your evil hour your own stick will become a snake. CARR. § 585.

13. — « Fare la serpe tra l'anguille dicesi dell' essere accorto e trattar co' semplici. »   MANUZZI. *Dizion. italiano.*

14. — « Qui ne se trouve bien s'en aille, dit l'hérisson au serpent *(disse lo spinoso alla serpe).* »   Locution ital. DUEZ.

15. — « Sèpent dit li pas rhaï mounn là qui cué li, ç'est ça qui dit : mi, sèpent. — (Le serpent dit qu'il ne hait pas la personne qui l'a tué, que c'est celle qui a dit : voilà le serpent).»
       Prov. créole. TURIAULT.

16. — « Si vous attendez des nouvelles importantes et si vous rêvez que vous exterminez des vipères, les nouvelles seront favorables. »
       Environs de Semur (Côte-d'Or) comm. par M. H. MARLOT.

« Träumt man von Eiern und Schlangen, so bedeutet diess Verdruss. »   Canton de Berne, ROTHENBACH, p. 45.

17. — « Le serpent est la bête du diable et du mal : ceux qui ont occasion de le tuer et ne le font pas seront punis. »
       Bussy-le-Grand, Côte-d'Or, comm. de M. H. MARLOT.

« La rencontre d'un serpent est un mauvais présage. »
       THIERS. *Superstitions.*

« Rencontrer un serpent sans pouvoir le tuer, présage de malheur. Au contraire, si on le tue, présage de bonheur.
       Environs de Semur (Côte-d'Or) comm. par M. H. MARLOT.

« To kill the first snake you see in any year will give you power over your enemies for the rest of the twelvemonth. »
       West Sussex, Mrs LATHAM.

« It is very unlucky to see a snake dead or alive upon the road. »
       West Sussex, Mrs LATHAM.

« Un serpent traversant le chemin devant quelqu'un se mettant en route est un mauvais présage.» — Chez les Karens (Hindoustan).
       Voy. MASON. *Journ. of Asiat. Soc. of Bengale,* 1865.

18. — « Si on tire sur un serpent le fusil éclate. »
       L. DESAIVRE. *Bull. de la soc. de stat. des Deux-Sèvres.* 1877.

19. — «Si vous racontez *sous la tuile*, c.-à-d. : à la maison, que vous connaissez des nids, les serpents qui vous écoutent iront détruire les couvées. »   L. DESAIVRE. *idem.*

20. — « Le serpent est l'ennemi déclaré du grillon, *la bête du bonheur*. Il l'attend au bord de son trou et le dévore. »

Laroche-en-Breuil (Côte-d'Or), comm. par M. H. MARLOT.

21. — « Entre les deux Notre-Dame jamais serpent n'a osé se montrer. »

Salins (Jura) *Mém. de la Soc. d'émul. du Doubs*. 1868, p. 293.

22. — L'enfant à qui un camarade reprend ce qu'il lui a donné, lui dit :

> « Tu donnes et tu reprends,
> Tu passeras par la main du serpent »
>
> Environs de Lorient, rec. pers.

23. — « Les paysans superstitieux n'osent pas appeler la couleuvre par son nom, c'est pour cela qu'ils l'appellent *longo*. »

Languedoc, SAUVAGES.

24. — Dans la littérature sanscrite, il est souvent dit que les serpents vivent de vent. (Voy. BŒHTHLINGK. *Indische Sprüche*.)

25. — Le proverbe telugu (Inde dravidienne) dit, à propos du serpent : Daily danger of death, but duration of life a thousand years. CARR. § 1162. — Cet auteur ajoute comme commentaire : « Snakes are believed to live a thousand years if they do not meet with a violent death. »

26. — « Sel' serpente non mangiasse, e' non si farebbe drago. *Prov. ital.* — Cela s'entend d'un qui s'enrichit aux despens d'autruy. »

DUEZ.

27. — Parla delle serpi. — (Si usano quando vogliano che si muti ragionamento, perche non ci piaccia, ò perche sia pericoloso quello, che s'hà alle mani.)   Locut. ital., PESCETTI.

28. — Un serpent de l'Inde, le *dhamin* (the whip-snake) était autrefois le plus venimeux des reptiles. La légende qui suit explique pourquoi il est devenu inoffensif :

A youth, while tending kine in a pastoral country, was seated on an ant-hill, discoursing sweet music with his reed in true Arcadian strains. The ant-hill was tenanted by a *dhamin*, and the reptile becoming encouraged at the intrusive freedoom of the swain, emerged from the ant-hill, and bit him in the foot. Death was instantaneous, and the snake retired into the ant-hill. Presently a passing gust of breeze caused the reed to send forth a note which so chagrined the reptile, who concluded that the rustic was still alive, that she forewore venom, then and for aye, and has ever since lived free from that reproach.

Popular native prejudices connected with Natural History.
Indian Daily News, june 1877.

29. — L'ingratitude du serpent est proverbiale et fait le sujet d'un grand nombre de traditions :

« Viperam nutricare sub ala. »   PETRONE. *Sat.* 77.

« Feeding a snake with milk, » se dit du bien qu'on fait à un ingrat.
Proverbe telugu. CARR. § 1420.

« Although you feed a snake with milk it will not refrain from biting you. »   Prov. telugu. CARR. § 1432.

« Le méchant dans ce monde est le frère du serpent ; il reçoit tranquillement un important service, comme le serpent boit le lait (qu'on lui offre) et cherche en retour à faire périr (son bienfaiteur). »
Sentence sanscrite. BERGAIGNE. *La Bhaminivilasa*, p. 74.

Sur le cycle de la fable de La Fontaine : *Le Villageois et le Serpent*, voyez une note importante dans Queux de Saint-Hilaire, *Œuvres d'Eustache Deschamps*, I, 339.

Dans certains contes, le serpent sauvé d'une mort certaine s'enroule autour du cou de son bienfaiteur et veut l'étrangler. Celui-ci l'accuse d'ingratitude monstrueuse. On prend un arbitre pour juger la question. Le renard, qui est ordinairement pris pour juge, demande à ce que les parties se remettent dans leur position première et le serpent est tué.

Voy. sur ce cycle de contes, LAURA GONZENBACH. *Sicilianische Märchen*, p. 247, et *Archiv für slav. philol.*, 1876, p. 279.

L'ingratitude du serpent fait encore le sujet du conte suivant :

« Il y avait dans une ville d'Asie un riche marchand, exact observateur des lois du Livre. Allah et le prophète le protégeaient en tout. Sa prospérité était sans pareille.... Les pauvres l'appelaient le généreux, les ulémas de toutes les mosquées l'appelaient le magnifique ; Kadis et Muftis écoutaient ses conseils ; et, dans toutes les villes, les poëtes chantaient sa louange. Il ne se promenait que dans ses vastes jardins. Il avait des fleurs en toute saison, des sources abondantes, beaucoup d'ombre, et il était toujours en santé. On le nommait Hadji Marzawane. Assis un jour dans son divan, il songeait, lorsqu'un serpent parut en criant : — Protection, protection, au nom d'Allah ! — Au nom d'Allah et du prophète, je te donne ma protection, dit Marzawane. Mais, d'où viens-tu ? qui es-tu ? — Je suis poursuivi par les soldats de Sa Hautesse ; ils vont arriver. Cache-moi. — Marzawane lui dit de se blottir derrière les coussins de son divan. — Non, dit le serpent, on m'a vu entrer ici, et fussé-je enroulé dans les cheveux de ta favorite, mes ennemis m'y découvriraient. Écoute ; les voilà qui approchent. Si tu ne veux offenser Allah et son prophète, tu n'as qu'un moyen : Ouvre ta bouche, que je me cache dans ta poitrine. Marzawane recula d'horreur ; mais la voix des soldats montait de plus en plus. — Soit, dit-il, puisque tu es venu au nom du Miséricordieux ! Le serpent disparaissait dans la gorge de son hôte, lorsque ses poursuivants entrèrent en criant. — Où est le traître ? Malheur à ceux qui couvrent l'ennemi du Sultan ! Marzawane leur dit que l'ennemi du Padichah était le sien ; que sa maison était vaste, qu'on pouvait s'y introduire inaperçu, et qu'ils n'avaient qu'à la visiter en tous sens. Les soldats fouillèrent partout ; ils exigèrent même de pénétrer dans le harem interdit, et c'est à peine s'ils respectèrent les voiles des femmes. Atterrés d'avoir humilié ainsi sans profit cet homme puissant, ils se jetèrent à ses pieds, baisèrent le pan de son caftan en lui demandant grâce, et ils se retirèrent pénétrés de sa générosité. Marzawane dit alors au serpent : — Sois sans crainte désormais. Sors ; tu gênes les battements de mon cœur. Mais du fond de cette poitrine de juste, le serpent répondit : — Il me faut une bouchée de ton cœur ou de ton poumon ; choisis. Je ne sortirai qu'à ce prix. Et comme Marzawane lui reprochait son ingratitude : — Homme naïf ! dit le maudit, puis-je contrevenir à ma nature ? serpent je suis, en serpent je dois agir. C'est encore beaucoup que je te donne le choix. — Amen ! dit Marzawane ; tu auras le meilleur de ma chair. Accorde-moi seulement, comme grâce dernière, de me laisser disposer les choses de façon à donner à ma mort l'apparence d'un accident, afin qu'on ne dise point qu'après avoir accordé sa protection au nom d'Allah et du prophète, Marzawane mourut sous la dent de son protégé. Les hommes s'autoriseraient peut-être d'une telle fin pour refuser à l'avenir l'hospitalité. Et Marzawane ordonna à un esclave d'étendre au pied d'un arbre son tapis de prières, d'approcher l'eau pour les ablutions préparatoires ; puis il alla regarder son dernier né, et, frissonnant à la pensée de le quitter pour toujours, il se rendit au jardin, renvoya ses serviteurs, fit ses ablutions, prit congé de son corps par une prière et, s'étant assis à l'ombre, son chapelet à la main, il dit à l'ingrat : Fais ce qui doit être. — Aussitôt un jeune homme resplendissant de beauté lui apparut et lui dit : Confirme ta foi ; prononce trois fois le nom d'Allah, détache une feuille de cet arbre, pose-la sur ta bouche et tu seras sauvé. — Qui es-tu donc ? dit Marzawane.—Le prophète m'envoie pour dissiper ta peine, je suis l'ange de l'hospitalité. Et le céleste messager disparut. Marzawane ne douta pas, et à peine la feuille consacrée touchait-elle ses lèvres que sa poitrine se soulevant rejeta le serpent noirci et calciné.

Arnauld d'Abbadie. Douze ans de séjour dans
la Haute-Ethiopie, t. I.

30. — « Philostrate (*Vie d'Apollonius de Tyane*, I, 14), fait connaître que les Arabes de l'antiquité croyaient qu'en mangeant le cœur ou le foie d'un serpent, on comprenait le langage des animaux. »   Lenormant. *Divination chez les Chaldéens.*

« Si on a un serpent sur soi, on devine toutes les métamorphoses et les objets ensorcelés sous leur véritable forme. »

Côtes-du-Nord, P. Sébillot. Traditions de la
Haute-Bretagne. 1880, in-8°.

« Dans un conte écossais de Campbell, un bouvier acquière la faculté de connaître toutes choses rien qu'en touchant à un bouillon fait avec un certain serpent blanc. »

Voy. L. Brueyre. Contes de la Grande-Bretagne.
1875, p. 141.

« Dans le commencement d'un conte, recueilli dans le pays messin, un serpent qui était *roi des animaux*, étant un jour égaré, demanda à un berger de le prendre sur son dos et de le reporter *au bois des animaux*. Le berger le fit et, en récompense, le serpent lui

accorda de pouvoir comprendre le langage des animaux, à la condition de ne jamais souffler un mot de leur rencontre... »

Lo pia Ermonèk lourain. 1879.

31. — « Qui n'a ouï raconter que le serpent femelle, ayant mis
bas tous ses petits, le long d'un chemin, revient sur ses pas et dévore
ceux qui n'ont pas eu assez de force pour s'écarter du lieu où ils ont
été déposés ? On le dit ; mais qui l'a vu ?... »

Antilles. Dr RUFZ.

32. — « C'est une ancienne opinion que la vipère se conjoint à
son masle en recevant dans sa bouche la teste d'iceluy à faute d'autres
parties génitales, et que la femelle, du plaisir qu'elle en prend, serre
si fort ses dents, qu'elle tranche la teste à son mary, dequoy elle
devient enceinte. Puis, quand ce vient à la délivrance, les petits
n'ayant autre issue et comme pour venger la mort de leur père, rongent le ventre et les flancs de leur mère, laquelle en meurt. Et voyla
pourquoi on dit du posthume, duquel la mère meurt en le faisant :
il est comme la vipère qui ne vit onc ne père ne mère. »

JOUBERT, p. 177.

« On croit que la vipère femelle meurt aussitôt qu'elle a mis bas. »
Loire. Comm. par M. Sylvain EBRARD.

33. — Dans nos contrées, certaines espèces, surtout
les couleuvres communes et à collier, sont très familières
et fréquentent le voisinage de nos fermes ; elles déposent
leurs œufs dans des trous exposés au midi, ou sur des
tas de fumier, afin que la chaleur les fasse éclore : leurs
œufs sont petits et blancs et ressemblent assez à ceux des
pies et des tourterelles ; c'est la rencontre de ces œufs
sur les fumiers qui a donné lieu aux fables absurdes, que
nos campagnards débitent avec une parfaite croyance.
Ils prétendent que le coq pond un œuf blanc et petit,
qu'il ne couve point ; mais que lorsqu'on le fait éclore par
la chaleur du fumier, il en sort un serpent ; c'est ce serpent provenant du prétendu œuf du coq qu'on a appelé
basilic, animal fabuleux, auquel on a donné plusieurs
formes et attribué des vertus extraordinaires.

« On croit à l'accouplement du mâle de la couleuvre verte et jaune avec la poule d'où vient le *cocatri* ou œuf de coq. Ces poules *jalées* par un reptile se reconnaissent à ce que leur chant qui imite celui du coq est rauque. Ces poules doivent être tuées de suite. »

Vienne. MAUDUYT.

34. — « Le *basilic* est un serpent qui naît d'un œuf pondu par un coq et couvé par un crapaud. C'est un petit serpent tout couvert d'yeux, qui jette un sort sur la maison qu'il habite. »

Jura. MONNIER.

35. — « On trouve parfois sur les fumiers, dans la cour des fermes, de petits œufs quelquefois sans coquille ; les paysans les appellent des œufs de coq. Ils affirment que ces œufs renferment un long serpent qu'ils nomment *cocodrille* ou *codrille*.

« La codrille, éclose naturellement, se cache dans des broussailles, dans les débris d'un vieux mur en ruines ou sous la toiture des étables. Il lui croit des pattes et alors elle ressemble à une salamandre.

« C'est un monstre redoutable. S'il vous aperçoit avant que vous le voyiez vous êtes mort ; mais, au contraire, si vous le voyez le premier, il tombe foudroyé.

« Pour empêcher la naissance de la codrille, on plante dans les fumiers, le premier mai, avant le lever du soleil, une longue branche d'aubépine garnie de ses feuilles à laquelle on donne le nom de mai.

« Des rameaux de cet arbuste sont également placés, dans le même but, à la porte des étables et des poulaillers. »

Châtillon-sur-Loing (Loiret). Comm. par M. L. BEAUVILLARD.

36. — « Les serpents entrelacés en grand nombre font une pierre qui est un diamant. Si on les surprend, on attend qu'ils s'en aillent pour le ramasser. »

Bull. de la soc. de stat. des Deux-Sèvres. 1877.

« Dans toutes les principautés danubiennes, on croit que les pierres précieuses sont formées de la bave des serpents et que, par suite, leurs nids contiennent des richesses incalculables. »

ALEXANDRI. *Ballades de la Roumanie.* p. XLI.

« D'après Apollonius de Tyane, la prunelle de l'œil du dragon est une pierre étincelante à laquelle sont attribuées plusieurs vertus secrètes. »

SAGLIO. *Dict. des antiquités.*

37. — « La vuivre est un serpent ailé, long et gros comme une *presse de char*, avec une couronne d'or et pour œil un diamant lumineux. »
OLIVIER. *Le Canton de Vaud*, t. I.

« La vuivre est longue comme un baliveau de dix ans, grosse comme une tonne, elle a quatre pattes courtes et crochues avec de longues griffes, une queue de lézard vert de dix pieds terminée par un dard, son museau est plus fort que celui d'un bœuf, ses yeux sont des flammes rouges et ses dents plus tranchantes que celles d'un ours. Tout son corps est recouvert d'écailles vertes, rouges, bleues, sur lesquelles les balles s'aplatissent comme des boulettes de terre glaise. Elle vole dans l'air avec de grandes ailes grises. Elle porte un diamant entre les lèvres de sa gueule et ne le quitte que pour boire ; quand elle le tient, la mort ne lui peut rien. Il est gros comme le poing, reluit comme une étoile et vaut des millions de millions de francs.

« La vuivre, pour boire, le pose sur une pierre au bord de l'eau ; alors elle n'entend rien, ne voit rien ; elle est molle comme une limace, un enfant la tuerait. Mais il faut prendre bien vite le diamant avant qu'elle ait désaltéré sa soif ; sans ça on est perdu, elle vous broie avec sa queue, vous déchire avec ses griffes, vous brûle avec son haleine qui fume, vous emporte dans l'air et vous laisse enfin tomber dans un précipice où il y a une trappe qui s'ouvre jusqu'aux enfers. »
Le Monde des Enfants. 1869.

38. — « Installé sur le haut d'une montagne, un serpent gigantesque absorbait par la puissance de son haleine tous les êtres animés que le hasard amenait dans ses parages. Et cela durait depuis longtemps.

« Or, dans un village non loin de là, nommé Arbouix, se trouvait un homme qui avait beaucoup de courage et qui résolut de délivrer son pays. Dans ce but, il établit une forge au lieu le plus secret qu'il put trouver, et là, il forgeait du fer, et lorsque le fer était rouge, il le mettait à la portée du serpent, au péril de sa vie, bien qu'il eût soin de se retirer aussitôt. Le monstre qui regardait de côté et d'autre, cherchant une proie, dès qu'il voyait le fer rouge, l'aspirait comme toute autre chose, et, par la puissance de son souffle, il l'avalait d'un seul trait. Le feu se mit à ses entrailles et il eut une si grande soif, qu'il se prit à boire, à boire, et il buvait toujours. A la fin, il creva. L'eau qu'il avait absorbée se répandit et fit un lac : c'est *le lac d'Isabit*.

« Cependant, les habitants reconnaissants du village d'Arbouix accordèrent à leur sauveur le droit de conduire ses troupeaux sans rétribution, sur les pacages qu'il avait affranchis, et ses descendants jouissent encore de ce droit.

_« Ensuite, on prit les côtes du reptile, et l'on crut faire une chose agréable à Dieu, de s'en servir pour construire une église. Mais, quand l'église fut bâtie, la grêle tomba sans relâche. On connut par là qu'il fallait brûler ces os, parce qu'ils étaient maudits, et, quand ils furent consumés, la grêle ne tomba plus. »

Pyrénées. KARL DES MONTS.

39. — BALLADE BRETONNE.

(Traduction littérale)

Quand j'étais à Vannes, pour apprendre le français.
Je ne savais rien que mon chapelet.

Maintenant je sais lire et écrire
Et empêcher un prêtre de dire sa messe.

On lui dit : Jeune fille de quinze ans,
Qui vous a appris à faire cela ?

C'est un jeune abbé, en revenant de l'école,
Au lieu de m'apprendre le bon, il m'a appris le mauvais.

Si j'avais vécu sept ans et ce que j'ai vécu.
J'aurais fait mourir tout le grain en terre

Et j'aurais fait dessécher les chrétiens les plus dévots.
— Jeune fille de quinze ans, avec quoi faites vous cela ?

Je le fais avec les ailes d'un corbeau et le cœur d'un crapaud,
Et la graine de fougère ramassée la veille de la Saint-Jean.

Si j'avais vécu sept ans et ce que j'ai vécu,
J'aurais fait périr la Bretagne :

J'aurais mis la terre aussi nette de grain
Comme l'or est en terre.

J'ai un petit coffre au bout de la maison de mon père.
Celui qui l'ouvrira aura un étonnement.

Trois vipères y couvent un serpent !
Celui qui l'ouvrira sera bien surpris :

Et, si j'avais vécu, ce n'est pas avec des perdreaux
Ni avec des bécasses que je l'aurais nourri,

C'est avec du sang royal et la chair des innocents
Que j'aurais nourri mon serpent.

> Environs de Lorient. Rec. pers. — Cf. dans Luzel. *Gwerziou
> Breiz-Izel*, I, 51, la ballade *Jeanne-la-Sorcière*.

40. — « Fo cau que las serps badou. — *Trad.* : Il fait chaud puisque les serpents ouvrent la gueule. »

> Locution du Gard, comm. par M. P. Fesquet.

41. — « Emmascarié las serps. — *Trad.* : Il ensorcellerait les serpents. »

> Locut. du Gard, comm. par M. P. Fesquet.

42. — On appelle d'une manière figurée la Misère : *lou nis de la serp* = le nid du serpent.   Gard, comm. par M. P. Fesquet.

43. — Sur Sainte Marthe et la Tarasque, voy. Molanus. *Historia imaginum sacrarum*, in-4°, pp. 122, 326 ; le tome IX de l'*Université catholique*, p. 196 ; J.B.F. Porte. *Recherches histor. sur les fêtes de la Tarasque, célébrées à Tarascon*. Aix, 1840 ; l'*Illustration* du 4 juillet 1846 ; Lenthéric. *Villes mortes du Languedoc*.

Sur les légendes de dragons en général, voy. P. Lerch. *Ein Beitrag zu den Localsagen über Drachenkampfe*. Orient und Occident, tome I, 751-754 ; Campbell. *Circular Notes* (ouvrage important pour l'histoire légendaire du dragon au Japon).

D'ailleurs, presque tous les ouvrages consacrés à la littérature populaire et aux superstitions contiennent quelque chose sur ce sujet.

Sur la *guivre* comme figure héraldique, voy. Paul Jove. *Histoire des ducs de Milan*, et Millin. *Voyages dans le Piémont ou le Milanais*, tome I. p. 383.

BUFO (Genre). LAURENTI. — LE CRAPAUD.

I.

1. — On donne aux différentes espèces de ce genre les noms suivants :

GRAPAL, Toulouse, Poumarède.

GROPAL, Tulle, Béronie.

GRAPAUT, GRAPAOUT, *m*. anc. prov., Raynouard. — provençal moderne. — languedocien. — gascon.

GRAPAUD, GRAPAUT, *m*. Vienne, Mauduyt. — poitev. Favre. — Alpes cott. Chabrand. — Centre, Jaubert.

GROPAU, limousin, Foucaud.

GRAPIA, GRAPIAUD, Vienne, Mauduyt. — Poitou, Favre.

CRAPAOUT, *m*. Landes, communiqué par M. Dubalen.

CRAPAUD, *m*. français.

CROPAUD, *m*. Les Fourgs (Doubs), Tissot.

CRAPAS, *m*. CRAPE, *f*. Lisieux, Travers.

CRÉPA, *m*. Ban de la Roche. Oberlin. — Montbéliard, Sahler.

CRAPEUX, *m*. picard, Corblet.

CRAPOU, *m*. pays de Bray, Decorde.

BOT (¹), BO, Vosges, Thir. — Plancher-les-Mines, Poulet. — Jura, Toubin. — Semur. comm. par M. Marlot. — Poitou, Lalanne.

BA, *m*. pays messin, recueilli personnellement.

BOTEREL, *m*. anc. français. — picard, Corblet.

BÔTERET. *m*. Morvan, Chambure.

BOTROIS, environs de Semur (Côte-d'Or), comm. par M. H. Marlot.

BOTRIAU, BOTRAIE, Bresse châlonnaise, Guillemin.

BOCAIN, env. de Semur, comm. par M. H. Marlot.

BOCAIN ROUGE (=bufo vulgaris), env. de Semur. c. par M. H. Marlot.

ROGE BO (= bufo vulgaris), Saint-Amé, Thiriat.

BABI, *m*. Menton, Andrews. — Nice. Risso. — Alpes cott., Chab.

GRAISSAN, GRAIXAN, *m*. ancien prov., Raynouard.

GRAZAN, Gard, communiqué par M. P. Fesquet.

HARRI, Béarn, Lespy.

MAGEAIS, NONAU, LULU (= diff. esp. de crapauds), Yonne. Cornat.

CRO, *m*. Suisse romande, Bridel.

TÊTE VACHE. Centre, Jaubert.

(¹) Ce mot sert le plus souvent à désigner les crapauds de petite espèce.

RÈGA, *m.* pays messin, recueilli personnellement.

PAURE HOMME, POURE HOMME (¹) (c.-à-d. : pauvre homme), Lorraine.

JANOT, Vienne, Mauduyt.

SIBOT, *m.* Morvan, Chambure.

SABAU, Gard, communiqué par M. P. Fesquet.

TOCZEK, TOUZEK, Morbihan, Taslé.

Noms étrangers :

Botta, Rospo, ital. — Tatto, it., Duez. — Baggio, Gênes, *Descr.* — Sciatt, Satt, lomb., Bals. — Sapo, Escuerzo, esp. — Krott, Toosche, Tooschkrott, Suisse all., Fatio. — Mok, Gardemok, Lux. all., Laf. — Pad, holl. — Toad, Paddock, angl. — Apo, basque. — Zapo, guipuzcoan, Van Eys. — Puka, labourdin Van Eys.

2. — Les têtards de crapauds portent les mêmes noms que les têtards de grenouilles. Voy. à l'art. *Grenouille*.

3. — Le mot *crapaud* est souvent employé comme terme d'injure ou de mépris, surtout à l'égard des enfants. Il en est de même de *bot* et de *babi*. — *Crapaud* signifie aussi *homme petit et laid*.

4. — On dit que le crapaud *fait le gros*, lorsque, se croyant menacé, il introduit entre cuir et chair une certaine quantité d'air qui lui forme comme un matelas élastique et préservateur contre les coups.

Cf. l'ancienne locution, **plus enflé qu'une botte**. Méry, III, 53. En anglais on dit : **swollen like toad**. Charleton, p. 27.

5. — On dit ironiquement de quelqu'un qui n'a pas le sou : *Il est chargé d'argent comme un crapaud de plumes.*

6. — On dit d'une personne qui a une peau rugueuse ou qui a été marquée par la petite vérole, *qu'elle a une peau de crapaud.*

(¹) Ainsi appelé parce qu'il semble chanter ces mots.

7. — On lit dans CHAPELOT. *Les Contes balzatois* :

« Ren que d'y songé, voéyé-v', o me pace des grapauds sus tout mon chétit cadâbre. »

8. — « Pour un sou il hongrerait un crapaud. »

Prov. basque. FABRE, p. 356.

9. — On trouve dans le *Diseur de vérités* (1844), p. 46 cette expression percheronne :

« Ils seront patriotes quand on pourra happer les crapauds par la queue. »

10. — Dans un roman de L. NOIR. *La Belle Marinière,* on lit cette phrase :

« Vous ne vous lassez pas de la regarder des heures entières avec des yeux de *crapaud mort d'amour.* »

11. — On dit dans le pays messin à quelqu'un qui se lève tard :

« *Il n'y a aucun danger que tu marches sur les crapauds.* c.-à-d. : il y a longtemps qu'il fait jour. »   Recueilli personnellement.

12. — « Isnel coum' un grapau = vif comme un crapaud. »
Gard. Communiqué par M. P. FESQUET.

13. — « Quand les crapauds chantent
Le beau temps s'avance. »
Loire. Comm. par M. Sylvain EBRARD.

« Quand le crapaud chante en janvier,
Serre ta paille, métayer. »
Ariège, *Statistique de la France.*

14. — Quand le temps est à la pluie, on voit les crapauds sortis de leur cachette ([1]), sauter çà et là ; on leur dit :

([1]) Comme les petits crapauds se montrent subitement quand il pleut, on a cru à des pluies de crapauds. Certains savants croient à la possibilité de vraies pluies de ces animaux.

> « Saute crapaud,
> Nous aurons de l'eau,
> Saute crapaud,
> Voici la pluie. »

> « Quand saouto lou grapaout,
> Sera lèou plé lou naouc. »
>
> Sud-Ouest. COMBES, p. 134.

On appelle le tonnerre le *tambourin des grapaus*.

Marseille. RÉGIS DE LA COLOMBIÈRE.

15. — « A la Saint-Joseph, les petits crapauds commencent à sortir. Fribourg. *Romania*. 1877, p. 89.

16. — « Si je vay là, je lui ferai faire le saut de crapaud. »
Glossaire de l'ancien théâtre français.

17. — « Elle est couverte en ardoise, les crapauds ne montent pas dessus ([1]). »

Pont-Audemer. L'abbé VASNIER.

18. — « Il n'y a pas de grenouille qui ne trouve son crapaud. »
Centre. JAUBERT.

II.

1. — « Lorsqu'on rencontre un crapaud on l'exécute de la manière suivante ; on le place sur l'extrémité d'une planche et le patient est ainsi lancé à une grande hauteur. Comme il a la vie très-dure, il n'est pas mort du premier coup ; on recommence deux ou trois fois, puis on le perce d'un bois bien pointu et, ainsi empalé, on l'expose au soleil pour terminer sa malheureuse existence. »
Ille-et-Villaine. *Bull. de la Soc. prot. des animaux*. V, 258.

« Le crapaud est détesté. Quand on le rencontre, on l'empale au moyen d'une baguette aiguisée et on le place dans un lieu apparent. »
Finistère. SOUVESTRE.

« Les paysans enfoncent l'extrémité aigüe d'une baguette fichée en terre dans l'une des pattes de derrière du crapaud, qui reste ainsi

---

([1]) Je ne me risque pas à commenter ce proverbe.

suspendu la tête en bas jusqu'à ce que mort s'ensuive ; c'est ce qu'ils appellent *lui faire faire de la toile.* »

Centre. JAUBERT.

« Les crapauds sont mis sur une planche qui fait bascule et, en frappant avec un instrument quelconque sur le bout qui lève, on les fait voler en l'air d'autant plus haut que l'on frappe plus fort. D'autres fois, on leur introduit dans la bouche une paille pliée au bout, puis on les suspend à une branche d'arbre où ils gigottent jusqu'à ce que mort s'ensuive. On dit qu'ils pissent aux yeux de celui qui les tourmente... Toutes les espèces de crapauds passent pour venimeuses. »

Loire. Comm. par M. Sylvain EBRARD.

« Quand un paysan rencontre un crapaud, il s'empresse de le tuer. S'il ne l'achevait pas complètement, le crapaud viendrait l'étrangler pendant son sommeil. »

Landes. *Feuille des jeunes naturalistes,* 1870, p. 25.

2. — « La rencontre d'un gros crapaud avant le déjeuner est un mauvais présage. »   Cernois, près Semur. Comm. par M. H. MARLOT.

3. — Dans différents endroits, on accuse les crapauds de teter les vaches et de leur faire venir du lait rouge.

« Les gens de la campagne attribuent aux crapauds certaines élevures, qu'ils nomment *sapures,* qui se manifestent parfois sur quelques parties du corps des bœufs ou des vaches, particulièrement aux jambes, à la tête, à l'abdomen et aux mamelles de ces animaux, prétendant qu'elles sont le résultat d'une sorte de succion exercée par ces reptiles. »   Vienne. MAUDUYT.

4. — « L'haleine empestée du crapaud fait périr les petits oiseaux dans le voisinage. »   Bouches-du-Rhône. VILLENEUVE.

5. — On lit dans CHAUVELOT. *Scènes de la vie de campagne* (roman bourguignon) (1861), p. 67 : « Ses yeux étaient chargés de colère comme ceux du crapaud le sont de *vrin.* »

6. — « Si un homme fixe longtemps un crapaud, il finit par le tuer, mais il peut arriver le contraire, l'homme peut être tué. »

Poitou. GUERRY.

7. — « Le crapaud se laisse fasciner par le serpent. »

Poitou. GUERRY.

«Quand le crapaud et la couleuvre se rencontrent, il y a bataille ; les armes sont leur haleine empestée et leurs regards enflammés. Le vaincu, fasciné, va de lui-même se jeter dans la gueule de son adversaire. »   Bouches-du-Rhône. VILLENEUVE.

« Si le crapaud et la belette se rencontrent, le premier qui voit l'autre le dévore. »

Coussac (Haute-Vienne). Comm. par M. G. MALLOIZEL.

« Dans la Suisse française, on croit à une inimitié mortelle entre le crapaud et l'araignée. ». *Feuille des jeunes naturalistes.* 1870, p. 25.

8. — « Le crapaud est considéré comme *l'ami de l'homme* parce qu'il avertit les gens endormis dans les bois de l'approche des serpents. » ,   . Normandie. PLUQUET.

9. — «On doit respecter le crapaud, parce qu'il guérit de la fièvre et qu'il garantit du mauvais air. »

Bouches-du-Rhône. VILLENEUVE.

« Les bonnes gens de Jersey croient naïvement que les crapauds sont la sauvegarde de l'île, parce qu'ils pompent et s'approprient toute l'impureté des éléments. »

Aug. LUCHET. *Souvenirs de Jersey.* p. 150.

«Le crapaud absorbe le mauvais air ; il condense dans son corps le venin de l'atmosphère. »   Loiret. Comm. par M. BEAUVILLARD.

«Les crapauds et les salamandres passent pour purifier les eaux dans lesquelles ils se réfugient. Il n'est donc point étonnant de voir encore aujourd'hui dans nos campagnes, des malades mettre un crapaud dans une cruche après l'avoir remplie d'eau et se servir de cette eau en guise de tisane. Les plus difficiles se contentent de suspendre un crapaud par la patte près de leur lit. Ce crapaud est censé avoir sur l'air de la chambre une influence analogue à celle que ses congénères exercent sur les eaux. Bien plus, on croit en Vendée que la présence des crapauds dans les jardins empêche *à la brime* de nuire aux plantes. » L. DESAIVRE. *Bull. de la soc. de stat. des Deux-Sèvres*, 1877.

« Un sac de crapauds aux pieds d'un malade amène une guérison infaillible. »   Poitou. GUERRY.

« Attrapez le soir un crapaud, mettez-le dans votre lit, *il pompera vos humeurs.* »

Charente-Infér. *Gazette des Tribunaux* du 22 mars 1845.

« Un préservatif auquel on a quelquefois recours contre le sort, c'est un crapaud qu'on pend par la patte dans l'écurie. »

Démocratie franc-comtoise. Octobre 1878.

« Les marins clouent souvent des crapauds dans la carcasse des navires en construction dans la croyance erronée que le rat a pour cet animal une telle antipathie qu'il ne saurait s'établir dans le même endroit que lui. »

Actes de la Soc. linn. de Bordeaux. 1875, p. 382.

« Le laboureur ne chasse jamais le crapaud qui a fixé sa demeure dans quelque coin d'une grange.... »

Chroniqueur du Périgord. 1853, p. 112.

« Un crapaud ou un jeune pigeon placé sur la tête d'un mourant attire à lui et *boit* le mal comme une victime expiatoire. »

Lucas de Montigny. *Récits variés*, p. 51.

« Les sorcières nuisent au lait des vaches en le détournant. Pour éviter cela, on met un crapaud dans une cruche que l'on tient constamment dans l'étable. »   *France littéraire.* 1839, p. 9.

« Pour chasser les souris d'un lieu quelconque, il faut y enfermer un crapaud dans une cruche. »   *France littéraire.* p. 23.

« Pour empêcher que les oyseaux ne gâtent les semailles en mangeant le grain, il faut avoir le plus gros crapaut que l'on pourra trouver et on le fermera dans un pot de terre neuf avec une chauve souris et l'on écrira en dedans du couvercle du pot ce mot : *Achisech*, avec du sang de corbeau et l'on enterrera ce pot dans le milieu du champ ensemencé, et ne faut pas craindre que les oyseaux en approchent : quand les grains commenceront à meurir il faut ôter ce pot et le jeter loin du champ dans quelque voirie. »

Secrets concernant les arts et métiers. Nancy, 1721. (Cité par la *Feuille des jeunes naturalistes.* 1870, p. 16.)

« Eine Kröte im Stall schutzt das Vieh vor bösen Leuten. »

Canton de Berne. Rothenbach.

« Aus dem Brunnen oder Keller soll man die Kröte nicht vertreiben denn sie zieht die Gifte an sich. »   Basse-Autriche. Blaas.

« Kröten die im friedshofe herumhüpfen darf man nichts zu leide thun, denn das sind arme seelen. »

Carinthie. *Zeitsch. für d. d. Myth.*, III, 30.

«Gemäsz dem Volksglauben in Obwalden waren Kröten verwünschte Menschen. Desshalb hatten Viele sehr grosse Furcht vor dem Thiere. Andere, um die verwünschte Seele zu erlösen, werfen die Kröten aufs Hausdach, damit sie dort verdorren und aus der Hülle die gefangene Seele frei werde. »   Suisse all. LÜTOLF, p. 351.

« If a sprained wrist is rubbed with a live toad it will effect a cure. »

Écosse. *Notes and Queries*, 2ᵉ série. IV, 486.

Sur les crapauds guérisseurs, voy. LUTOLF, p. 351, et ZINGERLE. *Sitten, Gebraüche*, etc., p. 203.

10. — En coupant un crapaud avec une faucille, le tranchant de l'instrument sera en meilleur état pendant toute la moisson.

Ille-et-Vilaine. *Journal d'agriculture d'Ille-et-Vilaine.*

11. — Il est défendu de manger les œufs le vendredi et le samedi de la semaine sainte. On dit qu'ils renferment ces jours-là des crapauds.

Argentan. CHRÉTIEN.

12. — Scottish reapers say that during the time of harvest, the toad's mouth is shut, and is then quite harmless, not being able to spew its venom !   *Notes and Queries*, 2ᵉ série. IV, 486.

13. — The tongue of the toad was of great efficacy in love matters. Whoever carried the dried tongue of a toad in his breast, could bend any woman to his will.

Écosse. GREGOR. *Animal superstitions.*

14. — *Faire le crapaud pelé*, c'est reprendre ce qu'on a donné. Les enfants chantent en ce cas la formulette suivante :

« Grapaud pelé,
Qui m'a donné,
Qui m'at oté. »
Poitou. FAVRE.

15. — *Manger le crapaud* c'est en moisson finir sa tâche le

dernier. Les moissonneurs disent à celui qui coupe la dernière poignée d'un champ ou qui ramasse la dernière javelle : *Tu mangeras le crapaud.*   Centre. JAUBERT.

16. — Daar een bye honing uit zuigd, daar zuigd een pad fenyn uit. C.-à-d. : *On peut envenimer les choses les plus innocentes. Le crapaud convertit en venin, ce dont l'abeille fait du miel. Proverbe Hollandais qui se dit des gens qui enveniment les choses les plus innocentes.*   MARIN. *Dict. holl. fr.*

17. — « Il est de la race du crapaud qui craint qu'à manger, la terre ne lui manque. »   Bretagne. SAUVÉ (*Revue celtique.*)

18. — « Dyable no pot suffrir la bona odor de enguen de misericordia, aytan pauc com graixant la dolor de razi ». V. et Vert. fol. 74, 2, Ms.(= Diable ne peut souffrir la bonne odeur de l'onguent de miséricorde aussi peu comme crapaud l'odeur du raisin)

     Ancien provençal, RAYNOUARD.

19. — Durchspiesst man die erste Kröte, die man im Frühling sieht, mit einem Bohnenstickel, setzt in dieselbe eine Maienbohne, nimmt von der daraus hervorgehenden Ranke eine Blüthe, dazu eine Hollunderblüthe, so sieht man ebenfalls in der Kirche die Hexen.

     Canton de Berne. ROTHENBACH, p. 57.

20. — Les paysans croient que le crapaud s'accouple avec la cane.

     Melle (Deux-Sèvres). Comm. de M. Ed. LACUVE.

21. — « A deables tant de maistres, dist le crapot à la herse (au diable tant de maitres, dit le crapaud à la herse). »

     Proverbe du XIIIe siècle. LEROUX DE LINCY.

« Dehez eient tanz meistres » dist le crapod à l'herce.

Ce proverbe, tiré d'un manuscrit intitulé : *Proverbia magistri Serlonis* (XIIe siècle), est paraphrasé comme il suit :

— Sic buffo crati fatur : ve cui tot dominati !
— Buffo crati fatur ; ve turba quibus dominatur !
— Buffo trahe dixit ; domini tot sint maledicti !

     P. MEYER. *Archives des missions.* 1871, p. 171.

« *Come disse la botta all'.erpice*, comme dit le crapaud à la herse qui passa sur luy, c-à-d. : n'y puisses-tu jamais revenir. »

Italien. DUEZ.

« Pfeifen wie eine Kröte die vom Rade gequetscht ward. »

Proverbe lithuanien. SCHLEICHER.

Cf. le proverbe des nègres de l'Afrique : « A large stone (being thrown) crushed à lizard. It said « so he who is stronger than one treats one. » — Said in allusion to the fact that the strong oppresst he weak. »

BOWEN. *Grammar of the Yoruba language.* Washington, 1858, in-4°.

Voyez encore LESPY. *Proverbes du Béarn*, p. 10.

22. — « Ki crapoud aime lune li semble. »

Proverbe français du XIIe siècle. P. MEYER. *Archives des missions.* 1871, p. 173.

« Ki crapaud aime lunette lui semble. »

XIIIe siècle. LEROUX DE LINCY.

23. — Sur les trois crapauds que les rois de France avaient dans leurs armes et qui, postérieurement, ont été remplacés par trois fleurs de lys, voy. P. Meyer. *Déb. des Hér. d'armes*, p. 159. ; Louis Paris. *Les Victoires du fort roi Clovis*, et Rey. *Histoire du drapeau en France*, II, 32.

24. — Dans un conte de Luzel (*Veillées bretonnes* p.262), il est question d'une princesse qui, étant indisposée, après avoir communié, rejette la sainte hostie. Un crapaud l'avale et va se cacher sous une pierre. La princesse se met aussitôt à enfler d'une manière prodigieuse, et l'on cherche de tout côté un médecin pour la guérir.

Cf. *Archives des Missions*, 1871, p. 182.

Dans un autre conte de Luzel (*Mélusine*, col. 381), une grenouille a avalé une sainte hostie tombée dans un étang et toutes les autres grenouilles viennent l'adorer.

25. — « Lou bouhoun qua trouquat lous oueils dap lou crapaout quié la baillat la sou coude éu troc (*La taupe a échangé ses yeux avec le crapaud qai lui a donné sa queue en échange*). Queygn è lou qui a heit lou miélle aha ? qu'és lou bouhoun, pramoun qu'aouré toutung perdut la biste débat la terre éu né sé serbin pas dous oueils. (*Quel est celui qui a fait la meilleure affaire ? c'est la taupe, parce qu'elle aurait perdu malgré tout la vue sous terre en ne se servant pas de ses yeux.*) » Landes. Comm. par M. Dubalen.

Cf. la locution lithuanienne : « Er freut sich darüber dasz er es bekommen wie eine Kröte dasz sie Augen bekommen. » Schleicher.

« La taupe a perdu les yeux parce que le crapaud a, un jour, pissé dessus. » Landes. Comm. par M. Dubalen.

26. — LE CRAPAUD QUI SE MARIE.

Il y avait une fois un bonhomme si vieux, si vieux, que la mousse poussait sur ses jambes. Ce bonhomme était père de trois jeunesses qui s'en allaient tous les jours travailler loin de chez elles, pour subvenir aux besoins de la famille.

Chaque matin, lorsqu'il faisait beau temps, le vieillard, qui pouvait à peine marcher, se faisait conduire par la plus jeune de ses filles, appelée Lida, sur un banc placé sous un pommier, au bas de son courtil.

Un jour qu'il était assis à sa place habituelle, il entendit un bruissement dans l'herbe, et vit apparaitre un énorme crapaud qui s'avança gravement jusqu'à lui et lui dit :

— Aimerais-tu, bonhomme, à redevenir jeune ?

— Ce que tu me proposes-là, répondit le vieillard, n'est pas possible, et cependant ce serait le plus cher de mes désirs.

— Eh bien ! il ne tient qu'à toi de recommencer une nouvelle existence.

— Que faut-il faire ?

— Décider l'une de tes filles à m'épouser.

— J'avais bien raison de dire que ce n'était pas possible. Comment veux-tu que l'une de mes filles épouse un crapaud ?

— C'est à prendre ou à laisser. Je te donne trois jours pour la décider, je reviendrai savoir sa réponse. Si tu n'as pas réussi, tu ne me reverras plus.

Et le crapaud disparut dans les herbes.

Le soir, lorsque Lida vint chercher son père pour le ramener à la maison, elle le trouva triste et pensif.

La jeune fille, qui l'aimait beaucoup, lui dit : « Père, tu n'es pas gai comme de coutume ; il a dû t'arriver quelque chose de particulier. Dis-le moi, je t'en supplie ».

De retour à la maison, le bonhomme raconta, devant ses filles, sa conversation avec le crapaud, la proposition de celui-ci, et la condition qu'il y avait mise.

Les deux aînées se récrièrent aussitôt qu'elles ne consentiraient jamais à se sacrifier de la sorte pour être sans doute les dupes d'un vil imposteur.

La plus jeune ne dit rien.

Deux jours s'écoulèrent, et Lida, voyant que son père ne mangeait plus, ne dormait plus et songeait sans cesse à la proposition du crapaud, lui dit enfin, en le conduisant le troisième jour sous son pommier : « Cher père, annonce au crapaud que je consens à l'épouser et que je me tiens à sa disposition. »

Le bonhomme fut tellement heureux du dévouement de son enfant qu'il en pleura de joie en l'embrassant.

A la même heure que la première fois, la bête hideuse aborda le vieillard, et lui dit : « Eh bien ! quelle nouvelle m'apportes-tu ? »

— Lida, la plus jeune, la plus jolie de mes filles, veut bien te prendre pour mari.

Le crapaud devint fou de joie. Il se mit à exécuter une danse insensée, à marcher sur les pattes de devant, à se rouler par terre, et à faire des cabrioles plus extraordinaires les unes que les autres.

Lorsque la joie du monstre se fut calmée, il dit au vieillard :

— Cher beau-père, amenez-moi demain Lida, au même endroit, à la même heure, et, aussitôt, je vous ferai redevenir jeune, et j'emmènerai ma fiancée dans mon royaume.

Le lendemain, la pauvre enfant, plus morte que vive, accompagna son père à sa place habituelle.

Cette fois le crapaud fut le premier au rendez-vous, et, en voyant la charmante figure de sa promise, il recommença ses danses échevelées.

L'infortunée Lida frémit de tout son corps en songeant qu'elle allait devenir la femme de cette affreuse bête.

Le crapaud s'approcha du bonhomme, lui toucha le pied d'une baguette qu'il portait au côté, et la métamorphose s'accomplit.

Le vieillard redevint ce qu'il était à quinze ans, un jeune et beau cavalier plein de jeunesse, de vigueur et de santé.

Le crapaud pria ensuite Lida de vouloir bien le suivre.

La jeune fille obéit avec résignation.

De sa baguette, il toucha un morceau de roc énorme qui pivota comme par enchantement et laissa entrevoir l'ouverture d'un souterrain dans lequel ils s'engagèrent tous deux. Le rocher se referma sur eux, et ils se trouvèrent dans l'obscurité la plus complète.

La frayeur qu'éprouva la pauvre enfant, en se voyant ainsi prisonnière, fut tellement grande qu'elle s'évanouit.

Le maître de ce séjour ténébreux appela au secours, et plus de mille petits crapauds, portant chacun sa lumière, arrivèrent de toutes parts et entourèrent la malheureuse Lida. D'autres, la soulevèrent de terre et la portèrent doucement sur un lit de mousse.

Son mari, roi de ce peuple immonde, lui chatouilla le nez avec des herbes odorantes qui lui firent bientôt reprendre ses sens. S'habituant peu à peu à son entourage, elle accepta, il le fallait bien, des mets et des liqueurs préparés exprès pour elle.

Au bout de quelques jours, le gros crapaud ordonna la célébration du mariage. Un dîner splendide fut servi. Puis des jeux et des danses se succédèrent avec rapidité. Des milliers de crapauds se lançaient des uns aux autres de petites couleuvres frétillantes, brillantes comme du feu, qui allaient ensuite s'accrocher par la queue aux interstices du rocher, et éclairaient ainsi l'appartement mieux que n'auraient pu le faire toutes les lampes du monde réunies ensemble. Des gymnasiarques célèbres exécutèrent sur des joncs tendus des tours de leur façon. Enfin, des grenouilles coassèrent à qui mieux mieux en s'accompagnant de divers instruments. Ces plaisirs, toujours variés, durèrent plusieurs semaines.

Malgré toutes les distractions que s'efforçait de lui procurer son mari, Lida, privée d'air, de jour, de soleil, dépérissait à vue d'œil.

Le crapaud en eut pitié et lui dit un jour :

« Femme, le chagrin te consume, et tu tomberais malade si je ne t'accordais quelques jours de liberté. Eh bien ! je te permets d'aller passer huit jours dans ta famille, pars, guéris-toi, et reviens ensuite ici gouverner en reine souveraine. »

La triste mariée ne se le fit pas dire deux fois et partit aussitôt.

En la quittant, le batracien lui dit : « Ne fais connaître à personne le lieu de notre retraite, ne raconte à âme qui vive ce que tu as vu, et ne chagrine pas ta famille en lui disant que tu n'es pas heureuse. »

Elle promit tout ce qui lui était demandé, et partit.

Trois semaines s'étaient à peine écoulées depuis le mariage de

Lida, et cependant bien des changements avaient eu lieu dans la maison de son père.. D'abord, ce dernier, redevenu jeune, avait voulu tenter la fortune et était parti pour le pays des Iles. Ses deux filles, supposant que leur sœur ne devait pas revenir, avaient partagé tout ce qu'il y avait à la maison ; aussi furent-elles fort désappointées en apercevant Lida. Celle-ci les rassura en leur disant qu'elle venait seulement passer huit jours avec elles, et qu'elle leur donnait de grand cœur la part qui pouvait lui appartenir. Les aînées devinrent alors plus aimables et voulurent questionner leur sœur sur ce qui lui était arrivé.

« Je regrette, répondit Lida, de ne pouvoir satisfaire votre curiosité, mais j'ai promis de ne rien raconter de ce qui s'est passé depuis mon départ et je tiendrai mon serment. »

Les curieuses ne se tinrent pas pour battues, et revinrent plusieurs fois à la charge ; mais tout fut inutile, la jeune mariée resta muette.

Lorsque le délai fatal fut expiré et qu'il lui fallut reprendre, le chemin du souterrain, elle se laissa aller à un désespoir affreux.

Tout-à-coup, le crapaud qui, sans se faire voir, avait suivi sa femme et s'était caché dans un coin d'où il avait vu et entendu tout ce qui s'était passé depuis huit jours, s'avança au milieu de l'appartement et dit à Lida :

« Je vois que, malgré tout ce que j'ai pu faire, je ne suis pas parvenu à captiver ton cœur. Je le regrette sincèrement. Rassure-toi, néanmoins, puisque tu as su garder ton serment, je n'abuserai pas du droit que m'a donné ton père en m'accordant ta main : je te rends la liberté. Ne voulant pas non plus, ajouta-t-il en se tournant vers les sœurs aînées, que ma femme soit une charge pour vous, je lui fais don de ma baguette de magicien avec laquelle elle obtiendra tout ce qu'elle pourra désirer. »

Cela dit, il disparut.

Lida regretta bien un peu de faire autant de peine à ce pauvre crapaud, mais elle se consola vite et ne songea bientôt plus qu'à utiliser la baguette magique.

Les trois sœurs, pour se distraire, effectuèrent chaque jour de charmantes promenades dans les environs. Une après-dînée qu'elles étaient allées plus loin que de coutume, elles gravirent un côteau du sommet duquel on avait une vue splendide. Le paysage leur plut tellement qu'elles s'écrièrent : « Qu'un château ferait bien ici, et comme on y passerait volontiers sa vie ! » Lida ayant formé ce vœu en touchant sa baguette, elles se trouvèrent immédiatement à la porte d'un superbe château entouré d'un jardin ravissant, clos de murs de toutes parts. Elles inspectèrent leur nouvelle propriété, et furent ravies des merveilles qu'elles y découvrirent. Tout ce qu'il était possible de rêver de plus charmant se trouvait réuni en ces lieux. Tout-à-coup, leur attention fut attirée par des cris qui venaient de l'entrée du jardin. Elles dirigèrent leurs pas de ce côté et aperçurent, derrière la grille du château, trois individus de mauvaise mine qui secouaient la porte avec violence et menaçaient de la briser si on ne leur ouvrait aussitôt.

Lida s'avança résolûment vers ces gens et, leur demanda ce qu'ils voulaient.

— Nous voulons l'hospitalité dans cette demeure et un dîner succulent, arrosé de vos meilleurs vins.

— Ma maison n'est point une auberge, allez ailleurs commander en maîtres. Je défends que cette porte vous soit ouverte, et elle ne le sera pas.

— Vraiment ! Eh bien ! nous la briserons.

Et l'un d'eux, saisissant une hache, se mit à frapper à coups redoublés sur la grille.

Lida, serrant la baguette entre ses mains, dit, tout effrayée: « Que celui qui cherche à entrer chez moi de force se brise un membre ? »

Elle n'eut pas plutôt prononcé ces mots, que le malheureux qui, en ce moment, brandissait la hache, se l'abattit sur le poignet gauche, qu'il coupa d'un seul coup.

Il poussa un cri de douleur et se roula par terre de désespoir.

« Le maladroit ! » s'écria l'un de ses compagnons, et, s'emparant de l'arme, il voulut, à son tour, entamer la grille, mais la hache mal dirigée lui sépara le genou en deux. Il s'en alla rejoindre son camarade sur le sol.

Le troisième se précipita à son tour sur l'instrument encore sanglant, et voulut, par un mouvement de rage, lui faire décrire un cercle autour de sa tête ; la hache lancée avec trop de vigueur, lui échappa des mains et lui trancha le chef !...

A l'instant même, le bruit d'une voiture se fit entendre. et l'on vit, conduite par quatre chevaux, une calèche dans laquelle se trouvait un joli garçon qui s'arrêta devant la grille, sauta à terre. et tendit les bras vers Lida, en s'écriant :

« Chère épouse, tu viens, sans t'en douter, de me délivrer de mon plus cruel ennemi. Par son pouvoir, il me tenait depuis des siècles métamorphosé en crapaud, et il a fallu que ce fût toi qui me délivrasses d'un pareil monstre ! »

La jeune femme reconnut son mari, ouvrit précipitamment la porte et s'élança vers le charmant magicien qu'elle combla de caresses, lui faisant oublier la répulsion qu'elle avait eu jadis pour l'affreux crapaud.

A partir de ce jour, leur bonheur fut sans nuages.

Ille-et-Vilaine, Comm. par M. Adolphe ORAIN.

LOU REINAR E LOU GRAPAU.

Lou reinar e lou grapau s'entendeguèrou 'no fes per faire l'issart d'uno terro de fosso espandido e carrado de fourmo. Quand aquesto seguet fouzegudo e atufegado, i semenèrou de blad que leu levèt e que fazié gau à veire.

Manjo-galinos qu'o toutjour mai aimat lou tout que la mitad si diguet : « Se noun m'engane nostre travalh dounaro 'n poulit revenge e serié damnatge de lou desperti entre dous. Mes coumo fà per que moun orre coumpan ague pas res à meissounà per el? Coumo fà ? E coussirous tres jours e tres nièchz cerquet un metjan engincous per enfioulà lou grapau. Après aco s'en anèt vès l'animau as ielhs rouginouses e l'abourdet ansin : — Dieus t'afourtune, cambarado! — Que t'en fague aitau, vezi, repliquèt lou sabau per estre pas en resto de poulidesso, e que mene à be nostro obro ! — Amai fo, m'es avis, e, toucant en d'aquelh endrech, mi fas souveni que

Aquelh que res noun azardo
O pas ni sèlo ni bardo.

Se vos doun faren uno escoumesso. — E quanto ? — Counvendrien que lou qu'auro fatz prim lou tour del camp qu'aven semenat n'auro soul touto la rendo. S'aco ti vo, digos-ou. — ... Ebe, faguet lou grapau, quand aguct perpensat un sessis, ebe per aco fà serai presté après deman à la primo aubo. — Per après deman siégue. — Sus aco, après s'estre fatz tout ple d'amenansos, lous dous escoumeteires si diguèrou adieusias.

Entremen, doumentre que lou reinar si lipo gaujous entre avedre virat l'esquino e que s'en vo, coumo de coustumo, mandrounejà, lou grapau s'agandis vès lous tres sabaus lous pus espermentats de touto la sabaudarié, per lus countà l'afaïre embe proumesso d'uno bouno regalo se l'ajudou à fà virà las causos à soun proufiech. — Conto sus nautres, li seguet respoundut, e, sus lou cop, entre man e margo, s'accordou sus ce que cauro fà per n'arrivà à uno bouno fi, aco's à dire que si partirou à tems la cousso que s'alestis.

Al jour dich lous dous aversiès si rendou al rodou d'ounte devou
parti. A la primo aubo delampou e camino que caminaras. — Al
prumié cantou del camp lou reinar si viro, roudilho e crido :
« Ounte siès, grazan ? » — « Aici davan, » urlo uno voutz grapaudino. — Tout perpres lou gueine repren soun escourido, buto
boufan coumo un lazer vès lou segoun cantou e recrido leu :
« Ounte siès grazan ? » — « Aici davan, » glatis encaro uno voutz
grapaudino. — E mai goupilh si perfosso per mettre darriès el lou
sabaudas. Mes en bado : al cantou trezen coum' al terme de l'arri-
vado, quand demando : « Ounte siès grazan ? » Toutjour un grazan
dis : « Aici davan ! » — Aici davan ! aici davan ! Aquelh sempiternau
refran fenis per acourà nostre bop que be que filh de mandro
esfalenat e afaioucat s'aresto tout embalauzit d'avedre perdut ce
que tant crezié gagnà.

Un pau d'ajudo es fosso e saupre fà passo sienso.

LE RENARD ET LE CRAPAUD *(Traduction)*.

Le renard et le crapaud s'accordèrent une fois pour défricher
une terre de grande étendue et carrée de forme. Quand celle-ci fut
fossoyée et bien façonnée, ils y semèrent du blé qui leva bientôt et
qui faisait plaisir à voir. — Mange-poules, qui toujours a mieux
aimé le tout que la moitié, se dit : Si je ne me fais illusion, notre
travail sera bien récompensé et il serait grand dommage d'être
deux pour se partager la récolte. Mais que faire pour que mon
disgracieux compagnon n'ait rien à moissonner pour lui ? Oui, que
faire ? — Et, préoccupé trois jours et trois nuits, il chercha un
moyen ingénieux pour duper le crapaud. Après cela, il s'en alla vers
l'animal aux yeux rouges et il l'aborda ainsi : « Que Dieu te
bénisse, camarade ! » — « Qu'il fasse aussi cela pour toi, voisin,
répliqua le crapaud, pour n'être pas en reste de politesse, et qu'il
fasse réussir notre ouvrage. » — Aussi le fait-il, il me semble, et, à
ce propos, tu me fais souvenir que « Qui rien n'aventure n'a ni selle
ni bardelle, » si tu le veux donc nous ferons une gageure. — Et
laquelle ? — Nous arrêterons que celui qui aura le premier fait le
tour du champ que nous avons emblavé en touchera seul le revenu.
— Eh bien ! fit le crapaud après un instant de profonde méditation,
eh bien ! pour faire cela, je serai prêt après-demain, à la pointe du
jour. — Pour après-demain, soit. — Sur cela, après s'être fait tout
plein de civilités empressées, les deux parieurs se dirent adieu. —

En attendant, tandis que le renard se pourlèche, joyeux, dès qu'il a tourné le dos et qu'il s'en va, comme à l'ordinaire, vagabonder, le crapaud se rend chez les trois crapauds les plus expérimentés de la crapauderie pour leur conter l'affaire, promettant qu'ils feront chère lie s'ils l'aident à faire tourner les choses de son côté. — Compte sur nous, lui est-il répondu, et, sur le champ, en un clin d'œil, ils s'entendent sur ce qu'il faudra faire pour arriver à bonne fin : en temps opportun, chacun d'eux fera une partie du chemin à parcourir. — Au jour dit, les deux rivaux se rendent au lieu d'où ils doivent partir. A la pointe du jour, ils déguerpissent et courent à qui mieux mieux. Au premier angle du champ, le renard fait demi-tour, regarde devant lui et crie : Où es-tu, grazan ? — Ici devant, hurle une voix crapaudine. — Tout penaud, le renard reprend sa course, et, soufflant comme un lézard, il pousse vers le second angle du champ ; arrivé là, il crie de nouveau : Où es-tu, grazan ? — Ici devant, bredouille encore une voix crapaudine. — Et, derechef, Goupil s'efforce de laisser derrière lui le haïssable crapaud. Mais en vain ; au troisième angle, comme au point d'arrivée, quand il s'écrie : « où es-tu grazan ? » toujours un crapaud répond : Ici devant. — Ici devant ! ici devant ! à la fin, ce sempiternel refrain accable notre renard, qui, tout fils de mandre *(renarde)* qu'il est, hors d'haleine et n'en pouvant plus, s'arrête, grandement étonné d'avoir perdu ce que tant il croyait gagner.

Un peu d'aide vaut beaucoup et savoir-faire vaut mieux que science.

Colognac (Gard), comm. par M. P. Fesquet.

Cf. ci-dessus, p. 3, le conte de *La Tortue et le Daim*.

BUFO OBSTETRICANS. Laurenti.

1. — Crapaud de pierres, crapaud de murs, Env. de Semur, comm. par M. H. Marlot.

Cloucheur, Oise, *Mémoires de la Soc. acad. de l'Oise.* 1847-1851, p. 319.

Cloque, Vienne, Mauduyt.

Clloque, Cllot, Poitou, Lalanne.

Tou, *m.* Environs de Semur, comm. par M. H. Marlot.

Sourd, Environs de Pithiviers, comm. par M. L. Beauvillard.

2. — On dit que quand les *tous* chantent, c'est signe de beau temps. On leur dit :

> « Tou, tou, tou
> Aimène le temps doux. »
> Cernois, près Semur, comm. par M. H. MARLOT.

3. — « Ribolé les œillots comme un *tou* = ouvrir les yeux comme un *tou*. »   Cernois, près Semur, comm. par M. H. MARLOT.

BUFO CALAMITA. LAURENTI.

GRIS BO, Saint-Amé, Thiriat.

Noms étrangers :

Kellermok, Klengmok, Luxembourg allemand. Lafontaine.

BUFO IGNEUS. LAURENTI.

CRAPAUD SONNANT, français.

LIRON, Charente, Trémeau de Rochebrune.

LURTAI, wallon, Grandgagnage.

PETIOT CRAPAUD, CRAPAUD DE CROT, Environs de Semur, comm.
     par M. H. Marlot.

PON-HU (onomatopée), Maine-et-Loire, A. de Soland.

TOUJOUX, environs d'Annecy, Thabuis.

COULOUK, wallon, Grandgagnage.

CLOCHE, Luxembourg wallon, Lafontaine.

BOT, BO, Isère, Charvet. — Annecy, Thabuis.

BO, CRAPAUD DES MARAIS, Anjou, Millet.

BO DÀ VOÀHHE, Saint-Amé, Thiriat.

BEU (¹), *m.* Vienne, Mauduyt.

Noms étrangers de ce crapaud :

Unke, Hausunke, Suisse allemande, Schinz. — **Onk,** Luxembourg allemand. Laf. — **Guggermörli,** Zurich, Schinz. — **Feierkruot, Jerdkruot,** Saxe, Bielz. —

(¹) Son coassement ressemble assez au beuglement d'une vache, d'où son nom. MAUDUYT.

RANA (Genre) L. — LA GRENOUILLE.

I.

1. — Au latin *rana* se rattachent :

RANA, RAYNA, *f.* ancien provençal, Raynouard.

RANO, *f.* Creuse, Vincent.

RANE, *f.* Suisse romande, Bridel. — picard, Corblet.

RAINE, *f.* anc. franç. — Lorraine, Pays wallons, Picardie, Champagne, Bourgogne.

RAÏNE, *f.* Guernesey, Métivier.

RAIN-NE, *f.* Montbéliard, Contejean.

RAGNE, *f.* picard, Corblet.

RAIGNE, *f.* Champagne, Grosley. — Aube, Tarbé. — pic. Marc.

ROUÈNE, *f.* rouchi, Hécart.

RAN, breton armoricain.

RAINÉTA, *f.* ancien provençal, Raynouard.

RENOTTE, *f.* Canton de Précy (Côte-d'Or), c. par M. H. Marlot.

GRENOTTE, *f.* Vitteaux (Côte-d'Or), com. par M. H. Marlot.

GRAGNOTO, Gard, comm. par M. P. Fesquet.

RENOLE, *f.* Bagnard, Cornu.

RENOILLE, *f.* anc. fr. — Bresse châl., Guillemin. — Côte-d'Or, communiqué par M. H. Marlot.

EURNOILLE, ERNOILLE, *f.* environs de Semur, c. par M. H. Marlot.

RENOUILLE, *f.* anc. fr. — Besançon, Poulet. — Côte-d'Or, com. par M. H. Marlot.

RENOULLE, *f.* ancien français. *Ménagier de Paris*, II, 222.

RENOUEILLE, EURNOUEILLE, *f.* Morvan, Chambure.

RENAILLE, RENALLHE, *f.* Suisse rom. Bridel. — Gruyère, Cornu.

R'NEUILLE, *f.* Les Fourgs (Doubs), Tissot.

GRENEUIL, Vienne, Mauduyt.

GRENEUILLE, *f.* poitevin, Beauchet-Filleau.

GRENEILLE, *f.* poitevin, Favre.

GRANOLHA, *f.* anc. prov. — environs de Montpellier, *Revue des langues romanes*, oct. 1874, p. 600.

GRANOUGLIA, *f.* Nice, Risso.

GRANOYA, *f.* Menton, Andrews.

GRANOULHO, *f.* Toulouse, Poumarède. — gascon, Taupiac.

GRANOUYO, *f.* Gard, Crespon. — prov. moderne, Castor.

GRAOULHO, Toulouse, Poumarède.

GRAOUILLE, *f.* Landes, de Métivier.

GUERNOULE, *f.* Flandres, Vermesse.

GRENOUILLE, *f.* français.

GUERNOUILLE, GUERNOUYE. GUERNOILLE, *f.* Lorraine, Pays wallons, Champagne, Bourgogne. Berry, Orléanais, Anjou. Sarthe.

GUERNAÏE, *f.* Lunéville. Oberlin.

GUÊNOUILLE, *f.* Avranches, Le Héricher.

GRENAZELLE, RENAZELLE. *f.* Châteaudun, c. par M. de Tarragon.

RANQUETA, Dauphiné, Champollion-Figeac.

Cf. **Rana**, it. esp. — **Ran**, gallic. Piñol. — **Ranocchio, Ranocchia**. it. — Granocchia, Corse, Mattei. *Prov. corses*, p. 116. — **Ranna**, mil. Banfi.

2. — Autres noms de la grenouille :

CRÀ, Vosges, Jouve. *Chansons*, p. 113.

CRAYOTTE, Plancher-les-Mines, Poulet.

CARRÈC, Gers. *Revue de l'Aquitaine.* 1857.

ROSSIGNOL DES MARAIS (1), français, Duez.

POULET DE CARÊME (2). Audry. *Le Régime du Carême*, p. 10.

CHIGNON-N'. CHIGNON-NETT. environs de Lorient, rec. pers.

3. — Dans leur premier état les grenouilles et les crapauds ont une tête énorme avec une longue queue plate et ne vivent que dans l'eau. On leur donne alors les noms suivants :

TÉTARD. *m.* français.

TÉTA, TÉTAIR, *m.* Côte-d'Or, com. par M. H. Marlot.

TÊTELOTTE, *f.* Saint-Germain-en-Laye, rec. pers.

TET, TÊT, *m.* Langres, Mulson. — Aube, Tarbé.

CABOT, wallon montois, Sigart.

CABOUSSOLO, *f.* Tarn, Gary.

(1) Ce nom se donne par plaisanterie: cf. **March-bird**, Angleterre de l'Est, *Transact. of the philol. Soc.* 1858, p. 97. On l'appelle aussi **rossignol de Hollande**, parce que, dans ce pays marécageux, ce batracien pullule, tandis que le rossignol y est très-rare. Marin. *Dictionnaire hollandais.*

(2) Ce nom est aussi donné par plaisanterie. La grenouille a la chair blanche et, jusqu'à un certain point, le goût du poulet.

TÊTE D'ÂNE ([1]), Vienne, Mauduyt. — Deux-Sèvres, comm. par M. Ed. Lacuve.

TESTO D'ASE, TESTO D'AZÉ, provençal moderne, languedocien.

TÊTE DE MAILLET, vaudois, Callet.

TITA DE MAILLET, Suisse romande, Bridel.

QUEUE DE POËLE ([2]), Loiret, comm. par M. L. Beauvillard.

QUEUE DE CASSE, Montrêt, Gaspard.

COUE DE PÊLE, COUE DE CASSE, Côte-d'Or, c. de M. H. Marlot.

CASSUOURO ([3]), f. Alpes cottiennes, Chabrand et Rochas.

GOULLHERET ([4]), m. Suisse romande, Bridel.

QUEILLEROTTE, f. Morvan, Chambure.

GUILLERI, GUILLEROTTE, f. Montbéliard, Sahler.

GODET, m. Anjou, Millet. — Sarthe, c. par M. A. Besnard.

BORGNE, Montbard (Côte-d'Or), comm. par M. H. Marlot.

BÀNE, Grancey-sur-Ource (Côte-d'Or), comm. par M. H. Marlot.

POUTEROTTE, Montbéliard, Sahler.

BO CAOUOT ([5]), Meuse, Cordier.

BA CAOUÉ, BI CAOUÉ, BRI CAOUÉ, pays messin, rec. pers.

BO CAOUÉ, Vézelise (Vosges), recueilli personnellement.

COUA, Canton de Murat, Labouderie.

COUITRON, Guernesey, Métivier.

VERCOUE (c.-à-d.: *ver à queue*), normand, Le Héricher.

CAU, Savoisy (Côte-d'Or), communiqué par M. H. Marlot.

CANCARIGNOL, CAP GROS, COUDO DE PADENO, ASE, languedoc. Azaïs.

CHAFAUT, Montigny-sur-Armançon (Côte-d'Or), c. par M. H. Marlot.

Noms étrangers du têtard :

Girino, Cazzuola, Cazzola, Ranabottolo, it. — Ranavotto, Ranuzza codata, it. Duez. — Renacuajo, esp. — Tadpole, Bullhead, angl. — Bullheeod, Hundred of Londsdale, Peacock. — Laidlick, Powit, Banffshire, Gregor. — Kielfrosch, Froschwurm, Kaulkopf, Kaulpad, Kühlpogg, Kulquab, Moorkolb, Dickkopf, Kauzekopf, Krötengerecke, Quapp, Rosskopf, Schlägeluz, Schneeblitz, Weberknopf, Kaularsch, Kaule, Froschbrut, dans les différents dialectes allemands, Nemnich. — Rumptroll, suédois, Nemnich.

[1] On sait que la tête de l'âne est énorme proportionnellement à son corps.

[2] Le têtard est ainsi appelé à cause de sa queue qui est aplatie.

[3] Cassuour = grande cuiller dont on se sert pour faire la soupe. CHAB.

[4] C'est-à-dire petite cuiller.

[5] C'est-à-dire : crapaud à queue, caudatus.

En hollandais, on appelle les têtards *donderpaddetjes*
par suite du préjugé qui veut qu'ils prennent naissance
dans les airs et tombent à terre au moment des orages.
— NEMNICH.

4. — Le frai de grenouille s'appelle :

COVIN, wallon, Grandgagnage.
PAINS DE GRENOUILLE, RENOILLERIES (plur.), Vic de Chassenay,
    (Côte-d'Or), comm. par M. H. Marlot.
AGRIO, canton de Murat, Labouderie.

5. — En parlant du chant des grenouilles, on dit :

COASSER (cf. lat. *coaxo*), français.
CROAILLER, français, Duez.
CRACASSER, Deux-Sèvres, *Canard poitevin*, p. 6.
LE COAC, anc. franç. Laurent Joubert. *Erreurs pop.*, 1579, p. 256.
LE CROAC, ancien français, Duez.

En dehors de France, on dit :

Gracidare, Gracchiare, it. — Croak, angl. — Kwakken, Brikkekikken,
Brikkwakken, hollandais.

6. — « Le 25 avril, jour de la saint Marc, on dit : Zoo lang de
vorschen voor sint Markus quaeken, moeten zy na sint Markus
zwygen. »   Pays flamands, REINSBERG. *Traditions et légendes.*

« Quand les grenouilles chantent en mars, elles se taisent en avril. »
Eure-et-Loir, *Statistique de la France.*

« Aussi longtemps que les grenouilles coassent avant la saint
George, aussi longtemps après elles se tairont. »
Haut-Rhin, *Statistique de la France.*

« Autant de jours les rainettes auront chanté avant la Notre-Dame
de mars, autant de jours elles s'arrêteront après. »
DESCOURTADES, p. 35.

    « Avant Bonne Dame de Mars
    Autant de jours les raines chantent
    Autant par après s'en repentent. »
Le Prévoyant Jardinier, 1781.

« Grenouille qui chante avant avril — ferait mieux de se taire. »
                 Proverbe breton, Sauvé. *Revue celtique.*

«Malgré le chant des rainettes,—ma pauvre petite vache mourra;—
quand le coucou pour nous chantera,— ma petite vache sauve sera. »
                 Proverbe breton, Sauvé. *Revue celtique.*

  « Quand la granouillo canto en fébrié,
  Cal pas barro per battre le nouguié ([1]). »
                                Proverbe gascon, Taupiac.

Tous ces proverbes signifient que s'il fait trop béau temps en février ou en mars, il y aura une recrudescence de froid au mois d'avril.

7. — *Avoir les yeux comme la grenouille*, se dit de ceux qui ont les yeux à fleur de tête.

8. — « Aussi vray qu'alouettes sont grenouilles. »
                 Glossaire de l'ancien théâtre français.

9. — Trois femmes, trois mendiants et trois grenouilles font une foire.

10. — On dit de quelqu'un qui n'a pas inventé la poudre, d'un sot : Il n'est pas cause que les grenouilles n'ont pas de queue.

11. — « Être adroit de ses mains comme une grenouille de sa queue. » G. Sand. *Le Péché de M. Antoine.*

12. — *Faire le métier de grenouille*, c'est boire et babiller, double occupation des ivrognes. Quitard. — *Grenouiller* = boire, s'ivrogner.

13. — « Boir sans manger est past à grenoulles. »
                 Ancien français, Leroux de Lincy.

14. — L'eau est méprisée des buveurs qui l'appellent : *sirop de grenouille.*

([1]) C.-à-d. : il n'y aura pas de noix.

II.

1. — « Inflat sese tanquam rana. »   PETRONE. *Sat.* 74, 13.

« O mai la granouja si gounfla, o plu vito crepa. »
                                                    Nice, TOSELLI.

«Chi bole ingunfiassi troppu risica di crepà cumme a granocchia.»
                                                    Corse, MATTEI.

2. — « Tanto và la rana al poggio, che vi lascia la pelle. »
                                                    Italien, PESCETTI.

3. — « Der frosch geht dem bache zu, wenn man ihn auch in ketten legt. »   Proverbe allemand.

«Setz' einen frosch auf goldnen stuhl, er hüpft doch wieder in den pfuhl. »   Proverbe allemand.

« The frog cannot out of her bog. »   Proverbe anglais.

« Non è possibile cavar la ranocchia dal pantano. » Proverbe italien.

4. — «È como la rana che salia o sta, c.-à-d. : Il est toujours en action ; il faut qu'il fasse toujours quelque chose. » Italien, DUEZ.

5. — « La granouja non muorde, perchè non a de den.»
                                                    Nice, TOSELLI.

« Il ranocchio non morde perch'ei non ha denti. »
                                                    Italien, ARRIVABENE, p. 437.

« Ranocchi da Ferrara : non mordono perche non hanno denti. »
                                                    Italien, PESCETTI.

«Se la rana havesse denti ! = S'il avait aussi bien la force comme il a le courage ! »   Italien. DUEZ.

« Domenedio seppe, quel che fece a non dare i denti alle rane. »
                                                    Italien, PESCETTI.

« Lou bou Dieu o levat la dens à las granoulhos (c.-à-d. : Dieu a ôté les dents aux grenouilles ; Dieu a enlevé aux petits, jaloux des grands, le pouvoir de nuire). »   Gard, comm. par M. P. FESQUET.

Proverbe telugu (Inde dravidienne) :

« A frog never bites, a brahman never fights (said of a cowardly person). »   CARR, § 544.

« Gott gab dem frosch nicht die hörner, sonst möchte er spieszen. »
                                    FRISCHBIER. *Preussische Sprichwörter.*

6. — Proverbe wolof (Sénégambie) :

« La grenouille se plaît dans l'eau, mais non point dans l'eau chaude. »   DARD, p. 136.

7. — Locution espagnole :

« No es rana = il est plus habile qu'on ne croit; il est même très habile. »

8. — Locution espagnole :

« Eso sucedera cuando la rana tenga pelos = cela n'arrivera jamais. »

9. — Proverbe italien :

« Come disse Agostino a ranocchi : *Nos tussemus in aqua turba.* »
                                                    PESCETTI.

10. — On trouve dans Petrone (*Satires*) :

« Sic amicus vester qui fuit rana, nunc est rex. »

11. — « A la N.-D. de Mars (25 mars), les grenouilles deviennent crapauds. — (A partir de ce moment, personne ne mange plus de grenouilles). »   Côte-d'Or, comm. par M. H. MARLOT.

« Pour le dimanche des Rameaux,
Les grenouilles deviennent crapauds. »
                    Loire, comm. de M. Sylvain EBRARD.

12. — Aux environs de Paris, quand une personne a les mains continuellement en moiteur, et salit ainsi tout ce qu'elle touche, on lui fait passer cette infirmité, en lui faisant étouffer de force une grenouille entre les deux mains.   Recueilli personnellement.

« Um sich das schwitzen der hände zu vertreiben, hält man einen lebendigen laubfrosch so lange in den über ihn geschlossenen händen, bis er todt ist. »   Vienne (Autriche), BLAAS

13. — «Pour calmer la fièvre, il faut mettre des grenouilles sur les bras ou les jambes du malade. »

Côte-d'Or, comm. de M. H. MARLOT.

14. — «L'eau qu'on va puiser après le coucher du soleil est malsaine. On l'appelle eau de grenouille.»

Lorient, recueilli personnellement.

15. — «(Vers 1688), au jour de la Vigile de saint Jean-Baptiste, les propriétaires de deux maisons sises, etc... étaient obligés de battre l'eau d'un ruisseau (près de la résidence seigneuriale) en disant par trois fois ces paroles :

« Renouesselles, taisez vous (3 fois)
Monsieur dort, laissez dormir monsieur »

Ils étaient tenus ensuite de se transporter au manoir et d'y déclarer qu'ils *avaient fait leur devoir, que les grenouilles ne disaient plus rien et qu'elles ne faisaient plus de bruit.*
Cette servitude s'appelait le *dépry des grenouilles.* »

HABASQUE, 2ᵉ vol. p. 45.

En 1560, Bonivard écrivait :

« En Bourgoigne ha un chasteau haiant fossé plain d'eaue en laquelle reparent (repairent) force grenouilles et quelquefois quant elles crient, en sorte qu'elles gardent le seigneur de dormir, quand ce seroit bien à la mynuict et il mande ses paysans, ilz sont astrainctz d'aller avec belles gaules blanches, les menacer de batture si elles ne se taysent. Touttes-fois si elles n'obéissent le seigneur n'a sus eux point d'action. Si me semble qu'ilz feroient mieux de leur tirer (arracher) à toutes les lengues. »

16. — «Pour empêcher le bruit formidable produit au printemps par le coassement des grenouilles, dans les endroits marécageux, il suffit de prendre du bouillon préparé le jour du carnaval et de le jeter dans les mares ou étangs où elles se trouvent. »

Le Charme, Loiret.

« On arrive au même résultat en aspergeant les marécages d'eau bénite. Cette opération doit se faire le 1ᵉʳ mai, avant le lever du soleil et au moyen d'une branche de buis consacrée le jour des Rameaux. »
Arrondissement de Montargis. Comm. de M. L. BEAUVILLARD.

« Il faut jeter du bouillon de carême-prenant dans les fossés, dans les mares, dans les étangs, etc., afin de faire taire toute l'année les grenouilles qui y sont. »   THIERS. I, 384.

17. — « Le jeu de *saute-mouton* ou de *coupe-tête* est appelé dans le pays de Vaud *jeu de la grenouille.*»   CALLET.

HYLA VIRIDIS. LAURENTI.

I.

1. — Cette petite grenouille, qui est d'un beau vert et qui a la faculté de grimper aux arbres, s'appelle :

RAINO, *f.* Bouches-du-Rhône, Villeneuve.

RANE, *f.* Vienne, Mauduyt.

RAINÉTO, RAINETTO, *f.* Tarn, Gary. — Bouches-du-Rhône, Villen.

REÏNETTO, *f.* Gard, Crespon.

RAINE, RAINETTE, PETITE RAINE, *f.* français.

RENOTTE, GRENOTTE, CROA, envir. de Semur, c. par M. H. Marlot.

RENONGELLE, Ménétreux-le-Pitois (Côte-d'Or), c. par M. H. Marlot.

RENOUGEALLE, Cernois, près Semur, com. par M. H. Marlot.

RENAZELLE, Anjou, Millet.

RENAUZELLE, Montigny-sur-Armançon (Côte-d'Or), comm. par
                    M. H. Marlot. — Troyes, Grosley.

RAINAUSELLE, Aube, Tarbé.

RENEUSELLE, *f.* Franche-Comté, Perron, p. 18.

GUERNESÈLE, Saintonge, Jônain.

GRENACELLE, Touraine, Brachet.

GRENOISALLE, Haut-Maine, Montesson.

ENGRAGNOTO, prov. moderne, *Lou Prouvençau*, 8 juillet 1877.

GRENOUILLE VERTE, RAINE VERTE, français.

VAHH RAINE, pays messin, recueilli personnellement.

VOAHH RAINE, Saint-Amé, Thiriat.

VERDIER, ancien français, Grévin, 1568, p. 272.

RAINE DE BUISSON, GRENOUILLE D'ARBRE, français.

SAVATE DE CONRÉ (¹), Contrexéville, recueilli personnellement.

RAINE CAURETTE, Luxemb. wallon, Lafontaine.

RAINE COUDRETTE, Seine-Inférieure, Lieury.

RAINE CÔRESSE, wallon, Grandgagnage.

RAINE CORASSE, *f.* Reims, Saubinet. — pays messin, rec. pers. — Meuse, Cordier.

CORASSE, *f.* Marne, Tarbé. — Mesnil-sur-Oger, c. par M. A. Béthune.

GRENOUILLE DE SAINT-MARTIN, Jorat, Razoum. — Loiret, com. par M. Beauvillard. — Maine-et-Loire. Soland.

RAÏNETTE SAINT-MARTIN, Seine-Inférieure, Lieury. — pic. Marc.

MARTINETTE, *f.* Centre, Jaubert.

JILOIRE (²), Haut-Maine, Montesson.

CRACHATTE, Ban de la Roche, Oberlin.

CROCHOTE, Vosges. *Mém. de la Société des Antiq.* T. VIII, p. 122.

SAVATE, Vosges, Jouve. *Coup d'œil sur le patois vosgien*, p. 38.

RAINE SIBOURELLE, Meuse, Cordier.

CROISET, CROISSET, ancien français, Duez.

GRAISSET, GRESSET, *m.* franç. — norm. Le Hér. — Anjou, Mill. — Sarthe, c. par M. Aug. Besnard. — Maine-et-L. Soland.

GRASSET, *m.* picard, Marcotte.

CRAISSET, *m.* normand, Le Héricher.

CROA, environs de Semur, communiqué par M. H. Marlot.

ROLLET, *m.* Morvan, Chambure.

RAQUETTE (³), Vienne, Mauduyt.

GWESKLE, *f.* breton armoricain, Troude.

GUESLÉV, Morbihan, Taslé.

Noms étrangers :

Ranoccola, Ranuzza verde, it. Duez. — Raganella, it. — Ragaggella, milan. Banfi. — Raena, Raena di limoin, Gênes, *Descr.* — Rana birdi. Sard. Gené. — Ranetta, Rana verda, Lombardie, Balsam. — Reenfruosch, Saxe. Bielz. — Laubfrosch, Suisse allemande, Schinz.

2. — On se sert de la grenouille verte comme de baromètre : on remplit d'eau une bouteille à large goulot ; on

---

(¹) Conré = noisetier. La grenouille verte fréquente de préférence cet arbre.

(²) La **grenouille verte** est ainsi appelée parce qu'elle jile (= seringue de l'eau) quand on la prend. — MONTESSON.

(³) Ainsi appelée parce qu'elle fait entendre son cri rac, rac, rac. — MAUDUYT.

y place une petite échelle, et on y met une grenouille
verte. Suivant que ce petit reptile monte à l'échelle ou
descend au fond de la bouteille, on pense qu'il indique le
beau temps ou la pluie.

Quand elle chante le soir, c'est bon signe pour le lendemain.

II.

1. — « Si l'on trouve inopinément une grenouille verte appelée en
certains pays *ralet* ou *graisset*, ne la point nommer et l'attacher au
cou d'un fébricitant pour le guérir. Si cet animal meurt bientôt,
c'est signe que le malade sera bientôt guéri, mais s'il est longtemps
sans mourir, c'est signe que le malade languira longtemps et même
sera en danger de mourir. »   THIERS. I, 378.

2. — « Selon Fernel (lib. 2. *de abditis rerum causis*), pour guérir
la toux, il faut cracher dans la gueule d'une grenouille de buisson et
la laisser aller incontinent après, toute vive. »   THIERS. I, 390.

3. — « On appelle *ampoule* une rainette qui monte sur les arbres.
On croit que son venin fait naître des tumeurs séreuses et empoisonne
les bêtes à cornes qui l'avalent en broûtant. Voici la formule contre la
maladie de l'ampoule « : Notre Seigneur, en s'y promenant, rencontra
Vermine Pouline (l'ampoule). Vermine Pouline où t'en vas-tu ? Je
m'en vas, tout en m'y promenant, tout au travers des champs, toute
bête animale que je rencontrerai et que je piquerai en périra. Notre
Seigneur a répondu : Non, Vermine Pouline, ils n'en périront pas ;
c'est si vrai qu'ils n'en périront pas, que la colombe est sans amer
et le serpent sans poil. » Cela dit, on donne une grosse poignée
d'herbe à la bête malade en l'appelant par son nom et à l'intention
du bon Dieu, de la sainte Vierge et du bon saint Phélerin. On ajoute
neuf pater et neuf ave. Après quoi l'animal est guéri. »

Morvan, DE CHAMBURE.

4. — « Dans quelques provinces de la France, on recommande de
se frotter avec le sang de la rainette pour faire tomber les poils qui
croissent entre les sourcils. »

Annales des Basses-Alpes, 1839, p. 162.

RANA TEMPORARIA. L.

BATÉGAILLE, Charente-Inférieure, Lesson.
FIEVRE ([1]), Vienne, Mauduyt.
ROUSSE, *f.* Jura, Ogérien.
ROSÉE, ROUSÉE, Vienne, Mauduyt.
MUETTE, *f.* PISSEUSE, *f.* Maine-et-Loire, de Soland.
RÈNE DE PRA, Saint-Amé, Thiriat.
PISSECHIEN, Bresse Châlonnaise, Guillemin.

Noms étrangers :

Baggio giano, Gênes, *Descr.* — **Woaldfruosch**, Saxe, Bielz. — **Bronge fresch, Huover fresch**, Luxembourg allemand, Lafontaine.

SALAMANDRA MACULOSA. LAURENTI.

I.

1. — Noms de cet animal :

SALAMANDRA, *f.* anc. prov., Raynouard. — Nice, Risso.
SALAMANDRE, *f.* français.
SALEMANDRE, ancien français, Grévin, 1568, p. 45.
SALMANDRE, ancien français, Bauhin, p. 20.
SOURD, *m.* dans un grand nombre de dialectes du nord de la Fr.
SOURDRON, *m.* Ardennes, comm. par M. H. Marlot.
SODIAI, *m.* SODIALE, *f.* Côte-d'Or, comm. par M. H. Marlot.
TA, TÀ, TAS, TAT, Jura, Toubin. — Bresse chál., Guillemin. —
    Neuchâtel, Bonhote. — Côte-d'Or, c. par M. H. Marlot. —
    normand, Delboulle. — Vienne, Mauduyt.
TÊT, TAIT, TÉ, Jura, Ogér. — Langres, Muls. — Montbél., Contej.
TAC, TAQUE, picard, Marcotte. — pays de Bray, Decorde. —
    Loiret, com. par M. Beauvillard.
TATCHET, *m.* METRO, Suisse romande, Bridel.
TAT BRIGOLÉ, (*brigolé* = bigarré) La Roche-en-Brenil (Côte-
    d'Or), com. par M. H. Marlot.

([1]) On lui attribue la propriété de faire passer la fièvre, étant portée dans la main pendant un certain temps. — MAUDUYT.

TASSE VAICHE, Vagney, communiqué par M. Pierrat.

TOSSE VÈTSCHE, Plancher-les-Mines, Poulet.

ALLAITE BAGNA (¹), *f.* Alpes, Bridel.

ENFLEBOEUF, Auvergne, Delarbre.

MOURON, *m.* Seine-Inférieure, Lieury. — Bayeux, Pluquet.

MÔRON, *m.* Berry, Laisnel de la S. — Manche, c. par M. J. Fleury.

MOLLHION, Genève, Blavignac.

ALABRENA, *f.* provençal moderne, Honnorat.

ALABRENO, *f.* provençal moderne, Castor.

ALABRENE, ALLEBRENE, Hautes-Alpes, Basses-Alpes, Rolland.

TALABRÈNO, *f.* Gard, Crespon.

LEBRENO, Vivarais, recueilli personnellement.

LABRUNE, Livradois, Grivel, p. 145.

BLANDO, Toulouse, Poumarède. — Gard, c. par M. P. Fesquet.

BLANDO DÉ TÈRRO, *f.* Tarn, Gary.

BLENTO, Gard, Crespon.

AMBLÈSE, *f.* Poitou, Levrier.

ABLAISE, ABLETTE, poitevin, Favre.

SOUFFLE, Auvergne, Delarbre.

SOUFFLET, Cantal, Deribier.

VÈRO, SOUFLÈ, Velay, Haute-Auvergne, Deribier de Cheissac.

ESSÔUFLE, Corrèze, Béronie.

SOUFFLE JAUNE, TRATTE, Loire, comm. par M. Sylvain Ebrard.

GARE, Ille-et-Vilaine, *Journal d'agriculture d'Ille-et-Vilaine.*

ROGNE, wallon, Sélys-Longch. — Ardennes, c. par M. H. Marlot.

CRATCHE, Vosges, *Feuille des jeunes naturalistes.*

SEREINE, Saintonge, Jônain.

SAURET, Berry, Jônain.

SCORPION, Vienne, Mauduyt. — Gironde, *Bulletin de la société
    linnéenne de Bordeaux.* T. II, 162.

ESCORPION, *m.* Morvan, Chambure.

LAYANT, *m.* environs de Cambrai, Boniface.

AGAIANT, rouchi, Hécart.

QUATREPIERRE, *f.* KATERPIEGE, wallon montois, Sigard.

KOUATTPESSE, Liège, wallon montois, Sigard.

LÉZARD NOIR, normand, Duméril.

ER SORZ (c.-à-d. : le sorcier), Guéméné-sur-Scorff (Morbihan),
    communiqué par M. J. Loth.

GLAZARD A VÉV EN TAN, Morbihan, Taslé.

______

(¹) C.-à-d. : qui tette les vaches.

Noms étrangers :

Salamandra, Salamanquesa, esp. — Pinta, Pintega, Pintiga, Secabera, Salaman-tiga, gallicien, Piñol. — Senestro, Sevestro, Silvestro, Gênes, *Descr.* — Pübjana (¹), Val Soana, Nigra. — Cercaria, mil. Banfi. — Molch, all. — Moltwurm, Mollwurm, Autriche all. Nemnich. — Quattertetsch, Jute, Sirpen, Suisse all. Nemnich. — Feuermolch, Suisse all. Schinz. — Fiemel, Saxe, Bielz. —Giels-chneider, Moël, Gepeipelte mill, Luxemb. all. Lafont. — Regenmoler, Suisse all. Lütolf.

2. — En Normandie, *mouronné* signifie *tacheté de noir et de jaune* (comme la salamandre ou mouron).

II.

1. — La salamandre est un animal inoffensif qui inspire cependant au peuple une véritable terreur (²). On prétend généralement qu'il est sourd (³), ce qui le rend moins dangereux ; on dit :

> « Si le sourd entendait,
> Si l'orvet voyait,
> Personne ne vivrait. »

France du Nord.

> « Si sordeu intendoé,
> Si avûle voyoé,
> Ol monde périroé. »

Amiénois, comm. par M. H. Carnoy.

> « S'un nadiel i vezié
> S'uno blando entendié
> Davalarieu un cavalhié. »

Gard, comm. par M. P. Fesquet.

Voyez plusieurs formules de ce genre, ci-dessus, p. 20.

2. — « Un homme mordu par une salamandre a besoin d'autant de médecins qu'elle a de taches sur le corps. »　　Méry. II, 339.

(¹) Quasi pluviana, che esce colla pioggia. — Nigra.

(²) Déjà, du temps de Pline, cet animal était terrifiant. — Voir Pline, 29. 4, 23.

(³) On dit sourd comme un mouron.

« Quand on est mordu par la salamandre, il faut faire autant d'inci-
sions sur la partie lésée que l'animal a de taches jaunes sur le dos. »
Jura, OGÉRIEN.

3. — « Quand on attaque les *mórons*, ils vous sautent au visage
et y restent attachés ; si on les arrache, ils emportent le morceau
et l'on en meurt. Il faut tâcher de leur faire lâcher prise, soit en
leur offrant du lait, soit en approchant d'eux un fer rougi. »
La Hague (Manche), communiqué par M. J. FLÉURY.

« Le mouron ne lâche pas le membre qu'il a saisi. En ce cas,
il faut lui montrer son ennemi le crapaud et, immédiatement, il
démord pour se jeter sur lui. »   Valognes, LE HÉRICHER.

4. — «Son regard est mortel si elle voit avant d'être vue.»
Jura, OGÉRIEN. — Loire, com. par M. Sylvain EBRARD.

5. — Pour se garantir de la salamandre (*lebreno*) les
paysans ôtent leur veste dont ils mettent les manches en
croix et disent :

> « Lebreno qué lebrénoras
> Lo crous soubre tu aouras. »
Montagnes du Coiron (Vivarais), recueilli pers.

6. — « En tuant un mouron on gagne 100 jours d'indulgence. »
Normandie, CHRÉTIEN.

7. — « Le souffle de la salamandre fait qu'une personne enfle
jusqu'à ce qu'elle crève dans sa peau. »
Vaucluse, comm. par M. G. MALLOIZEL.

« La salamandre souffle aux vaches un venin subtil d'où lui vient le
nom de *soufflet*. »   Cantal, DERIBIER. I, 517.

«On l'appelle *souffle, enflebœuf*, parce qu'on prétend que son souffle
fait enfler et périr les bœufs et les vaches. On prétend que dans les
bois, la salamandre tette les vaches qui se sont couchées et qu'alors
les mamelles périssent. »   Auvergne, DELARBRE.

« Si une vache ou tout autre animal avale une salamandre d'eau
(Triton) il est perdu. »   Loire, comm. par M. Sylvain EBRARD.

8. — « La salamandre empoisonne l'eau des puits, gâte le vin des
caves et cause les morts subites. »
Bulletin de la société protectrice des animaux, T. X, 191.

« Lorsqu'on creuse un puits, on y jette des salamandres. L'eau n'est
bonne que si elle nourrit ces animaux. »

Châtillon-sur-Loing, comm. par M. L. Beauvillard.

Il y a contradiction entre ces deux traditions.

9. — « La salamandre possède un venin terrible dont les sorciers
se servent pour perdre les gens. »

Côte-d'Or, comm. par M. H. Marlot.

10. — On croit généralement que la salamandre peut
vivre dans le feu, d'où l'expression : *froid comme une
salamandre.*D'après certains auteurs provençaux anciens,
cités par Raynouard, elle vit de feu :

« Salamandris que non podon viure sinon de fuoc salamandrins,
c.-à-d. : petits de la salamandre, qui ne peuvent vivre sinon de feu.»

Lettres de prestre Jean à Frédéric, fol. 12.

« La salamandra vieu de pur fuoc. »

Natura d'alcunas bestias.

11. — « Par une belle nuit d'été assommez, avec un bâton beaucoup de *mourons*, vous attendrez, et, au soleil levant, vous trouverez
autant de pièces d'or que vous aurez tué de ces animaux. »

Sauvage. *Légendes normandes*, 2ᵉ édition, p. 108.

12. — « Quand une maison est malsaine, c'est qu'il y a probablement dessous un nid de *môrons*. »

La Hague (Manche), communiqué par M. J. Fleury.

13. — « Un jour, on avait couvert un homme d'un van, un *môron*
grimpa dessus, se planta debout au-dessus du cœur et l'homme
qu'on avait voulu préserver en le mettant sous le van fut trouvé
mort. »   La Hague (Manche), comm. par M. J. Fleury.

14. — « Cet animal a le pouvoir, pour celui qui le porte, de
dissiper toutes les *illusions*. Les prétendus tours de force et
d'adresse n'existaient pas, disaient autrefois nos paysans ; les escamoteurs et autres gens de cette espèce avaient l'art de fasciner les
yeux et de faire voir une foule de choses qui n'avaient pas d'existence réelle. Mais si on a sur soi un *môron*, l'illusion n'a plus
d'effet sur vous. »

« On se récriait un jour en voyant *un coq traîner une poutre;* une femme qui portait un paquet d'herbe, qu'elle venait de couper, se moqua de l'émerveillement de ces braves gens qui s'amusaient à regarder *un coq trainant un fétu.* Le faiseur de tours regarde ce qu'elle avait dans son tablier. Dans l'herbe qu'elle avait ramassée, se trouvait un *môron* qu'elle n'avait pas remarqué. C'est ce qui avait détruit le charme. »

La Hague (Manche), communiqué par M. J. FLEURY.

Cf. ci-dessus, à l'article **Lézard**, p. 12, le § 2.

TRITON (Genre). LAURENTI.

Noms de cet animal :

LÈZARD D'EAU, SALAMANDRE D'EAU, français.

LIZARD D'IEU, LIZARD D'IAU, picard, Marcotte.

LUZER D'AÏGUO, Gard, Crespon.

LAGRAMUÉ D'AÏGO, Bouches-du-Rhône, Villeneuve.

BLANDO D'AÏGO, Tarn, Gary.

QUATRE PATTES, QUATRE PIEDS, QUATRE PÉS, Vienne, Mauduyt.

ALVAR, PETIT ALVAR, Vienne, Mauduyt.

COUPE-JARRET, LAURINE, Isère, Charvet.

SOUFFLE D'EAU, RANE, Loire, com. par M. Sylvain Ebrard.

SOUFFLET, Charente, Trémeau de Rochebrune.

GARDE FONTAINE, Cher, *Feuille des jeunes naturalistes*, 1877, p. 95. — Jura, Ogérien.

CRÔCHE, CRAUCHE, environs de Vagney, com. par M. D. Pierrat.

CRÔCHATTE, Saint-Amé, Thiriat.

TAIGRIVIA, CRAIVISIA, Bussy-le-Grand (Côte-d'Or), communiqué par M. H. Marlot.

UR SORDT, Morbihan, Taslé.

Remarque. — On donne souvent au **triton** les mêmes noms qu'à la **salamandre**.

Noms étrangers :

Schneider [1], Wasser-Eibes, Luxembourg allemand, Lafontaine.

[1] C.-à-d. : **tailleur** ; ainsi appelé parce que le mâle, en costume de noces est splendide.

LES SQUALES.

1. — Les genres : *Squalus, Carcharias, Mustelus, Scymnus, Scyllium, Zygaena, Galeus, Acanthias,* appartiennent à la grande famille des *Squales.* D'une manière générale on appelle ces animaux : *requins* ([1]), *chiens de mer* ([2]); *brettes, bretelles* ([3]) (sur les bords de la Manche, Toussaint); *loquettes* (Boulogne-sur-Mer, Labille) ; *chats de mer, quiquehet* (plur. breton) (Houat, Delalande) ; *roussettes* (Normandie, Tiphaigne).

2. — On dit s'entre-dévorer comme des *requins.* — *requin* est aussi synonyme de *glouton, vorace.*

3. — On appelle *peau de chien* la dépouille du chien marin ; elle est parsemée de petits grains terminés en pointe, ce qui la rend propre à polir le bois. Le côté de la tête est le plus rude de la peau ; la queue et les nageoires, appelées par les ouvriers, *oreilles,* sont les parties les plus douces et servent à terminer l'ouvrage.

CARCHARIAS GLAUCUS. CUVIER.

CAGNOOU, Var, Maurin. — Bouches-du-Rhône, Villeneuve.
PEAU BLEUE, Côtes de l'Océan-Atlantique et de la Manche.
CHIEN DE MER BLEU, BLEU, *m.* français.
TCHI BLÙ, Cette, Doumet.
BLEUET, *m.* Boulogne-sur-Mer, Labille.
VERDOUN, Nice, Risso.
HAOUT, HAUT, Cherbourg, Jouan.
HAÙ, Guernesey, Métivier.

([1]) Du latin **requiem,** ces animaux suivent les navires prêts à dévorer les cadavres qu'on jette à la mer après qu'on a chanté le **requiem** ou prière des morts.

([2]) En Basse-Normandie, on appelle **canières** les filets qu'on leur tend. — TIPHAIGNE, p. 181.

([3]) On appelle **bretelières** des espèces de demi-folles ou filets pour prendre ces animaux. — TOUSSAINT.

Noms étrangers :

Blue Shark, angl. — Hobrin, Shetland, Edmondst. — Verdescu, Sic. Rafin.
— Verdesca, Rome, Bonaparte.

CARCHARIAS LAMIA. Risso.

LAMEA, Nice, Risso.
LAMIA, RÉQUIN, Cette, Doumet.
LAMI, Marseille, Villeneuve.
LAMI, ALAMI, Var, Maurin.
RAQUIN, Ouest, Lemarié.
CAGNOLE, JUIF, français dialectal, Belon.
PEISCE CAN, Menton, Andrews.

Noms étrangers .

Pesce Cane, Imbestinu, Lamia, Sicile, Rafinesque.

ACANTHIAS VULGARIS. Risso.

AGÛIAT, Cette, Doumet. — Bouches-du-Rhône, Villeneuve.
AGUGLIAT, Nice, Risso.
BROQUU, BROQUILLON, Boulogne-sur-Mer, Labille.

Noms étrangers :

Cusson, Iviça, Delar. — Ujatu imperiali, Sic. Rafin. — Piky dog, Irlande
du Nord, Thompson. — Hoe, Shetl. Edm. — Agugioù macioù, Gênes, *Descr.*

SPINAX (Genre). BONAPARTE.

AGUÏA, Var, Maurin.

Noms étrangers :

Spinüccio, Spinulin, Gênes, *Descr.* — Crabudo, gallicien, Cornide.

GALEUS CANIS. BONAPARTE.

1. — CHIEN DE MER, Loire-Inf., Desvaux. — Noirmoutier, Piet.

MILANDRÉ, TCHI, Cette, Doumet.
TEUIL, Noirmoutier, Piet.
PALLOUN, Nice, Risso.
PAROUN, Bouches-du-Rhône, Villeneuve. — Var, Maurin.

Noms étrangers :

Palumba, Palumbo, Gênes, *Descr.* — Lamia, Tosc. Bonap. — Can, Can da denti, Moretta, Can negro, Venise, Bonap. — Cazon, esp. Cornide. — Bostrich, Bostrio, Iviça, Delaroche. — Blaahaj, norvégien, com. par M. R. Collett.

2. — Sa chair est très-dure ; on dit en espagnol :

« Es tan duro como un cazon. »

MUSTELUS (Genre). CUVIER.

CHAT-ROCHIER, *m.* français.
CATA ROUQUIÉIRA, Cette, Doumet.
CÀTO, languedocien, Sauvages.
MISSOLA, Cette, Doumet. — Nice, Risso.
MEISSOLO, Bouches-du-Rhône, Villeneuve. — Var, Maurin.
CHIEN DE MER, Côtes de l'Ouest, Lemarié.
CHAT DES ROCHERS, BRETTE, Gironde, Laporte.

Noms étrangers :

Mussola, Sard. Azuni ; Iviça, Delaroche. — Palumbu, Cani Grossu, Sic. Rafin. — Noccinolo, île d'Elbe, Koestlin. — Pintarroja. esp. — Roja, Pintarroja, gallic., Cornide. — Smooth-Hound, angl. — Hoe-Tusk, Shetl. Edmond. — Hullcock, Edmondston.

SCYLLIUM CANICULA et SCYLLIUM CATULUS. CUVIER.

Ces deux espèces sont confondues sous les noms suivants :

GRANDE ROUSSETTE, ROUSSETTE, *f.* français.
VACHE DE MER, *f.* français, Labille.
CAN DÉ MAR, Var, Maurin.
CATA, CATA ROUSSA, Cette, Doumet.
PINTOU ROUSSOU, Nice, Risso.

PINTO ROUSSO, Var, Maurin.

MIRQUE (le mâle), MARATCHE (la femelle), Arcachon, Laporte.

Noms étrangers :

Γαλῆ, Σκύλιον, grec anc. Bikélas. — Γάτος, Σκυλί, grec mod. Bik. — Canicula, Tollo, esp. Cornide. — Gaton, Iviça, Delar. — Catulo, Gatto, île d'Elbe, Koestlin. — Gattucciu, Bestinu, Sic. Rafin. — Gattüsso, Gênes, *Desc.* — Gattuccio, Toscane, Rome, Naples, Bonap. — Gatta, Cagnetto, Venise, Bonap. — Cagnolo, Gattina, Marche, Bonap. — Dog-fish, Blind-dog fish, Rough dog, Irlande, Thompson. — Dawfish, Orkney, Low.

SCYMNUS LICHIA. CUVIER.

LECCA, LECCIA, Nice, Risso.

LITCHA, Cette, Doumet.

Noms étrangers :

Λίτσα, Κλίσσα, grec mod. Bikélas. — Serretta, Serreuia, Gênes, *Descr.*

SCYMNUS SPINOSUS. CUVIER.

CHENILLE ([1]), Gironde, Lafont. — Côtes de l'Ouest, Lemarié.

SENILLE, CHENILLE, île d'Yeu, de la Pylaye.

CLAVÉLA, Var, Maurin.

SQUALUS SQUATINA. L.

ANGE ([2]), ANGE DE MER, français.

ANTJOU, Cette, Doumet.

ANGI, PEI ANGI, Bouches-du-Rhône, Villeneuve.

MOINE, PESQUET MENEH (plur. breton), Houat et Hœdic, Delalande.

BILAN, Biarritz, recueilli personnellement.

BOURGET, île de Ré, Lemarié.

BOURGEOIS, La Rochelle, Lemarié.

([1]) On l'appelle ainsi à cause des tubercules gros et saillants, dont sa peau est couverte.

([2]) Squatinam nostri, Massilienses, Galli, Ligures **angelum** vocant, a similitudine Angeli picti, cum alis expansis — DUCANGE.

MORDACLE, Noirmoutier, Piet. — Loire-Inférieure, Desvaux.
MARTRAME, Gironde, Laporte.
LEVREK, *m.* breton, Troude.

Noms étrangers :

Angelote, Peje angel, esp. Cornide. — Escat, Iviça, Delaroche. — Squadro, Squadra, île d'Elbe, Koestlin.

SQUALUS MAXIMUS. L.

GRAND CHIEN DE MER, français.

Noms étrangers :

Baskingshark, angl. — Hoe-mother, Orkney, Low ; Shetland, Edmondston. —Bridgé, Shetl., Edm. — Brygde, norvégien, com. par M. R. Collett.

SQUALUS VULPES. L.

RANARD ([1]), Midi, Rondelet.
RINARD, Var, Maurin.
FAUX, *f.* français, *Chasse illustrée*, 27 sept. 1873.
PÉI RATOU, Nice, Risso.
MOUNGEO, Bouches-du-Rhône, Villeneuve.
TOUILLE A L'ÉPÉE, côtes de l'Ouest, Lemarié.
PEÏ ESPASA, Cette, Doumet.

Noms étrangers :

Pescio ratto, Gênes, *Descr.* — Pesce sorcio, Pesce pavone, Rome, Bonap. — Pesce bandiera, Toscane, Bonaparte. —Volpe de mar, Pesce volpe, Pesce spada, Venise, Bonaparte. — Pesce sorciu imperiali, Cudalonga, Sicile, Rafin.

SQUALUS CENTRINA. L.

HUMANTIN, français.
PEÏ PORC, Cette, Doumet.

([1]) Ainsi appelé à cause de sa longue queue. On l'appelle **poisson-épée** et **poisson-rat** pour la même raison.

POUAR MARIN, Var, Maurin.
PUORC MARIN, Nice, Risso.
PORC, Marseille, Brunnichius.
COCHON DE MER, côtes de l'Ouest, Lemarié.
COFFRE, Gironde, Lafont.

Noms étrangers :

Mielga, espagnol. — Melgacho, gallicien, Piñol.

SQUALUS CORNUBICUS. L.

REQUIN, Gironde, Lafont.
NEZ, *m.* français.
TEUIL-BOEUF, Loire-Inférieure, Desvaux. — Noirmoutier,
    Cavoleau. — Vendée, Lemarié.
TOUILLE-BOEUF, Noirmoutier, Cavoleau.
TOUILLE, Charente-Inférieure, Lemarié.
TAUPE, Cherbourg, Jouan.
PINTO ROUSSO, Bouches-du-Rhône, Villeneuve.
MELANTOUN, Nice, Risso.
PICHOUN LAMI, Var, Maurin.

Noms étrangers :

Σχύλλα, Λαμία, grec ancien, Bik. — Σχυλόψαρον, Λάμια, grec mod.
Bik. — Smeriglio, italien, Bonaparte. — Haabrand, norv. c. par M. R. Collett.

ZYGAENA MALLEUS. VALENCIENNES.

MARTEAU ([1]), *m.* français.
MARTÉOU, Nice, Risso.
PEÏ LÙNA, Cette, Doumet.
PÉI JUDIOU, Var, Maurin.
PEIS IOUZIOU ([2]), Marseille, Rondelet.

[1] Sa tête ressemble à celle d'un marteau.
[2] Poisson-juif, par suite de la similitude de l'accoustrement de teste
du quel usoient le temps passé les Iuifs en Prouence. — RONDELET.

Noms étrangers :

Pesce stampella, Rome, Bonap. — **Ribello**, Toscane, Bonap. — **Magnosa, Capo de chiuovo**, Naples, Bonap. — **Testone, Pesce giudeo, Magnosa, Crozza**, Sicile, Bonaparte.

PRISTIS ANTIQUORUM. Latham.

SCIE, *f.* français.
SERRA, *f.* Nice, Risso.
SERRO DE MAR, *f.* Bouches-du-Rhône, Villeneuve.

Nom étranger :

Pesce sega, île d'Elbe, Kœstlin.

RAJA (Genre). Cuvier.

1 — Les espèces de ce genre sont connues sous le nom de *raies*.

Cf. latin **Raja**; **Raya**, gallicien, Piñol : **Raia, Raiada**, Ivica, Delaroche.

2. — On appelle *poche*, *coque*, l'œuf cornu de la raie ; en Normandie il porte le nom de *vaque*.

3. — En hollandais *rog* = raie. On dit proverbialement :

« *Was er erger rog in zee, die zou my van boord komen*, c.-à.-d. : Il ne se peut imaginer de plus infâme canaille que celle qui m'insulte. »   Marin. *Dictionnaire hollandais.*

Notre mot *rogue* a pu être emprunté au hollandais. On sait qu'il n'y a rien de plus rude et de plus hérissé qu'une peau de raie.

RAJA TORPEDO. Blainville.

Quand on touche avec la main cette raie vivante placée hors de l'eau, on éprouve une commotion d'autant plus forte que la surface du contact est plus étendue. La secousse, qui se fait sentir jusque dans l'épaule, est suivie d'un engourdissement fort désagréable. On peut la faire subir à vingt personnes formant la chaîne, la première touchant le dos, et la dernière le ventre de la torpille. Les pêcheurs reconnaissent qu'il y a une torpille dans leurs filets quand, en jetant de l'eau à plein seau pour les laver, ils ressentent une commotion. L'eau conduit bien l'électricité, et c'est à travers l'eau que ce poisson tue ou engourdit les animaux dont il se nourrit.

On l'appelle :

TREMOULO, Var, *Département du Var*, gr. in-f⁰ de 104 pages.
TREMOULINA, Nice, Risso.
TREIMOULINO, Bouches-du-Rhône, Villeneuve.
TRÉMOURINO, Var, Maurin.
TREMBLEUR, côtes de l'Ouest, Delalande.
TREMBLE, Charente-Inférieure, Lemarié.
TREMBLARD, Vendée, Lemarié. — Loire-Inférieure, Desvaux.
TREINERIOU (plur.), breton de Houat, Delalande.
ENDOURMIOUÉ, Bouches-du-Rhône, Villeneuve.
DOURMIGLIOUA, Nice, Risso.
DOURMIOUA, Var, Maurin.
DOURMILHOUZO, GALINO, Gard, comm. par M. P. Fesquet.
DORMILLOUSO, Var, *Département du Var*, in f⁰.
DOURMIOUSO, provençal moderne, Castor.
DORMEUSE, Arcachon, recueilli personnellement.
SOURD D'EAU, côtes de l'Ouest, Delalande.
GALINA, Cette, Doumet.
TURPILLE, ancien français, Grévin, 1568, p. 157.
TORPILLE (¹), *f.* français.
DALI, Noirmoutier, Cavoleau. — Côtes de l'Ouest, Lemarié.
STROPISO, Var, *Département du Var*, in f⁰.
PALOUZO, Gard, communiqué par M. P. Fesquet.

Noms étrangers :

Tremola scacchiata, Sic., Rafin. — Tremulosa, Iviça, Delar. — Tremolosa,

____

(¹) Ce mot se rattache au latin **torpere**.

Sard., Azuni. — Trémaro, gallic., Piñol. — Temblader, Torpedo, Tremielga, esp., Cornide. — Battinetta, Gallinetta, Tremoize, Gênes, *Descr.* — Ortiga, gallic. Cornide. — Torpilla, Torpedine, it. — Tremolo, vénit., Duez. — Battipotta, Fotterigia, Rome, Duez. — Αἱμαδιάντρα, Μουδιάστρα, Μαδίστρα, Μαργωτήρα, grec moderne (Tous ces noms de la torpille, ainsi que le mot ancien Νάρκη, signifient l'action d'engourdir). Bikélas.

En arabe d'Égypte, la torpille est appelée **Râad** ou **Raasch**, (ce qui signifie **tonnerre**) à cause de ses effets électriques.

RAJA CLAVATA. RONDELET.

RAIE BOUCLÉE, français.
CLAVELADA, Nice, Risso.
CLAVELLADA, Pyrénées-Orientales, Companyo.
CLAVÉLADO, Var, Maurin. — provençal moderne, languedocien.
DRAVAN, Guernesey, Métivier.
RAIE SABLÉE, Loire-Inférieure, Desvaux.

Noms étrangers :

Razza spinusa, Razza veaxa, Gênes, *Descr.* — **Pigara, Pietrosa,** Sic., Rafin. — **Raya crabuda,** gallicien, Cornide. — **Rokke,** norvégien.

RAJA MIRALETUS. L.

MIRAÏET ([1]), Cette, Doumet. — Bouches-du-Rhône, Villeneuve.
MIRAGLIET, MIRAGLIE, MIRAIET, Nice, Risso.

Nom étranger :

Quatrocchj, Sicile, Rafinesque.

RAJA FULLONICA. RONDELET.

ROCHÈRE, Noirmoutier, Cavoleau.
CARDAIRA, Nice, Risso.
CARDAÏRÉ, Bouches-du-Rhône, Villeneuve. — Var, Maurin.
CLAVÉLADA, Cette, Doumet.

([1]) Ainsi appelée à cause de la similitude des deux marques qu'elle porte de chaque côté du dos, avec de petits miroirs.

Noms étrangers :

Pigara magnusa, Ruvetu, Sicile, Rafinesque.

RAJA BATIS. L.

POCHETEAU, Beauvois-sur-Mer, Gallet.
POCHETEAU, POCHE D'EAU, Noirmoutier, Cavoleau.
POSTEAU, POCHETEAU, Bretagne, Delalande.
TRAVANTET (au plur.), breton de Houat, Delalande.
FLOTE, rouchi, Hécart.
FLOSSADA, Nice, Risso.

RAJA OXYRRHYNCHUS. RONDELET.

PISSOUÉ, BLANQUETTO, Bouches-du-Rhône, Villeneuve.
PISSOVA, Nice, Risso.
PISSOUA, Var, Maurin.
CAPOUTCHIN, Cette, Doumet.
CABAN, Cherbourg, Jouan.
RAIE BLANCHE, Loire-Inférieure, Desvaux.

Noms étrangers :

Arzilla monaca, Rome, Bon. — Capucina, Raza capucina, Ligurie, Bon. —
Baoso, Baosa, Fottacchio, Venise, Bon. — Pigara liscia, Picara lizza, Raja, Sic.,
Rafin. — Picara scapucina, Sic., Bon. — Raya estrellada, esp. — Raya santia-
guesa, gallicien, Cornide.

RAJA PASTINACA. L.

GLORIN, TARERONDE, BOUGNETTE, BASTANGUE, VASTANGUE, différents
dialectes français, Duez.
PASTENADE (¹), français.
PASTENAIGA, Nice, Risso.
PASTENARGO, Bouches-du-Rhône, Villeneuve. — Var, Maurin.
PASTÉNAGA, Cette, Doumet.

(¹) Cette raie, dit Duez, a une queue longue comme une pastenade
(= panais).

FOUILLEUX, picard, Marcotte.
FOÙLEUX, FOUILLEUR, Boulogne-sur-Mer, Labille.
TONARE, Noirmoutier, Cavoleau. — Vendée, Lemarié.
TIRE, Boulogne-sur-Mer, Labille.
TERRE, TER, environs de Rochefort, *Annales maritimes*, 1820,
   p. 63. — Aunis, Lemarié.
TÈRE, *f.* Arcachon, Allègre. *De la pêche à Arcachon*, 1841.
ÉTIQUE, Côtes-du-Nord, Habasque. III, 226.

Noms étrangers :

Ferrassa, Gênes, *Descr.* — Vastunaca, Pastenaca, Ferrazza, Sic., Rafin. —
Pastinaca, Rome, Bon. — Murchio, Mucchio, Toscane. — Mattana, Venise, Bon.
— Pastinaca, esp. — Tinga, Estinga raya, Pombo, gallicien, Cornide.

RAJA ASTERIAS. RONDELET.

PÉLOUSA, Cette, Doumet.
RAYE ESTELÉE, ancien français, Duez.

RAJA AQUILA. CUVIER.

TERREFAUCHE, île de Ré, Lemarié.
MADAME, La Rochelle, Lemarié.
MARTRAME, côtes de l'Ouest, Lemarié.
MOURINA, AIGLA (¹) DÉ MAR, Cette, Doumet.
RATO PENATO, MOUNINO, Bouches-du-Rhône, Villeneuve.

Noms étrangers :

Χελιδόνα, Ἀετος, grec mod., Bik. — Aguia, gallic., Piñol. — Aquila,
Pesce ratto, ile d'Elbe, Kœstl. — Pesce aquila, Aquilu di mari, Sic., Rafin.

RAJA CHAGRINEA. PENNANT.

ROUMÉTO, Var, Maurin. — Bouches-du-Rhône, Villeneuve.

(¹) On l'appelle **aigle** parce qu'elle a de grandes nageoires ressemblant
à des ailes.

CEPHALOPTERA GIORNA. Risso.

VACCA, VACCHETTA, Nice, Risso.
CLAVELADO FERO, Bouches-du-Rhône. Villeneuve.

Nom étranger :

Pescio vacca, Gênes, *Descr.*

CHIMAERA (Genre). L.

CAT, Nice, Risso.
ROI DES HARENGS, français, Nemnich.

Noms étrangers :

Bland hoe, Shetland, Edmondston. — Marc'Antogno, Gênes, *Descr.* —
Haagylling, norvégien, communiqué par M. R. Collett.

ACIPENSER STURIO. L. — L'ESTURGEON.

1. — De l'ancien haut allemand *sturio*, viennent :

ESTURIOU, Agde, *Bull. de la Revue des langues rom.* 1874, p. 41.
STURIOUN, Nice, Risso.
ESTURIOUN, Gard, communiqué par M. P. Fesquet.
ESTIIOUN, bords du Rhône, Blanchard.
ESTURJON, ancien provençal, Raynouard.
ESTORJOUN, ancien français, P. Meyer. *Tr. de conv. angl. fr.*
        1396 (*Revue critique*, 1871, p. 394).
ESTORJEON, Pyrénées-Orientales, Companyo.
ESTOURGEON, ancien français, Duez; Rondelet.
ESTURGEOUN, provençal moderne, Castor; Honnorat.
ESTURGEON, français.
STURGEON, wallon, Sélys Longchamps.
ÉTOURGEON, ÉTURGEON, ancien français.
ATARJON, anc. picard, *Revue des langues romanes*, 1872, p. 320.
STURK, breton armoricain, Legonidec.

Cf. Storione, it. — Esturion, esp. — Esturiò, ancien catalan, Rayn. — Sturgeon, angl. — Stör, all. — Steur, holl. — Miersteer, Luxemb. all., Lafontaine.

2. — Autres noms de l'esturgeon :

CRÉAT, ancien provençal (1389), Rayn. — Toulouse, Poumarède.
CRÉAC, Noirmoutier, Cavoleau. — Gironde, Rondelet.
CRÉA, CRAC, Languedoc, Sauvages.
CRÉA, Saintonge, Jônain.

3. — Noms étrangers :

Schirk, Autriche allemande, Kramer. — **Caciuga**, **Ciga**, roumain, Cihac. —
Czeczuga, polonais. — **Kecsege**, hongrois.

BALISTES CAPRISCUS. CUVIER.

PÉI BALESTRO, Var, Maurin.
PURCELL (c.-à-d. : pourceau), Pyrénées-Orientales, Companyo.

Noms étrangers :

File fish, angl. — Pescio palo, Gênes, *Descr.* — Μονόχοιρος, grec mod. Bik.

ORTHAGORISCUS MOLA. SCHNEIDER.

MOOULO ([1]), Var, Maurin.
POISSON LUNE, LUNE DE MER, français.

Noms étrangers :

Luna de mar, Rueda, esp., Cornide. — **Mena**, Gênes, Spinola. — **Sun fish**,
Molebut, anglais.

HIPPOCAMPUS BREVIROSTRIS. CUVIER.

CHEVAL MARIN ([2]), français.
CAVALL MARI, Pyrénées-Orientales, Companyo.
CAVAU, Nice, Risso.
TCHIVAL DÉ MAR, Cette, Doumet.
UR JOOU MOR (= cheval de mer), breton, *Chasse illustrée*, I, 33.
GAGNOLO, Bouches-du-Rhône, Villen. — Var, *Dép. du Var*, in-f°.

(1) Ce poisson est à cause de sa forme, presque entièrement ronde,
appelé selon les dialectes **meule, lune, soleil, roue.**
(2) Après sa mort, le tronc et la tête se recourbent et prennent quelque
ressemblance avec l'encolure d'un cheval. — MARCOTTE.

Noms étrangers :

Cavallo marin, Gênes, *Descr.* — Cavaletto, île d'Elbe, Kœstl. — Caballito, esp., Cornide. — Cabaliño, gallicien, Cornide. — Sea horse, anglais. — Ἀλογάκι, grec moderne, Bikélas.

SYNGNATHUS (Genre). L.

AGULLA DE MAR, Pyrénées-Orientales, Companyo.
SER, ESPINGOLO, Bouches-du-Rhône, Villeneuve.
VIPÈRE DE MER, picard, Marcotte.
SERPENT DE MER, Noirmoutier, Cavoleau.
ANGUILLE VÉSARDE, TROMPETTE, Aunis, Vendée, Lemarié
GAZANÉ, Var, *Département du Var*, gr. in-f°.

Noms étrangers :

Trombetta, Gênes, Spinola. — Pipe fish, holl. — Ago, île d'Elbe, Kœstl. — Agugia, Gênes, *Descr.* — Earl, Irlande du Sud, Thompson. — Κατουρλίδα, grec moderne, Bikélas.

AMMODYTES LANCEA. CUVIER.

ÉQUILLE, *f.* français.

Noms étrangers :

Riggle, Sussex coast, Yarrell. *British Fishes.* — Sand launce, anglais.

AMMODYTES TOBIANUS. CUVIER.

LANÇON, *m.* français. — Côtes de la Manche.
LANCHON, Guernesey, Métivier.
ALLANÇON, côtes de l'Ouest, Lemarié.
LUSSI, Nice, Risso.
SUÇON, picard, Corblet.
TRAOUQUE SABLE (¹), Gironde, Lafont.

____

(¹) A marée basse, ce poisson s'enfonce dans le sable et on le prend en labourant le sol.

Noms étrangers :

Sand eel, angl. — Giddack, Sandy giddack, Shetland, Edmond. — Sandaal all. — Suter, Sutter, Prusse, Frischbier.

OPHIDIUM BARBATUM. BLOCH.

DOUNZÉLA, DEMOUÉIZÈLA, Cette, Doumet.
CARÉGNAÏRÉ, Var, Maurin.
CALEGNEIRIS, Nice, Risso.
COURRUGIANO, Var, *Département du Var*, in-f°.

Noms étrangers :

Capellan, Iviça, Delaroche. — Bandiera, Sicile, Rafin. — Lorcha, gallicien, Cornide. — Scignua, Gênes, *Descr.*

OPHIDIUM IMBERBE. L.

DAMEISÉLETO, Var, Maurin.

Noms étrangers :

Doncella, espagnol. — Julia, Rubioca, gallicien, Cornide.

OPHIDIUM VASALLI. RISSO.

JARRATIÈRO, Var, Maurin.
METJE (¹), Pyrénées-Orientales, Companyo.

LEPTOCEPHALUS (Genre). CUVIER.

KARMARINA, Nice, Risso.

Nom étranger :

Moae d'anciua, Gênes, *Descr.*

(¹) C.-à-d. : médecin ; sa chair, bonne à manger, est ordonnée aux malades. — COMPANYO.

PETROMYZON PLANERI. BLOCH.

LAMPRILLON, PETITE LAMPRESSE, PIBALE, Ouest, Lemarié.
LAMPROYON, Luxembourg wallon, Lafontaine.
POUTINO, Var, Maurin.
CHATOUILLE, SATOUILLE, SUCET, français dial. Blanchard.
SUCE PIERRE, Moselle, Holandre.
TRAWE-PÎ (= troue-pieds), wallon, Sélys Longchamps.
TRAWE-PÎRE (= troue-pierres), wallon, Sélys Longchamps.

Noms étrangers :

Lampréda, Ampréda, Tessin, Pavesi — Stebêsser, Stenol, Luxemb. allemand,
Lafontaine.

PETROMYZON FLUVIATILIS ET PETROMYZON MARINUS. L. — LA LAMPROIE.

LAMPRU, Var, Maurin.
LAMPRUA, Nice, Risso.
LAMPROIE ([1]), français.
AMPROIE, wallon, Grandgagnage.
AMPROÏE, wallon, Sélys Longchamps.
LAMPRA *f.* Sarthe, communication de M. Aug. Besnard.
LAMPREA, LAMPRADA, LAMPREZA, ancien provençal, Raynouard.
LAMPREZO, LAMPRÉSO, Toulouse, Poumarède. — Gard, comm. par
      M. P. Fesquet.
ANGUILLE LAMPRESSE, Côtes de l'Ouest, Lemarié.
PERÇAPIERRE, PERCEPIERRE, Suisse romande, Schinz.
BÊTE A SEPT TREUS, SEPT TREUS, pic. Marcotte. — norm. Delb.
SEPT OEIL, français dialectal.

Noms étrangers :

Lamprea, esp. port. — Llamprea, anc. cat. Rayn. — Lampreda, it. —
Lamprey, angl. et holl. — Lamproïe, lamproen, lamproer, Lamproya, Nenga,

---

([1]) Les étymologistes rattachent lamprada, lamproie, etc. au latin lampetra
qui serait devenu lampedra puis lampreda, par transposition. On ne connaît
le mot lampetra que par une seule glose. On explique lampetra par
lambere petram ce qui convient bien pour le sens, ce poisson ayant
l'habitude de sucer les pierres et les rochers.

Lux. all. Laf. — Lampreda, anc. haut all. — Lamprete, all.'— Prik, Negenoog, holl. —Lamprey, Suckstone, Lickstone, angl. — Neunaugen, all. — Süssa peixe, Gênes, *Desc.* — Chucladit, Iviça, Delaroche. — Negenöjn, norv.

« È più la salsa che la lampreda (c-à-d. : la sauce vaut mieux que le poisson). »

Proverbe vénitien.

PETROMYZON FLUVIATILIS. L.

LAMPROIE D'ALOSE ([1]), français, Desvaux.
LAMPROIE DE RIVIÈRE, français.

MURAENA HELENA. L.

MURÈNA, Cette, Doumet.
MOURENA, Nice, Risso.
MOURÉNO, Var, Maurin. — Bouches-du-Rhône, Villeneuve.

Noms étrangers :

Murena, Sicile, Rafin.; île d'Elbe, Kœstlin; Iviça, Delar. — Murina, Sic. Rafin. — Moréa, gallicien, Piñol. — Moenha, Gênes, *Descr.*

CONGER VULGARIS. CUVIER.

COUNGRÉ, Cette, Doumet.
CUNGRE, MUSSOLE, Pyrénées-Orientales, Companyo.
GROUNCH, FÉLAT, Nice, Risso.
CONGRE, ANGUILLE DE MER, français.
FIÉLAT, Bouches-du-Rhône, Villeneuve.
FIÉRAS, Var, Maurin.
LANTERNE, Boulonnais, com. par M. E. Deseille.

([1]) Quand les aloses remontent les rivières, la lamproie les suit et on la trouve souvent attachée à ce poisson qu'elle suce et amaigrit. DESVAUX.

Noms étrangers :

Congre, Iviça, Delar. — Grungu, Sic., Rafin. — Congrio, esp. — Grongo, Gongro, it. — Brunco, Gênes, *Descr.* — Tiagallo, Fiagallo, Peagallo (= le jeune congre), Gênes, *Descr.* — Hav-aal, norvég. com. par M. R. Collett.

« Aller aux congres sans crochets. »

Proverbe français. QUITARD, 1842, p. 274.

ANGUILLA VULGARIS. — L'ANGUILLE.

I.

1. — Au latin *anguilla* se rattachent :

ANGUILA, *f.* ancien provençal, Raynouard. — Cette, Doumet.

ANGUILO, *f.* limousin, Chabaneau.

ANGUILE, *f.* Sarthe, communiqué par M. Sylvain Ebrard.

ANWILE, *f.* picard, Corblet.

ANGIEILE, *f.* Landes, communiqué par M. Dubalen.

ENGUILA, *f.* ancien provençal, Raynouard.

ENGUILO, *f.* Quercy, Azaïs. — Toulouse, Poumarède. — Lauragais, communiqué par M. Fagot.

AÏNGHIRA, basque, Fabre.

ANGUILLO, ANGUILHO, *f.* provençal moderne.

ANGUILLE, *f.* français.

ANGULLE, *f.* normand, Le Héricher.

ANWUILLE, *f.* Flandres, Vermesse.

ANWÈYE, AWEYE, wallon, Sélys Longchamps.

ANGUIÂLO, *f.* Corrèze, Béronie.

ENGUIALO, *f.* Toulouse, Poumarède.

ANGUIELO, *f.* prov. mod., Castor. — Marseille, Régis de la Col. — Gard, comm. par M. P. Fesquet.

ANGUIERO, ANGHIERO, *f.* Marseille, Régis de la Col. — Var, Maurin.

ANGAYIE, *f.* Lunéville, Oberlin.

ANDOUILLE, *f.* Ban de la Roche, Oberlin.

ANDIILLE, *f.* Montbéliard, Sahler.

Cf. Anguila, esp., piém., vénit. — Inguila, Tessin, Pavesi. — Anguilla, ital. — Anghilla, Gênes, *Descr.* — Ancidda, Sicile, Rafin. — Anghidda, Ambidda, Sardaigne, Azuni. — Inghvélla, Rome. — Inguilla, milanais, Banfi.

2. — Autres noms de l'anguille :

SERPENT D'EAU, Loiret, communiqué par M. L. Beauvillard.
SERPENT D'AIE, Côte-d'Or, communiqué par M. H. Marlot.
SILI, SILIEN, armoricain, Legonidec.

Noms étrangers :

Langfesch, Luxembourg allemand, Lafontaine. — Bisato, Venise, Nardo.

3. — L'alevin d'anguilles qui remonte les grands fleuves en nombre considérable à certaines époques, est appelé :

MONTÉE, *f.* français.
MONTINELLE, picard, Corblet.
MONTINETTES (*f. plur.*), picard, Marcotte.
CIVELLE, *f.* Anjou, Millet. — Nantes, Cavoleau. — Sarthe, communiqué par M. Aug. Besnard.
PIBALE, *f.* Saintonge, Jônain.
BIQUARELS (*plur.*), prov. mod. *Revue des langues rom.* 1872, p. 109.
BOUYEIROUNS, provençal moderne.
BUIRONS, embouchure du Rhône, Rivière.

Noms étrangers :

Bissetta, milan., Banfi. — Anguilletta, Cieccolina, it. — Buratelli, it., Duez.

On dit proverbialement :

« En février, civelles,
En mars, bonnes et belles,
En avril, fi d'elles ! »
　　　　　Ille-et-Vilaine, *Chasse illustrée,* 3 mai 1873.

4. — « On appelle *vremée,* la pêche à l'anguille, la nuit, avec des vers de terre. » Poitou, FAVRE. — « On appelle *anguilero,* une machine en osier à deux goulots pour prendre les anguilles. » Landes, MÉTIVIER. — « Les *buironnières* sont des nasses d'osier qui servent à prendre les petites anguilles. » Bouches-du-Rhône, RIVIÈRE.

5. — Il y a différentes espèces ou variétés d'anguilles. A l'embouchure du Rhône, on en distingue quatre (RIVIÈRE) :

1° L'ANGUILLE FINE; espèce très estimée; elle porte ce nom tant qu'elle est petite. — POUGAOU; on appelle ainsi cette même anguille quand elle a atteint un demi-kilo.

2° LA BOMARENQUE; espèce bonne à manger, qui reste toujours petite.

3° LA POUNCHUROTE; bonne à manger quand elle est jeune.

4° MARGAGNON ou LACHINAN; anguille grossière, mauvaise à manger; c'est la plus commune.

A Cette, on en distingue deux (DOUMET) :

1° ANGUILA FINA = Anguilla acutirostris. RISSO.

2° ANGUILA COMMUNA = Anguilla latirostris. RISSO.

Dans le Poitou, outre la commune, on en connaît deux autres (FAVRE) :

1° PIBAU ; grosse anguille à ventre jaune.

2° PIBALE; petite anguille à ventre jaune.

On appelle dans la Gironde (LAFONT) :

MOURGUIN, l'Anguilla acutirostris.

Dans la Sarthe, d'après une communication de M. Aug. Besnard, on appelle :

CHASSEUSE, l'anguille de moyenne grosseur.

On appelle à Beauvoir-sur-Mer (GALLET) :

ORTAILLA, une grosse anguille.

A Venise, selon Nardo :

VERMO, CIRIOLO = bisato, quando è minuto.

BURATELO = quando è più grande.

BISATELO = dalle 8 alle 12 once.

6. — « Cha n'est poent des anguilles frinches (c.-à-d. : ce n'est pas quelque chose de bien rare). »   Picard, CORBLET.

« Dek de pot toe, daar is paling in. » Locution hollandaise, MARIN.

—En hollandais PALING = l'anguille franche, la meilleure à manger.

7. — On sait combien il est difficile de tenir dans ses mains une anguille. On dit : *glisser comme une anguille, s'échapper comme une anguille.* — On lit dans PLAUTE. *Pseud.* 2, 4, 56, *anguilla est, elabitur.*

« L'anguièlo escapo à cau la sarro trop. »   Prov. languedocien.

« Qui trop sarre l'anguille, a li ripe des mains. »
Cognac, *Almanach de Cognac*, 1858.

« A bon pêcheur échappe anguille. »   Proverbe français.

« Prendre une anguille par la queue et croire à la parole d'une femme, c'est ne rien tenir. »   Proverbe français.

« Chi piglia l'anguilla per la coda e la donna per la parola, può ben dir che non tien niente »   Italien.

« Celui qui tient l'anguille par la queue ne tient rien. »

8. — « Le nom d'une anguille ne sert à rien, c'est la manière de la prendre qu'il faut avoir. »   P. FÉVAL. *Les Habits noirs.*

9. — « Enn noz e kemerer ar siliou :
Dale a ra val awechou. »

C.-à-d.: La nuit on prend des anguilles ; il est bon parfois de ne pas se presser.
Nouv. conversat. en bret. et en fr. Saint-Brieuc, 1857.

10. — « *Ecorcher une anguille par la queue,* c'est commencer une affaire par où on doit la finir. »

11. — « *Rompre l'anguille au genou,* c'est faire une chose impossible ou prendre un mauvais moyen pour faire réussir une affaire. »

12. — « *C'est un marchand de peaux d'anguilles,* se dit d'un petit marchand gagnant peu. »

13. — « Essere o fare la serpe tra l'anguille, dicesi di chi, essendo accorto, tratta co' semplici »   Italien.

14. — « Pigliare l'anguilla, vale divertirsi, e scappare per un poco dal lavoro. »   Italien.

15. — « Mi vorresti far credere che l'anguille sian serpi. »
Italien, PESCETTI.

16. — « Non è si grossa anguilla che non habbia il suo buco. »
Italien, PESCETTI.

17. — « Aspettar l'anguilla alla caduta. »   Italien, PESCETTI.

18. — « Un ver à l'anguille
Un mari à la fille
Les font mordre à l'hameçon. »
Loire-Inférieure, *Poésies populaires de la France*,
Ms. 3343, f° 211.

II.

1. — «Il est comme les anguilles de Melun qui crient avant qu'on les écorche. »
Proverbe français.

Ce proverbe est une allusion à quelque conte. — Les anguilles de Melun étaient renommées autrefois.

2. — « Mit der Zeit gewöhnen sie sich ! sagte die Köchin, als sie den Aalen die Haut abzog. »

« Gewohnheit ! sagte die alte Frau zum Aal, da zog sie ihm die Haut ab. »

Locut. popul. facét. allem. HOEFER. *Wie das Volkspricht.*

Cette locution fait allusion à quelque conte d'anguille se plaignant qu'on l'écorche.

3. — « Troppo tardi, disse la Pasqua à buratelli. — Vous venez trop tard dit Pasque aux anguillettes. » Cela se dit à un qui arrive trop tard.
Italien, DUEZ.

4. — « En vain l'anguille a sur l'aigle envye. »
XVIe siècle, LEROUX DE LINCY.

5. — « Une peau d'anguille contenant sept gros clous est une offrande bien connue dans nos campagnes, que l'on fait aux mauvais esprits pour se les rendre favorables. »
Berry, GEORGE SAND. *Nanon.*

6. — « Les bandes de peau d'anguille sont excellentes contre les crampes. »   Liège, HOCK, III, 26.

7. — « Quand l'été, l'anguille s'envase, par suite de desséchement des canaux, le maraîchin croit qu'elle mène la vie des serpents et qu'elle s'accouple avec eux. »

Loire-Inférieure, VIAUD GRANDMARAIS.

« Jamey anjieile n'a anjielat. (Jamais anguille n'a donné naissance à une anguille). »   Saint-Sever, comm. par M. DUBALEN.

« L'anjieile què baït dou cap dou coulac. (L'anguille nait de la tête de l'alose). »   Saint-Sever, comm. par M. DUBALEN.

ECHENEIS REMORA. CUVIER.

SUCÉ, Var, Maurin.

Noms étrangers :

Ampiscica, Sicile, Rafinesque. — **Grataenha,** Gênes, *Descr.*

Les anciens appelaient ce poisson *remora* et lui attribuaient le pouvoir d'arrêter les vaisseaux auxquels il s'attachait (Voy. PLINE, 32, I. 1).

CYCLOPTERUS LUMPUS. L.

LIÈVRE DE MER, Noirmoutier, Cavoleau. — Bayeux, Pluquet. — côtes de l'Ouest, Lemarié.

SEIGNEUR, DIABLE, MOLLET, Bayeux, Pluquet.

ROUET (¹), Le Crotoy, Corblet.

GRACIEUX SEIGNEUR, Océan, de la Pylaie.

Noms étrangers :

Lump, Lumpfish, anglais. — **Padle,** Orkney, Shetland, Edmondston.

(¹) On appelle ainsi ce poisson parce qu'il tourne sur lui-même en nageant. — CORBLET.

SOLEA PEGUSA. YARRELL.

PÉGOUSO, Var, Maurin.
SOLLA D'ARGA, Nice, Risso.

Noms étrangers :

Lemon sole, anglais. — Pelud, Peludet, Majorque et Catalogne, Delar.

SOLEA VULGARIS. CUVIER. — LA SOLE.

I.

1. — Du latin *solea* viennent :

SOLA, *f*. Nice, Risso. — Cette, Doumet.
SOLO, *f*. Var, Maurin. — Bouches-du-Rhône, Villeneuve.
SOLE, *f*. PERDRIX DE MER ([1]), *f*. français.
SEUILLE, *f*. SÊILLETTE, *f*. (=la petite sole), La Rochelle, rec. pers.

Cf. **Soglia**, italien. — **Suela**, espagnol. — **Solha**, portugais.

2. — Autres noms de la sole :

RUARDE, Pyrénées-Orientales, Companyo.
PALAÏGA, Cette, Doumet.
GARLIZENN, *f*. breton, Troude.
SECILLET (*plur.*), breton de Houat, Delalande.

3. Noms étrangers :

Βούγλωσσον, Κυνόγλωσσον, grec ancien, Bik. — Γλῶσσα, grec moderne,
Bik. — Lenguado, Iviça, Delar. — Linguata, Linguatu, Palaja, Sic., Rafin. —
Linguattola, Rome, Bon. — Lingua, Gênes, *Descr.* — Zunge, all. — Tong,
holl. — Sfoglia, milan., Banfi. — Lirpa, Corogne, Piñol. — Sfogio, Venise,
Nardo.

4. — « Il se vend plus de harengs que de soles. »   Proverbe.

II.

« Un animal dont le nom scientifique est *bopyre*, parasite que l'on
trouve incrusté le long du corps des crevettes donne naissance aux
jeunes soles. » Ce préjugé est très répandu.   CLOQUET.

([1]) Pour les gourmets, la sole, à cause de la bonté de sa chair, est aux
autres poissons ce que la perdrix est aux autres oiseaux.

SOLEA LASCARIS. Bonaparte.

VERRÙGA, Cette, Doumet.

Nom étranger :

Lingua d'arenha, Gênes, *Descr.*

SOLEA MANGILII. Bonaparte.

PERPEÏRA. Cette, Doumet.

RHOMBUS VULGARIS. Cuvier. — LA BARBUE.

BARBUCHE, Noirmoutier, Cavoleau. — côtes de l'Ouest. Lemarié.
BARBUE, *f.* français.
ROMBOU ([1]), Nice, Risso.

Noms étrangers :

Rombo, île d'Elbe, Kœstlin. — **Rumbu,** Sicile, Rafin. — **Passera,** Messine, Rafin. — **Britt,** Belfast, Thompson.

RHOMBUS MAXIMUS. Cuvier.— LE TURBOT.

ROUN ([2]), Var, Maurin.
ROMBOU CLAVELAT, Nice, Risso.
RUM CLAVELLAT, Pyrénées-Orientales, Companyo.
ROUMB CLAVELAT, Agde. *Bull. de la soc. des lang. rom.* 1874, p. 41.
TURBOT, *m.* FAISAN DE MER ([3]), français.
ÉTURBOT, côtes de l'Ouest, Lemarié.
TEURBOT, *m.* normand.
TOURBOT, *m.* français du XVIᵉ siècle, *Revue des sociétés savantes,*
      1874, p. 502. — ancien français, Littré.
TREBOUTED (*plur.*), breton de Houat, Delalande.

([1]) Du latin **rhombus.**
([2]) Du latin **rhombus.**
([3]) Ainsi appelé à cause de la bonté de sa chair.

Noms étrangers :

Rombo, ital. — **Rumbo veaxo**, Gênes, *Descr.* — **Rumolo imperiali**, Sic., Rafin.
— **Rodaballo**, esp., gallic., Cornide. — **Turbot, Thornbut**, angl. — **Tarbot.**
holl. — **Mill-fish**, Shetland, Edmondston.

HIPPOGLOSSUS VULGARIS. CUVIER.

PAMPALOTI, Nice, Risso.
FLÉTAN, français.
PERPEÏRA, Cette, Doumet.

Noms étrangers :

Halibut, anglais. — **Baldin**, Shetland, Edmondston.

PLATESSA LIMANDA. CUVIER. — LA LIMANDE.

PLÀNA, Hérault, Marcel de Serres.
PLANO, Gard, Crespon.
LIMANDE, *f.* français.
LIMONE, rouchi, Hécart.
RUM, Pyrénées-Orientales, Companyo.
AINEZ, *f.* breton, Troude.

Nom étranger :

Dab, anglais.

PLATESSA FLESUS. CUVIER.

FLET, *m.* français.
FLETTE, ALBUTE, ELBUTE, rouchi, Hécart.
PUISE, Anjou, Millet.
PICO, *m.* Bessin, Joret.
FLONDRE, normand, Travers.

Noms étrangers :

Fluke, Hundred of Londsdale, Peac. — **Rubbel**, Luxembourg allemand,
Lafontaine. — **Sten-potta**, suédois dialectal, Rietz. — **Flounder**, anglais.

PLATESSA VULGARIS. Cuvier. — LA PLIE.

CARRELET, *m.* (la jeune plie) français.
PLIE, *f.* français.
PLLIE, *f.* Bessin, Joret.
PLÉÏSSE, *f.* montois, Sigart.
PLISSE, Morbihan, recueilli personnellement.
PLAIE, PLAYER, PLIER, picard, Corblet.
PLAÏE, *f.* Lille, Debuire du Buc.
PIAISE, FLÉAU, TARDINEAU, HOTANT. côtes de l'Ouest, Lemarié.
PLINCET *(plur.)*, breton de Houat, Delalande.
TARGET, Noirmoutier, Piet.
CAKETTE, Le Crotoy, Corblet.

Noms étrangers :

Pianussu, Passera, Sicile, Rafin. — Plaice, anglais. — Platija, Acedia, espagnol, Cornide. — Solla, Patruza, gallicien, Cornide.

PLATESSA POLA. Cuvier.

LIMANDELLE, picard, Marcotte.

BATRACHOIDES TAU.

NANTEQUE, NARTÈQUE, Loire-Inférieure, Desvaux.

GADUS MUSTELA. L.

LOCHE DE MER, Noirmoutier, Piet.

Noms étrangers :

Mustedda, Mustiddu, Pesce tupu, Sicile, Rafin.

GADUS LOTA. L. — LA LOTTE.

1. — LLOTE, Pyrénées-Orientales, Companyo.
LOTTE, *f.* LOTTE FRANCHE, *f.* français.
BOULOTTE, *f.* wallon, Sélys Longchamps : Grandgagnage.

BARBOTTA, Suisse romande, Bridel.

BARBOTTE, ancien français (1), Leroux de Lincy. — Jura, Ogérien.
  — Moselle, Géhin. — Ouest, Lemarié. — rouchi, Hécart.

BOURBOTTE, Béthune, Corblet. — rouchi, Hécart.

BORBOTE, anc. fr. Crapelet. *Prov. et dict. du XIII⁰ siècle*. p.119.

GENDARMO, LOUP, Lauragais, communiqué par M. P. Fagot.

ENGUIALOU (2), Toulouse, Poumarède.

LOCHE, LOCHETTE, Jura, Ogérien.

CHATOILLE, Sᵗ-Germain-de-Modéon (Côte-d'Or), c. par M. Marlot.

DORMILLE FINE, Grenoble, Charvet.

PALMO, AZÉ, Gard, Crespon.

Noms étrangers :

Lota, esp. — Bottrisa, mil., Banfi. — Botrisiò, Tessin, Schinz. — Bottatrice, it. — Quack, Langfeschemudder (3), Luxemb. all., Laf. — Aalrutte, Rutte, Autriche all., Kram. — Oalket, Saxe, Bielz. — Aalpuit, Puitaal, Aalkwabbe, holl. — Trüsche, Trische, Suisse all., Schinz. — Burbot, angl. — Strinza, Trinscia, Bôttris, Bôttrisa, Tessin, Pavesi.

2. — La lotte est un mets recherché. On estime surtout son foie :

> « Pour le foie d'une lotte
> Femme donne (*var*. trousse) sa cotte. »

> « Pour le foie de la lotte
> L'homme vend sa culotte. »

GADUS MOLVA. L.

JULIENNE, Noirmoutier, Piet.

LINGUE, *m*. français savant.

LINQUE, rouchi, Hécart.

LEYNGE, ancien français, P. Meyer. *Traité de conv. angl. fr.*
  1396 (*Revue critique*, 1871, p. 378).

(1) Selon Leroux de Lincy les **barbottes de Saint-Florentin** étaient renommées au XIIIᵉ siècle.

(2) La lotte ressemble à l'anguille, mais elle est plus petite.

(3) Les pêcheurs qui prennent une lotte la rejettent; ils croient que
c'est elle qui donne naissance aux anguilles. LAFONTAINE. — (L'anguille est
appelée **langfesch** à Luxembourg).

Noms étrangers :

Ling, anglais. — **Leng, Lenge**, hollandais.

GADUS MERLUCIUS. L.

I.

1. — MERLUSSA ([1]), anc. prov. Raynouard. — Menton. Andrews.
MARLUS, Var, *Département du Var*, gr. in-f°.
MERLU, Var, Maurin. — normand, Le Héricher.
MERLUS ([2]), *m.* breton, Troude.
MERLUCHE, *f.* français.
MERLUCE, Tarentaise, Pont.
MERLEUET (*plur.*), breton de Houat, Delalande.
MERLAN, Nice, Risso. — Cette. Doumet.
TOQUEFICHE, Poitou, Lalanne.

Noms étrangers :

Lluz, Iviça, Delar. — **Merluzzo, Merluzzu, Mirruzzu**, Sic., Rafin. — **Merluza**, esp. — **Melruza**, gallic., Piñol. — **Bertagnin**, mil., Banfi. — **Nasello**, île d'Elbe, Kœstlin. — **Hake**, anglais.

Remarque. La **merluche** fraîche ou salée est très souvent confondue avec la **morue**.

2. — Locution :

« Il fut battu comme merluche. »

II.

1. — On dit en Provence d'un mauvais chrétien, d'un mauvais sujet :

« Es estat batejat am d'aiguo de merlusso. »

2. — « Si une merluche devenait veuve elle engraisserait comme une poularde. »   LUCAS DE MONTIGNY. *Récits variés*, p. 367.

([1]) De **maris lucius**, brochet de mer.
([2]) On appelle ironiquement **penn-marlus** (tête de merlu) l'habitant d'Audierne parce que ce poisson y est très abondant. — TROUDE.

3. — On dit vulgairement : *pousser des cris de merluche* pour *pousser de hauts cris* ; mais il est plus que douteux que cette expression s'applique à notre poisson. Il est probable que cette locution est une allusion à quelque être fantastique. Remarquez qu'on dit aussi : *crier comme une merlusine.*

GADUS VIRENS. L.

MERLAN JAUNE, français.
MARLUS, Marseille, Villeneuve.
MERLAN, Toulon, Villeneuve.
LIEU, Loire-Inférieure, Desvaux.
LU, Guernesey, Métivier.
LEANEK, *m.* Vannes, Troude.
LEVNEK, GOULEK, breton, Troude.
LENVEK, LEONVEK, LEONEK, LEUVENNEK, Cornouaille, Troude.

GADUS POLLACKIUS. L.

MARLU, Var, Maurin.
LEANNEGUET (*plur.*), breton de Houat, Delalande.

Noms étrangers :

Lyth, Lyfish, Orkney, Low. — Lythe, Écosse, Yarrell. — Abadejo, Badejo, gallicien, Cornide.

GADUS CARBONARIUS. L.

STOCOFI, Var, Maurin.
CARBONER, Pyrénées-Orientales, Companyo.
COLIN, MERLAN NOIR, MORUE NOIRE, français.

Noms étrangers :

Piltack, Shetl., Edm. — Black pollack, Glassin, Irlande, Thomps. — Seth, Kuth, Silluck, Piltock, Cuddin, Orkney, Low. — Coal fish, anglais.

GADUS MERLANGUS. Cuvier. — LE MERLAN.

1. — Merlussa, Menton, Andrews.

Marlu, Marseille, Régis de la Colombière, p. 218.

Merlu, *m.* Lille, Debuire du Buc.

Marlank, Marlouan, breton, Troude.

Merlanet (*plur.*), breton de Houat, Delalande.

Marlan, Var, Maurin.

Merlan, français.

Merlenc, Mellenc, ancien français, Diez.

Merlens, français du XIIIᵉ siècle, Scheler. *Manusc. de Lille.*

Marlin, rouchi, Hécart. — Flandre française, Vermesse.

Merlin, Merlain, *m.* Lille, Debuire du Buc.

Merlon, *m.* Lille, Debuire du Buc.

Mélan, Méllan, ancien français, Crapelet. *Prov. et Dictons du XIIIᵉ siècle.* — normand, Travers.

Léaud, côtes de l'Ouest, Lemarié.

Llos, Pyrénées-Orientales, Companyo.

Liotin, *m.* Guernesey, Métivier. *Glossaire des rimes.*

Capélan, Hérault, Marcel de Serres.

Gwennek, *m.* Libour, *m.* breton. Troude.

Noms étrangers :

Whiting, anglais. — Wyting, Bolk, hollandais. — Sarreta, gallic., Cornide.

2. — « On dit que les merlans sont *viandes de laquais, de postillons*, parce qu'ils n'empêchent point de courir et ne chargent point l'estomac. »   Leroux. *Dictionnaire comique.*

3. — « *Gober le merlan* signifie *avaler l'hameçon, donner dans le panneau.* »   Leroux. *Dictionnaire comique.*

4. — « Lou merlan mangea la poutina (c.-à-d. : les gros poissons mangent les petits). »   Nice, Toselli.

5. — *Bleu merlan* = bleu particulier. On lit dans Vander Burgh, *Rossignol*, comédie, 1837 : « Il fait d'ignobles raccords avec du papier à onze sous et bleu merlan. »

6. — « *Faire des yeux de merlan frit*, c'est-à-d. : tomber en pamoison et montrer le blanc des yeux. »   L. Rigaud.

7. — Au siècle dernier, la mode exigeait que l'on se couvrît les cheveux d'amidon pulvérisé; les perruquiers étaient alors désignés par le sobriquet de *merlans à frire* à raison de ce que leurs vêtements, blanchis par la poudre, étaient comparés à la couleur du merlan couvert de farine avant d'être mis dans la poële.

GADUS MINUTUS. L.

Capélan, Nice, Risso. — Var, Maurin. — Cette, Doumet.
Caplan, Marseille, Régis de la Colombière.
Taco, Bogüe, Ouest, Lemarié.
Tacohet *(plur.)*, breton de Houat, Delalande.

Noms étrangers :

Pesce ficu, Mancanu, Bacaficu, Sicile, Rafinesque. — Muncana, Malte, Rafinesque. — Poor, Power cod, anglais.

GADUS LUSCUS. L.

Plouse, Boulogne-sur-Mer, Labille.
Gode, Tacaud, français.

Noms étrangers :

Bib, Banffshire, Gregor. — Hen fish, Belfast, Thompson. — Crow fish, Galway Bay, Thompson. — Miller's thoom (le jeune Gadus luscus), Banffshire, Gregor. — Capellan, Iviça. Delar. — Faneca, gallicien, Cornide.

GADUS AEGLEFINUS. L.

1. — Aigrefin, Aiglefin, français.
Équelfin, rouchi, Hécart.
Ânon, Morue de Saint-Pierre, français, Nemnich.

Nom étranger :

Haddock, anglais.

2. — On appelle *aigrefin* un homme rusé, difficile à tromper ou un homme qui trompe les autres.

GADUS CALLARIAS. L.

PETITE MORUE, FAUX MERLAN, Paris.
GODE, Cherbourg, Jouan.

Noms étrangers :

Pomuchel (¹), Prusse, Frischbier. — **Dorsch**, all. — **Dorse, Variable cod**, angl.

MORRHUA VULGARIS. CUVIER. — LA MORUE.

1. — La morue fraîche est appelée :

MORUE FRANCHE, *f*. CABILLAUD (²), français.
BACAYA, Menton, Andrews.

2. — Les morues devant être consommées à de très grandes distances des lieux où on les pêche, on emploie plusieurs moyens pour préserver leur chair et quelques autres de leurs parties de toute altération : ces moyens consistent à les saler ou à les sécher.

On commence les préparations de la morue en lui coupant la tête ; on l'ouvre ensuite dans sa partie inférieure pour en retirer le foie, qu'on met à part, et les œufs, si c'est une femelle. On *habille* ensuite la morue, c'est-à-

---

(¹) En Prusse, **pomuchelskopf**=ein dummkopf, dickkopf. — FRISCHBIER.
(²) Cf. espagnol **bacalao**. Sur l'étymologie de ce mot, voyez un article de C. Michaelis dans *Bibliografia critica*, Porto, 1875, p. 374. — Aux synonymes cités par Michaelis, ajoutez : μπακαλάρος, grec moderne, Bikélas.

dire qu'on l'ouvre depuis la gorge jusqu'à l'anus, et on enlève l'arête, ce qui s'appelle *désosser la morue*, puis on *lui donne le premier sel* en la frottant sur les deux faces avec du sel marin. Les morues ainsi préparées sont rangées par lits, séparées par des couches de sel, le plus souvent dans la cale du bâtiment, ou quelquefois à terre sous un abri construit exprès.

Les morues restent dans cet état pendant quelques jours, jusqu'à ce qu'elles aient jeté leur sang et leur eau ; alors on les change de place et on les sale à demeure, en les rangeant une seconde fois par lits entre lesquels on étend de nouvelles couches de sel.

Lorsqu'en habillant les morues on se contente de les ouvrir depuis la gorge jusqu'à l'anus, elles conservent une forme arrondie du côté de la queue, et on les nomme alors *morues rondes;* mais le plus grand nombre des pêcheurs ouvrent les morues dans toute leur longueur, et enlèvent l'arête en entier. Les morues ainsi habillées se nomment *morues plates*.

Si, au lieu de *saler* les morues, on veut les faire *sécher*, on les soumet aux préparations qui viennent d'être décrites, jusqu'au premier sel; on les lave et on les étend une à une, sur la grève ou sur des rochers, la chair en dessus; quelques heures après on les retourne. Ces opérations sont répétées pendant plusieurs jours, avec cette différence, qu'au lieu d'étendre les morues une à une, on les empile, on recommence cet empilage à plusieurs reprises, mais à des intervalles de temps qui croissent successivement; le nombre et la durée de ces empilages sont proportionnés à la nature du vent, à la sécheresse de l'air et à la chaleur de l'atmosphère.

Quelques peuples du nord de l'Europe emploient un autre procédé pour faire sécher les morues : ils les suspendent au-dessus d'un foyer et les exposent ensuite aux vents qui règnent dans leurs contrées pendant le printemps.

Ces deux opérations sont répétées alternativement jusqu'à dessiccation complète. Les morues ainsi préparées acquièrent une dureté égale à celle du bois, ce qui leur a fait donner le nom de *stockfish* (¹).

On appelle dans le commerce, *morues blanches*, celles qui ont été salées, mais séchées promptement, et sur lesquelles le sel a laissé une croûte blanchâtre; on nomme *morues noires* (²), celles qui, par un desséchement plus lent, ont éprouvé un commencement de décomposition qui se reconnait à des taches grises ou brunes dont la chair est parsemée à la surface.

On nomme *morue verte*, celle qui a été seulement salée, et *morue sèche* ou *merluche*, la morue séchée.

Dans quelques places de commerce, on désigne les morues d'après leurs dimensions et leur qualité. A Nantes, par exemple, on nomme *grandes morues*, celles dont le cent en nombre pèse 450 kil.; *morues moyennes*, celles dont le cent ne pèse que 300 kilogrammes; *petites morues*, celles dont le poids est encore plus faible.

A Bordeaux, à Bayonne, on distingue trois assortiments de morue, le *marchand*, le *moyen* et le *rebut*.

Les œufs de morue s'appellent *rogues, raves* ou *coques*. On les sale et on en fait une préparation devant servir à la pêche de la sardine. Cette préparation est appelée *rogue* ou *résure*.

On appelle aussi les œufs de morue :

MARONE, rouchi, Hécart.

(¹) On dit : **estofi** dans la Corrèze, Béronie. — Stoccafissu, Corse, Mattei. Cf. **Pesce legno** = stockfisch, italien, Duez.
On dit de quelqu'un, maigre et efflanqué, qu'il est sec comme un stockfish.

(²) On appelle **morues brumées** celles qui ne sont pas fort blanches et qui semblent avoir été saupoudrées de poivre. — DUHAMEL.

« Les entrailles de morue, nommées *breuilles* sont aussi quelquefois employées comme appât. »

3. — La morue séchée et salée est appelée :

MORÙYO, Limousin, Chabaneau.
MORUE, *f*. français.
MOLUE, rouchi, Hécart.
MOULUE, *f*. ancien français. — Ouest, Lemarié.
MOLEUWE, MOLOWE, wallon, Grandgagnage.
MERLUSSO, *f*. Tarn, Gary. — Bayonne, Lagravère.
PINPE SEQUE, Bayonne, Lagravère.
ESTOUPIDO, Toulouse, Poumarède.

Remarque importante. — On confond souvent sous le nom de **morues** le merlu, le merlan, le lieu, le colin, le capelan, l'aigrefin, la gode, surtout lorsque ces poissons sont séchés et salés.

4. — « *Ta morue trempe*, c.-à-d. : ton châtiment se prépare. »
Normandie, recueilli personnellement.

« *Hy wierd gebeukt als stokvis* (il fut battu comme plâtre). »
Locution hollandaise, MARIN.

5. — « Ton histoire est jolie, c'est dommage qu'elle finisse en queue de morue. »
Locution des marins, A. BALLEYDIER. *Veillées du Presbytère*.

6. — On appelle *bacalao* en espagnol un individu sec et efflanqué. On dit aussi : *flaco como un bacalao.*

7. — Le mot hollandais. *schelvis* qui signifie morue sert d'injure à l'égard des enfants : *Jou schelvisje, kleine schelvis, jou quitje, platje*, c.-à-d. : le petit fripon, le petit espiègle !   MARIN.

En français, *vieille morue* est une injure grossière adressée à une vieille femme.

8. — « Les paysans croient que les morues ont une tête d'homme. C'est pour cela, disent-ils, qu'on ne vend jamais cette tête. »
Centre, comm. par M. L. BEAUVILLARD.

CLUPEA ENCRASICHOLUS. L. — L'ANCHOIS.

1. — Noms de ce poisson :

ANCHOIS, *m.* français.
ANCHOYA, Hérault, Marcel de Serres.
ANCHOYO, *f.* Var, Maurin. — Bouches-du-Rhône, Villeneuve.
ANTCHOYA, *f.* Cette, Doumet.
ANCHOIE, Loire-Inférieure, Desvaux.
ANXOVA, Pyrénées-Orientales, Companyo.
AMPLOVA, Nice, Risso.

Cf. **Acciuga,** it. — **Anciua,** Gênes, *Descr.* — **Azzua,** Sard., Azuni. — **Alice, Anciova, Anciovu,** Sic., Rafin. — **Anchoa,** esp. — **Anchova, Enchova,** port. — **Anchoba, Jôuba,** gallic., Cornide. — **Anchioa,** vénit., Duez. — **Anchovy,** angl.

2. — Autres noms de l'anchois :

GRANDE GOULE (¹), Loire-Inférieure, Desvaux.
GOULARD, côtes de l'Ouest, Lemarié.
GLIZIGENN, *f.* breton, Troude.

Noms étrangers :

Boqueron, esp., Cornide. — **Ghiancetti** (= les petits anchois), Gênes, *Descr.* — Χαψιά, grec moderne, Bikélas.

4. — On dit d'une personne dont les paupières sont rouges et tuméfiées, ou qui a les yeux chassieux : *elle a des yeux bordés d'anchois.* Les anchois salés sont rouges à cause de la couleur que l'on donne à la saumure.

5. — « La trace qu'un coup de fouet laisse sur la peau est appelée en provençal *anchoyo,* d'où l'expression : *tastà l'anchoyo,* recevoir une râclée. »
AZAÏS.

(¹) L'anchois est un petit poisson d'un genre appartenant à la grande famille des **Clupea.** Il se distingue du hareng par une bouche beaucoup plus large, fendue bien au-delà des yeux.

CLUPEA SARDINA. L. — LA SARDINE.

I.

1. — SARDA, *f.* ancien provençal, Raynouard — Hérault, Marcel
de Serres. — Pyrénées-Orientales, Companyo.
SARDINA, *f.* Nice, Risso.
SARDINO, *f.* Var, Maurin
SARDINE, *f.* français.
SARDINYOLA, *f.* Pyrénées-Orientales, Companyo.
CHARDINA, Basque.

Cf. Sardina, esp., it. — Sardenha, Gênes, *Descr.* — Sardella, mil., Banfi ;
Sard., Azuni. — Sardiña, gallic., Piñol. — Σαρδέλα, grec moderne, Bik. —
Σάρδα. Σαρδίνη, grec ancien et Sarda, Sardina, latin, noms donnés par
les anciens à certains poissons, sont difficiles à identifier.

2. — Autres noms :

POUTINA (*petite sardine dans son premier état*), Nice, Risso.
POUTINO (*id.*), Bouches-du-Rhône, Villeneuve.
PALAIA (*sardine moyenne*), Nice, Risso.

« Avec la *palaia* et la *sardina* confites dans du sel on fait
un condiment appelé *pissalá.* »   Nice, RISSO.

« A Gênes, la sardine est appelé *gianchetto* dans són premier
état et *pázetta* dans son deuxième état. »   *Descrizione.*

3. — « Prendre une sardine pour un navire (= se tromper
grossièrement). »
Langage des marins, A. BALLEYDIER. *Veillées du Presbytère.*

4. — Proverbe italien :

« Lanciare una sardella per havere un luzzo. »   DUEZ.

5. — . « Ès un *rabino sardo*, c'est un avare. » Langued. BARJAVEL.
— « *Ésquicha la sarde* (ou *l'anchóye*) = être avare. » Vaucluse,
                                        BARJAVEL.

6. — « Sardella coccia e budella, c.-à-d. : *mangiala tutta.* »
          ANT. DE NINO. *Proverbi abruzzesi.* Aquila, 1877.

7. — « Cada hum chega a braza à sua sardinha (Chacun
apporte de la braise pour (faire cuire) sa sardine. »
                              Proverbe portugais.

II.

1. — « Tirar sardinha con a mão do gatto. »

> Proverbe portugais. PEREYRA.

2. — « La sardina de Blanes que saltando del fuego dió en las brasas. (La sardine de Blanes qui, voulant échapper au feu, sauta dans la braise). »   Proverbe espagnol.

Selon une sentence sanscrite de la collection Böhthlingk *(Indische Sprüche)*, une certaine carpe n'a guère été plus heureuse :

« Une pauvre carpe échappa à la main rude d'un pêcheur qui venait de la saisir, mais elle retomba dans le filet ; elle s'échappa encore une fois du filet mais ce fut pour être dévorée par un héron. Quand le destin est contraire, comment pourrait-on échapper au malheur ! »

CLUPEA PILCHARDUS. Cuvier.

CÉLAN, CÉLERIN, picard, Marcotte.
ROYAN, côtes du Sud-Ouest.
HARENG BLANC, GROSSE SARDINE, Ouest, Lemarié.

Nom étranger :

Gipsey herring, Ecosse, Yarrell.

CLUPEA HARACHUS.

HARACHO, Var, Maurin. — Bouches-du-Rhône, Villeneuve.

CLUPEA SPRATTUS.

Cette espèce est ordinairement confondue avec le *Clupea sardina* et le *Clupea pilchardus*. — En anglais, elle est appelée *sprat*, en Écosse, *garvie herring*, *garvie*. YARRELL.

ALOSA COMMUNIS. CUVIER. — L'ALOSE.

1. — Du latin *alausa* viennent :

ALAOUSO, *f.* Gard, Crespon.
ALOSÉ, Bouches-du-Rhône, Villeneuve. — Var, Maurin.
ALOSE, *f.* français.
ALOSSE (¹), rouchi, Hécart.
ALOUSE, *f.* Vienne, Mauduyt.
ALOUZ, *m.* breton, Troude.
ALOÏE, wallon, Sélys Longchamps.

Cf. **Alosa**, Sicile, Rafinesque. — **Els**, **Elsen**, Luxembourg allemand, Lafontaine. — **Allice shad**, anglais.

2. — Autres noms de l'alose :

LACHIA, Nice, Risso.
AUCHO, Var, *Département du Var*, gr. in-fol.
COLAC, COULAC, *m.* Gironde, Landes.
COULA, Tarn, Gary. — Toulouse, Poumarède.
ÂBÈYE, wallon, Grandgagnage; Sélys Longchamps; Forir.
AUBÎE, Namur, Grandgagnage.
GATTE, Ouest, Lemarié.
POISSON DE MAI (²), Moselle, Géhin.

3. — Noms étrangers :

Laccia, Cheppia, it. — **Cieuppia, Cèppa**, Tessin, Pavesi. — **Agone, Cobbiano, Antefino, Scioppo**, Tessin, Schinz. — **Cipra, Salacea**, Gênes, *Descr.* — **Alacha, Lacha**, esp., Cornide. — **Alocho**, Catane, Rafin. — **Saboga**, Sard., Azuni. — **Sábalo, Sabenla, Sable, Samborca**, gallic., Cornide. — **Maifesch**, Luxemb. all., — **Espadin, Trancho** (= la jeune alose), gallic., Cornide. — **Mariquita** (la jeune alose femelle), gallicien, Piñol.

4. — « Riche n'a jamais mangé de bonnes aloses, ni pauvre de bonnes lamproies. »

Proverbe. Vienne, MAUDUYT.

______

(¹) Le mot **alosse** est synonyme **d'homme de rien.** — HÉCART.
(²) Ce poisson, venant de la mer, remonte les rivières au mois de mai. **Alla prima laccia**, en italien, signifie à l'arrivée du printemps.

5. — « *Alla prima laccia* = à la première occasion. »
Italien, DUEZ.

6. — « *A rivederci à Ostia alla prima laccia* » est une expression qui équivaut aux locutions françaises : *voire dea, par dessus l'épaule, des nèfles et autant pour le brodeur.*
Italie, DUEZ, 1678.

7. — « A l'épine fleurie
Adieu, alose, ma mie. »

C.-à-d. : que quand l'aubépine est en fleurs on cesse de voir des aloses dans la Seine.   Pont-Audemer, VASNIER.

8. — L'alose femelle (*samborca*) est, paraît-il, un mets très malsain ; on dit proverbialement :

« Sê qués ver à tua muller morta
Dalle a comer samborca. »
Gallicien, PIÑOL.

ALOSA FINTA. CUVIER.

JACQUINE, Noirmoutier, Piet. — île d'Yeu, La Pylaie. — Vendée. Lemarié.
PUCELLE, Paris, Toussaint.
CORNEAU, Anjou, Millet. — Loire-Inférieure, Desvaux.
COVÉREAU, Anjou, Millet.
COUVER, Noirmoutier, Piet.
AGATE, Bordeaux, Duchesne.
GATION, île de Ré, Lemarié.
ALOUSE DE CHÀTELLERAULT, Vienne, Lemarié.
LAITREAU (= *alosa finta* mâle), Loire-Inférieure, Desvaux.

Noms étrangers :

Kleng els, Luxembourg allemand, Lafontaine. — **Twaite shad**, anglais.

CLUPEA HARENGUS. L. — LE HARENG.

1. — Noms de ce poisson :

HARENG BLANC, HARENG FRAIS, HARENG, français.

ARÉNC, ARENC, *m.* provençal, languedocien.

HÉRING, picard, Corblet. — Lille, Debuire.

Cf. **Aringa**, italien. — **Harinc**, ancien haut allemand. — **Hering**, allemand. — **Haring, Versse haring, Pan haring**, hollandais, Marin.

2. — Le mâle rempli de *laite* est dit *hareng laité* ([1]), la femelle pleine d'œufs, *hareng œuvé*.

3. — Lorsque la pêche est abondante, et qu'elle se fait près des rivages, les bateaux, ceux de moindre grandeur surtout, apportent journellement à terre leurs produits ; mais, dans d'autres circonstances leurs rentrées sont moins fréquentes ; et comme le hareng ne peut rester sans apprêt plus d'une nuit sans perdre de sa valeur, plus de deux sans éprouver une notable détérioration, il en résulte que ce poisson (qu'il soit *plein* ([2]), c'est-à-dire n'ayant pas encore frayé ou *gai* c.-à-d. ayant frayé) arrive à terre *frais, bac, braillé* ou *caqué* :

Frais, s'il n'a subi aucune préparation.

Bac, si, destiné à être enfumé, il a été salé en mer, suffisamment pour attendre, sans détérioration, des préparations subséquentes, et déposé en grenier à fond de cale.

Braillé, si, avec les mêmes apprêts et destination, il est mis en barils sans être caqué.

Caqué ([3]), si, avant la mise en baril, les branchies et la gorge, à l'effet d'obtenir une meilleure conservation, ont été extraits du poisson non paqué.

A l'arrivée, le poisson frais, destiné à être vendu comme *hareng blanc,* est caqué ; il est salé, puis mis en vrac dans des barils d'où on le retire au bout de quelques jours pour le *paquer* ([4]).

[1] Cf. **Milte haring**, hollandais.

[2] Le hareng est dit **boursard** lorsque la **rogue** ou la **laite** est prête à s'échapper. — VITAL.

[3] **Caquer** vient du hollandais **kaaken**.

[4] **Paquer**, c'est-à-dire : le déposer dans les barils, par lits ou couches pressés et sans saumure.

Si le poisson doit sortir *saur* de chez le marchand, il n'est pas caqué, mais salé et porté au *roussable*. Le *roussable* est un atelier ou magasin très-élevé, sans cheminée, où des feux peu brillants sont allumés de distance en distance, et dont les fenêtres sont ouvertes ou fermées suivant la direction du vent, de manière à produire le plus de fumée possible. Le hareng, suspendu au-dessus au moyen de hénets ou baguettes, en se saturant de fumée se dessèche, prend une couleur cuivrée, et au bout de quinze jours est mis en vente sous le nom de *hareng saur* (¹). Ce genre d'apprêt est un gage de très longue conservation.

« L'apprêt des harengs *bouffis* ou *craquelotés*, qui n'exige que deux ou trois jours de suspension dans de grandes cheminées ne diffère de celui des harengs saurs que par une moindre dose de sel et de fumée. »   GUILLAUMIN. *Dictionnaire du Commerce.*

« Ces harengs qui n'exigent qu'un demi apprêt s'appellent *bouffis*, *appétits*, *craquelots*. — On appelle *hareng pec*, le hareng salé qu'on mange cru en salade. »   Boulogne, HENRY.

Le hareng pec est appelé *pekelharing* en holl. *peckelhäring*, en all., c.-à-d. : *hareng de la saumure*. (En all. peckel = saumure).

4. — Noms du hareng saur :

HARENG SAUR, SAUR, SAURET, SAURÉ, français.
BIQUEHOU, Pays messin, D. Lorrain.
BECQ HOLZ, Pays messin, *Romania*. 1872, p. 351, en note.
ARENCÂDO, Languedoc, Sauvages.
VIRLET (²), rouchi, Hécart.

Noms étrangers du hareng saur :

Bokking, Berookte haring, hollandais, Marin. — Bückling, allemand.

(¹) On appelle **saurage**, cette préparation. — VITAL.
(²) On l'appelle ainsi parce qu'il a été **virlé** dans le sel. — HÉCART.

5. — Le hareng saur est appelé par plaisanterie : *gambon de carême*, Flandre franç. Vermesse ; *poulet de carême*, Paris, rec. pers. ; *côtelette d'épicier*, Centre, com. par M. BEAUVILLARD ; *gendarme*, dans différents endroits ; *schneiderkarpe*, en allemand. POËTEVIN.

6. — On dit proverbialement :

« Maigre comme un hareng saur. »

7. — « On entend parfois sur la mer à l'entrée de la nuit un bruit pareil à celui de larges gouttes de pluie qui tomberaient dans l'eau. C'est ce que les pêcheurs appellent *le jeu des harengs*. Il est produit par des troupes de ces poissons nageant à la surface de l'eau, qui sortent un instant leur tête de la mer et l'y replongent aussitôt. »

Chasse illustrée, II, 187.

8. — « On appelle *graissin* une matière onctueuse qui flotte sur la mer dans le voisinage d'un banc de harengs et qui est produit par la laite de ces poissons. »   *Chasse illustrée*, II, 187.

9. — « C'est un homme qui vit d'un hareng ; se dit de celui qui vit sobrement. »   *Dictionnaire portatif des proverbes.*

10. — « On dit quand on parle de plusieurs pendus en un gibet : qu'ils étaient pendus comme des harengs à une broche. »

Dictionnaire portatif des proverbes.

11. — « On vend au marché plus de harengs que de soles ; c.-à-d.: qu'on a un plus prompt débit des choses communes que des précieuses. »   *Dictionnaire portatif des proverbes.*

12. — « Ils sont pressés comme des harengs dans une caque ; se dit des gens qui sont en presse ou serrés dans quelque lieu. »

Dictionnaire portatif des proverbes.

13. — « Il n'a pas pour planter un hareng debout ; se dit d'un homme très pauvre. »

Franche-Comté, PERRON. *Proverbes,* p. 130.

14. — « La poche ou la caque sent toujours le hareng. »

15. — Locution :

« Bête comme un hareng. »

16. — Locution allemande :

« *Wenn die bücklinge lammern*, c.-à-d. : jamais. » POËTEVIN.

17. — Locution hollandaise :

« *Dat is een bokking*, c.-à-d. : c'est un brocard, un lardon, un coup de dent. »
MARIN.

II.

1. — « On jette la laite de hareng au plancher (= plafond) ; si elle s'y attache on aura un habit neuf à Pâques ; dans le cas contraire on n'aura rien. C'est aussi un excellent moyen pour savoir si on réussira dans une affaire. »
CHRÉTIEN, p. 20.

2. — « Il faut pendre un hareng le vendredi saint aux soliveaux d'une chambre afin d'empêcher les mouches d'y entrer. »
THIERS, Tome I, 383.

3. — « Dans le Limbourg, le mercredi des cendres se pratique un usage tout particulier. C'est celui qu'on appelle « *heringbeeting*, » mordre le hareng. De retour de l'église on suspend à une certaine hauteur du plancher au milieu d'une porte ouverte, un hareng dont il faut arracher un morceau avec les dents en sautant à cloche pieds et les bras serrés contre le corps. »
REINSBERG. Traditions de la Belgique, I, 134.

4. — « On racontait autrefois à Prunay (Eure-et-Loir) que celui qui, le jour de la mi-carême, allait au pied de la pierre tournante d'Ymorville et y restait à attendre pendant un temps convenable, voyait apparaître la mi-carême en personne, qui, moyennant la modique offrande d'une poignée de foin, gratifiait le visiteur d'une énorme quantité de harengs salés. »
A. S. MORIN. Le Prêtre et le Sorcier, p. 11.

5. — « Il subsistait encore, au XVIe siècle, un usage assez bizarre parmi les chanoines de la cathédrale de Reims. Le mercredi Saint, après ténèbres, ils allaient processionnellement à l'église de Saint-Remi, rangés sur deux files, chacun d'eux traînant derrière soi un *hareng* attaché à une corde. Chaque chanoine était occupé à marcher sur le *hareng* de celui qui le précédait et à sauver le sien des surprises du suivant, Pour parvenir à supprimer cet usage extravagant, il fallut supprimer la procession. »
Histoire de la ville de Reims.

6. — M. ERN. DESEILLE. *Etude sur les origines de la Pêche à Boulogne* (1), 1874, a reproduit une pièce satyrique versifiée du XVe siècle, intitulée *la Vie de Saint-Harenc, glorieux martyr.*

ARGENTINA SPHYRAENA. PENNANT.

PEI D'ARGENT, Var, *Département du Var*, gr. in-fol.
PEÏ D'ARTJEN, Cette, Doumet.
MÊLETTO, Bouches-du-Rhône, Villeneuve. — Var, Maurin.

Noms étrangers :

Argentinha, Gênes, *Descr.* — Segreto, Sardaigne, Azuni.

OSMERUS EPERLANUS. CUVIER.

1. — ESPERLAN, ancien français, Duez. — provençal, Castor.
ÉPERLAN, français.
ÉPELAN, normand, St-Amand. *Lettres d'un voyageur à l'embouchure de la Seine*, 1828, p. 153.
ESPELANKE, ESPERLINGE, ancien français, P. Meyer. *Traité de la conv. angl. fr.* 1396 (*Revue critique*, 1871, p. 394).
ESPELENC (2), anc. norm. Gasté. *Chansons normandes du XVe s.*
PUANT (3), picard, Corblet.
BELEK, breton, Troude.

Noms étrangers :

Spierling, allemand. — Smelt, anglais. — Sperling, Sparling, Écosse, Yarrell. — Spiering, hollandais.

2. — Proverbe hollandais :

---

(1) On trouvera dans cet ouvrage de nombreux détails sur l'histoire de la pêche aux harengs.

(2) Dans la chanson citée par Gasté, espelenc rime avec hareng.

(3) L'éperlan exhale une forte odeur que l'on compare à celle de la violette. Cette odeur ne semble pas toujours agréable car on l'assimile quelquefois à celle que répand le fumier.

« Een spiering uitwerpen om een cabeljauw te vangen. »

MARIN.

COREGONUS LAVARETUS. VALENCIENNES.

LAVARON, lac du Bourget, Duez.

LAVARET, français.

LAVARETTE, Suisse romande, Bridel. *Essai statistique sur le Canton de Vaud*. Zurich, 1818.

Noms étrangers :

Seele, Heuerling, Meidelfisch, Midelfisch (= lavaret d'un an); Stuben (= lav. de deux ans); Gangfisch (= lav. de trois ans); Ranken (= lav. de quatre ans): Felchen, Blaufelchen (= lav. de plus de quatre ans), Suisse all., Schinz. — Albock, lac de Thun, Schinz. — Reinankl, Autriche allemande. Kramer.

COREGONUS FERA. VALENCIENNES.

FÉRA, *f.* Genève.

FARA, FERRA, *f.* Lac de Genève, Bridel.

BESOLE, Genève (docum. de 1588), Blavignac.

BESAULA, BESSOLA, BESSULA, *f.* Suisse romande, Bridel.

PALÉE, *f.* Suisse romande, Schinz.

JAULA, DZAULA (la petite féra), Genève, Blavignac.

Noms étrangers :

Felchen, Balchen, Ballen, Krautbalchen, Schweinbalchen, Steinbalchen, Edelbalchen, Blaulig, Blauling, Adelfisch, Adelfelchen, Sandfelchen. Weissfelchen. Miesadler, Bratfisch, Suisse allemande, Schinz.

COREGONUS OXYRHYNCUS. SÉLYS LONCHAMPS.

OUTIL, halles de Paris, Blanchard.

Noms étrangers :

Hautin, Anvers, Nemnich. — Houting, hollandais, Nemnich.

COREGONUS HYEMALIS. VALENCIENNES.

GRAVANCHE, *f.* GARVANCHE, *f.* Lac de Genève, Bridel.

THYMALLUS VULGARIS. Cuvier.

UMBRA, Pyrénées-Orientales, Companyo.
OUMBRÉ, Gard, Crespon.
OMBRE, *f.* français.
OMBE, wallon, Carlier.
SOFIO, Alais, La Fare Alais.

Noms étrangers :

Temolo (¹), Tessin, Schinz. — Témôl, Tessin, Pavesi. — Strisôl (ombre dans son premier âge); Marônscëï (deuxième âge), Tessin, Pav. — Aesche, Aesch, Aescher, Suisse all., Schinz. — Krestling (premier âge); Knal, Ischer (deuxième âge); Mietler (troisième âge); Brandäschen (quatrième âge), Suisse all., Schinz. — Esch, Luxemb. all., Lafont. — Asch, Autriche all., Kramer. — Grayling, anglais.

SALMO SALVELINUS. L.

OMBRE CHEVALIER, français.
RONSAN, Suisse romande, Schinz.

Noms étrangers :

Ritheli, Rötheli, Winterröthel, Suisse all., Schinz. — Welsh charr, angl.

SALMO FARIO. L.

TROUCHO, Var, Maurin.
TRÛTT, wallon, Carlier.
TRUITE, *f.* français.

Noms étrangers :

Trout, angl. — Bergforelle, Goldforelle, Weissforelle, Schwarzforelle, Bach-forelle, Steinforelle, Waldforelle, Suisse all., Schinz. — Ameli, Bâle, Soleure, Schinz. — Trotta, Torentina, Tessin, Schinz. — Grives, pays roumanches, Schinz.

En général on donne à cette espèce les mêmes noms qu'à la suivante.

(¹) De **Thymus**, thym. L'ombre se nourrit de thym d'eau et elle en conserve l'odeur. — Toussaint.

SALMO TRUTTA. L. — LA TRUITE.

I.

1. — En bas latin, ce poisson était appelé *tructa* (selon Isidore), d'où :

TRUYTE, Pyrénées-Orientales, Companyo.

TRUITO, *f.* Gard, Crespon. — Bouches-du-Rhône, Villeneuve. — Toulouse, Poumarède.

TRUITE, *f.* français.

TRUTIE, Bussy-le-Grand (Côte-d'Or), comm. par M. H. Marlot.

TRAITA, TROTTA, Suisse romande, Bridel.

TROUETO, *f.* Bagnères-de-Bigorre, recueilli personnellement.

TROUETE, cauchois, Collen Castaigne.

TEROITE, TERUITE, normand, Travers.

TROITE, ancien français, Scheler. *Manuscrit de Lille* : Crapelet. *Proverbes et dictons du XIII° siècle.*

TRUTTE, Saintonge, Lemarié.

TREÙTE, wallon, Sélys Longchamps.

TREUTE, Saint-Amé, Thiriat.

TROÙCHA, Hérault, Marcel de Serres.

TROUCHO, TROUXO, Toulouse, Poumarède. — Var, Maurin. — Bouches-du-Rhône, Villeneuve.

TRUCHO, Gard, Crespon. — Alpes cottiennes, Chabrand.

TRUCHAT, Poitou, Lalanne.

TROCIA, Menton, Andrews.

TROUCIA, Nice. Risso.

Cf. **Troita,** gallic., Cornide. — **Truita,** port. — **Truta, Trutta,** milan., Banfi. **Trucha,** esp. — **Trota,** ital. — **Trüta,** piém., Nigra. — **Trüjta,** Val Soana, Nigra.

2. — Autres noms de la truite :

DLUZENN (c.-à.-d. : tachetée), breton, Troude.

TRUITE SAUMONÉE (¹), *f.* français.

TRUITE SAUMONIÈRE, TRUITE ROYALE, ancien français, Duez.

TREUTTE SÀMONEÏE, wallon, Sélys Longchamps.

TRUITE BÉGUË, BÉGUË, normand, Travers.

AYLON (jeune truite), wallon, Sélys Lonchamps.

(¹) Elle est ainsi appelée parce qu'elle a le goût et la couleur du saumon.

Noms étrangers :

Lachsforelle, Alsace, Hermann. — **Förren,** Saxe, Bielz. — **Finnock, Finner,** écossais, Jamieson.

3. — « On dit que la truite *moucheronne* quand elle saute pour gober une mouche. »   *Journal des Chasseurs*, 1869, 2ᵉ sem. p. 191.

4. — *Truité* signifie *marqueté de petites taches rousses comme la truite.* Ainsi, on dit *un cheval truité, un cheval de poil truité.*

5. — « Qui truitas vol agafar, lo cul s'ha de remullar (c.-à.-d. : il n'y a pas de plaisir sans peine). »   Catalogne, REINSBERG.

Proverbe espagnol :

« No se toman truchas à bragas enjutas. »

6. — « On chatouille la truite pour la mieux prendre. »

Cette locution vient de ce que le plongeur, ayant découvert des truites, leur passe la main sous le ventre afin qu'elles ne s'effarouchent pas et se laissent prendre plus facilement.

7. — « O ayunar, o comer trucha (ou jeûner, ou manger truite, rien à demi, tout ou rien).   Prov. espagnol.

II.

Les truites détournent de l'orage. (On a supposé que les truites avaient la vertu de détourner l'orage parce qu'on les voit se jouer à la surface de l'eau quand l'orage touche à sa fin.)

« En Auvergne on dit : *Las truitas viront la mudado,* pour signifier que les présents faits aux magistrats ont le privilège de désarmer les juges. »   QUITARD.

SALMO SALAR. L. — LE SAUMON.

I.

1. — Du latin *salmonem*, viennent :

SALMO, ancien provençal, Raynouard.
SALMOU, Toulouse, Poumarède.
SOOUMOUN, Var, Maurin.
SAUMON, *m.* français.
SÀMON, *m.* wallon, Sélys Longchamps.
SOUMON, Vienne, Mauduyt.

2. — Le vieux saumon mâle est appelé :

BÉCARD, français.

3. — Le jeune saumon est nommé :

AILON, SPITRAI, wallon, Grandgagnage.
AYON, Luxembourg wallon, Lafontaine.
ORGEU, GUI MOISSERON, GUI MOISSON, Avranches. Le Héricher.
TÉCOU, Corrèze, Béronie.
SAUMONNEAU, français.
SAUMONETTE, Coutances, Le Héricher.
RENAY, Moselle, Géhin.

4. — « On appelle *frouhine* le frai des saumons et l'endroit où ils fraient. »   Wallon, GRANDGAGNAGE.

5. — « Il faut perdre un véron pour prendre un saumon. »

«Wenn man einen Lachs fängt, kann man wohl die Angel verlieren».
                Allemand.

« Throw a sprat to catch a salmon. »   Anglais.

II.

« To have said to a fisherman that there was a salmon in
his boat, or to have spoken to him of salmon on his proceeding

to sea or to have spoken of salmon or even trout when at sea,
aroused his anger and called forth stormy words ».

Écosse, GREGOR. Animal superstitions (¹).

SILURUS GLANIS. L. — LE SILURE.

SALUT, Suisse romande, Bridel; Schinz; Neuchâtel, ALPH. G.
Locutions vicieuses, p. 262.
GLANE, Lac de Neuchâtel, Schinz.

Noms étrangers :

Weller, Suisse all., Schinz. — Waller, Saxe, Bielz. — Scheidfisch, Suisse
all., Schinz. — Schaden, Autriche all., Kramer. — Sheat fish, anglais. —
Γλανίς, Γλάνις, grec ancien, Bik. — Γλανὸς, grec moderne, Bikélas.

EXOCETUS EXSILIENS. BLOCH.

POISSON VOLANT, français.
PEIX VOLANT, Pyrénées-Orientales, Companyo.
PEI VOURANT, Var, Maurin.
MUGÉOU VOLANT, Bouches-du-Rhône, Villeneuve.
ARENDOULA (²), Nice, Risso.

Noms étrangers :

Volante, Volador, esp., Nemn. — Rondine, île d'Elbe, Kœstlin. — Runda-
ninha, Gênes, Descr. — Ancileddu, Sicile, Rafinesque.

Les anciens croyaint que ce poisson allait coucher
toutes les nuits sur la terre ferme.

SCOMBERESOX (Genre). CUVIER.

JUNI, Bouches-du-Rhône, Villeneuve. — Var, Maurin.
GASTAUDELA, Nice, Risso.

(¹) Sur les pêcheurs écossais évitant de prononcer le nom du saumon,
voyez ce même ouvrage.
(²) C.-à-d. : hirondelle, parce que ce poisson, en volant, rase l'eau
comme une hirondelle.

Noms étrangers :

Testareddu, Cristareddu, Cristardedda, Tristardedda, Sicile, Bonaparte. — Saury pike, anglais. — Gowdnook, Écosse, Yarrell.

ESOX BELONE. L.

1. — AGUGLIA, Nice, Risso.
AGÜÏA, Cette, Doumet.
AGUYO, *f*. Var, Maurin. — Bouches-du-Rhône, Villeneuve.
AIGUILLE DE MER, Loire-Inférieure, Desvaux.
AIGUILLETTE, Ouest, Delalande.
ANGUEILLET (*plur.*), breton de Houat, Delalande.
ORFI, *m*. Bessin, Joret.

Noms étrangers :

Aguja, Iviça, Delar. — Agün, Gênes, *Descr.* — Picudo, gallic., Piñol. — Corsito, gallic., Cornide. — Garfish, Sea pike, Mackerel guide, Greenbone, Hornfish, Longnose, Gorebill, Sea neadle, angl. — Horn-eel, Mackerel scout, Spearling, Spanish mackerel, Irlande, Thompson.

2. — Les arêtes et la colonne vertébrale de ce poisson sont d'un vert très prononcé, ce qui fait que beaucoup de personnes n'en veulent pas manger, prétendant qu'il s'est imprégné de vert de gris au contact des navires cuirassés. Les orfis, disent-elles, piquent leur bec dans la coque des navires doublés en cuivre.

ESOX LUCIUS. L. — LE BROCHET.

I.

1. — Au latin *lucius* se rattachent :

LUTCHU, labourdin, Van Eys.
LUZ, *m*. ancien provençal, Raynouard. — ancien français.
LUCES (*plur.*), P. Meyer. *Traité de conv. angl. fr.* 1396. (*Revue critique*, 1871, p. 393).

Cf. **Luccio**, italien. — **Llus**, ancien catalan, Raynouard. — **Lusc**, milanais, Banfi ; Tessin, Pavesi.

2. — Autres noms de ce poisson :

BROCHET (¹), *m.* français.
BROUCHET, *m.* Landes, communiqué par M. Dubalen.
BROCHÈTE, Vienne, Mauduyt.
BROTZET, BROTSCHET, Suisse romande, Bridel.
BÊCHET, ancien français. — wallon, Grandgagnage.
BA DE CANE (bec de cane), Sᵗ-Léger (Yonne), c. par M. H. Marlot.

Nom étranger :

Jack, environs de Lewes, Mantell.

3. — Le mâle est appelé :

LÉVRIER, Lorraine, Cloquet.

4. — La femelle porte les noms suivants :

PANSARE, Lorraine, Cloquet.
FOURSAIN, Béthune, Corblet.

5. — On appelle le jeune brochet :

BROCHETON, *m.* français.
BROCHET CARREAU, *m.* français, Littré.
FILARDEAU (tout petit brochet), français, Littré.
FILET, FILATON (quand il est de la grosseur du doigt), Bresse, Bossi.
LANCERON, Bresse châl., Guill. — Semur, comm. par M. H. Marlot.
POIGNARD (= brochet de moyenne grandeur), Bresse, Bossi.
POGNAU, Vienne, Mauduyt.
BACQUETÉ, *m.* pays messin, D. Lorrain.

Noms étrangers :

Zangarino, Zangarinello, italien.

6. — Proverbes italiens :

« Buttar sardelle per prender lucci. » ARRIVABENE. — « Buttar

______

(¹) Ce poisson a été comparé, à cause de la forme allongée de son corps à une broche. — Cf. **Pike**, anglais.

via un vermicello, per pigliar un luccio. » MÉRY. — « Trar una scardova per pigliar un luccio. » PESCETTI.

7. — Proverbe allemand :

« Von kleinen fischlein werden die hechte gross (Les grands s'enrichissent du sang des petits). » POËTEVIN.

8. — « Gorman quèman un brochet qui mige ses petiots (gourmand comme un brochet qui mange ses petits). »
Côte-d'Or, comm. par M. H. MARLOT.

9. — Proverbe russe :

« Le brochet est dans le fleuve pour que la tanche ne s'endorme pas. » TOURGUÉNEFF. *Scènes de la vie russe.*

10. — « Een snoek vangen (prendre un brochet c.-à-d. : tomber dans l'eau). » Locution hollandaise, MARIN.

11. — « Hy is 'er in bedreeven als een snoek op solder (c.-à-d. : il ne sait comment s'y prendre, il ne s'y entend pas). »
Locution hollandaise, MARIN.

12. — « S'ennuyer comme un brochet dans le tiroir d'une huche.»
Boulogne-sur-Mer, com. par M. E. DESEILLE.

II.

1. — « Lou brouchet què baït dé terre. (Le brochet nait de terre). Saint-Sever, comm. par M. DUBALEN.

2. — Lorsqu'on démonte pièce à pièce la tête d'un brochet on y retrouve, avec un peu de bonne volonté, tous les instruments de la Passion.

3. — « Disse la tinca al luccio :
È meglio la mia testa, che l'tuo busto.

Risposta del luccio :

Taci, taci, tenca ruginente.
Che chi mangia di te,
Tutto il dì febbre sente. »

Variante de la réponse :

« Egli è meglio la mia coda,
Che la tua persona. »   Italie, PESCETTI.

4. — Proverbe italien :

« È meglio essere capo di luccio che coda di sturione. »

Proverbe catalan :

« Val mès ser cap de llus que cua d'avestrus. »

Proverbe anglais :

« Better be the head of a pike than the tail of a sturgeon. »

5. — Locution populaire facétieuse allemande *(Trad.)* :

« On finit toujours bien par prendre un brochet, dit le goujon,
qui était accroché à un hameçon en guise d'amorce. »

FRISCHBIER. *Preuss. Sprichw.*

COBITIS (Genre). L. — LA LOCHE.

1. — LOCO, LAUQUETO, Gard, communiqué par M. P. Fesquet.
LAOUKÈTO, *f.* Tarn, Gary.
NAOUQUETTO, Lauragais, communiqué par M. F. Fagot.
LOQUE, normand, Le Héricher.
LOCHE, *f.* français.
LOTTE, embouchure de la Mayenne, Millet. — Vienne, Mauduyt.
MOSTÈYE, wallon, Sélys Longchamps.
MEUTELLE, MAUDÈLE, *f.* Montbéliard, Sahler.
MOUTELLE, Bresse chât., Guill. — Haute-Marne, Tarbé. —
    Langres, Muls. — Côte-d'Or, com. par M. Marlot. —
    Jura, Ogérien.
MOUTOILE, ancien français. — Lorraine, Bourgogne.
MOTEÙLE, MITEÙLE, pays messin, recueilli personnellement.
MOTEUILLE, Metz, Holandre.
MOUTAILE, MOTAILE, Lutry, Jurine.
MOUSTACHE, PETIT BARBOT, Versoix, Saint-Prex, Jurine.
BARBOTTE, Vienne, Mauduyt.
GROUMELLIETTE, Jorat, Razoumowzki.
GREMELHETTA, *f.* Rolle (Suisse romande), Bridel.

DORMILLE, BAROMÈTRE, Genève, Jurine.
LANCERON, Isère, Charvet.
GRATA-CONILHS, Pyrénées-Orientales, Companyo.
HALATTE, Saint-Amé, Thiriat.
BERLING, Saint-Claude, Ogérien.
PERCEPIERRE, Neuchâtel, Schinz.
SATOUILLE, Moselle, Géhin.

Noms étrangers :

Loach, angl. — Loja, esp. — Schmerle, Gründel, all. — Foracqua, Squar-
ciasacco, Stracciasacco, Fondola, Mustela, it., Duez. — Gauj, Alsace, Hermann.
— Grundeli, Suisse allemande, Schinz.

2. — Locution : « *gras comme une loche.* »

3. — « *Mou comme une loche.* » — Cette locution fait
penser que *loche* pourrait venir de *loque* (= guenille), ce
poisson étant très mou. Cf. *mou comme une chiffe.*

4. — « Qui ne pesche qu'une loche, si pesche il. »
                Proverbe du XVᵉ siècle, LEROUX DE LINCY.

« Toujour uno loco es un pei. » — Gard. com. par M. P. Fesquet.

COBITIS TAENIA. L.

LOCO TRINCO, Gard, Crespon.
LOCHE DE RIVIÈRE, français.

Noms étrangers :

Stebesser, Luxemb. all., Laf. — Ghisèlla, Garzèlla, Lucèrna, Luscerna, Stac-
chètta, Tirafich, Pèss porc, Tessin, Pav. — Ingrisèlla, Grisèlla, Cagnòra,
Cagnòla, Lac Majeur, Pav. — Lampreda, Lugano, Pav. — Spined loche,
Groundling, anglais.

COBITIS BARBATULA. L.

LOCHE BARBUE, français.
POPIOULE, wallon, Grandgagnage.

Noms étrangers :

Redbeard, Beard dod, Killoch, Culloch-rue, Coleen-ruadh (= Red girl), Irlande, Thomps. — **Beardie**, anglais.

COBITIS MISGURN. L.

LOCHE D'ÉTANG, français.
PALMO, Gard, Crespon.

Noms étrangers :

Meergrundel, Bâle, Schinz. — **Piezker, Peizger**, Prusse, Frischbier.

LEUCISCUS PHOXINUS. CUVIER.

1. — VAIRON ([1]), *m.* VÉRON, *m.* français.
VEIROUN, Var, Maurin.
VÉIROOU, Alais, La Fare Alais.
VEIROU, VERNIEIRO, Gard, com. par M. P. Fesquet.
VOIRON, Jura, Ogérien.
VIRON, *m.* Montbéliard, Sahler.
WOÉRON, CASSOT, picard, Marcotte.
VÉZON, Le Charme (Loiret), comm. par M. Beauvillard.
BEZOU, Saint-Germain-de-Modéon (Côte-d'Or), com. par M. H.
     Marlot.
LOCO VERNIEÏRO, Gard, Crespon.
VÉRIQUE, *f.* VÉRICLE, *f.* Sarthe, com. par M. Aug. Besnard.
BERTBERT, Lauragais, com. par M. P. Fagot.
ARLEQUIN, français dialectal, Blanchard.
BERGNE, BERGNOLO, Toulouse, Poumarède.
VOUARDON, *m.* Suisse romande, Bridel.
VRÉDON, VERDON, Vienne, Mauduyt.
GARDON, GARDON MALIN, Charente, Trémeau de Rochebrune.
GORLÊSTSO, Tulle, Béronie,
BLAVIN, *m.* Neuchâtel, Bonhote.
ORRUSSE, Chef-Boutonne, Beauchet-Filleau.
ANERON, GREMOILLION, Suisse romande, Jurine.

[1] Ainsi appelé à cause des belles teintes variées qu'a ce poisson en costume de noces.

PETIT SAUMON, LEBETTE, Suisse romande, Jurine.
GRÉVÉRE, Saint-Amé, Thiriat.
GRÉVI, Lux. wallon, Lafontaine. — wallon, Sélys Longchamps.
GRISETTA, Valais, Bridel.

Noms étrangers :

Milling, Pfeel, Strasbourg, Herm. — Pfrille, f. Moselle all., Géhin. — Eller, Ellchen, Dreckseller, Luxemb. all., Laf. — Elritze, all. — Bambeli, Bachbambeli, Butzli, Butt, Bachbutt, Welling, Wetling, Suisse all., Schinz. — Minnow, Minim, Pink, angl. — Rôssigneu, Sanguigneu, Pèss-persigh, Cent in bôcca, Stárnicôl, Stórnazza, Tessin, Pavesi. — Gorkim, norvégien, com. par M. R. Collett.

2. — « On appelle *pique véron* un parasite, un pique assiette. »
Côte-d'Or, comm. par M. H. MARLOT.

3. — « Il faut perdre un véron
Pour pescher un saumon. »
H. ESTIENNE. *Précis du langage françois.*

4. — « On appelle une personne qui mange peu : *ventre de vernieiro* (ventre de véron). » Gard, comm. par M. P. Fesquet.

LEUCISCUS ALBURNUS. CUVIER. — L'ABLETTE

1. — Au latin *albula* se rattachent :

AUBLE, f. Neuchâtel, Bonhote. — Montigny-sur-Armançon
(Côte-d'Or), com. par M. H. Marlot.
OBLETTE, Luxembourg wallon, Lafontaine.
AUBLATTE, Saint-Amé, Thiriat.
AUBOTTE, Nancy, Hermann.
AUBIAT, Environs de Semur, com. par M. H. Marlot.
AMBIELLE, f. Lille, Debuire du Buc.
ABLIABLE, ABLIETTE. Vienne, Mauduyt.
ABLLAISE, Poitou, Lalanne.
ÀBLETTE, Liège, Forir.
ABLETTE, f. français.
ABIETTE, f. Ouest, Lemarié.
ABIOT, Précy (Côte-d'Or), communiqué par M. H. Marlot.
ABLÉ, provençal. Castor.

2. — Autres noms de l'ablette :

BLANCHET, BLANCHAILLE, Savoie, Canton de Vaud, Jurine

BLLANDZET, *m.* Suisse romande, Bridel.

LAN-ME, *f.* Montbéliard, Contejean.

BLISON, Le Crotoy, Corblet.

ALOUSAS, Chef-Boutonne, Beauchet-Filleau.

DORMELLE, Marne, Tarbé.

GOFIO, *f.* Tarn, Gary.

SOFI, provençal moderne, Castor.

ZIEU DE VERRE, Isère, Charvet.

RAVANENCO, Gard, Crespon.

RONDIN, SANDINE, Lac de Genève, Schinz.

RONDION, MANGE MERDE, Genève, Jurine.

SŒUR PAUVRETTE, Sarthe, com. par M. Aug. Besnard.

DOUZAI, DOUZAIN, Côte-d'Or, com. par M. H. Marlot.

3. — Noms étrangers :

Alef, Schielalef, Albes, Luxemb. all., Laf. — Agrus, Laupeli, Minger, Ischer, Blauling, Suisse all., Schinz. — Strigio, Strigione, Tessin, Schinz. — Spitzlauben, Schneiderfischl, Autriche all., Kramer. — Bleak, anglais.

4. — « *Méchant abiot* est un terme de mépris ou d'injure. »
Côte-d'Or, com. par M. H. MARLOT.

LEUCISCUS ERYTHROPHTHALMUS. CUVIER.

GARDON ROUGE, ROTENGLE, français.

ROTENGLE, Neuchâtel, Schinz.

PLATELLE, Evian, Jurine.

PLATERON, Saint-Saphorin, Jurine.

RAUFE, Genève, Jurine.

SALOUGNE, Moselle, Holandre.

ROSSETTE DI FOND, wallon, Sélys Longchamps.

CHÉRIN, Côte-d'Or, Vallot.

Noms étrangers :

Plotra, Engadine, Pavesi. — Piotta, Scardola, Tessin, Pavesi. — Red eye, Rudd, angl. — Roud, Norfolk, Yarrell. — Roach, Red roach, Irlande, Thomps. — Schmal, Förm, Furm, Schneiderfisch, Suisse all., Schinz. — Roda, Karperoda, Luxembourg allemand, Lafontaine. — Sörv, norv., comm. par M. R. Collett.

LEUCISCUS VULGARIS. CUVIER.

1.— GANDOISE, TURGAN, Gard, Crespon.
DARD (¹), VANDOISE, VAUDOISE, français. — Centre, Jaubert.
VENTOISE, anç. fr. du XIIIᵉ siècle, Crapelet. *Proverbes et
Dictons*. — picard, Corblet.
MEUNIER ARGENTÉ, français.
GRAVELET, Metz, Holandre.
CABOTIN, Jura, Ogérien.
BRILLO, BRIGNO, Toulouse, Poumarède.
SEUFFE, Côte-d'Or, Vallot.
SOFFIO, SOPHIO, Toulouse, Poumarède. —Lauragais, com. par M.
P. Fagot.
SUIFFE, Isère, Charvet.
AUBOURNE, Saintonge, Lemarié.
ACCOURSI, COURCI, Vienne, Mauduyt.
RAIGNON, RAÏON, wallon, Grandgagnage.
VEDI, *m.* VENEDI, *m.* Montbéliard, Contejean.
VÉRON, Laffrey (Isère), Charvet.

Noms étrangers :

Hâsel, Hâselter, Weisfesch, Blenkege minn, Luxemb. all., Laf. — Furn,
Schwal, Alsace, Hermann. — Alat, Bâle, Hermann. — Zerte, Zärte, all.,
Poët. — Dace, Dare, Dart, anglais.

2. — « A la Saint Aubin
L'acourci est en chemin. »   Vienne, MAUDUYT.

(C.-à-d. : que la vandoise fraye dès les premiers jours d'avril).

3. — « Quand les cloportes courent devant le foyer, c'est signe
que les dards frayent. »   Deux-Sèvres, SOUCHÉ.

LEUCISCUS RUTILUS. CUVIER.

1. — GARDON, GARDON BLANC, ROSSE, *f.* français.
GARDÈCHE, Limousin, Sauger Préneuf.
ROUSSE, Côte-d'Or, Vallot. — Sarthe, c. par M. Aug. Besnard.
ROUSSE CARPE, Montbéliard, Sahler.

(¹) Ce poisson est ainsi appelé à cause de sa rapidité.

ROUSSETTE, ROSSETTE, Moselle, Géhin. — wallon, Carlier.

ROSSAT, Aube, Raynouard.

ROCHE, anc. fr. P. Meyer. *Traité de conv. angl. fr.* 1396. (*Revue critique*, 1871). — rouchi, Hécart. — Lille, Debuire.

ROUGET, ROUGEAU, Charente, Trémeau de Rochebrune.

RONZON, Neuchâtel, Bonhote.

ROTTA, Lac de Genève, Bridel.

ROTTE, Neuchâtel, Razoumowski.

ROFFA, RAUFFA, RAUFFE, *f.* Suisse romande, Bridel.

VANGERON, Genève, Jurine.

VINGERON, Neuchâtel, Bonhote.

FRANÇAIS, Evian, Jurine.

FAGO, *m.* Lutry, Jurine.

SANGAR, ESTRANGLA VARLET, Gard, Crespon.

PÉTAÏRO, Lauragais, com. par M. P. Fagot.

MANDOK, breton, Troude.

2. — Locution : *frais comme un gardon.* — Dans BUJEAUD. *Jacquet Jacques,* on trouve l'expression : *frais comme des gardons de maline.*

3. — Locution hollandaise : *een voorentje scheppen,* c.-à-d. : porter la main dans un lieu défendu. — *Voorentje* en hollandais signifie *petit gardon.*

LEUCISCUS DOBULA ET LEUCISCUS CEPHALUS. CUVIER.

CHEVÊNE, *m.* MEUNIER ([1]), *m.* français.

CHVERGNE, Sarthe, communiqué par M. Aug. Besnard.

CHEVERNE, MONIER, normand, Travers.

CHEVANNE, CHEVENNE, TCHEVANNE BLANC, Luxemb. wallon, Laf.

CAVERGNE, picard, Marcotte.

CABEDA, Nice, Risso.

CABÈS, CABO, Languedoc, Azaïs.

CABEÏRÉ, Lauragais, communiqué par M. P. Fagot.

CHABOT, Charente, Trémeau de Roch. — Vienne, Mauduyt.

CHABOSSEAU, Charente, Trémeau de Rochebrune.

([1]) On l'appelle ainsi parce qu'il fréquente les moulins. — Il a une grosse tête, ce qui explique une partie de ses autres noms.

CHABOISSEAU, CHABOISSIAS, Vienne, Mauduyt.
TCHOVOUÉNÉ, *m.* TCHAIVAISSON, *m.* Montbéliard, Sahler.
VOIRON, CHEVASSON-VILAIN, Jura, Ogérien.
VILNA, VILNACHON, Troyes, Blanchard.
VILAIN, français dialectal, Blanchard.
GARDON DE FOND, DOUBLEAU, PLEAU, Vienne, Mauduyt.
VEINTOUSA, *f.* Suisse romande, Bridel.

Noms étrangers :

Cephalo, Carezole, Caredine, Tessin, Schinz. — Cabezudo, Cephalo, Capiton.
esp., Cornide. — Peije, Peije de rio, Escalo, gallic., Cornide. — Cavezzàl,
mil., Banfi. — Minn, Weiss kapp, Luxemb. all., Laf. — Haesel, Bále, Herm.
— Schnotfisch, Strasbourg, Herm. — Chub, angl. — Skelly, Cumberland.
Yarrell. — Aarbug, norv., com. par M. R. Collett.

ABRAMIS BRAMA. CUVIER.

1. — BRÊME, *f.* français.
  HAUTE BRÊME, Moselle, Holandre.
  BRAME, Lyon, Molard. — Sarthe, com. par M. Aug. Besnard. —
    Bresse chậl. Guill. — Charente, Trémeau de Rochebrune.
  BRÀME, Reims, Saubinet.
  BREMM, breton, Legonidec.
  BRENNE, Haute-Marne, Tarbé.
  CORMONTANT, *m.* Lac de Neuchâtel, Schinz.
  HOTTICHE, Luxembourg wallon, Lafontaine.
  DAOURADO D'AOU ROSË, Gard. Crespon.

Noms étrangers :

Gros bressem, Luxemb. all., Laf. — Brachsem, Brachsmen, Bräsen, Breitelen.
Brachseln, Platten, Suisse all. — Scarda, Scardole, Italie du Nord, Schinz.

2. — « Qui a brasme peut bien brasmer (*régaler*) ses amis. »
    Ancien français. GESNER.

ABRAMIS BLICCA. CUVIER.

BRÊMO, Gard, Crespon.
PETITE BRÊME, Ouest, Lemarié.

PITITT BRÀM, Liège, Forir.
SALOUZE, HAZELIN, Moselle, Géhin.
BANDELIÉRE, Suisse romande, Schinz.
PLATELLE, Lac de Neuchâtel, Schinz.

Noms étrangers :

Plek, Bressem, Luxembourg allemand, Lafontaine.

TINCA VULGARIS. CUVIER. — LA TANCHE.

I.

1. — Du latin *tinca* viennent :

TENCA, *f.* Pyrénées-Orientales, Companyo.
TENCO, *f.* Gard, Cresp. — Gers, Cénac-Monc. — Toulouse, Poum.
TINQUE, *f.* rouchi, Hécart.
TINCHE, Vienne, Mauduyt. — Ouest, Lemarié. — wallon, Sélys
    Longchamps. — Côte-d'Or, com. par M. H. Marlot.
TANCHE, *f.* français.
TENTCHE, Montbéliard, Sahler.

Cf. **Tinca**, italien. — **Tenca**, milanais, Banfi.

2. — Autres noms de la tanche :

BEUROTE, Montigny-sur-Serain (Côte-d'Or), com. par M. H. Marlot.
DOURGAN, Var, Maurin.

3. — « On appelle *aiguillons* les tanches dans leur premier âge. »
Bresse, BOSSI.

4. — Locution : « *Muet comme une tanche.* »
G. SAND. *Les Maitres Sonneurs* ; L. NOIR. *La belle Marinière.*

5. — « De tous poissons fors que la tanche
    Prenez le dos, laissez la panche. »
Proverbe ancien français.

6. — « Dare in tinche e in ceci = réussir mal en ce qu'on
entreprend. »
Italien, DUEZ.

II.

« Come disse la tinca a' tincolini (comme dit la tanche à ses petits, à ce qui vient d'en haut il n'y a pas moyen de s'en défendre). »   Italien, DUEZ.

GOBIO FLUVIATILIS. CUVIER. — LE GOUJON.

I.

1. — Du latin *gobio, gobionem*, viennent :

GOVION, wallon, Grandgagnage, Sélys Longchamps. — pays messin, recueilli personnellement.

GOUVION, *m.* Lille, Debuire du Buc. — rouchi, Hécart. — wallon montois, Sigart.

GOUV'LION, rouchi, Hécart.

GOUJOUN, provençal moderne, Castor.

GOUJON, *m.* français.

GOUJIN, normand, Le Héricher.

GOYON, Vienne, Maud. — Char., Trém. de R. — Poitou. Lalanne.

GOUYOU, limousin, Chabaneau.

GOFFI, Gard, Crespon.

GOIFON, Bresse châlonnaise, Guillemin.

GUÉFON, *m.* Montbéliard, Contejean.

GOIFFOU, Côte-d'Or, communiqué par M. H. Marlot.

Cf. **Gobio**, italien. — **Gudgeon**, anglais. — **Giffen**, Saxe, Bielz. — **Gief**, Luxembourg allemand, Lafontaine.

2. — Autres noms du goujon :

CABILAT', Bagnères-de-Bigorre, recueilli personnellement.

DOURGAN, Var, Maurin.

GIORGAN, Bouches-du-Rhône, Villeneuve.

TRÉGAN, Toulouse, Poumarède. — Tarn, Gary.

TRAGAN, Pyrénées-Orientales, Companyo.

TROGUE, bords de la Leyre, Laporte.

GROUGNAOU, Lauragais, communiqué par M. P. Fagot.

BOUIROT, Tulle, Béronie.

VEIRON, VOUAIROUN, Lac de Genève, Bridel.

VÉILLIAR, Velay, Deribier de Cheissac.
BÈCAR, Languedoc, Sauvages. — Alais, La Fare Alais.
BOFFI, Gard, Crespon.
JOL, Gard, Crespon. — Hérault, Marcel de Serres.

Noms étrangers :

Grundel, Gräsling, Emel, Gütscher, Suisse allemande, Schinz.

3. *Avaler le goujon* = être dupé, pris. — On amorce les brochets avec un goujon en guise d'appât.

4. — On lit dans E. Gaboriau. *Monsieur Lecoq* : « Il y en a comme cela des malins qui partent pour la pêche à la baleine et qui ne rapportent même pas un goujon. »

II.

« L'anguille naît du goujon. »
Préjugé de la Vienne (MAUDUYT) *et du Lux. all.* (LAFONTAINE).

———

BARBUS VULGARIS. CUVIER.

1. — Ce poisson a quatre barbillons autour de la bouche, d'où ses noms :

BARBEL([1]), ancien français, P. Meyer. *Tr. de conv. angl. fr.* 1396.
    (*Revue critique.* 1871.)
BARBEOU, BARBÈOU, Tarn, Gary. — Gers, Cénac-Moncaut. — Gard, Crespon. — Lauragais, com. par M. P. Fagot.
BARBEAU, *m.* français.
BARBOT, Lyon, Molard.
BARBAI, Lux. wallon, Lafontaine. — wallon, Sélys Longchamps.
BERBÉ, Montbéliard, Sahler.
BARP, Pyrénées-Orientales, Companyo.
BARBOTI, Var, Maurin.
BARBU, Bouches-du-Rhône, Villeneuve.

([1]) Ce poisson était appelé en latin **barbus** (Auson. Mosell. 94 et 134).

BARBIO, Vienne, Mauduyt.

BARBILLON, Centre, Jaubert. — Sarthe, com. par M. Aug. Besnard.

BARBILLON (= le jeune barbeau), Vienne, Mauduyt.

BARBELEAU (= le jeune barbeau), Luxembourg wallon, Lafont.

cf. **Barbio**, italien. — **Balb**, milanais, Banfi. — **Barbe,** allemand. — **Barev,**
Borv, Luxemb. all., Lafont. — **Barbeel, Barm,** holl. — **Barbel,** anglais.

2. — Autres noms du barbeau :

DURGAN, Nice, Risso.

ÉCALOT, rouchi, Hécart.

DRÉNEK, DRAÉNEK, breton, Troude.

3. — Proverbe :

« Il ressemble au barbeau lequel n'est bon ni à bouillir ni à
rôtir. »   MÉRY. III, 76.

4. — « Faute de truites on mange des barbeaux. »

    TOUBIN. *Récits jurassiens.*

CYPRINUS AURATUS. L.

POISSON ROUGE, POISSON DORÉ, français.

DAURAT, Nice, Risso.

Ce poisson a été apporté de Chine en Europe il y a
deux siècles environ.

CYPRINUS CARPIO. L. — LA CARPE.

I.

1. — Du bas latin *carpa* (voy. Diez) viennent ;

ESCARPA, ancien provençal, Raynouard. — Hérault, Marc. de S.

ESCARPO, provençal moderne, Castor. — Gard, Crespon.

CARPA, Pyrénées-Orientales, Companyo.

CARPO, Tarn, Gary. — Toulouse, Poumarède. — Bouches-du-
  Rhône, Villeneuve.

CARPE, *f.* français.

KÈRPE, KÈRPAILLE, Côte-d'Or, communiqué par M. H. Marlot.

KARPEN, breton, Legonidec.

Cf. **Carp**, angl. — **Karep**, Luxemb. all., Laf. — **Kärpen**, Saxe, Bielz. — **Karpfen**, all. — **Càrpan, Càrpin**, Tessin, Pavesi. — **Carpione**, ital. — **Carpen**, milan., Banfi. — **Karper**, holl. — **Crap**, roumain, Cihac. — **Karpu**, russe.

2. — « Il est connu que Pierre Marshal apporta la carpe en Angleterre en 1514 ; Pierre Oxen en Danemark en 1560 et qu'elle a été introduite quelques années après en Suède et en Hollande. »

SIVARD DE BEAULIEU. *Essai sur la multiplication des poissons.*

3. — La petite carpe est appelée :

CARPEAU, CARPILLON, français.

CARPOT, Lyon, Molard.

CARPAUDE, *f.* Vienne, Mauduyt.

Les pisciculteurs appellent *feuille* la toute jeune carpe parce qu'elle ressemble à une feuille de saule.

« Les étangs en Sologne sont de trois sortes, savoir : les étangs d'un an ou *à menu peuple*, les étangs de deux ans et ceux de trois ans.

Les étangs d'un an sont ordinairement plats et peu profonds, on les empoissonne vers le mois de février avec quelques décalitres de *seillée*, petit poisson destiné à devenir *clou-poing, pénard*, puis *carpe*.

Les étangs de deux ans sont plus profonds que les premiers, on les empoissonne ordinairement avec du *grand clou-poing* et du *petit pénard*, qui, au bout de deux ans, produisent de la *carpette* ou petite carpe de 375 grammes à un demi-kilog.

Enfin, dans les étangs de trois ans, on y met du *grand pénard* et et du petit brochet qui produisent, lors de la pêche, des carpes d'un demi-kilog. à un kilog. et demi et du brochet d'un kilog. à deux kilog. »   JOUBERT. *Agriculture en Sologne,* 1845.

« On appelle *carnaucier* ou *grosse feuille* la carpe de 8 à 11 centimètres de longueur. »   Bresse, BOSSI.

« On dit que la carpe *pose* pour dire que la femelle pond. — On appelle *pose* ou *feuille* la carpe en son premier état. »

PUVIS. *Des Étangs.*

4. — Une certaine variété de carpe est appelée *carpe à miroir* à cause du reflet bleuâtre de ses grandes écailles. Dans le Calvados, selon M. Le Héricher elle est appelée *carpe-tanche* parce qu'on suppose qu'elle est le produit de la carpe et de la tanche.

5. — « Demandez à un pêcheur, à un cuisinier ou à un gourmand, ce que c'est qu'un *carpeau*, on vous répondra que c'est une carpe qui n'a ni œufs, ni laites, qui n'est ni mâle ni femelle, qui, en un mot, est dépourvue de sexe. On vous dira encore que ce poisson n'a point de ventre ; qu'en pressant ce dernier, on n'en peut faire sortir par l'anus ni œufs ni liqueur séminale ; que le carpeau est plus large et plus arqué à proportion que la carpe ordinaire ; qu'il devient plus gros et plus gras ; et qu'enfin il est plus recherché sur les tables par les palais délicats. »

B. GASPARD. *Recherches anatomiques sur les carpeaux,* 1829.

6. — On lit dans le *Journal de Guignol* (Lyon, 21 mai 1865) : *molasse comme la gonfle de carpe.* C'est sans doute la laitance de la carpe qui est appelée gonfle (?).

7. — « On appelle costière un espace de terre large à volonté jusqu'à dix ou huit pieds le long de quelque mur, sur quoi on sème ou plante ce qui craint le grand froid. Le seul accompagnement du mur fait donner à ce terrain le nom de *costière* ; car celui de *plate-bande* ou de *planche* lui pourrait convenir sans cela. Ce qui les différencie donc, c'est que la costière est le long des murs, que la plate-bande est bordée d'un trait de buis ou autre plante, de pierre, de brique, etc., et qu'elle est relevée en *dos d'âne*, en *dos de carpe*, ou *dos de bahut* : ce qui signifie la même chose. »

Traité des Renoncules. Avignon, 1763, p. 34 en note.

8. — « On dit d'une personne qui a une nombreuse famille *qu'elle a autant d'enfants qu'une carpe fait de petits.* »

Côte-d'Or, com. par M. H. MARLOT.

9. — La carpe pour échapper aux pêcheurs fait un saut qui est passé en proverbe. — Selon Littré, le saut de carpe est un certain saut que les baladins exécutent à plat ventre en s'élevant horizontalement.

« *Faire le saut de carpe* se dit d'une personne qui ne réussit pas dans ses avances. »   Côte-d'Or, c. par M. H. MARLOT.

10. — *Faire la carpe, faire la carpe pâmée, faire l'œil de carpe, montrer des yeux de carpe pâmée* signifient *s'évanouir, se trouver mal* et aussi quelquefois *faire les yeux doux.*

11. — « Ne pas savoir au juste si quelqu'un est carpe ou brochet. »   MARCO SAINT HILAIRE. *La Veuve de la grande armée.*

« Ils appellent un chat un chat et disent qu'une carpe est une carpe. »   MARCO SAINT HILAIRE. *La Veuve de la grande armée.*

12. — « Chi mangia carpion — non è babbion. »
                    Proverbe italien, PESCETTI.

13. — « Quand veiras uno escarpo
          Se vos l'avedre bagno l'arpo. »
(Quand tu verras une carpe, si tu veux l'avoir mouille toi les mains.)   Gard, communiqué par M. P. FESQUET.

II.

1. — « La pierre du cerveau d'une carpe, mise contre le pli du petit doigt respondant à la partie qui saigne, arreste le flux de sang le plus impétueux qui puisse être. »
                    L. JOUBERT. 1600, p. 171.

« La pierre de Carpe, à laquelle on attachait jadis des vertus merveilleuses, remplace les dents pharyngiennes supérieures ; c'est une plaque triangulaire, de substance dentaire ou d'émail, très-dure, qui est enchâssée et comme sertie dans une dilatation de l'os basilaire et située à la face supérieure du pharynx ; c'est contre elle que les pharyngiens inférieurs compriment et broient les alimens.   CUVIER. *Hist. nat. des poissons,* tome. I.

2. — « Pour guérir la jaunisse appliquez sur la poitrine du malade une tanche ou une carpe vivante et laissez là jusqu'à ce qu'elle tombe en putréfaction. »   Pays de Liège, HOCK, III, 37.

CYPRINUS GIBELIO. Cuvier.

CARPA MOLLE, Pyrénées-Orientales, Companyo.

Noms étrangers :

Crucian carp, Prussian carp, anglais. — Crowger, Warwickshire, Yarrell.
Goldkarausche, allemand. — Giebe, Prusse, Frischbier. — Carash, roumain,
Cihac. — Karasi, russe. — Karausche, allemand. — Kárász, magyar.

CYPRINUS CARASSIUS. Lacépède.

CAROUCHE, CAROUCHE NOIRE, Metz, Holandre.
CARACHE, Lunéville, Holandre.
CARASSIN, *m.* français.

Noms étrangers :

Kalutsch, Luxemb. all., Laf. — Kores, Saxe, Bielz.

CYPRINUS AMARUS. L.

BOUVIÈRE, *f.* PETEUSE, *f.* français.
GRAVIER, Aube, Raynouard.
BOURGUIGNON, Metz, Holandre.
GARLESCO, Toulouse, Poumarède.
PIASTRO, Gard, Crespon.
PLATTE MESS, wallon, Sélys Longchamps.
DORMILLE, DROMILLE, DROMILLE COMMUNE, Isère, Charvet.
CUZEAU, CUZIAU, Isère. Charvet.

Noms étrangers :

Deimchen, Bretpennchen, Kléng bressem, Dreksschlaap, Lux. all., Lafont.

CYPRINUS NASUS.

AUCON, CHIFFE, HOTU, Moselle, Géhin.
ATON, Charente, Trémeau de Rochebrune.
HÔTICHE, wallon, Sélys Longchamps.
HOTTU, Luxembourg wallon, Lafontaine.

SEUFLE, SOFFLE, Montbéliard, Sahler.
SIFE, SOIFE, SOUFE, Jura, Toubin.
BALÔWE (jeune *cyprinus nasus*), wallon, Carlier.
NÀSE, *f.* NAZOS, Neuchâtel, Razoumowski.

Noms étrangers :

Magrel, Makrel, Luxembourg allemand, Lafontaine,

CYPRINUS BIPUNCTATUS.

VIRVOLLE, *f.* Anjou, Anjubault.
MIRLIE, Jura, Ogérien.
MÉZAIGNE, Moselle, Géhin.
SOFFIO, Gard, Crespon.
PLATET, BOROCHE, Suisse romande, Jurine.

CENTRISCUS SCOLOPAX. L.

BECASSO DE MAR, *f.* provençal moderne.
CARDILAGO, Var, *Département du Var*. Grand in-f°.
TROMBETTA, Nice, Risso.
TROUMPÉTO, Var, Maurin.

Noms étrangers :

Trumbina, Sicile, Rafin. — Pescio trumbetta, Gênes, *Descr.* — Trumpet fish, Sea snipe, anglais. — Bellows fish, Cornwall, Yarrell.

LABRUS (Genre). L.

ROUCAOU, Cette, Doumet. — Marseille, Villeneuve,
ROUQUIÉ, Toulon, Villeneuve.
GROUAHET (*plur.*), breton de Houat, Delalande.
VRA, Cherbourg, Jouan,

Noms étrangers :

Lappanu, Sicile, Rafin. — Laggiùn, Gênes, *Descr.* — Maragota, gallic., Piñol.

LABRUS CRENILABRUS. L.

CLAVIÈÏRA, Cette, Doumet.
TOURDOREOU, Bouches-du-Rhône, Villeneuve.

LABRUS JULIS. L.

GIRELLA, Nice, Risso.
GIRELLO, Var, Maurin. — Bouches-du-Rhône. Villeneuve.
TJIRÈLA, Cette, Doumet.

Noms étrangers :

Zigurella, Sard., Azuni. — Zigoella, Gênes, *Descr.* — Donzella, Iviça, Delar. —
Viola, Vidiola, Sic.. Rafin. — Donzella, Donzellina, Venise, Bonap. — Pesce
girasol, Piceno, Bon. — Maravizzo, Civita Vecchia, Bon. — Membro di re,
Rome, Bonaparte. — Pizza di re, Sicile, Bonaparte.

LABRUS VARIEGATUS. L.

LASAMI, Var, Maurin. — Bouches-du-Rhône, Villeneuve.
PERROQUET DE MER, CARPE DE MER, VIEILLE, PAON, Ouest, Lemarié.
CORLAZO, COURLAZET (*plur.*), Bretagne, Delalande.

Noms étrangers :

Pinto. gallic., Piñol. — Livery servant, Livery fish, Irlande du Nord, Thomps.

LABRUS TURDUS. L.

TOURDOURÈOU, Bouches-du-Rhône, Villeneuve.
TOURDOU, TOURDOU D'ARGA, Nice, Risso.
PAROUQUET, Cette, Doumet.

Noms étrangers :

Merlo, île d'Elbe, Kœstlin. — Turdo, Gênes, *Descr.* — Mero de costa, espagnol, Cornide. — Massot, Grivia, Iviça, Delaroche.

LOPHIUS PISCATORIUS. L.

BULDROY, Pyrénées-Orientales, Companyo.
BAOÜDROï, Cette, Doumet.
BOOUDRÔI, provençal moderne, Castor.
BOOUDROILL, Bouches-du-Rhône, Villeneuve.
BAUDROILH, Marseille, Régis de la Colombière.
BOUDROI, Nice, Risso.
BAUDROIE, *f.* français.
BAUDREUILLE, *f.* île de Ré, Lemarié.
GALANGO, Gard, communiqué par M. P. Fesquet.
DIABLE DE MER, CRAPAUD DE MER, GRENOUILLE DE MER, français.
CRAPAUD PÊCHEUR, GRENOUILLE PÊCHEUSE, français.
CABOT VORAGE, Noirmoutier, Cavoleau.
MARACHE, Ouest, Lemarié.

Noms étrangers :

Boldrò, Toscane, Bonap. — **Gianello, Büdegassa**, Génes, *Descr.* — **Pescatrice,** Rome, Bonap. — **Martino pescatore,** Venise, Bonap. — **Peixe sapo,** gallic., Piñol. — **Angler, Fishing frog, Sea devil,** angl. — **Wide gab,** Écosse, Yarr.— **Marsgum, Marool.** Shetl. Edm. — **Frog fish, Friar, Molly gowan, Briarbot,** Irlande, Thomps. — **Kilmaddy, Stranford lough,** Thomps. — **Marulk,** norvégien, communiqué par M. R. Collett.

« Les pêcheurs flamands disent que lorsqu'ils ont le malheur de prendre un de ces poissons dans leurs filets, il y fait un ravage effroyable, détruit tout ce qui se trouve à sa porté et déchire complètement les filets ; on lui donne le nom de *roche fretter.* »

Annales de la Soc. des sciences nat. de Bruges, 1839.

LOPHIUS BUDEGASSA.

GIANELI, Nice, Risso.

Noms étrangers :

Rap, Iviça, Delaroche. — **Büdego,** Génes, *Descr.*

CALLIONYMUS LYRA. L.

LAMBERT, Nice, Risso.

SAVARI, DOUCET, Côtes de l'Ouest, Lemarié.
MOULET, Var, Maurin.

Noms étrangers :

Vellisu, Sicile, Rafinesque. — **Dragonet**, anglais. — **Yellow skulpin**, Cornwall, Yarrell. — **Gowdie**, Écosse, Yarrell.

CALLIONYMUS DRACUNCULUS. L.

DOUCET, picard, Marcotte.
DRAGON, DRAGONNET, Côtes de l'Ouest, Lemarié.
MOULETO, Var, *Département du Var*. Grand-in f°.
TARANTO, Var, Maurin.

Noms étrangers :

Vellisu, Sicile, Rafin. — **Araña pez**, esp., Cornide. — **Sordid dragonet**, anglais. — **Fox**, Kentish coast, Yarrell. — **Skulpin**, Cornwall, Yarrell.

GOBIUS MINUTUS. L.

BUHOTTE, *m.* Boulogne, Labille.
MATEHOTTE, Arcachon, Laporte.
GOBI, Cette, Doumet.
BOULEREAU, français.

Noms étrangers :

Urgiune, Sicile, Rafinesque. — **Polewig**, pêcheurs de la Tamise, Yarrell. — **Sten-sugare**, suédois dialectal, Rietz.

GOBIUS NIGER. L.

GOUJON DE MER, GOUJON NOIR, Noirmoutier, Cavoleau.
GOBOU NEGRE, Nice, Risso.
BOULEREAU NOIR, picard, Marcotte.
SIRÈNE, SERÈNE, Noirmoutier, Piet.

Noms étrangers :

Ghiggiùn de fundo, Ghiggiùn negro, Gênes, *Descr.* — **Quebot,** Iviça, Delar. —
Βῶτσος, grec moderne, Bikélas. — **Berguylt,** Shetland, Edmondston. —
Black goby, Rockfish, anglais.

ANARRHICUS LUPUS. L.

LOUP MARIN, Côtes de l'Ouest, Lemarié.

Noms étrangers :

Wolf fish, anglais. — **Sea cat,** Écosse, Yarrell. — **Swine fish,** Orkney, Low.
— **Stane biter,** Shetland, Edmondston. — **Stenbit,** norvégien, communiqué par M. R. Collett.

BLENNIUS (Genre). L.

BAVECCA, Nice, Risso.
BAVARELLO, Bouches-du-Rhône, Villeneuve.
MOUSTELO, Var, Maurin.
MÔLE, PEIX DE ROCA, Pyrénées-Orientales, Companyo.
LOKETTE, picard, Marcotte.

Noms étrangers :

Bausa, Gênes, *Descr.* — **Reboy, Rebosa,** Iviça, Delar. — **Bavusa,** Sic., Rafin.

BLENNIUS GUNNELLUS. L.

PAPILLON DE MER, Vendée, Cavoleau.

Noms étrangers :

Swordick, Orkney, Low. — **Clavin, Flutterick, Codlick, Lamprey,** Irlande,
Thompson. — **Butterfish,** anglais.

BLENNIUS PHOLIS. L.

SIRÈNE, SERÈNE, Noirmoutier, Piet.

Noms étrangers :

Galeetta, Topo, île d'Elbe, Kœstlin. — **Parrot fish,** Irlande, Thompson. — **Shanny, Smooth shan,** anglais.

BLENNIUS OCELLARIS. Cuvier.

Lèbra, diablé, Cette, Doumet.

ATHERINA (Genre). Cuvier.

Roseret, roseré, prêtre, prêtreau, différents dialectes du Nord
    et de l'Ouest de la France.
Méletto, cabassoun, Var, Maurin.
Mellet, cabasuc, Nice, Risso.
Méletto, jhol, Gard, Crespon.
Joell, Pyrénées-Orientales, Companyo.
Saouclet, tjol, Cette, Doumet.
Sauclet, Var, *Département du Var.* Grand in-f°.
Gras dos, français dialectal, Labille.
Abusseau, abisseau, Côtes de l'Ouest, Lemarié.
Beleyon (*plur.*), breton de Houat, Delalande.

Noms étrangers :

Chuclet, Mocho, Mochon, Cabasuda, Iviça, Delar. — **Cabassùn, Abri,** Gênes, *Descr.* — **Peje rey,** esp. — **Peije rey, Pion, Pialla,** gallic., Cornide. — **Smelt, Portaferry chicken,** Irlande du Nord, Thompson. — **Sandsmelt,** anglais. — Ἀθερίνη, grec ancien, Ἀθερινός, grec moderne, Bikélas.

MUGIL (Genre). L.

Mul, *m.* Saintonge, Jônain. — Toulouse, Poumarède.
Meuil, La Rochelle, recueilli pers. — Vienne, Mauduyt.
Meill, breton, Troude.
Meuille, Côtes de l'Ouest, Lemarié.
Mulet, français.
Mujho, Gard, Crespon.
Mugeou, Bouches-du-Rhône, Villeneuve.
Mujou, Var, Maurin.
Muge, français.

Noms étrangers :

Muggine, italien. — **Mujol, Mujil**, espagnol. — **Mugem**, portugais. — **Munge**, gallicien, Piñol. — **Mugel**, Iviça, Delaroche. — **Müsao**, Gênes, *Descr.*

MUGIL CHELO. Cuvier.

LABRU, Nice, Risso.
CANÙDA, Cette, Doumet.

Nom ètranger :

Buósega, Venise, Nardo.

MUGIL CAPITO. Cuvier.

ROUMADO, Var, Maurin.
CARIDA, Nice, Risso.
CABOT, Cette, Doumet.
TESTUE, Var, *Département du Var.* Grand in-f°.
MUJOU FANGOUS, Var, Maurin.

Noms étrangers :

Cefalo, ital. — Κέφαλος, grec anc. et mod., Bikélas. — **Grey mullet**, anglais. — **Caustèi**, Venise, Nardo.

MUGIL AURATUS. Risso.

GAOUTA ROUSSA, Cette, Doumet.

Nom étranger :

Lotregan, Venise, Nardo.

MUGIL SALIENS. Risso.

FLAVETON, Nice, Risso.
FLAVÉTOUR, Var, Maurin.

CEPOLA RUBESCENS. L.

ROUGEOLO, Var, *Département du Var.* Grand in-f°.
COURAJOLO, Var, Maurin.

CALEGNAIRIS, Nice, Risso.
DÉMOUÉÏSÈLA, Cette, Doumet.

Noms étrangers :

Pichota vermeil, Catalogne, Delaroche. — **Bandiera**, Sicile, Rafinesque. — **Cavigea**, Gênes, *Descr.*

CEPOLA TAENIA.

POUTINO, Var, Maurin.

Noms étrangers :

Cepola, italien. — Τσίπουλα, grec moderne, Bikélas.

GYMNETRUS (Genre). CUVIER.

GROS ARGENTIN, Nice, Risso.
PEI BLANC, Bouches-du-Rhône. Villeneuve.

Noms étrangers :

Vaagmaer, Dealfish, anglais. — **Ceil conin**, Cornwall, Yarrell.

LEPIDOPUS (Genre). CUVIER.

ARGENTIN, Nice, Risso.

Nom étranger :

Pescio lamma, Gênes, *Descr.*

LEPIDOLEPRUS (Genre). RISSO.

GRÉNADIÉ, Bouches-du-Rhône, Villeneuve.
GRANADIÉ, Nice, Risso.

LAMPRIS GUTTATUS. CUVIER.

POISSON LUNE, français, Nemnich.
PEI D'AFRICA, Nice, Risso.

Nom étranger :

King fish, anglais.

ZEUS APER. L.

PEÏ PORC (¹), Cette, Doumet.
VERRAT, Bouches-du-Rhône, Villeneuve. — Nice, Risso.
VERRA, Var, Maurin.

Noms étrangers :

Pesce tariolo, Sicile, Rafinesque. — Boar fish, anglais.

ZEUS FABER. L.

1. — POISSON DE SAINT PIERRE, SAINT PIERRE, français.
PEI SAN PEIRÉ, Nice, Risso. — Bouches-du-Rhône, Villeneuve.
GAL, PEÏ SAN PIERRÉ, Cette, Doumet.
DAOURADA, Hérault, Marcel de Serres.
DORÉE, *f.* français.
POULE DE MER, *f.* Brest, Jouan. — Côtes de l'Ouest, Lemarié.
YER-DEAR (*plur.*), breton de Houat, Delalande.

Noms étrangers :

San Pè, Gênes, *Descr.* — Pesce San-Pieri, Pesce gallo, Pesce gaddu, Pesce palu, Gaddu marinu, Sicile, Rafinesque. — Larnata, Malte, Rafinesque. — Gallo, espagnol, Cornide. — San Martino, gallicien, Cornide. — Gall, Majorque, Delaroche. — Dory, Doree, anglais.

2. — Le *Zeus faber* doit son nom de *poisson de Saint Pierre* à la légende suivante : « Saint Pierre pêchant ce poisson l'ayant pris avec la main lui laissa l'empreinte de ses deux doigts. On voit en effet de chaque côté de son corps une marque ronde, noire, fort distincte. »

« Les Arabes racontent ainsi la légende : La Dorée était au nombre des poissons que prit saint Pierre, mais ayant poussé un cri plaintif en sortant du filet, Pierre touché de compassion la prit entre les opercules et la nageoire dorsale et la remit à la mer en

(¹) On appelle ainsi ce poisson parce qu'il pousse une sorte de grognement quand on le saisit.

lui disant : « va rejoindre ta famille. » Ils croient que la trace de ses doigts est restée sur le poisson. »

H. DE LA BLANCHÈRE. *La Pêche et les Poissons*, 1868.

HOLOCENTRUS (Genre). LACÉPÈDE.

SERRAN, Var, Maurin. — Bouches-du-Rhône, Villeneuve.

CARANX TRACHURUS. CUVIER.

1. — SUVÉRÉOU, Var, Maurin. — Bouches-du-Rhône, Villeneuve.
SEVÉRÉOU, Marseille, Régis de la Colombière.
SUC CAGNENCK, Nice, Risso.
MAQUEREAU BÂTARD, Paris, Labille.
SÉCHAR, Lorient, recueilli personnellement.
CHINCHARE, Noirmoutier, Piet.
CHINCHAR, Bretagne, Delalande.
CHECHARET (*plur.*), breton de Houat, Delalande.
CHICHAR, CHICHAROU, île d'Yeu, La Pylaie.
QUERELLE, île de Ré, Lemarié.
CARINGUE, Boulogne-sur-Mer, Labille.
COUSTUT, *m.* Gironde, Lafont.
GASCOUN, Cette, Doumet.

Noms étrangers :

Sauru, Sic., Raf. — Sorell, Iviça, Delar. — Sugherello, île d'Elbe, Kœstl. — Surellu, Suredda, Sard., Azuni. — Su, Gênes, *Descr.* — Xurel, esp., gallic., Corn. — Chicharro, Escibano, gallic., Corn. — Σκόμϐρος, grec ancien; Σκουμπρί, grec moderne, Bik. — Scad, Hose mackerel, angl. — Garibaldi makrel, norvégien, communiqué par M. R. Collett.

2. —   « A lou mourre baisareou
        Coumo la quoue d'un severeou! »

(Il a le museau caressant — comme la queue du *caranx trachurus)*.   Marseille, RÉGIS DE LA COLOMBIÈRE.

« Ce poisson a plusieurs rangs d'épines, ce qui lui a valu l'épithète d'*estranglo bellomèro*. »   (*Idem*).

SCOMBER DUCTOR. L.

PILOTO, Bouches-du-Rhône, Villeneuve.
FAUFRE, Nice, Risso.

Nom étranger :

Pilot fish, anglais.

XIPHIAS GLADIUS. L.

AMPÉROUR, Var, Maurin.
EMPERATOUR, Nice, Risso.
PEÏ EMPERÙR, Cette, Doumet.
EMPEROUR, PEY ESPASO, Marseille, Villeneuve.
PEIX ESPASA, Pyrénées-Orientales, Companyo.
ÉPÉE, POISSON ÉPÉE, français.

Noms étrangers :

Spada, île d'Elbe, Koestl. — Pescio spa, Gênes, *Descr.* — Pez espada, esp.
— Peije espada, gallicien, Cornide. — Swordfish, anglais.

SCOMBER PELAMYS. L.

1. — PALAMIDA, Nice, Risso. — Pyrénées-Orientales, Companyo.
PALAMIDO, Var, Maurin.

Noms étrangers :

Palomida, Ivíça, Delar. — Paamitun, Gênes, *Descr.* — Palamita, Sard. Azuni.
— Pelamita, île d'Elbe, Koestlin.

2. — « Lo que menja palamide
Pare y mare desolbide. »

(Celui qui savoure des *pélamides*, oublie père et mère).

Roussillon, COMPANYO.

SCOMBER BONITO. L.

BONITA, Pyrénées-Orientales, Companyo.
BOUNITOU, Cette, Doumet.

BOUNITO, Var, Maurin.
BONITE, Côtes de l'Ouest, Lemarié.

Noms étrangers :

Paamia. Gênes, *Descr.* — **Bonitol**, Majorque et Catalogne, Delar. — **Bonito**, **Bonitalo**, espagnol, Cornide. — **Bonito**, gallicien, Cornide.

SCOMBER THYNNUS. L. — LE THON.

1. — Du latin *thunnus*, viennent :

TOUN, THOUN, Marseille, Régis de la Colombière — Var,
    Maurin. — Cette, Doumet. — Nice, Risso.
THON, *m.* français.
TOUGNINA, Pyrénées-Orientales, Companyo.
TOÙN (le mâle), TOUNÎNA (la femelle), Hérault, Marcel de Serres.

Cf. **Tonno**, ital. — **Tunna**, Gênes, *Desc.* — **Tunnu**, Sic. Raf. — **Atun**, esp. —
Itton, Malte, Koestl. — **Tunny**, angl.

2. — Autres noms du thon :

VEAU MARIN, VEAU DES CHARTREUX, français.
THAZAR, île d'Yeu, Cavoleau.

3. — Noms étrangers :

Jardon, gall., Corn. — **Scampirro** (le gros thon) ; **Mezzo tonno** (le moyen thon) ; **Tonno** (le petit thon), Sardaigne, Cetti.

4. — On appelle *matte de thons*, en Provence, un banc de thons. (TOUSSAINT). — On appelle *mattansa*, à Nice, la pêche aux thons (NÉGRIN. *Promenades à Nice*).

SCOMBER COLIAS. CUVIER.

OOURUOU, Var, Maurin.
CAVALUCA, Nice, Risso.
GROS YOL, BIAR, Cette, Doumet.

Noms étrangers :

Cavalla, Gênes, *Descr.* — Caballa, esp., Corn. — Rinchon, Caballa macho, gallic., Cornide.

SCOMBER ALALONGA.

ALALONGA, Nice, Risso.
ARO-LONGO, Var, Maurin.
GERMON, *m.* français.

Noms étrangers :

Alalunga, Gênes, *Descr.* — Alalonga, Sic., Rafin. — Accola, Malte, Rafin.

SCOMBER SCOMBER. L. — LE MAQUEREAU.

1. — MACRIEUX, picard, Marcotte.
MAQUÉRIAU, rouchi, Hécart.
MACRIAU, MACRET, Normandie, Le Héricher.
MACRÉ, Bessin, Joret.
MAQUEREAU, *m.* français.
MAQUET, Reims, Saubinet.
POISSON BLEU, île de Ré, recueilli personnellement.
SANSONNET ([1]), Bayeux, Pluquet.
AURIOU, AOURIOU, AOURIOL, provençal moderne.
OOURUOU BLAN, Var, Maurin.
BARAT, Pyrénées-Orientales, Companyo.
VÉYRAT, Hérault, Marcel de S. — Gard, com. par M. P. Fesquet.
BEÏDAT, Cette, Doumet.
BERRELLY (*plur.*), breton de Houat, Delalande.
BERC'HEL, BREZEL, breton, Troude.
POISSON D'AVRIL ([2]), *m.* français.

Noms étrangers :

Makreel, holl. — Mackerell, angl. — Jarda, gallic., Cornide. — Macareu (=Scomber en général), gallic., Corn. — Laxerto, Gênes, *Descr.* — Fogrie,

([1]) Ainsi appelé à cause de ses couleurs chatoyantes, qui rappellent celles de l'oiseau.
([2]) C'est l'époque à laquelle on pêche ce poisson.

Shetl. Edm. — **Scombru, Scurmu,** Palerme. — **Strumbu,** Messine. — **Scrumiu,** Catane, Rafinesque. — **Sgambirri,** Syracuse, Rafin.

2. — « Un maquereau qui a frayé est dit *chevillé.* »

Picard, MARCOTTE.

CANTHARUS (Genre). CUVIER.

CANTO, Var, Maurin. — Bouches-du-Rhône, Villeneuve.
CANTARÈLA, Cette, Doumet.
MANGE GOUESMON, île d'Yeu, Cavoleau.
BURLOT, île de Ré, Lemarié.
TANUDA, Nice, Risso.
BRÊME GRISE, BRÊME DE MER, Picard, Marcotte.

Noms étrangers :

Κάνθαρος, grec ancien; Σκάθαρος, Ἀσκάθαρος, grec moderne, Bikélas.
— **Cantara,** Iviça, Delaroche. — **Tanüa,** Gênes, *Descr.* — **Black bream,** anglais.

DENTEX VULGARIS. CUVIER.

DENTÉ, Var, Maurin. — Bouches-du-Rhône, Villeneuve. — Pyrénées-Orientales, Companyo.
DENTI, Cette, Doumet.
LENTE, Nice, Risso.

Noms étrangers :

Dentice, Sard., Azuni; île d'Elbe, Kœstl. — **Denton,** esp., gallic., Corn. — **Dentol,** Iviça, Delar. — **Dentexo,** Gênes, *Descr.* — **Pancho,** Corogne. Piñol.

PAGELLUS BOGARAVEO. CUVIER.

BUGORAVELLO, Nice, Risso.
BOUGRABÉOU, Cette, Doumet.
RAVELLO, Var, Maurin.

Nom étranger :

Roello, Gênes, *Descr.*

PAGELLUS MORMYRUS. CUVIER.

TENILLÉ, Cette, Doumet.
MOURMÉ, Var, Maurin.
MOURMO, Bouches-du-Rhône. Villeneuve.
MORMO, Var, *Département du Var*. In-folio.
MOURMENA, Nice, Risso.

Noms étrangers :

Mormiro, Mormillo, île d'Elbe, Kœstl. — **Murmua**, Gênes, *Descr.* — **Mabre**, Iviça, Delar. — Μόρμυρος, grec ancien; Μουρμούρι, grec moderne, Bik.

DENTEX MACROPHTHALMUS. CUVIER.

GROS UÏ, Var, Maurin.
BOUCCA ROUGA, Nice, Risso.

PAGELLUS (Genre). CUVIER.

PAGÉOU, *m.* provençal moderne.
PAGEL, *m.* français.
PATJEL, Cette, Doumet.
ROSSIGNOL, Boulonais, Corblet.
ROUSSEAU, PIANO, PINONO, Boulogne-sur-Mer, Labille.
PILONEAU, Picard, Marcotte. — La Rochelle, Lemarié.
PAGEAU, CASSE BURGÔ, côtes de l'Ouest, Lemarié.
GROS YEUX, *m.* Fécamp, Labille.

Noms étrangers :

Pagau, Gênes, *Descr.* — **Pagel**, Iviça, Delar. — **Fragolino**, it., Duez. — **Sea bream**, anglais. — **Brazier**, **Carf**, **Carp**, **Gunner**, Irlande, Thompson. — Ollomol, gallicien, Cornide.

PAGRUS VULGARIS. CUVIER.

PAGRÉ, Bouches-du-Rhône , Villeneuve. — Var, Maurin. —
    Cette, Doumet.

Noms étrangers :

Pagaru, Sard., Azuni. — **Pagau addentexoù**, **Pagau dentà**, Gênes, *Descr.* — **Braize**, **Becker**, angl. — **Besugo**, esp., gallic., Corn. — **Besuch**, Iviça, Delar.

SPARUS AURATA. L.

DORADE, *f.* français.
DORETTE, Ouest, Lemarié.
TORADET (*plur.*), breton de Houat, Delalande.
DAURADA, Pyrénées-Orientales, Companyo.
OOURADO, Bouches-du-Rhône, Villeneuve. — Var, Maurin.
SAOUQUÈNA, Cette, Doumet.
SAUQUENO, Agde, *Bull. de la Rev. des langues rom.*, 1874, p. 41.

Noms étrangers :

Dorada, esp. — **Orata**, île d'Elbe, Kœstl. — **Orada**, **Canina**, Sard., Cetti. — **Aurada**, Iviça, Delar. — **Oà**, Gênes, *Descr.* — **Gilt head**, angl. — ῞Ιππουρος, Χρύσοφρυς, grec ancien. Σιππούρα, Τσιππούρα, Κιππούρα, Χρυσόψαρον, grec moderne, Bikélas.

SPARUS SALPA. L.

1. — SARPA, Nice, Risso.
   SAOUPO, Var, Maurin. — Bouches-du-Rhône, Villeneuve.
   MANGEO MERDO (¹), Marseille, Régis de la Colombière.

Noms étrangers :

Salpa, Elbe, Kœstlin; Sardaigne, Azuni; Iviça, Delaroche. — **Pampano**, espagnol, Cornide.

2. — Locution :

« As un ventre coumo uno saoupo. »
                    Marseille, RÉGIS DE LA COLOMBIÈRE.

(¹) Ce poisson passe pour se nourrir de toutes les impuretés de la mer.

SPARUS SARGUS. L.

SAR, Var, Maurin. — Bouches-du-Rhône, Villeneuve.
SARGOU, Nice, Risso.
SARGUET, Cette, Doumet.
SARGAILLE, île de Ré, Lemarié.

Noms étrangers :

Sarago, Elbe, Kœstl. — **Sargo**, esp., gallic., Corn. — **Saragu**, Sard., Az. — Sarg, Iviça, Delar. — **Chargouch** (= **rat de mer**), arabe d'Égypte, *Description de l'Égypte*, t. XXIV. — Σαργός, grec ancien et moderne, Bikélas.

SPARUS SMARIS. L.

1. — JARRÉ ([1]), JARRET, Var, Maurin. — Bouches-du-Rhône, Vill.

Noms étrangers :

Jarret (avec un **j** français), Iviça, Delaroche. — **Zarettu**, Sardaigne, Azuni. — **Smaride**, Elbe, Kœstlin.

2. — Les jeunes poissons de cette espèce sont connus à Nice sous le nom de *gavarons*. Les Romains s'en servaient autrefois pour faire une sauce appelée *garum*.

SPARUS ANNULARIS. L.

MOURRÉ POUNCHU, Bouches-du-Rhône, Villeneuve. — Var, Maurin.

Noms étrangers :

Prabo, **Pargo**, gallicien, Cornide. — **Esparay**, Iviça, Delaroche. — **Sarago minuto**, Elbe, Kœstlin. — **Sparlo**, Gênes, *Descr.*

SPARUS MELANURUS. L.

NIGROL, AOUBLADO, *f.* provençal moderne, Azaïs.
BLADO, *f.* Bouches-du-Rhône, Vill. — Var, *Dép. du Var.* In-f°.

---

[1] Pour l'étymologie de ce mot, voyez *Romania*, 1877, p. 267. **Jarré** viendrait du latin **gerres**.

Noms étrangers :

Oblada, Iviça, Delaroche. — **Tonnata,** Elbe, Kœstlin ; Sardaigne, Azuni. — **Chapo,** espagnol. — **Chepa,** gallicien, Cornide.

SPARUS CHROMIS.

CASTAGNOLLA, Nice, Risso.
CASTAGNOLO, Bouches-du-Rhône, Villeneuve.
CASTAGNORO, Var, Maurin.

Noms étrangers :

Castañola, espagnol, gallicien, Cornide. — **Castagneüa,** Gênes, *Descr.* — **Monachella,** Elbe, Kœstlin.

SPARUS ZEBRA et SPARUS PASSERONI.

CEDUCLET, Var, *Département du Var.* In-f°.
CÉOUCLÉ, Var, Maurin.
CIOUCLÉ, Bouches-du-Rhône, Villeneuve.

SPARUS CAISSOTI.

PADRETTOU, Nice, Risso.
PEIBLAN, Bouches-du-Rhône, Villeneuve.

SPARUS MASSILIENSIS.

BEL UÏ (¹), BEL UELH, BESUGO, *f.* provençal moderne.

SPARUS MOENA. L.

AMENDOULA, Nice, Risso.
MENDOULO, Bouches-du-Rhône, Villeneuve. — Var, Maurin.
MOUNDARO, Var, *Département du Var.* In-f°.

(¹) Nommé ainsi à cause de ses grands yeux dorés.

Noms étrangers :

Menola, Sardaigne, Kœstlin. — **Madre soldat**, Iviça, Delaroche.

SPARUS ALCEDO.

GERLE BLAVIÉ, Nice, Risso.
BLAVIÉ, Var, Maurin.

Nom étranger :

Lôcu, Gênes, *Descr*.

SPARUS BOOPS. L.

1. — BUGUA ([1]), ancien provençal, *Romania*, 1877, p. 266.
BOGO, Bouches-du-Rhône, Villeneuve. — Var, Maurin.
, POLI, Gironde, Lafont.

Noms étrangers :

Boga, espagnol. — **Boca**, italien.

2. — « On dit de celui qui a de gros yeux sans expression et sortant de la tête, qu'il *a d'huils de bogo*. »

Marseille, RÉGIS DE LA COLOMBIÈRE.

CHARAX PUNTAZZO. CUVIER.

PATACLET, Bouches-du-Rhône, Villeneuve. — Var, Maurin.

Noms étrangers :

Sulla, Morüdda, Gênes, *Descr*. — Οὔαινα, Οὔγαινα, grec moderne, Bikélas.

---

[1] Sur l'étymologie de ce mot, voy. *Romania*, 1877, p. 269.

UMBRINA VULGARIS. Cuvier, et SCIAENA AQUILA. Cuvier.

Ces deux espèces sont confondues sous les noms suivants :

OUMBRINA, Nice, Risso.
OUMBRINO, Bouches-du-Rhône, Villeneuve.
LOUMBRINO, Var, Maurin.
FIGOU, CUORP, Nice, Risso.
CORBEAU DE MER, Ouest, Lemarié.
MAIGRE, Noirmoutier, Cavoleau.
DAÏNÉS, Cette, Doumet.

Noms étrangers :

Ombrinha, Gênes, *Descr.* — Ombrina, Umbrino, Figaro, Elbe, Kœstl. — Figao, Gênes, *Descr.* — Corvina, esp., gallic., Corn. — Corvo, Corvetto, Rome, Bon. — Crovello, Crivello, Ombrina crivello, Tosc., Bon. — Corbo, Corbetto, vénit., Bon. Umbrina impíriali, Budagia. Umbra, Sic., Rafin. — Corva, Iviça, Delaroche.

GASTEROSTEUS SPINACHIA. L.

LÉZARD DE MER, Noirmoutier, Piet.
ÉTRANGLE CHAT, côtes de l'Ouest, Lemarié.

Noms étrangers :

Horn-eel, Horn-fish, Irlande, Thompson. — Bismore, Orkney, Low. — Willie-wan-behrd, Banffshire, Gregor.

GASTEROSTEUS PUNGITIUS. L. et GASTEROSTEUS ACULEATUS. L.

1. — Ces deux espèces sont habituellement confondues sous les mêmes noms. Elles ont sur le dos quatre arêtes très pointues, ce qui les a fait appeler :

ÉPINE, ÉPINOUSE, PINOCHE, PICOT, Jura, Ogérien.
SPINA, SPINETTE, wallon, Carlier.

ÉPINETTE, ÉPINOQUE, picard, Marcotte.

ÉPINARDE, Saintonge, Lemarié.

ÉPEINNOQUE, *m.* Lille, Debuire du Buc.

ESPINOKE, ÉPINOQUE ([1]), wallon montois, Sigart.

ÉPÉNOQUE, rouchi, Hécart,

ÉPINOCHE, *f.* français.

ÉPINGLÉ, Meuse, Cordier.

ÉPINGLAI, ÉPINGLEI, *m.* Jura, Bridel.

ÉPINGALE, Aube, Ray.

PINGUÉ, Metz, Géhin.

PINGUION, *m.* pays messin, recueilli personnellement.

QUOUE D'AWEYE, Luxembourg wallon, Lafontaine.

PICASSE, Charente, Trémeau de Rochebrune.

QUATRE ÉPÉES, Loire-Inférieure, Desvaux.

PEÏS PIQUANT, Lauragais, com. par M. P. Fagot.

DARSELET, ARSELET, normand, Duméril.

DIGARD, Bayeux, Le Héricher.

ARITTE, Saintonge, Lemarié.

ESTANCELIN, Pas-de-Calais, Blanchard.

CRÈBO VARLÉ, ESTRANGLO CAT, Gard, Crespon.

CORDONNIER, SAVETIER ([2]), dans différentes provinces.

SABATIÉ, Nice, Risso.

Noms étrangers :

Spricklebag, Thornback, Pinkeen, Irlande, Thomps. — Brandstickle, Orkney, Low. — Stechleng, Spûork, Spierkchen, Luxembourg allemand, Lafontaine. — Banstickle, Sharplin, Écosse, Yarrell.

2. — « D'après une légende russe, l'épinoche eut l'idée jadis de faire son nid dans l'étoupe qui aveuglait un trou de l'arche de Noé. Elle aurait causé la perte de l'arche si le hérisson ne s'était avisé de boucher le trou. »

MAÏNOV. *Excursion sur l'Onéga* (en russe), cité par
L. LÉGER, dans la *Revue critique*, 1877, p. 294.

COTTUS CATAPHRACTUS. L.

CALBOS, Var, *Département du Var*. Grand in-f°.

([1]) On appelle aussi **épinoque** un enfant maigre et chétif. — SIGART.
([2]) Ses arêtes sont comparées à des alènes.

Noms étrangers :

Pogge, angl. — Lyrie, Sea poacher, Pluck, Noble, Écosse, Yarrell.

COTTUS BUBALIS. Cuv. et COTTUS SCORPIUS. Bloch.

VIVE DE MOUSSE, Gironde, Lafont.

CHABOISSEAU DE MER, CRAPAUD DE MER, côtes de l'Ouest, Lemarié.

Noms étrangers :

Father lasher, angl. — Miller's thumb, Irlande, Thompson. — Comper, Orkney, Low. — Cuntack, Gundie, Banffshire, Gregor. — Lucky proach, Écosse, Yarrell. — Simpa, Ulk, suédois, Nilsson. — Capone, Sardaigne, Azuni.

COTTUS GOBIO. L.

1. — Ce poisson doit une partie de ses noms à ce qu'il a une énorme tête. On le nomme :

GROSSE TÊTE, pays messin, recueilli personnellement.
TÊTE D'ÀNE, TÊTARD, m. dans différentes provinces.
TÊTEAU, poitevin, Favre.
ASÉ, AINÉOU (= petit âne), provençal moderne.
TÊTOT, CHAVOT, CHÉCOT, Franche-Comté, Darbois.
CABO, AZÉ, Gard, Crespon.
CABOT, m. normand, Travers.
CHABOT, m. français.
SABOT, m. normand, Delboulle.
AZE, ÀNE, SORCIER, CULOT, Jura, Ogérien.
TCHABOT, TCHÀKA, Luxembourg français. Lafontaine.
CABÉIRÉ, CABARLIAOUT, Tarn, Gary.
CHABOISSEAU, GODET, Millet.
CABOULHAT, Agen, Azaïs.
CHAFAUX, Aube, Ray.
SÉCHOT, SETZOT, SÉCHAU, TSCHASSO, Lac de Genève, Bridel.
CHASSOT, m. Neuchâtel, Schinz. — Jorat, Razoumowski.
CHAILLOT, m. Fontainebleau, recueilli personnellement.
GRAVELET, CHACA, Moselle, Géhin.
MAQUELOTTE, MAKELOTTE, rouchi, Hécart. — wall. Grandgagnage.
CABORGNE, m. picard, Corblet. — normand, Delboulle.

PENDÔK, breton, Legonidec.

HEULAT, pays messin, recueilli personnellement.

CHANOUNIER, Charente, Trémeau de Rochebrune.

MATHIEU, Saint-Claude, Ogérien.

COUROUROUGNOU, Gers, Cénac-Moncaut.

BOAVÀ Saint-Amé, Thiriat.

BAVARD (¹), Moselle, Géhin. — Bourgogne, Sahler. — Vosges,
    recueilli personnellement.

BOVOU, *m.* Montbéliard, Contejean.

BAVOUX, LINOTTE, Bourgogne, Sahler.

BAVAOUE, CAFAOUE, Meuse, Cordier.

BOTTA, Nice, Risso.

MEUNIER (²), différentes provinces.

Noms étrangers :

Scazzôn, Côzzôn, Testôn, Beutt (prononcé comme en franç.), Tessin, Pav. —
Kwab, Kwabaal, holl. — Kautz, Kautzekapp, Lux. all., Laf. — Koppe, Autr.
all., Kram. — Tolben, Botzen in Weingeist. *Verb. d. Zool. bot. Gesell. in Wien,*
1852. — Bunchhead, Bullhead, Millers's thumb, Tommy logge, angl. — Beetle
head, Dorsetshire, Barnes. — Voir dans Nemnich beaucoup d'autres noms
de ce poisson.

2. — « Donner un chabot pour avoir un gardon. » Prov. franç.

3. — « *Tête de bovou* est une injure qui équivaut à *grosse tête,
bête.* »   Montbéliard, CONTEJEAN.

TRIGLA GURNARDUS. L.

1. — GOURNAOU, Var, Maurin. — Bouches-du-Rhône, Villeneuve.

CABÔTA, GRANAOU, Hérault, Marcel de Serres.

GRUGNAOU, Nice, Risso.

GRONDIN (³), *m.* français.

GRONNARD, Jersey, Lerouge. *Histoire de Jersey,* 1757. p. 87.

BÉLUGAN (⁴), Cette, Doumet.

(¹) Ainsi appelé parce qu il est gluant.

(²) Ainsi appelé parce qu'on le trouve près des moulins.

(³) Le **Trigla gurnardus** fait entendre, quand on le tourmente, un sourd
grognement. Il en est de même des autres espèces de **Trigles.**

(⁴) De **beluga** = briller. Les **Trigles** émettent dans les ténèbres une
certaine phosphorescence.

ROUGET BÀTARD, Loire-Inférieure, Desvaux.
ROUGET-GRONDIN, GRONDIN, Paris.
PIRELON, Gironde, Lafont.
BIAU, cénevol, Azaïs.

Noms étrangers :

Gurnard, Gurnet, angl. — Crooner, écossais, Jamieson. — Croonack, Banffshire, Gregor. — Knoud, Irlande, Thomps. — Tigiegu, Tigiega, Sic., Raf. —
Cuclillo, esp., Corn. — Escacho, gallic., Corn. — Γουρουνόψαρον, grec
moderne, Bikélas. — Triglia, Tria, Venise.

2. — « Les *Trigles*, à cause de leur stupidité apparente et de
leurs grognements, sont torturés par les mousses qui se font un
malin plaisir de leur piquer des bouchons sur les épines de la
première dorsale. Rejetés à l'eau, ils s'efforcent de descendre au
fond sans pouvoir y réussir. »　　　　　　　　　LABILLE.

3. — « On dit d'un imbécile, d'un étourdi, d'un homme grossier:
c'est un gournaou. »　　　　Marseille, RÉGIS DE LA COLOMBIÈRE.

TRIGLA LINEATA. L.

IBROUGNA, Cette, Doumet.
CAMARD, côtes de l'Ouest, Lemarié.

Noms étrangers :

Rübin, Imbriaego, Gênes, *Descr.*

TRIGLA LYRA. L.

GALINÉTO, Bouches-du-Rhône, Villeneuve. — Var, Maurin.
GALLINA, Nice, Risso.
CARDINAL, côtes de l'Ouest, Lemarié.
PINAOU, Cette, Doumet.

Noms étrangers :

Capone, Elbe, Kœstl. — Capone coccio, Rome, Bon. — Organo, Gênes, *Descr.*,
Sard., Kœstl. — Furcata, Sic., Rafin. — Juriola (avec *j* franc.), Iviça, Delar.
Piper, anglais. — Turchello, Venise, Bonaparte.

TRIGLA HIRUNDO. L.

GALINETTA, Nice, Risso.
ANDOURÉTO, Var, Maurin.
PELON, PIRLON, Bretagne, Delalande.
PERLON, Loire-Inférieure, Desvaux. — picard, Marcotte.
GARAMAOUDO, Bouches-du-Rhône, Villeneuve.

Noms étrangers :

Andoriña, gallic., Piñol. — Golondrina pez, esp., Corn. — Golondrin, Alfon-dega, gallic., Corn. — Fagiana impiriali, Pesce redenune, Sic., Rafin. — Gallineta, Iviça, Delar. — Cheussano, Gênes, Spinola.

TRIGLA CUCULUS. L.

GRANAOU, Nice, Risso.
BÉLUGAN, Cette, Doumet. — Bouches-du-Rhône, Villeneuve. —
Var, Maurin.

Noms étrangers :

Gallineta, Iviça, Delar. — Rubioca, gallicien, Piñol. — Rubin, Gênes, Spinola. — Cuccu, Cocciddu, Sicile, Rafinesque.

TRIGLA MILVUS. BONAP.

CABIOUNA, Cette, Doumet.
ORGHE, Nice, Risso.

Noms étrangers :

Capone vero, Rome, Bon. — Caviglia, Tosc., Bon. — Caussano, Ligurie, Bon. — Anzoletto piccolo, Venise, Bonaparte. — Fideá, Gênes, *Descr.*

TRIGLA ASPERA. VIV.

RASCASSOUN, Cette, Doumet.

Nom étranger :

Galletto, Gênes, *Descr.*

TRIGLA CORAX. Bonap.

CABOTA VOULANTA, Cette, Doumet.
AULENDRA DE MAR, Pyrénées-Orientales, Companyo.

Noms étrangers :

Rondine, île d'Elbe, Kœstlin. — Voador, gallicien, Piñol.

TRIGLA OBSCURA. L.

LINOTA. Cette, Doumet.

MULLUS BARBATUS. L.

1. — ROUTJET, Cette, Doumet.
RUGET, Pyrénées-Orientales.
ROUGET, m. français.
ROUGET BARBET, picard, Marcotte.
ROUJÉ DE TARTANO, Saint-Tropez, Cette, Doumet.
ROUGELLET (*plur.*), breton de Houat, Delalande.
STREGLIA DE FANGA, Nice, Risso.
PETIT BARBARIN, Noirmoutier, Cavoleau.
POISSON ROYAL, Fécamp, Vital.

Noms étrangers :

Triglia, Sicile, Rafin. — Treggia de fundo, Cavùn, Gênes, *Descr.* — Τριγλίς,
Τρίγλα, Τρίγλη, grec ancien ; Τριγλί, grec moderne, Bikélas. — Salmo-
nete, espagnol, Cornide.

2. — Proverbe vénitien :

« Come la triglia
Non la mangia qui la piglia. »

REINSBERG.

MULLUS SURMULETUS. L.

ROUGET, m. français.
ROUTJET, Cette, Doumet.

ROUGÉ DÉ ROCO, Var, Maurin.

BARBEAU, Bordeaux, Laporte.

BARBARIN, côtes de l'Ouest, Lemarié. — Loire-Infér., Desvaux.

MÉLETTE, Saint-Valery, Corblet.

RUGET GROS, Pyrénées-Orientales, Companyo.

SURMULET, *m.* français.

STREGLIA DE ROCCA, Nice, Risso.

Noms étrangers :

Triglia, Sicile, Rafin.; île d'Elbe, Kœstlin. — **Treggia veaxa, Treggia de scheuggio**, Gênes, *Descr*.

TRACHINUS VIPERA. Cuv. et TRACHINUS DRACO. Cuv.

I.

Les épines des opercules de ce poisson et les aiguillons de sa première dorsale en pénétrant dans les chairs vives causent une douleur atroce, suivie d'une enflure prodigieuse qui peut durer jusqu'à trente jours. On l'appelle :

VIVRE ([1]), *f.* français du XIIIe siècle, Littré.

VIVE, *f.* français.

VIVET, *m.* ancien français, *les Crieries de Paris*.

VIRLI, FIRLI, Bayeux, Pluquet.

ARAGNA ([2]), Nice, Risso.

ARANYA DE MAR, Pyrénées-Orientales, Companyo.

ARAGNO, provençal moderne.

IRAGNA, Cette, Doumet.

LIÈTRE, côtes de l'Ouest, Lemarié.

TOQUET, *m.* picard, Marcotte. — Boulogne, Labille.

BOIS DE ROC, BO DE RO, Dieppe, Labille.

BOUDEREU, Carentan, Jouan.

SIOU, Côtes-du-Nord, Habasque, III. 226.

---

[1] De **vipera**. En lui donnant ce nom on a voulu dire que sa blessure était aussi dangereuse que celle que fait la vipère.

[2] On la croit aussi dangereuse que l'araignée, d'où ce nom. C'est par suite d'un préjugé qu'on croit l'araignée dangereuse.

Noms étrangers :

Otter pike, Sting fish, angl. — **Arania,** Iviça, Delar. — **Ragno, Ragana,** Elbe, Kœstl. — **Agna,** Gênes, *Descr.* — **Varagno,** Venise, Nardo. — **Peixe araña,** gallic., Piñol. — **Tracena, Tragina, Trachio,** Sic., Rafin. — **Straxina,** Gênes, *Descr.* — **Petermann, Petermännchen,** all. — **Stony cobbler,** Youghal (Irlande), Thomps. — **Chanticleer, Gowdie,** Écosse, Yarr. — Δράκαινα, grec mod., Bik.

II.

« Si l'on est blessé par une vive, il faut dire onze fois de suite : *si tu piques min pied, tu ne piqueras mi min c..* Et l'on est guéri. »   Picardie, CORBLET.

« Lorsqu'un marin est piqué par l'arète venimeuse de ce poisson, il doit dire avec foi et répéter trois fois :

Petite bête sans figure

Otez-moi cette piqure.

Au nom du père et du fils !

Cette oraison ne doit pas être communiquée si l'on veut qu'elle conserve sa vertu. »   Boulogne-sur-Mer, c. par M. Ern. DESEILLE.

ACERINA VULGARIS. CUVIER.

GREMILLE, PERCHE GOUJONNIÈRE, PERCHE GOUJONNÉE, français.
GREMEUILLE, *f.* Metz, Holandre.
GRÉMAOU, Gard, Crespon.
GOUJON PERCHAT, CHAGRIN, Aube, Ray.
OGÎ, wallon, Grandgagnage.
OGGI, wallon, Sélys Longchamps.

Noms étrangers :

Schrazen, Schrasen, Autriche all., Kram. — **Kutz,** Bâle sur le Rhin, Schinz. — **Krap, Stepisch, Klengpisch,** Lux. all., Laf. — **Ruffe, Pope,** anglais.

ASPRO VULGARIS. CUVIER.

1. — APRON, ROI POISSON, ROI DES POISSONS, français.
DAUPHIN, Dijon, Vallot.
SORCIER, Lyon, Cuvier.
ANODÉLO, Gard, Crespon

Nom étranger :

Reppsäsch, Transylvanie saxonne, Bielz.

2. — Ce poisson se retire dans les fonds quand il fait beau et vient à la surface quand il fait mauvais ; tous les autres poissons agissent différemment, aussi l'appelle-t-on *roi des poissons* parce qu'il semble les tenir à distance et *sorcier* parce que c'est signe de mauvaise pêche quand on en prend un.

SERRANUS GIGAS. Cuvier.

MERO, Pyrénées-Orientales, Companyo.
MÉROU, Golfe de Gascogne, Laporte. — Ouest, Lemarié.
SARAN, Cette, Doumet.
ANFONS OU, Nice, Risso.

Noms étrangers :

Meu, Lüxerna de scheuggio, Gênes, *Descr.*

SERRANUS ANTHIAS. Cuvier.

SARPANANSA, Nice, Risso.
ROUCAOU, Var, Maurin.

SERRANUS HEPATUS. Cuvier.

PÉTAÏRÉ, Cette, Doumet.
SERRAN, Nice, Risso.

SERRANUS CABRILLA. Cuvier.

SERRAN, Nice, Risso.
SONNEUR, Manche, Jouan.

Noms étrangers :

Cabra, espagnol, gallicien, Cornide. — Bolaxo, Gênes, *Descr.*

SERRANUS SCRIBA.

PERCA, Nice, Risso.
PERCO, Var, Maurin.

Noms étrangers :

Barchetta, Gênes, *Descr.* — Mero de altura, espagnol, Cornide. — Cherla, Mero, gallicien, Cornide.

LABRAX LUPUS. Cuvier.

LOUP, LOU, Bouches-du-Rhône, Villeneuve. — Var, Maurin. — Gard, Crespon. — côtes de l'Ouest, Lemarié.
LOUBAS, Nice, Risso.
LLOBARRO, Pyrénées-Orientales, Companyo.
LOUBINE, Gironde, Lafont. — Loire-Inférieure, Desvaux. — picard, Marcotte.
LUBINE, Loire-Inférieure, Desvaux.
CARCASSEAU, Noirmoutier, Cavoleau.
DRÈNEK, Lorient, recueilli personnellement.
DREINNEGUET (*plur.*), breton de Houat, Delalande.
BAR, *m.* français.
BRIGNE, Gironde, Lafont.
LOUBINEAU (= le jeune bar), côtes de l'Ouest.

Noms étrangers :

Lubaro, Iviça, Delar. — Luasso, Gênes, *Descr.* — Basse, angl. — White mullet, King of the mullet, Belfast, Thompson. — Branzin, mil., Banfi. — Robalo, gall., Corn. — Brancin, Varolo, Venise, Bon. — Spigola, Rome, Bon. — Λάβραξ, grec ancien ; Λαβράκιον, grec moderne, Bikélas.

PERCA PUNCTATA. Val.

LOUBASSON, Nice, Risso.

PERCA FLUVIATILIS. L. — LA PERCHE.

1. — PERCA, Pyrénées-Orientales, Companyo.
PERCO, Var, Maurin.

PERCHE, *f.* français.

PERCHO, Lauragais, com. par M. P. Fagot.

PERCAU, PERCOT, *m.* pic., Marc. — Mons, Héc. — Lux. wallon,
Laf. — wallon, Sélys Longch. — Lille, Debuire du Buc.

PERGO, Gard, Crespon.

PERCHELLE, Marne, Tarbé.

PERCHAUDE, *f.* Anjou, Millet. — Loire-Inf., Desvaux, — Vienne,
Mauduyt. — Ouest, Lemarié. — Charente, Trém. de
Roch. — Sarthe, c. par M. Aug. Besnard. — Poit., Lal.

PRECHAUDE, Vienne, Mauduyt.

PERCHÀ, *m.* Morvan, Chamb. — Semur, com. par M. H. Marlot.

PERCHAT, PERCHA, *m.* Bresse châlonnaise, Guillemin. — Marne,
Tarbé. — Jura, Ogérien.

PARCHAT, *m.* Jura, Monnier.

PARCHE, PARCHAUDE, *f.* Centre, Jaubert.

PERTCHET, *m.* Montbéliard, Contejean.

PERCHETTE, *f.* Semur, communiqué par M. H. Marlot. — Luxembourg wallon, Lafontaine.

PÎCHE, wallon, Sélys Longchamps.

PIERTCHE, *f.* Montbéliard, Sahler.

VIVE, *f.* Genève, Neuchâtel, Schinz.

MILLE CANTON (= la petite perche), Genève, Neuchâtel, Schinz.

BRELL, breton, Troude.

BOILLA (grosse perche), Genève, Jurine.

BRANDENAILLE (petite perche), Genève, Jurine.

Noms étrangers :

Pisch, Lux. all., Laf.—Persch, Transylvanie saxonne, Bielz.—Persego, Persigo,
Tessin, Schinz. — Pèss-pèrsigg, Tessin, Pavesi.—Gheubb (1), lac de Lugano,
Pav.—Centin, Cent-in-bòcca (premier âge; petite perche), Lac Majeur, Pav.—
Pèss pérsighin, Persighin (deuxième âge), Lac Majeur, Pav. — Bèrtôn, Pess
persigg (troisième âge), Lac Majeur, Pav.— Pesce perseghin, Bologne, Bon.
— Pesce perso, Perso di fiume, Tosc., Bon. — Egli, Suisse all., Schinz. —
Hürlig (premier état), Egli (deuxième état), Rechling (troisième état), lac
de Zurich, Schinz. — Hürlig (premier état), Fernerling, Kretzer (deuxième
état), Stichling, Rauhegel (troisième état), Barsch, Egli (dernier état), lac
de Constance, Schinz.

2. — « Quand ce poisson est nombreux dans un étang, on dit

(1) Ainsi appelé *in causa della curvatura pronunciatissima del suo dorso.* — PAVESI.

qu'il *brûle l'étany*, c'est-à-dire qu'il y commet les plus grands dégâts et détruit les autres poissons. »   Puvis. *Des Étangs*.

QUELQUES GÉNÉRALITÉS RELATIVES AUX POISSONS.

« Quand le poisson est pris la ligne danse. »
Bonnelier. *L'Ile de Sein*, p. 2.

« Veux-tu apprendre à fils de pêcheur à manger poisson? »
Nucérin.

« Dins lous bèles gours si pescou lous bèles peisses. »
(Dans les grandes fosses d'eau, on prend les grands poissons.)
Gard, com. par M. P. Fesquet.

« In fiume senza pesci, non si gettan reti. »
Prov. ital. Arrivabene.

« Ce me sera chercher des poissons sur les tours de l'église Notre-Dame. »   Ancien français, Leroux de Lincy.

« Sé la mar boulissié trés houres, i ôourrié proun dé péissoun quieu. (Si la mer bouillait trois heures, il y aurait bien des poissons de cuits). »   Vaucluse, Barjavel.

« Que la mar bouligue tres ouros e i auro fosso de peisses quièches »   Gard, com. par M. P. Fesquet.

« Lou pei naisse en l'aiga e foù che muore en l'oli. »
Nice, Toselli.

« Carne al sole e pesce all'ombra (c.-à-d. : que ce qu'il y a de meilleur à manger dans un mammifère c'est le dos et dans un poisson le ventre). »   Dicton italien.

« Cacar le lische dopo aver mangiato i pesci, si dice in proverbio Del pagar le pene degli errori commessi. »   Proverbe italien.

« On appelle *nuovo pesce, avannotto* en italien, un homme simple, un niais, une duppe. »

« On dit de quelqu'un très embarrassé qu'il est *come il pesce fuor de l'acqua.* »   Italie, Duez.

« Es gaï coum' un peïssou sus la palho. »
(Il est gai comme un poisson sur la paille.)

Gard, com. par M. P. Fesquet.

« Vos de pei, bagno ti l'arpo. »   Gard, com. par M. P. Fesquet.

« Non si può pigliar pesci senza immollarsi. »

Proverbe italien, Duez.

« Che pesce piglia ? (c.-à-d. : de quoy fait-il profession ?) »

Locution italienne, Duez.

« Ha venduto i pesci (c.-à-d. : c'est un homme sans jugement). »

Locution italienne, Duez.

« Persuader l'acqua al pesce (c.-à-d. : prêcher devant les corde-
liers). »   Locution italienne, Duez.

« Rêver de poisson mort dans une eau boueuse indique que quelqu'un de votre famille ou de vos amis va mourir. »

Semur (Côte-d'Or), com. par M. H. Marlot.

« Fische im traum gesehen, bedeuten verdruss. »

Duché d'Oldenbourg, Strackerjan, II, 110.

« Les poissons sont un plat indispensable le vendredi soir chez
les Israélites alsaciens. »

Stauben. *Scènes de la vie juive en Alsace.*

ARGONAUTA ARGO. L.

BIOU DOOU POUPRÉ, Bouches-du-Rhône, Villeneuve.

Les pêcheurs croient que cet animal est une poulpe qui
s'est emparée d'une coquille.

LOLIGO VULGARIS. Lamarck.

1. — CALMAR ([1]), CORNET, ENCORNET, français.
TAOUTENO, TAUTENO, *f.* Marseille, Régis de la Colombière.

([1]) Ce nom est synonyme d'écritoire. On l'appelle ainsi parce qu'il a un
réservoir plein d'une liqueur noire comme de l'encre.

CHIPIRONE, Bayonne, Fischer, p. 287.

GLAOUGEAU, Méditerranée, Dubrueil.

SÈCHE ENCRIÈRE, *f.* ancien français, Duez.

Noms étrangers :

Calamar, esp. — **Calamaio**, it. — **Chiquiron**, Gallic. Piñ. — **Lula**, gallic., Corn.

2. — Selon Duez, le calmar est le mâle de la sèche !

SEPIA OFFICINALIS. L. — LA SÈCHE.

1. — SÉPIA (1), Hérault, Marcel de Serres.

SEPIO, languedocien, Sauvages.

SUPI, SUPIOUN, Bouches-du-Rhône, Villeneuve.

SÈCHE, *f.* français.

CHÉCHÉ, *f.* île de Sein, com. par M. L. F. Sauvé.

MARGADE, Granville, Audouin. — Noirmoutier, Piet.

MARGONDE, normand, Le Héricher.

MÔRGADEN, MORGADENN, *f.* breton, Legonidec.

MORGATE, Arcachon, rec. pers. — Bretagne, Troude.

MARGANE, normand, Travers.

Noms étrangers :

Seppia, it. — **Xibia**, esp. — **Seppi**, mil. Banfi. — **Xiba**, gallic., Corn. — **Totano**, Elbe, Koestl. — **Cuttle fish**, angl. — **Cutle**, **Poorcutle**, angl., Merrett, 1667. — **Hosie**, Banffshire, Greg. — **Skeetack**, Shetl. Edm.

Remarque. — Comme le calmar, la sèche a une poche d'encre. Autrefois on se servait de cette encre pour écrire et pour faire la couleur appelée **sépia**.

2. — La jeune sèche est appelée :

SÉPIOUN (2), *m.* Marseille, Villeneuve.

CASSERON, Arcachon, Fischer. — La Rochelle, Ozenne.

Littré rapporte ce passage d'Amyot (XVIe siècle), relatif

----

(1) Du latin **sepia**.

(2) Dans les marchés de Marseille, on appelle indifféremment **sépiouns** les jeunes sèches et les jeunes calmars. — VILLENEUVE.

au *casseron* : « Faut-il que vous autres parliez de la guerre, qui ressemblez proprement aux casserons ; car vous avez bien un cousteau mais vous n'avez pas de cueur. »

3. — Cet animal renferme dans sa région dorsale un corps solide, poreux, léger, désigné sous le nom *d'os de sèche, coquille de sèche, biscuit de mer*. On le donne aux oiseaux en cage pour qu'ils puissent s'y aiguiser le bec.

« Ces objets secs et légers qu'on trouve si fréquemment à la laisse de haute mer, qui sont longs, elliptiques, friables et semblables de loin à de vieux ossements blanchis, ce sont des os de sèche......... Les plaisants disent que c'est de l'écume de mer solidifiée ! »

LABILLE.

En breton, l'os de sèche s'appelle *pibit*. — TROUDE.

M. L. F. Sauvé m'apprend qu'à l'île de Sein, il porte le nom de *bag ar chéché* (c.-à-d. : bateau de la sèche.)

4. — On appelle *raisins de mer* les œufs de sèche qui se trouvent attachés les uns aux autres en forme de grappes.

5. — « On dit à Noirmoutier que quand la sèche ne vient point à la côte, la récolte en sel est mauvaise. »   PIET, 1806, p. 432.

SEPIOLA. RONDELET.

SÉPIOUN, *m.* provençal moderne, Ozenne.

Noms étrangers :

Xiba pequeña, gallicien, Cornide. — Chôcô (1), gallicien, Piñol.

(1) Se llama así por la figura de cencerro ô choca que forma su cuerpo. — Piñol.

OCTOPUS (Genre). Cuv. — LE POULPE.

POULPE ([1]), *m.* français.

POURPRÉ, *m.* Bouches-du-Rhône, Villeneuve.

POUPRE, *m.* Marseille, Régis de la Colombière.

POUPRILHOUM (= petit poulpe), *m.* Marseille, Régis de la Col.

POUFFRE, Montpellier, Dubrueil.

PIÈVRE, PEURVE, PEUVRE, *f.* Guernesey, Métivier.

PUERVE, normand, Travers.

SATROUILLE, Manche, Jouan; de Gerville.

CHATROUILLE, Le Hâvre, Étretat, *Chasse ill.* II, 186.

CHÂTREUX, normand, Pluquet.

SATROU, Fécamp, Vital.

BALIGAN, normand, recueilli personnellement.

MINARD, français dialectal, *Chasse illustrée*, II, 186. — français du Finistère, com. par M. L. F. Sauvé.

MINA, Granville, Audouin.

LAGA, Biarritz, Jam. *Guide de Pau aux Eaux-Bonnes*, 1869.

MOULDREBE (=*moule de trépied*), île de Sein, com. par M. L. F. Sauvé.

Noms étrangers :

Pulpo, esp. — **Polpo**, ital. — **Polbo**, gallicien, Piñol.

APORRHAIS PES-PELECANI. L.

Noms étrangers :

Pelican's foot, anglais. — **Zamarugole**. golfe de Venise, Olivi.

MUREX (Genre). L.

CORMAILLOT, PERCEUR ([2]), Arcachon, Fischer.

POURPRE, POURPE, *f.* ancien français, Duez.

[1] Du latin **polypus**, même sens.

[2] Ce mollusque fait des trous cylindriques dans les autres coquilles. Il détruit beaucoup d'huitres. — Le mot latin **murex** qui servait à désigner cet animal, avait en même temps le sens d'*objet très pointu*.

Noms étrangers :

Purpervisch, Purperoester, holl. — Purpura, esp. — Pùrpra, gallic., Piñ. — Murice, esp., Corn. — Ugnella, Ognella, Cornetto, Roncera, ital., Duez. — Ronseggo (= Murex tripus. L.), Cornetto de ma (= Murex brandaris. L.), Gênes, *Descr.* — Bullo maschio (= Murex Brandaris), Bullo femina (= Murex trunculus). Caragolo longo di mare (= Murex aluco), golfe de Venise, Olivi. — Sting winkle (= Murex erinaceus), anglais, Woodward.

« Les anciens retiraient la pourpre d'une espèce de *murex ;* les petites coquilles étaient écrasées dans des mortiers et on extrayait les animaux des grandes. L'on voit encore aujourd'hui, sur la côte de Tyr, des monceaux de coquilles brisées du *Murex trunculus* et des trous en forme de chaudrons creusés dans les rochers. On trouve aussi, sur la côte de Morée, des preuves semblables de l'emploi du *Murex brandaris* dans le même but. » WOODWARD.

Voy. sur ce même sujet F. LENORMANT, *La Légende de Cadmus (Ann. de phil. chrét.* 1867, p. 366).

FUSUS (Genre). L.

FUSEAU, *m.* français.

« Le *Fusus antiquus* appelé *red whelk* sur les côtes de la Manche et *buckie* en Écosse est dragué en grande quantité pour l'alimentation et est plus estimé que le *buccin.* C'est le *roaring buckie* dans lequel on peut toujours entendre le bruit de la mer. Dans les chaumières des Shetland on le suspend horizontalement et l'on s'en sert comme d'une lampe ; l'huile est contenue dans la cavité de la coquille et la mèche passe dans le canal. » WOODWARD.

BUCCINUM (Genre). L.

1. — BIOU, Provence, Villeneuve.
RAN, Granville, Audouin. — Cherbourg, Macé.
BURGAUD BAVEUX (= buccin du Nord), Noirmoutier, Piet.
PILO CANTEUX ([1]), Boulogne-sur-Mer, Labille.

([1]) C.-à-d. : Pilo **chanteur**; on l'appelle ainsi à cause du bruit qu'on entend dans la coquille vide quand on s'en applique l'ouverture contre l'oreille.

Noms étrangers:

Buccino. esp. — **Buguina**, gallic., Corn. — **Porcella** (= B. galea), **Porcelletta** (= B. echinophorum), **Berolla del duro** (= B. mutabile), golfe de Venise, Olivi. — **Vhelk**, anglais.

2. — « Le *Buccinum undatum* produit d'énormes masses d'œufs qu'on trouve partout sur le sable. Ces œufs, quand ils sont vides, ressemblent à des enveloppes de pois cuits collés les uns aux autres et qu'on aurait mis sous presse pour en faire sortir la fécule. On appelle ces masses des *brosses de matelot.* »

Boulogne-sur-Mer, LABILLE.

3. — « On se sert de *bious* par toute la Provence, principalement au temps des moissons, pour appeler les ouvriers au travail et aussi pour correspondre à d'assez grandes distances au moyen de sons convenus. »   VILLENEUVE.

NASSA RETICULATA. L.

Nom étranger :

Dog-whelk, anglais, Woodward.

CONUS (Genre). L.

BIOU ([1]), Marseille, Régis de la Colombière.

On dit proverbialement :

« Per eou un biou es un biou (pour lui une coquille est une coquille ; c.-à.-d. : c'est toujours plus que rien). »

Marseille, RÉGIS DE LA COLOMBIÈRE.

CYPRAEA (Genre). L.

PUCELAGE, Noirmoutier, Piet.
PORCELAINE, CONQUE DE VÉNUS, français.
VIRANTO, provençal, Gelu. *Lou Garagaï*, p. 35.

([1]) Ce nom est donné en général à toutes les coquilles univalves tournées en cônes pyramidaux. — RÉGIS DE LA COLOMBIÈRE.

Nom étranger :

Porcelana, espagnol.

LITTORINA (Genre). Férussac.

VIGNOT, VINOT, ancien français, Duez. — Cherbourg, Macé.
BRELIN, VERLIN, Cherbourg, Macé.

TURBO LITTOREUS. L.

VIGNEAU, VIGNOT ([1]), français.
VIGNETTE, *f.* Granville, Audouin.
BRIGEAU, Granville, Le Marchant.
BIGORNEAU, BURGAU, *m.* français.
BIGORNENN, *f.* Audierne, com. par M. L. F. Sauvé.
PILO NOIR, Boulogne, Labille.
GUIGNETTE, français dialectal, Labille.
KILLOGENN, *f.* île de Sein, com. par M. L. F. Sauvé.

Noms étrangers :

Periwinkle, anglais. — Occhio di S. Lucia (= T. rugosus), golfe de Venise, Olivi. — Campanile (= T. terebra), golfe de Venise, Olivi.

TROCHUS (Genre). L.

SORCIÈRE, *f.* (= *T. magus*), Cherbourg, Macé.

Noms étrangers :

Caragolo, golfe de Venise, Olivi. — Top shell, anglais. — Siller buckie (= T. cinerarius), Banffshire, Gregor.

HALIOTIS (Genre). L.

ORMER, Guernesey, Métivier. — Jersey, Lerouge, p. 83.
ORMIER, ORMEAU, français dialectal, Nemnich.

---

[1] On appelle sans doute ainsi ce mollusque, parce que, quand on le mange, il fait trouver le vin bon.

OURMELENN, ORMELENN, *f.* Finistère, com. par M. L. F. Sauvé.

AURÉLHO DE SAN PÉIRE, Languedoc, Azaïs.

OREILLE DE MER, SILIEUX (= *six yeux*), Cherbourg, Macé.

Noms étrangers :

Oreja marina, espagnol, Cornide. — Peneira, gallicien, Cornide.

PATELLA (Genre). L.

JAMBE, Saintonge, Favre. — Noirmoutier, Piet. — île de Ré, Richemond.

JOBLLE, Vendée, Lalanne.

BRINIC, breton, Luzel. *Veillées bretonnes*, p. 163.

BIRINIGENN, *f.* île de Sein, com. par M. L. F. Sauvé.

BRENNIGENN, *f.* Audierne, com. par M. L. F. Sauvé.

BERNIC, Lorient, rec. pers. — Houat, Delalande.

BÉNI, Granville, Audouin ; Quatrefages. *Souvenirs d'un natu-raliste*, I. 347.

BÉNICLE, Granville, Quatrefages.

BERNIE, Noirmoutier, Piet.

FLIE, RAN, Cherbourg, Macé.

FLLIE, *f.* Guernesey, Métivier.

FLLIE DE CAT (= *la grande patelle*), Guernesey, Métivier.

PATELLE, ŒIL DE BOUC, BENIN, BERDIN, BERLIN, fr. dialectal, Duez.

CUVETTE, français dialectal, Labille.

LAPA, Basses-Pyrénées, *Actes de la Société linnéenne de Bordeaux*, 1869, p. 108.

LAMPOTE, Fécamp, Vital.

ARAPO, ARAPÉDO, Bouches-du-Rhône, Villeneuve.

ARAPE, Nice, Négrin. *Promenades à Nice*, p. 142.

Noms étrangers :

Lapa, esp., gallic. — Cuco, gallic., Corn. — Arneiron, gallic., Piñol. — Santa Lena, golfe de Venise, Olivi. — Limpit, angl. — Soe, Shetl., Edm.

HELIX (Genre). L. — L'ESCARGOT.

I.

1. — CAQUEROLE, *f.* ancien français, Rabelais.

COQUEREUILLE, *f.* Jura, communiqué par M. Ed. Toubin.

COQUILLARD, *m.* Jura, Ogérien.

COCOILLE ([1]), *f.* Berry, Jaubert.

CAGOUILLE, La Rochelle, M. 1780 — Chef-Boutonne, Beauchet-
          Filleau. — Poitou, Lalanne.

CAGAROL, languedocien, Azaïs.

CAGARAOULA, Hérault, Marcel de Serres.

CAGARAOULO, Alais, La Fare Alais.

CACARAOULETA, CACARAULETA, prov. mod., *Revue des langues
          romanes*, janvier 1873.

CAGARAOULETA, Hérault, Marcel de Serres.

CAGARAOULETO, prov. mod., *Rev. des langues rom.*, oct. 1873, p. 572.

CARACOL, Liége, Forir. — rouchi, Hécart.

KARAKOIL, Labourdin, Bas-Navarrais, Van Eys.

CARAGOOU, provençal moderne, Castor.

CARACOLE, wallon montois, Sigart. — wallon, Grandgagnage.—
          Liége, Hock, III. 56.

CARGOL, Pyrénées-Orientales, Companyo.

CARCALOU, *m.* Centre, Jaubert.

CARCAILLOU, picard, Corblet.

CARGASSON, CAIRGASSON, Cernois près Semur (Côte-d'Or), com.
          par M. H. Marlot.

CACASSON, Viserny (Côte-d'Or), com. par M. H. Marlot.

GARGAISSE, GUEURGUESSE, Côte-d'Or, Clément-Jannin.

GUEURGUEUSSOU, Yonne, Côte-d'Or, com. par M. H. Marlot.

ESCARAGOL, *m.* Auch, Abadie. — Tarn, Gary.

ESCARGOL, Toulouse, Poumarède.

ESCARGOT, *m.* français.

ESGARGUEU, Bussy-le-Grand (Côte-d'Or), com. par M. H. Marlot.

ESGAIRGOT, environs de Semur (Côte-d'Or), com. par M. H. Marlot.

ESGAGOT, environs d'Avallon (Yonne), com. par M. H. Marlot.

ESCOROBOT, Tulle, Béronie.

ESCARBOT, Aube, Yonne, Tarbé.

ÉCHARBOT, Berry, Jaubert.

([1]) Cf. **Cocale** = coquille d'escargot, Bagnard, Cornu.

ESTRAGOT, Troyes, Grosley.

LIMACH, *m.* Gers, Cénac-Moncaut.

LUMAT, LUMAS, LUMA, *m.* Deux-Sèvres, La Rochelle. — Haut-Maine, Poitou.

LIMAT, LIMAS, LIMA, *m.* Seine-et-Marne. — Haut-Maine.

LIMASSO, LIMAÇO, *f.* Alpes cottiennes, Chabrand. — prov. mod., Cast.

LIMACE, *f.* Yonne, recueilli personnellement.

LIMAÇON, *m.* français.

LIMACHON, *m.* Flandre française, Verm. — Lille, Debuire du Buc.

LAMICHON, Lille, Vermesse.

LIMEÇON, LIMMÇON, wallon montois, Sigart.

LUMIÇON, rouchi, Hécart. — Flandre française, Vermesse.

LUMEÇON, LUMMÇON, wallon montois, Sigart.

LÉMICHON, Lille, Debuire du Buc.

LÈMCHON, LUCHEMON, Flandre française, Vermesse.

MULSON, Meuse, Cordier.

ÉMUCHON, picard, Corblet.

EMACHE, *f.* EMACHON, *m.* Bagnard, Cornu.

CALIMAÇON, Seine, Seine-et-Marne, Seine-et-Oise, Normandie.

CALIMACHON, Pays de Caux, Collen Cast. — normand, Travers.

CALIMICHON, CALIMICHON A HOTTE, normand, Delboulle.

COLIMAÇON, *m.* français.

CHÉRIGANGONGNE, CHÉRITANGONGNE, pays messin, recueilli pers.

RIGANGÔGNE, Pont-à-Mousson, recueilli personnellement.

ESTANGÔGNE, pays messin, recueilli personnellement.

WERGUEUIL, WERGOUIL, *m.* pays messin, Lorrain.

MOULET, *m.* Lille, Debuire du Buc. — Flandre fr., Vermesse.

MOURGO, *f.* provençal, *Rev. des langues rom.*. janv. 1873, p. 136.

BICORNE, BECOUEINE, Suisse romande, Bridel.

BÀREÀ, basque, Fabre.

KUNKOUARNA, *f.* Alpes, Bridel.

MELC'HOUEDENN, *f.* breton, Troude.

MELC'HOUEDENN-KROGENNEK (= *limaçon à coquille*), *f.* breton, Legonidec.

HUITRE DE CHAMPAGNE ([1]), *f.* Arcis-sur-Aube. *L'Arcisien,* *almanach pour* 1868.

HUITRE DE GUEUX, argot, L. Rigaud.

---

[1] Ce nom est donné à l'escargot par plaisanterie.

Noms étrangers :

Chiocciola (¹), Lumaccia, it. — Limaza, esp. — Lesma (pour Lemsa), port. — Lumaca, it. — Lumaga, mil., Banfi. — Limega, vénit. — Llimac, catal., Diez. — Cargol, catal. mod. *Riv. d. litt. pop.*, Rome, 1878, p. 54. — Wyngaardslak, Hoornslak, Schulpslak, holl. — Snail, Slug, angl., Adams. — Snag, Sussex, Ad. — Snake, Kent, Ad. — Snail horn, centre de l'Angl., Ad. — Hod dod, Northamptonshire, Ad. — Doddy man, Ad. — Hodmedod, ouest de l'Angl. Ad. — Odmedod, Berkshire, Ad. — Oddy, Oddy-doddy, Oxfordshire, Ad. — Hodmandod, Dodman, angl., Bacon. *Hist. nat.* cent. VIII. 732. — Bourel (²), roumain, Cihac.

2. — « Les paysans prétendent que les escargots en général et l'*Helix nemoralis* en particulier peuvent servir de baromètre ; montant d'autant plus le long des échalas qu'il pleuvra plus. »

JOIGNEAUX.

3. — Dans le midi de la France le tonnerre est appelé le *tambour des escargots*. On sait que les orages font sortir les escargots de leurs cachettes.

4. — « On dit d'un homme mal fait, mal bâti, *qu'il est comme un escargot.* »   LEROUX. *Dictionnaire comique.*

5. — On dit d'un malheureux, d'un vagabond, qu'il est comme l'escargot qui porte sa maison (*var.* : tout ce qu'il a) sur son dos.

6. — « On dit d'un homme de néant qui veut paraître au-dessus de sa condition que *c'est un limaçon qui sort de sa coquille.* »
          LEROUX. *Dictionnaire comique.*

7. — « Jai dinar embe de banos de cagaraoulo (il est avare, il ne donne pour manger que des cornes d'escargot).»

Languedoc, THIESSING.

8. — « Limace et féme à vèndré
          Oou mâi courroun, ôou miéou se fau préndré.

____

(¹) Du latin cocleâ.

(²) Mot à mot **petit bœuf** ; ainsi appelé sans doute à cause de ses cornes. — CIHAC.

(C'est-à-dire: Limace et femme à vendre, plus elles courent, mieux elles se font prendre).　　　　.　　　　Vaucluse, BARJAVEL.

9. — « Per agost y juliol
　　　Ni dona ni cargol. »
　　　　　Catalogne, *Rivista de litt. pop.* Rome, 1878, p. 54.

10. — « Mas vale la salsa que los caracoles. »
　　　　　　　　　　　　　　　　Proverbe espagnol.

II.

1. — « Les œufs de limaçon sont couvés par des crapauds. »
　　　　　　　　　　　　Agen, GASSIES, p. 83.

2. — « Dans la symbolique chrétienne le limaçon qui monte sur un arbre portant sa maison désigne la prudence que le chrétien doit mettre dans toutes ses actions. »　　　　MILLIN.

3. — « L'escargot est aussitôt que le lièvre à la Saint Martin. »
　　　　　　　　　　　　Franche-Comté, PERRON.

4. — Les enfants chantent à l'escargot pour l'engager à sortir ses cornes, les formulettes suivantes :

　　　« Caracole, misé colle
　　　Fais sorti tés cornes
　　　A Chimai, à Cambrai
　　　Ous qu'on sonne les clokes.
　　　Berlin bonbon
　　　Les clokes de Mons. »　　　　Mons. SIGART.

　　　« Escargot, montre-moi tes cornes,
　　　J'te dirai où ta grand mère est morte.
　　　— Elle est morte à Paris ou à Rouen
　　　Où on sonne les cloches,
　　　Et dig dindon. »
　　　　　　Marne, communiqué par M. A. BÉTHUNE.

　　　« Moulet, moulet,
　　　Montre-moi tes cornes,
　　　Je te dirai si ta mère est morte
　　　A Paris ou à Roubaix
　　　Sur un petit champ de blé.
　　　Tourne moulet ! »
　　　　　　Flandre française, VERMESSE.

« Caracol
Bis té col
Monte tes cornés cornes
J'té dirai d'u qu'ta mère est morte,
A Cambrai
A Douai
Duss qu'on sonne les grossés cloques. »

Pays rouchi, HÉCART.

«Limaçon bône bône
Montre-moi tes cônes. »   Normandie, DUMÉRIL.

« Calimuchon borne
Montre-moi tes cornes,
Calimuchon tortu
Montre-moi ton cu. »

Boulonais, comm. par M. Ern. DESEILLE.

« Cornion, montre-moi tes cornes,
Je te dirai si ta mère est morte.
— Elle est morte à Paris
Sur la queue d'une souris. »

Beaumont (Somme), comm. par M. H. CARNOY.

« Escargot, montre-moi tes cornes,
Si tu ne me les montrés pas
Je te casserai ton écaille,
Si tu me les montres
Je n'te la casserai pas. »

Warloy-Baillon, Somme, comm. par M. H. CARNOY.

« Calimuchon borne
Montre-moi tes cornes
Si tu n'veux pas les montrer
Je te les couperai
Avec mon p'tit coutiau d'prêtre. »

Boulonais, comm. par M. Ern. DESEILLE.

« Escargot, got, got, montre moi tes cornes,
Si tu ne veux pas les montrer, je te jetterai à l'eau ;
Si tu les montres, j'te dirai où est ton père et ta mère. »

Lorraine, com. par M. Aug. PEUPION.

« Escargot, gros dos, montre-nous tes cornes,
Si tu les montres tu seras tout beau ;
Si tu n'les montres pas, tu iras dans l'eau. »
                    Ardennes, com. par M. Aug. PEUPION.

« Escargot, cagot, qui cache trop ses cornes,
Si tu veux les cacher, je te jetterai dans l'eau. »
                    Rochefort (Belgique), com. par M. Aug. PEUPION.

« Calimaçon borgne,
Montre-moi tes cornes
Si tu ne me les montres pas
Je te mettrai la tête en bas. »
                    Noisy-le-Sec (Seine), com. par M. F. STAUDE.

« Colimaçon borgne,
Montre-moi tes cornes ;
J'te dirai où sont ton père et ta mère.
— Ils sont dans la fosse
A cueillir des roses
Pour te faire une belle robe rouge. »
                    Paris, com. par M. H. CARNOY.

« Corno, corno, sort,
Beyras toun payré
Et mai ta mayré
Et mai toun frayré
Et mai ta sor. »
                    Lauragais, com. par M. P. FAGOT.

« Escargot, montre-moi tes cornes ;
Je te dirai de la part du Bon Dieu
Où sont ton père et ta mère.
Ils sont dans le ciel bleu
A cueillir des bluets
Pour te faire une belle couronne. »
                    Paris, comm. par M. H. CARNOY.

« Escargot, montre-moi tes cornes,
J'te dirai où sont ton père et ta mère.
Ils sont dans le clocher
Qui mangent du fromage mou. »
                    Marne, com. par M. A. BÉTHUNE.

« Colimaçon borgne,
Montre-moi tes cornes ;
Si tu n'me les montres pas
Tu ne connaîtras pas
Ton père ni ta mère. »

          Musée des familles, 1840.

« Calimaçon borgne,
Montre-moi tes cornes,
Ou sans ça j't'assomme.
J'te dirai où sont tes père et mère;
Ils sont dans la fosse
A cueillir des roses. »   Seine-et-Oise.

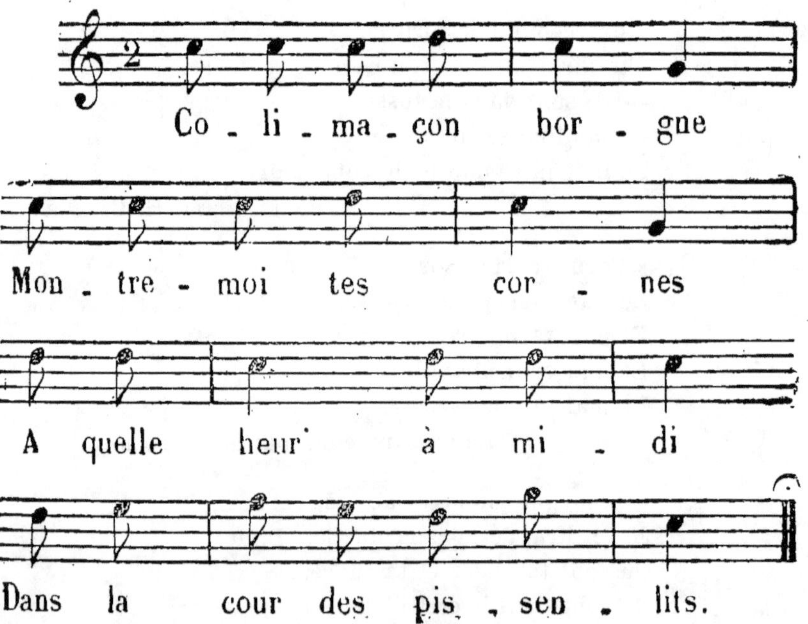

« Colimaçon borgne,
Montre-moi tes cornes.
— A quelle heure ?
— A midi
Dans la cour des pissenlits. »

          Seine-et-Oise.

« Colimaçon borgne,
Colimaçon borgne,
Montre-moi tes cornes
Ou j'te f.... cent coups de bâton. »

> Seine-et-Oise.

«Escargot, montre-moi tes cornes,
Va-t-en te cacher
Dans un fossé ;
Si l'on te voit,
T'auras le fouet:
Si l'on ne te voit pas.
Tu ne l'auras pas. »

> Seine-et-Marne, com. par M. H. CARNOY.

« Colimaçon borgne, montre-moi tes cornes
Ou j'te les couperai avec le p'tit couteau
Que j'ai dans ma poche. »

> Seine-et-Marne, com. par M. H. CARNOY.

« Colimaçon borgne, montre-moi tes cornes,
Si tu ne me les montres pas
J'te les couperai avec mon couteau de bois. »

> Loiret, comm. par M. H. CARNOY (¹).

« Colimaçon, colimaçon,
Montre tes cornes
Je te donnerai du pain d'orge.»

> Pithiviers, comm. par M. BEAUVILLARD.

« Escargot, escargot,
Montre-moi tes cornes.
Si tu ne me les montres pas,
Je le dirai à ton père,
A ta mère,
Au roi de France
Qui te coupera la langue. »

> Le Charme (Loiret), comm. par M. L. BEAUVILLARD.

« Escargot, minigot (²),
Montre-moi tes cornes.

______

(¹) La même formulette dans Seine-et-Marne (canton de Rozoy-en-Brie),
communiqué par C. LECLERC.
(²) Variante : minagot.

Si tu ne veux pas me les montrer,
Je te ferai pendre
Par ton père,
Par ta mère
Ou par le roi de France. »
Le Charme (Loiret), comm. par M. L. Beauvillard.

« Limace, limace, montre-moi tes cornes,
Si tu ne me les montres pas,
Tu seras pendue, au plus haut
Au plus bas
Du clocher de Saint-Nicolas. »
                Sens (Yonne), recueilli personnellement.

« Estragot bigorne,
Montre-moi tes cornes,
Ton père et ta mère sont sur les chaumes
Qui te font de beaux souliers jaunes. »
    Saint-Mont (Yonne), recueilli personnellement.

« Cairgasson, montre-moi tes córnes.
I t'ensoignera ton père et tè mère
Qui sont derei eune ronce
Qui vionne (= *qui maugrèznt*). »
                Côte-d'Or, comm. par M. H. Marlot.

« Cairgasson, cairgasson,
Montre-moi tes cornes,
I t'ensoignera ton père et tai mère
Qui sont dans le pouei (= *puits*) de lè poichotte.
Si tu ne me les montres pas,
T'areï lè tête copée. »
                Côte-d'Or, com. par M. H. Marlot.

« Escargot, viragô
Montre me té cones ;
Si tu ne lés montres pas
I diré au préte
Qu'ai te côpe lai téte
I diré au marillei (= *marguillier*)
Qu'è te côpe lé quate quakeis (= *quartiers*) !»
                Bourgogne, Clément-Jannin.

« Colimaçon borgne,
Montre-moi tes cornes,
Je te dirai où ta mère est morte.
Elle est morte à Paris, à Rouen
Où l'on sonne les cloches.
Bi, Bim, Bom (*ter.*) »

Reims, TARBÉ. Romancero, II, 245.

« Escargot, virago
Montre-moi tes cornes,
Si tu ne me les montres pas,
Je le dirai à ton maître,
Qu'il te coupe la tête
Entre deux écuelles,
Escargot, virago. »

NISARD (¹), Curiosités de l'étymologie.

« Escargot, vitrigot
Montre-moi tes cornes,
Si tu ne me les montres pas,
Je te couperai la tête
Avec mes ciseaux de bois
Qui sont sur ma fenêtre. »

Remiremont, Bull. de la Soc. d'arch. lorr. IV, 516.

« Escargot, escargot d'Angore,
Montre-moi tes cornes,
Je t'enseignerai ton père et ta mère
. Qui pilent de l'orge
Derrière la porte Saint-Georges
Pour mettre dans ta grande gorge
Gorge, gorge. »

Lorraine, Bull. de la Soc. d'arch. lorr. IV, 516.

« Chéritangongne
Monteur me té cônes
J't'ensagnera to pére et té mère
Que sont en haut d'lé côte
Qui font d'lé soppe é l'ôle (²) (*à l'huile*)
É l'ôle et aux eugnons. »

Pays messin, recueilli personnellement.

(¹) L'auteur ne dit pas de quelle province est cette formulette.

(²) Variante : d'lè bonne soppe — è l'ôle, è l'ôle, è l'ôle.

« Escargot d'angône
Monteur mé té cônes
J'to beillera d'lé soppe é nône (¹)
Chérigangongne, chérigangongne. »
                    Pays messin, recueilli personnellement.

« Chérigangôgne, monteur me té counes,
T'éré d'lé soppe é l'ôle
Et au vînéque
Vinéque. »
                    Pays messin, recueilli personnellement.

« Escarga
Gouga
Monteur me té coûnes
Ou j'dira é to père, é té mère
Qui te coupinssent lé téte. »
                    Pays messin, recueilli personnellement.

«Coquereuille
Tire tes œils
Tu auras de l'oseuille. »
                    Jura, com. par M. Ed. Toubin.

« Escargot ! Escargot !
Montre-moi tes cornes,
Ton père et ta mère sont sur les toits,
Qui mangent de la soupe aux pois
Avec une cuiller de bois ;
Si tu ne les montres pas,
Je te donnerai sur les doigts. »
                    Genève, Blavignac.

« Plàu, plau, cabirol (²),
Que las fabos soun al malhol,
Les peses soun à l'auta
Que se crèboun de ploura. »

(Il pleut, il pleut, escargot, les fêves sont au plantat, les pois sont
du côté de l'autan (sud-est) qui se crèvent de pleurer.)
                    Castelnaudary, com. par M. Aug. Fourès.

(¹) A midi.
(²) On a appelé l'escargot cabirol, c.-à-d. : chevreuil, à cause de ses
cornes. Cf. bourel (=petit bœuf et limaçon), roumain.

« Blaizou, Blaizou,
Tenn da gorn e-mezou
Me a roï d'id eun tanmm bara lezou. »

(Blaise, Blaise, tire ta corne dehors, je te donnerai un morceau
de pain au lait.)
Breton d'Audierne (Finistère), com. par M. L. F. SAUVÉ.

« Luma, luma, tire tes cornes,
Ton père et ta mère sont à l'école [1],
Si tu les tires tu auras un grand bisoutet [2]. »
Environs de Niort, com. par M. L. DESAIVRE.

« Lumat, lumat
Tire tes cornes, sans quoi tu s'ras
Pendu, pendu. »
Melle (Deux-Sèvres), com. par M. Ed. LACUVE.

« Escargot margot,
Fais-moi voir tes quatre cornes.
Je te ferai voir ton père et ta mère
A la porte de Saint-Pierre. »
Loire, com. par M. Sylvain EBRARD.

« Cagaraouleto, sors tas banetos,
Te countarai uno sournéto ;
Ta méro es morto souto uno porto,
Toun péro es quié souto un souyo. »

(Escargot, sors tes cornes, je te conterai une histoire ; ta mère
est morte sous une porte, ton père est cuit sous un soulier).
Gard, com. par M. Sylvain EBRARD.

« Mourgo, mourgueto
Sorte ti baneto ;
Se li sortes pas léu
Anarai sounà lou manescau
T'acrasarà toun oustau. »
Provence, *Revue des langues romanes*, janv. 1873.

[1] Variante : Ta grand mère est à l'école.
[2] Gâteau.

Je rapporte ici à titre de curiosité deux formulettes qui, évidemment, ont été arrangées par un auteur qui ne trouvait pas suffisamment belles ou suffisamment claires les rimes traditionnelles :

« Escargot ! escargot ! montre-moi tes cornes,
    Sors donc tes yeux
    Pour voir les cieux
    Avant le soir
    Où tout est noir ! »

« Escargot, escargot, rentre bien tes cornes,
    Mets tes deux yeux
    Dans leurs deux creux !
    Que tout soit noir
    Dans ton manoir ! »
        CÉSAR MALAN. *Le Véritable ami des Enfants.*
        Paris, 1850.

Voici maintenant quelques formulettes des pays étrangers :

    « Lumaca lumachella
    Cavar fuor le tue cornilla. »
                Italien, DUEZ, 1678.

    « Buta, buta corni
    Che tô mare la te ciama
    Che tô pare l'è 'mpiccà
    Sulla porta del Podestà. »
              Tyrol italien, SCHNELLER.

    « Snail, snail, shoot out your horn
    Father and mother are dead ;
    Brother and sister are in the back-yard
    Begging for barley bread. »
              Devonshire, HENDERSON.

    « Snail, snail, put out your horn
    Tell me what's the day t' morn.
    To day's the morn to shear the corn
    Blaw bill buck thorn. »
              Angleterre du Nord, HENDERSON.

« Shell a muddy, shell a muddy
Put your horns,
For the king's daughter is
Coming to town
With a red petticoat and a green gown ! »
     Irlande du Sud, *Notes and Queries*, III, 179.

« Sneel, snaul
Robbers are coming to pull down your wall ;
Sneel, snaul,
Put out your horn,
Robbers are coming to steal your corn
Coming at four o'clock in the morn. »
     Angleterre, HALLIWELL. *Nursery Rhymes.*

« Willy, my buck, shout out your horn
And you' ll get milk and bread the morn. »
     Écosse, CHAMBERS. *Popular Rhymes.*

« Bulhorn (¹), bulhorn, come out of your corn
Your father is dead and your mother is born. »
     West of Cornwal, *Academy*, 1875, p. 402.

« Schneck, Schneck
Streck dine veer hörnerkes ut,
Din huuske brennt
Din gröttke rennt äwer
Din kinderkes schriee na Botterbrot ! »
     Prusse, FRISCHBIER.

« Schneke, schneke rek die hourn
Gib dir a viertl wâzenkourn
Rekstu sie nöt, wirf i di in drek
Fressent di die faken wek
Woder i wirf di in's pfarrerhaus
Jagent di die hunt dawaus ! »
     Carinthie, *Zeitsch. f. d. d. Myth.* III, 33.

« Anton, Anton Gederut (²)
Stäk din dree veer hörens rut ;

____

(¹) Nom de l'escargot.
(²) **Gederut (=Gertrud)** est le nom de l'escargot dans le duché d'Oldenbourg.

Wulltu se nich rutstäken,
Will ick din hus terbräken,
Will ick din hus mit stener tersmiten
Du schast din läben un dag nich wedder rutkiken. »
                    Duché d'Oldenbourg, STRACKERJAN.

« Snigge, pupigge
Steek dien dree, veer horens ut.
Kruup to dien huus ut.
Willt du se neet utsteken
Wil ik dien huuske terbreken. *
          Frisc orientale, H. MEIER. *Ostfriesland*, 1868.

     « Oulitka, oulitka
     Vynous roga
     Io tiebé dame piroga. »

(Colimaçon, colimaçon, avance tes cornes, je te donnerai un gâteau.)   Russie, communiqué par M. J. FLEURY.

5. — « *Lima, lima,* c.-à-d. : *ry ry bouliette,* etc. Les enfants disent ces mots pour faire despit en frottant un doigt sur l'autre. »
                    Italien, DUEZ, 1678.

« Dans le pays messin, on fait le même geste pour la même cause en disant : *rigaga, rigaga.* »   Recueilli personnellement.

« En italien, *far lima, lima,* c'est se ronger dans son intérieur. »
                    DUEZ.

6. — « Les Espagnols comparent le mari résigné, qui ferme les yeux sur l'inconduite de sa femme, à l'escargot qui, pour se délivrer d'inquiétude, échangea ses yeux pour des cornes :

     « El caracol por quitar de enojos
     Por lòs cuernos troco los ojos. »

« On se sert aussi de ce proverbe dans le midi de la France ; il est fondé sur une tradition populaire qui dit que l'escargot, qu'on suppose aveugle, fut créé avec de bons yeux, mais qu'étant sans cesse exposé à les avoir blessés en rampant sur la terre, il pria le bon Dieu de les lui ôter et de les remplacer par des cornes dont il espérait retirer plus d'avantage, ce qui lui fut accordé... Dans une chanson de l'Aveyron, on conseille à un mari malheureux de faire comme l'escargot, de changer ses yeux pour des cornes. »
                    QUITARD, 1842.

7. — « Un mari prit un jour un escargot et lui demanda ce que sa femme faisait en ce moment et l'escargot lui montra les cornes. »

Côte-d'Or, com. par M. H. Marlot.

8. — « Un escargot mit trois ans pour traverser un pont. Quand il fut de l'autre côté, le pont s'écroula. Ce que c'est que d'être habile, s'écria l'escargot ! (1) »

Côte-d'Or, communiqué par M. H. Marlot.

« On dit, par plaisanterie, *leste, adroit comme un escargot.* »

Duez.

9. — « Un soir, compère le loup descendait ventre à terre une côte se dirigeant vers Dijon. Un limaçon l'interpelle : Où cours-tu si vite ? — A Dijon. Et toi ? — J'y vais aussi, dit l'escargot.

— Alors, le loup d'un ton railleur : Les agneaux auront des cornes comme des béliers, quand tu y seras ! — Tu crois ? fait l'escargot ; j'y serai avant toi.

« On parie un déjeuner, puis l'escargot : — Je te donne encore cinq pas, ensuite tu galoperas.

« Pendant que le loup fait ses cinq pas, l'escargot lui grimpe après la queue. Le signal est donné, le loup part. Il arrive à Dijon et trouve la porte Saint-Nicolas fermée. Pendant qu'il heurte, l'escargot descend, passe sous la porte, grimpe en toute hâte et lui dit de dessus la muraille : — Ah, te voilà ! il y a belle lurette que je t'attends pour dîner (2). »

Clément-Jannin. *Sobriquets de la Côte-d'Or*, Iʳᵉ partie, p. 55.

« Un jour la limace dit au renard (3) : Gageons que je serai avant toi au bout de ce sillon. — Avant moi ! tu te moques, ma chère. Mais il te faudrait quinze jours pour y arriver. — Que t'importe, gageons tout de même. — Allons, pour punir ton orgueil, j'accepte.

« Je ne vous dirai pas quels furent les enjeux, attendu que je ne

(1) Dans une variante de ce petit conte, le lièvre arrive au moment où le pont vient de s'écrouler et se jette dans la rivière où il se noie. Voy. Perron. *Proverbes.*

(2) Cf. *Der Fuchs und die Schnecke* dans Sutermeister ; *Kindermaerchen aus der Schweiz*, Aarau, 1873, p. 188. Voyez aussi les notes, p. 232.

(3) Dans une variante berrichonne de ce conte, le renard est remplacé par le loup.

l'ai jamais su. La rusée limace avait fait placer sa sœur au but désigné. Le renard part comme un trait. En arrivant, il crie :

« — Es-tu au bout, limace ? — J'y suis, renard, répond l'autre.

« Sans perdre de temps, le renard revient sur ses pas, il ne court plus, il vole. En arrivant : Es-tu au bout, limace ? — J'y suis, renard.

« Humilié de se voir ainsi surpassé en vitesse (il le croit du moins), le renard redouble d'ardeur, mais la limace est toujours au bout avant lui. Vous comprenez qu'il en fut toujours ainsi. Le pauvre sot courut tant et si fort, qu'à la fin il tomba sur le flanc et mourut. »   Le Charme (Loiret), comm. par M. L. BEAUVILLARD.

Cf. ci-dessus, p. 3, le conte brésilien **The Tortoise and the Deer**, et aussi p. 61, le conte du Gard, **le Renard et le Crapaud**.

10. — « Le limaçon vient, quand arrivera-t-il ? »
Proverbe russe, *Eléments de la langue russe.* St.-Pétersb., 1791.

HELIX ASPERSA. L.

ESCARRAGOT, Lauragais, com. par M. P. Fagot.
LUMAC, languedocien, Noulet.
LUMAT, Agen, Gassies.
LIMAC, rive gauche de la Garonne, Gassies.
LIMAOU, est de la Garonne, Gassies.
LIMASSO, Var, Panescorse.
BORD HOUEYT (= *Bord fait*), Nérac, Gassies.
COUTAR, COUTARD, *m.* Avignon, Villeneuve — Arles, Jacquemin.
          — Canton d'Orgon, Quenin.
ESCARAGOOU, *m.* Marseille, Villeneuve. — Var, Panescorse.
JUSIOUVA, provençal moderne, Honnorat.

HELIX VERMICULATA. L.

MOURGUETA, *f.* provençal moderne, Honnorat.
MOURGUÉTOU, *f.* Arles, Jacquemin.
MONJOYA, Pyrénées-Orientales, Companyo.
BLANQUÉTO, Vár, Panescorse.
LUMAC, languedocien, Noulet.
LIMASSO, Bouches-du-Rhône, Villeneuve. — Var, Panescorse.

HELIX NEMORALIS. L.

MOUNJO, MOUNJETTO (= *religieuse*), Languedoc, Noulet.
LIMACO, gascon, Gassies.
BOUSCATIÉRO, *f.* Arles, Jacquemin.
DAMEÏSELETO, *f.* Var, Panescorse.

HELIX ALGIRA. DRAPARNAUD.

JUSIOUVA, provençal moderne, Honnorat.
JUDIOUVO, Marseille, Villeneuve.
PLATELLO, Toulon, Villeneuve.
TOURTELLO, Aups (Var), Panescorse.
BAYAGNO, Grasse (Var), Panescorse.
LOUBO, Valloris (Var), Panescorse.
BERTËL (1), Montpellier, *Journal de Santé*, Bordeaux, an V.

HELIX LACTEA. MULLER:

LLOBERA. Pyrénées-Orientales, Companyo.

HELIX NATICOIDES. DRAPARNAUD.

CARGOL, TAPAT, Pyrénées-Orientales, Companyo.
TAPET, Bouches-du-Rhône, Villeneuve. — Var, Panescorse.
TAPET TAPA (2) (*en hiver*), Bouches-du-Rhône, Villeneuve.
TAPADA. provençal moderne, Honnorat.

HELIX PISANA. LAMARCK.

CACALOUSON, Canton d'Orgon, Quenin.
MEISSOUNENCA, provençal moderne, Honnorat.
MISSOUNENQUOU, Arles, Jacquemin.

---

(1) **Bertël** signifie proprement le **peson** que les femmes mettent au bout du fuseau pour lui donner de la pesanteur et le faire mieux tourner. Or, cette coquille, par sa forme aplatie et son large ombilic, ressemble assez bien à un **peson**. *Journal de santé.*

(2) C.-à-d. : **tapet bouché**. C'est en hiver qu'il est le meilleur à manger.

HELIX MELANOSTOMA. Draparnaud.

TERRASSAN. Var, Panesc. — Bouches-du Rhône, Villeneuve.

HELIX POMATIA. L.

VIGNERON ([1]), *m.* ESCARGOT DES VIGNES, *m.* français.
CARGOL GROS, Pyrénées-Orientales, Companyo.
LIMAÇA, provençal moderne, Honnorat.

HELIX CANDIDISSIMA. Draparnaud.

LIMASSOUN BLAN, Var, Panescorse.
LIMAÇA DE MORT, provençal moderne, Honnorat.

HELIX OBVOLUTA. Draparnaud.

LIMASSOUN, MOURGUÉTO, Var, Panescorse.

LIMAX (Genre). L.

I.

1. — LIMAC, Bayonne, Lagravère.
LIMACO, *f.* Gers, Cénac-Moncaut.
LIMAOUCA, *f.* Hérault, Marcel de Serres.
LIMAOUCO, Languedoc, Sauvages.
MILHAOUCO, *f.* Tarn, Gary.
LIMAOUC, Toulouse, Poumarède. — Languedoc, Sauvages.
ALIMAZE, Gard, communiqué par M. P. Fesquet.
LIMASSA, *f.* Menton, Andrews.
LEMASSA, *f.* Suisse romande, Bridel.
LIMACE, *f.* français.
LEMACE, ELMACE, EULMACE, LEMAICE, Côte-d'Or, com. par
      M. H. Marlot.

---

[1] Appelé ainsi parce qu'on le trouve le plus ordinairement dans les vignes.

LIMA, *m.* LIMAT, LUMAT, *m.* Poitou, Saintonge, Sarthe, Ille-et-
  Vilaine.
LEMESSE, *f.* Montbéliard, Contejean.
L'MÉÇON, Vosges, communiqué par M. D. Pierrat.
LEUMSSIEU, *m.* pays messin, recueilli personnellement.
LIMASSO, SÉR, provençal moderne, Castor.
LICOCHE, *f.* Pithiv., com. par M. L. Beauvillard. — Vienne, Maud.
LIGOCHE, *f.* Alençon, Travers.
LIGOUSSE, *f.* Beaumont-sur-Sarthe, com. par M. Aug. Besnard.
LOCHE, *f.* Centre, Jaub. — Haut-Maine, Mont. — Poit., Lal. —
  Sarthe, com. par M. Aug. Besnard. — Vienne, Mauduyt.
COITRON, *m.* vaudois, Call. — Neuchâtel, Bonhote.
KOUATRON, KOUAITRON, Suisse romande, Bridel.
VERMESSON, VEULMESSON, pays messin, recueilli personnellement.

Noms étrangers :

Lumaca, italien. — **Lumaga, Lumagott**, milanais, Banfi. — **Lesma, Lesmia**,
gallicien, Piñol. — **Babosa, Limaza**, espagnol. — **Slak**, hollandais. — **Slug**,
Snail, anglais, Adams.

2. — On dit : *gras comme une loche. — Sale, baveux,
gluant comme une limace.*

« Dovunque và. vi lascia il segno come la lumaca. »
Proverbe italien, PESCETTI.

3. — « D'un paresseux, d'une personne peu habile, on dit : *Quée
lemaice !* — On dit aussi : *se traîner comme une limace.* »
Côte-d'Or, comm. par M. H. MARLOT.

« Autant chemine un homme en un jour comme une limace en
cent ans. »
Ancien proverbe.

4. — Pronostic :

« A Noël les limas
A Pâques les grouas.

C.-à-d. : s'il fait chaud à Noël, à Pâques il y aura de la glace. »
Ille-et-Vilaine, *Statistique de la France.*

5. — « *Lumacone* = un niais, un sournois. »   Italien, DUEZ.

II.

1. — « Trouver de la terre attachée à la queue des limaces, c'est un signe de beau temps ; y trouver des herbes, c'est un signe de pluie. »   Le Charme (Loiret), com. par M. L. Beauvillard.

2. — « Dans les Deux-Sèvres, on fait porter aux enfants pour faciliter la dentition un petit corps dur (sorte de cartilage) que l'on trouve dans la tête de certaines grosses loches. »
Communiqué par M. L. Desaivre.

3. — « Pour faire passer les verrues on prend une grosse *limace rouge* dont on se frotte les mains, puis on la pique dans une épine. On guérit à mesure qu'elle sèche. »
Lorient, recueilli personnellement.

« Pour faire passer les verrues, on prend une *limace rouge des bois*, on en frotte les mains, puis on enfouit cette limace en terre. A mesure qu'elle se décomposera, les verrues disparaîtront. »
Le Charme (Loiret), com. par M. L. Beauvillard.

« Warzen dorren ab, wenn man sie mit einer gelben schnecke reibt, und die schnecke an einen dorn steckt.
Canton de Berne, Rothenbach.

« Take one large black snail, rub it over the wart and then hang it on a thorn. This must be done nine nights successively at the end of which time the wart will completely disappear. For as the snail exposed to such cruel treatment, will gradually wither away, so it is believed the wart being impregnated with its matter, will slowly do the same. »   *Notes and Queries*, IIe vol.

ARION EMPIRICORUM. Ferussac.

GROSSE LIMACE, LIMACE ROUGE, *f*. français.
LAMBOURDE, *f*. Beaumont-sur-Sarthe, com. par M. Aug. Besnard.
LIMACO, LIMAT FOL, LOCHO, gascon, Gassies.
LICOCHE, *f*. Jura, Ogérien.

ARIO ATER. Ferussac.

Limasso nudo, Limasso judiouvo, Limasso ser, Var, Panescorse.

BULLA (Genre). Lamarck.

Noms étrangers :

Oliva (= **B. hydatis**), golfe de Venise, Olivi. — **Berolla di mare** (= B. lignaria), golfe de Venise, Ol. — **Pamisample** (= **B. lignaria**), Banffshire, Gregor.

APLYSIA (Genre). Gmélin.

Chat de mer, Noirmoutier, Piet.
Lièvre de mer, français, Cloquet.

OSTREA (Genre). L. — L'HUITRE.

I.

1. — Au latin *ostrea* se rattachent :

Ostriga, Menton, Andrews.
Ostriak, basque, Fabre.
Oistre, ancien français.
Lustra, *f.* ancien provençal, Raynouard.
Lustro, Aude, Trouvé, II, p. 98. — Gard, com. par M. P. Fesquet.
Huître, *f.* français.
Hitre, Valognes. Le Héricher.
Itre, *f.* Bessin, Joret.
Histr, Histrennou, breton.
Peirostio, Agde. *Revue des langues romanes*, 1874, p. 41.

Cf. **Ostrega,** Gênes, *Descr.* ; golfe de Venise, Olivi. — **Ostrica,** it. — **Ostra,** espagnol. — **Oyster,** anglais. — **Auster,** allemand.

2. — On appelle *naissain* (¹) les toutes petites huitres. *Claire* signifie parc à huitres. — *Amareilleur,* sur les

---

(¹) En anglais **spats**. — Woodward.

côtes de la Manche est le nom de l'homme chargé de surveiller les huîtres parquées.

3. — « On dit : *bête, muet comme une huître.* —On dit d'un sot : *C'est une huître à l'écaille.* »   Féraud.

4. — Proverbe :

« Les huîtres trop maniées s'ouvrent d'elles mêmes (1). »
Théâtre de la foire, 1756, p. 116.

5. — Devinette anglaise :

> « It wears a beard without any chin
> And leaves its bed to be tucked in ? »
The oyster.

II.

1. — « Il faut l'envoyer à Cancale, manger des huîtres (c'est-à dire : il faut l'envoyer promener). »
Dictionnaire portatif des Proverbes.

2. — « La lustra, la nuech, si obre al ros, et en si lo recuelh et d'el pren graysha et noyriment.-(L'huître, la nuit s'ouvre à la rosée et en soi la recueille et d'elle prend sa graisse et sa nourriture).
Eluc. de las propr., cité par Raynouard.

Dans l'Inde, on croit que la perle est formée dans l'huître par une goutte d'eau qui y tombe à une certaine époque :

« Tombant sur du fer rouge, une goutte d'eau disparaît sans laisser de traces ; sur une feuille de lotus elle brille comme une perle; s'introduit-elle dans une coquille d'huître au milieu de l'Océan, sous le signe de Svâti, elle devient une perle véritable. En général, les différentes qualités se manifestent au contact d'autrui. »
Stances de Bhartrihari, trad. par Paul Regnaud, p. 53.

« The oyster shells are said to rise to the surface of the water and lie open until the rain falls in Svâti, closing and sinking to the bottom immediately after receiving the drops, which turn into pearls. »

---

(1) Ce proverbe s'emploie pour dire que les femmes s'habituent à mal faire.

Aussi, dit-on d'une personne qui attend quelque chose avec anxiété, qu'elle est :

« Like oysters looking out for the rain in Svâti. »

Proverbe telugu, CARR. § 2129.

Cf. Pline (édit. Littré), IX, LIV.

ANOMIA (Genre). L.

ÉCLAIR (à cause de sa phosphorescence), La Rochelle, Cloquet.

PECTEN MAXIMUS. L.

GRANDE PÉLERINE, GOFICHE, Cherbourg, Macé.
PELERINO, Bouches-du-Rhône, Villeneuve.
COQUEFICHE, COTTEFICHE, Honfleur, St-Amand. *Lettres d'un voyageur à l'embouchure de la Seine*, 1828.
GRAND PEIGNE, COQUILLE DE SAINT-JACQUES ([1]), *f.* français.
GRANDE PALOURDE, Arcachon, Fischer.
RICARDEAU, Granville, Le Marchant.
ÉCALIPE SAINT-JACQUES, Boulogne-sur-Mer, com. par M. Deseille.
KROGENN SANT JAKEZ, *f.* Audierne, com. par M. L.-F. Sauvé.
LOA-KROGENN (= cuiller-coquille), île de Sein, communiqué par M. L.-F. Sauvé.

Noms étrangers :

Scallop, anglais. — **Romia**, italien, Duez.

PECTEN OPERCULARIS. L.

VANNEAU, OLIVETTE, Cherbourg, Macé.

Nom étranger :

Quin, anglais, Woodward.

([1]) Ainsi appelée parce qu'autrefois les pèlerins qui allaient à Saint-Jacques-de-Compostelle, rapportaient de ces coquilles.

PECTEN JACOBAEUS. L.

GRANDE VANNE, Cherbourg, Macé.

Noms étrangers :

Pechina, Venera, esp., Cornide. — Vieira, gall., Corn. — Capa ,santa, golfe de Venise, Olivi. — Saint-James' cockle, anglais.

PECTEN VARIUS. LAM.

PETITE PALOURDE, Arcachon, Fischer.
PETIT PEIGNE, PETONCLE, français.
PÉTONQUE, île de Ré, Richemond.
PEUTONQUE, PTONQUE, La Rochelle, recueilli personnellement.
PETITE VANNE, Cherbourg, Macé.

Noms étrangers :

Golondrina concha, esp., Corn. — Canestrello, golfe de Venise, Olivi.

PINNA (Genre). L.

Noms étrangers :

Palostrega, golfe de Venise, Olivi. — Ostra pena. Pina marina, esp., Corn.

MYTILUS (Genre). L. — LA MOULE.

MUSCLÉ (¹), *m.* Hérault, Marcel de Serres. — Bouches-du-Rhône, Ozenne.
MUSKULIUAK, (*plur.*) basque, Fabre.
MESKL, MESKLENN, breton.
MOUSKLENN, *f.* Plogoff, communiqué par M. L.-F. Sauvé.
MOUCLE, Poitou, Lalanne. — La Rochelle, M. — Bresse châlonn.
    Guill. — Périgord, *Perigordinismes.*
MOULE, *f.* français.
MOUÔLE, *f.* Bessin, Joret.
MOULETTE, Pont-Audemer, Vasnier.
MOURMOULÈTE, rouchi, Hécart.

(¹) Ce mot et les suivants se rattachent au latin *musculus.*

Noms étrangers :

Muscle, angl. — **Mossel,** holl. — **Nicchio** (du latin *mitulus*), it. — **Mussolo** (= **M. barbatus**), golfe de Venise, Ol. — **Pevarone** (= **M. lithophagus**), golfe de Venise, Olivi.

MYTILUS EDULIS. L.

1. — CAYEUX, CAILLEU, Normandie, Picardie.
CHARRON, Arcachon, recueilli personnellement.

Noms étrangers :

Peocchio dell' arsenale, golfe de Venise, Olivi. — **Migillon,** esp., Cornide.

2. — Proverbe :

« Faute de poisson on mange des moules. »

3. — Les moules sont malsaines dans les mois où la lettre *r* manque.

4. — On appelle *bouchots* les parcs à moules et *boucholeurs* ceux qui les exploitent. On nomme *renouvelain* les jeunes moules dans leur premier état.

5. — Locution :

« Sourd comme une moule. »

MYA (Genre).

MOULE DES PEINTRES ([1]), français.
DAVIGNON, Noirmoutier, Cavoleau.
KAZEGENN, *f.* Audierne (Finistère), com. par M. L.-F. Sauvé.

Nom étranger :

Smircelin, Shetland, Edmondston.

([1]) Les peintres s'en servent pour y mettre certaines couleurs.

UNIO (Genre). L.

MOULE DE RIVIÈRE, MULETTE D'EAU DOUCE, français.
MOUCLE D'EAU, Vienne, Mauduyt.
COUTOYO, gascon, Gassies.
CREUGE D'ERVÉE, CREUGE DE RIVEIRE, Côte-d'Or, communiqué par
    M. H. Marlot.
HUITRE DE RIVIÈRE, DIABLE, TABATIÈRE, PETITE BARQUE, Côte-
    d'Or, communiqué par M. H. Marlot.
CAFOTTE (on s'en sert pour écrêmer le lait), fr. dial., Cloquet.

Nom étranger :

Crowshell (¹), Dorsetshire, Barnes.

ARCA (Genre). L.

Nom étranger :

Cofano, golfe de Venise, Olivi.

CHAMA (Genre). L.

Noms étrangers :

Bibaron de mare, Capa di mare, golfe de Venise, Olivi.

TRIDACNA (Genre). BRUGUIÈRE.

BÉNITIER, m. français.

Cette grande coquille sert quelquefois de bénitier. Il y
en a une énorme à l'église Saint-Sulpice à Paris.

(¹) The *uniones* are thus called, because the crows take them from the
water and open them and having eaten their contents leave them in
meadows. — BARNES.

CARDIUM (Genre). L.

BESOURDO, Aude, Trouvé, II, 99.

SOURDON, côtes de l'Ouest.

MAILLOT, PETONCLE, Arcachon, Fischer.

MAYON, Arcachon, recueilli personnellement.

RAGUIDEAU, Noirmoutier, Piet.

RIGADELL, RIGODELL, *f.* Audierne, com. par M. L.-F. Sauvé.

COQUE, *f.* côtes de la Manche. — Halles de Paris.

PRAÏRÉ, côtes de la Méditerranée.

BUCARDE, *f.* français.

MOURGUÉ, CAPELAN, Bouches-du-Rhône. Villeneuve.

HÉNON, Somme, *Mémoires de la Société d'émulation d'Abbe-ville*, 1873, p. 622.

Noms étrangers :

Cockle, angl. — Verderon, Berberisco, esp. — Carneiro, Ververecho, gall., Piñol. — Corazon, esp., Cornide. — Caparon, golfe de Venise, Olivi.

VENUS (Genre). L.

CLOOUVISSO, PRAÏRÉ DOUBLÉ, Bouches-du-Rhône, Villeneuve.

CLOVISSE, Arcachon, Fischer.

COQUE, Granville, Audouin. — Coutances, Avranches, Gerville.

ARCÈLI, Hérault, Marcel de Serres.

Noms étrangers :

Arsella (= V. decussata), Gênes, *Descr.* — Caparozzolo. golfe de Venise, Olivi. — Koo fish, Shetland, Edmondston.

DONAX (Genre). L.

PIGNON, Vendée, Cavoleau.

Nom étranger :

Navalla, gallicien, Piñol.

SOLEN (Genre). L.

ÇULLÉ, Aude, Trouvé, II, 101.
MANCHE DE COUTEAU, m. français.
COUTEAU, COUTOYE, Arcachon, Fischer.
MANSOT, Granville, Audouin.
TROAD KOUTEL (= pied de couteau), Audierne, communiqué
    · par M. L.-F. Sauvé.

Noms étrangers :

Manicajo, Manico di coltello, Coltellaccio, Cannella, it. — Capa longa, golfe de Venise, Olivi. — Sheath, Razor fish, angl. — Solen, Datilo, esp. — Longueiron, gall., Cornide.

SAXICAVA (Genre). BELLEVUE.

DAILLOCHE, île de Ré, Richemond.

PHOLAS (Genre). L.

DATTE DE MER, français, Ozenne.
DAIL ([1]), Vendée, Cavoleau. — Arcachon, Fischer.
DAGUE, Granville, Lemarchant.
GITE, Arcachon, Fischer.
PICOT, normand, Travers.
PITOT, Boulogne-sur-Mer, Labille.

Noms étrangers :

Prickly pidduck, Peckstone, angl. — Piddick, côtes de Sussex, *Journal de Conchyl.* 1853, p. 311. — Dattao de mâ, Gênes, *Descr.* — Datolo, golfe de Venise, Olivi. — Mangon, gall., Corn.

TEREDO (Genre). ADANSON.

TARET, m. français.
BRUME, français dialectal. *Mém. de la Soc. acad. de la Loire-Inférieure*, 1826, p. 93.

([1]) De *dactylus*, même sens dans Pline.

Noms étrangers :

Bruma, it. — Broma, esp., Nemn. — Bissa dei ligni, Venise, Olivi.

ANATIFA LAEVIS. Lamarck.

I.

CRAVAN, provençal moderne, Honnorat.
CRAOUAN, CRABAN, Arcachon, recueilli personnellement.
MACRE, Noirmoutier, Piet.
MACREUSE, Boulogne-sur-Mer, Labille.
SAPINETTE, FRAI DE CANEHOTE, Arromanches, Lavalley, p. 98
et p. 102.

Noms étrangers :

Barnacle, Duck barnacle, angl. — Klaik, Shetl., Edm.

II.

On a cru pendant longtemps que cette curieuse bête
était une sorte d'*œuf pédiculé* qui donnait au bout d'un
certain temps un oiseau palmipède de la famille des
canards (¹)! Des pêcheurs ont même assuré avoir entendu
les cris confus du jeune poussin encore enfermé dans sa
coquille. D'autres ont raconté avec détail comment
l'oiseau prenait naissance. Il montre d'abord les pattes,
puis le corps et puis le bec ; il éclôt à reculons et tout nu.
Il tombe dans la mer où il revêt bientôt son plumage et
devient alors ou une *bernache* ou une *macreuse*.

ANATIFA POLLICIPES

POUSSA PED, provençal moderne, Honnorat.
PASSEBEZENN, *f.* Audierne, com. par M. L.-F. Sauvé.

(¹) D'où les noms donnés à certaines espèces, Oie cravan, Oie bernache,
Canard macreuse, que l'on a cru plus spécialement tirer leur origine de
l'anatife.

BALANUS (Genre).

GLAND DE MER, français.
AGLAND DE MAR, provençal moderne, Honnorat.

Noms étrangers :

Balano, it., esp. — Bellota marina, esp., Nemn. — Zeepok, Zeepuist, holl. — Acorn, anglais.

HOLOTHURIA (Genre).

VIÉ MARIN, Bouches-du-Rhône, Villeneuve.
CORNICHON DE MER, français.

Nom étranger :

Heelspringer, danois, Nemnich.

ECHINUS (Genre). L.

OURSIN, HÉRISSON DE MER, CHÀTAIGNE DE MER, français.
OOUSSIN, Marseille, Régis de la Colombière.
DOUCIN, DOUCET, ancien français, Duez.
MONTRE DE MER, *f*. Biarritz, recueilli personnellement.
GENGIN, Menton, Andrews.

Noms étrangers :

Riccio di mare, it. — Rizzo, Venise, Olivi. — Orcino, Orsetta, Orsino, it., Duez. — Ourizo, gall., Piñ. — Boton de mar, esp. — Jvégar, Orkney, Shetl., Edm. — Zin, Gênes, *Descr.*

ECHINUS SPATANGUS.

PAS DE POULAIN, Manche, Gerville.
PAS DE POUTRIN (*poutrin = poulain*), rouchi, Hécart.

Nom étranger :

Peto di dolfin, golfe de Venise, Olivi.

ASTERIAS (Genre).

ÉTOILE DE MER, *f.* français.

FIFOTE, *f.* Manche, Gerville. — Calvados, *Mém. de la Soc.
    roy. d'agric. de Caen*, 1827, p. 51. — Bessin, Joret.

CHIN DÉE (= cinq doigts), Bessin, Joret.

Noms étrangers :

Starfish, Rose, Fivefingers. Seapod, angl., Charl. — **Cross fish,** Shetl., Edm.
— **Crossfit, Scoscie.** Banffshire, Gregor. — **Five foot,** anglais. Nemnich.

MEDUSA (Genre).

ORTIE DE MER ([1]), *f.* français.

GALE DE MER, MARMOU, BOULOUMÉ, île de Ré, Richemond.

PÔTA, Hérault, Marcel de Serres.

POTO, POUFRE, Gard, communiqué par M. P. Fesquet.

MARIE-MADELAINE ([2]), *f.* Boulogne-sur-Mer, Labille.

MARGADE, normand, Le Héricher.

Noms étrangers :

Aguamà, gallic., Piñol. — **Pulmon marino,** esp. — **Potta marina. Polmone.** it.

ACTINIA (Genre). BROWN.

ANÉMONE DE MER, ORTIE DE MER, français.

POSTEROL, Languedoc, Cloquet.

CUL D'ÂNE, normand, Belon.

CUL DE MULET, île de Ré, Richemond.

PISSUSO ([3]), provençal moderne.

BASSOU, PISSE CHIEN, PISSE VINAIGRE, Arcachon, rec. pers.

---

[1] Les Méduses donnent naissance, quand on les touche, à une sensation brûlante qui rappelle celle des orties.

[2] La Méduse est ainsi appelée à cause de sa facilité à se résoudre en eau et en vapeur, par allusion à la fameuse pécheresse qui pleura tant.

[3] Quand on irrite l'anémone, elle lance avec force l'eau contenue dans sa bourse stomacale.

CANCER (Genre). Fabricius. — LE CRABE.

1. — CRAPE, *f.* wallon montois, Sigart.
GRAPPE, *f.* Bayeux, Pluquet.
CRAMPE, Saint-Valery, Corblet.
CRABE, *m.* français.
CHANCRE, Guernesey, Métivier.
CRANC, CRANS, Gard, communiqué par M. P. Fesquet.
KRANK, *m.* Audierne, communiqué par M. L. F. Sauvé.
DADA, Boulogne-sur-Mer, Corblet.
FAVOUYO, FAVOUÏO, *f.* provençal moderne, Castor.
FAVOUILHO, Marseille, Régis de la Colombière.
FIEOULAN, Bouches-du-Rhône, Villeneuve.

Noms étrangers :

Crabe, angl. — Granchio, Cancero, it.— Hairy-Bummler, Banffshire, Gregor.

2. — « Canchero ti mangi ! » specie d'imprecazione. — « Cancherusse ! » esclamazione di maraviglia.   Italien.

3. — « On appelle *nid à crabes* un endroit dangereux pour la navigation. »
Locution polletaise, De Chavannes. *Simon le Polletais.*

PORTUNUS (Genre). Fabricius.

CRABE ÉTRILLE, ÉTRILLE, français — Calvados, Brébisson.
CLLACAR, Bessin, Joret.
CRABE A LAINE, Granville, Audouin.
FIEOULAN PATU, Bouches-du-Rhône, Villeneuve.
CRABE ESPAGNOL, côtes de la Manche, A. de Quatrefages.
    Souvenirs d'un natur. I, 345.
CHANCRE PADELLE, Gironde, Burguet.
CRABE G'RGEISE, CRABE GREGEISE (= crabe furieux), Guern., Métiv.
PELQUIÉ (= pelletier), *m.* canton de Trévières, Joret.

PORTUNUS MARMOREUS. Leach.

FOUARAEUSE (¹), *f.* Guernesey, Métivier.

(¹) Ce crabe est ainsi appelé à cause de sa malpropreté.

CANCER LONGIMANUS.

Nom étranger :

Pioni, Rovigno (Istrie), A. Ive, p. 249.

CANCER MOENAS. L.

CRAN (= le mâle), CRÀNCA (= la femelle), Hérault, Marcel de S.
CRABE ENRAGÉE, Calvados, Brébisson.
CHANCRE DE VASE, CHANCRE DE SABLE, Gironde, Burguet.
ROUGET, CANCRE VERT, Le Croisic, Delalande.
CHANCRE, Noirmoutier, Cavoleau.

Noms étrangers :

Granzo (le mâle); **Masanetta** (la femelle), golfe de Venise, Olivi.— **Parten**, nord de l'Irlande, Thompson.

CANCER PAGURUS. L.

GRAPE FRANCHE, *f*. Bessin, Joret.
DORMEUR, PÀTÉ, POUPART, français dialectal, Labille.
HOUVET, Granville, Audouin.
TOURTEAU, Calvados, Brébisson. — Noirmoutier. Cavoleau.
TAUREAU, Le Croisic, Delalande.
CHANCRE ROCHUT, Gironde, Burguet.
CLOSPOING, Manche, Gerville.
PIADO, Bouches-du-Rhône. Villeneuve.
ROUSSEAU, Fécamp, Vital.
KRANK LOAR (= *crabe de la lune*), île de Sein, communiqué
　　　par M. L. F. Sauvé.
KRANK TAN (= *crabe du feu*), île de Sein, com. par M. L. F. Sauvé.
TORZELL (torz = *tourte*), Audierne, com. par M. L. F. Sauvé.

Noms étrangers :

Nécora, Pontevedra, Piñol. — **Granziporo** (le mâle); **Poressa** (la femelle), golfe de Venise, Olivi.

PAGURUS BERNHARDUS. FABRICIUS.

SOLDAT, ERMITE, BERNARD L'ERMITE ([1]), français.
BERNAT L'ERMITO, *m.* Languedoc, Azaïs.
ERMITA, Nice, Risso.
PIADO, BIOU ARPU, Bouches-du-Rhône, Villeneuve.
CORNEBICHET, normand, Travers.
PAUVRE HOMME, français, Nemnich.
CAYAMAN, *m.* Bessin, Joret.

Nom étranger :

Kakerlot, Ostende, Van Beneden.

MAIA SQUINADO. LATREILLE.

ARAIGNÉE DE MER, *f.* français.
ESQUINADO, Bouches-du-Rhône, Villeneuve.
HAEULIN, HOUVLIN, PAÏNCLIOS, *m.* Guernesey, Métivier.
HOULIN, Manche, Gerville.
POING CLOS, Haute-Bretagne, Métivier.
MORGENINNEN, *f.* (= *araignée de mer*), île de Sein, com. par
    M. L. F. Sauvé.
KEONIDENN VOR, *f.* (= *araignée de mer*), Audierne, com. par
    M. L. F. Sauvé.
KEMENER, *m.* (= *tailleur*), Audierne, com. par M. L. F. Sauvé.

Noms étrangers :

Faulo spégio, Gênes, *Descr.* — Horrid crab, Youghal (Irlande), Thompson.

CALAPPA (Genre).

GAU, MIGRANA, provençal moderne, Honnorat.
COQ DE MER, CRABE HONTEUX, français.
MAIGRANA, Nice, Risso.

[1] Ce crustacé s'installe dans un coquillage vide, comme dans une
guérite ou un hermitage, d'où ses noms.

PINNOTHERES VETERUM. Bosc.

CHANCRE DES MOULES, Gironde, Burguet.

PALAEMON (Genre). FABRICIUS. — LA CREVETTE.

1. — CREVETTE, *f.* CHEVRETTE ([1]), *f.* français.
ESCREVETTE, *f.* ancien français, Duez.
CREVUCHE, Arromanches, Lavalley. *Arromanches et ses
environs*, 1867, p. 93. — Bayeux, Pluquet.
CHEVRENN, *f.* breton, Troude.
BOUC, Saintonge, Quatrefages. *Souvenirs d'un naturaliste*. —
Arcachon, *Bull. de la Soc. d'acclimat.*, 2ᵉ sér. VIII, p. 436.
BOUQUET, Granville, Audouin.
BOUCAUD, Hoedic et Houat, Delalande.
BOUCO, Nantes, Le Croisic, Delalande.
BÉCO, Bourgneuf, Machecoul, Delalande.
SAUTARELLA, Nice, Risso.
SAUTERELLE, Boulogne-sur-Mer, Labille. — Abbeville, Corblet.
CAMBAROT, CARAMBOT, Bouches-du-Rhône, Villeneuve.
CARAMOTO, LANGOUSTIN, Languedoc, Azaïs.
CARAMODO, SALICO, Gard, com. par M. P. Fesquet.
SAILLECOQUE, ancien français, Duez.
SQUILLE, SALICOT, SALICOQUE, français dialectal.
SAUTICOT, Normandie.
CARDON, Caen, Le Héricher.

Noms étrangers :

Garnaal, Garnaat, Garneel, holl. — Schilla, Granchiolino, Gambarello, it.,
Duez. — Shrimp, angl. — Camaron, esp., gallic. Cornide.

2. — Locution hollandaise :

« Hy heeft een hoofd als een garnaat (c.-à-d. : il n'a pas de
mémoire du tout). »   MARIN.

([1]) Ainsi appelée parce qu'elle saute **comme une chèvre**, quand elle est
prise dans un filet. — Les mots **bouc, bouquet, sauterelle** ont la même
origine.

CRANGON VULGARIS. Fabricius. et PALAEMON SQUILLA. Leach.

CREVETTE ROUGE ([1]), GROSSE CREVETTE, français.
CREVETTE FRANCHE, Calvados, Brébisson.
SALICOQUE, Rouen, Paris, Labille.
CRÉVUCHE, *f.* Bayeux, Joret.
GRENADE ([2]), GUERNADE, GUERNODE, Mons, Sigart.
GUERNATE, Flandre française, Vermesse. — rouchi, Hécart.
CHEORENN, *f.* Audierne, com. par M. L. F. Sauvé.
CIBÀDA, Hérault, Marcel de Serres.
CIVÀDO DÉ MAR, Languedòc, Sauvages.

Nom étranger :

Schila, golfe de Venise, Olivi.

PALAEMON SERRATUS. Leach.

PETITE CREVETTE, CREVETTE GRISE, *f.* français.
CARDON, *m.* Isigny, Joret.
CHEORENN BARVEK, *f.* (= chevrette barbue), Plogoff, com. par
M. L. F. Sauvé.

Remarque : Cette espèce ne se distingue guère des précédentes qu'autant qu'on la fait bouillir. En ce cas, elle reste grise après la cuisson, tandis que les autres deviennent rouges.

SQUILLA MANTIS. Rondelet.

GALERO, Bouches-du-Rhône, Villeneuve.
PRÉGODIEU, Nice, Risso.

Nom étranger :

Canocchia, golfe de Venise, Olivi.

[1] Ainsi appelée parce qu'elle devient rouge à la cuisson.
[2] On appelle **grenadiers** les grands bouteux qui servent à prendre des **chevrettes** que les Flamands nomment grenades. — TOUSSAINT.

GAMMARUS PULEX. Fabricius.

CREVETTE D'EAU DOUCE, CREVETTE DES RUISSEAUX, français.

ÉQUERELLE (¹), *f.* Normandie.

AIGUERUELLE, *f.* Morvan, Chambure.

GREVELLE, *f.* Montbéliard, Contejean.

AGROUELLE, français dialectal, Littré.

GRIOTTE, Centre, Jaubert.

ESCROUELLE, Belon. *Nature des oyseaux*, p. 165.

TRINQUETAILLE, Cévennes, Depping. *Merveille et beautés de la nature en France.*

VA DE COÛTÉ, Saintonge, Jônain.

Noms étrangers :

Flohkrebs, Wasserfloh, Seefloh, allemand.

ASTACUS FLUVIATILIS. L. — L'ÉCREVISSE.

I.

1. — CREVICE, (de l'ancien haut all. *krebiz*), fr. du XIII° siècle. Littré. — Marne, Tarbé.

CREUVICHE, CRAIBOSSE, Côte-d'Or, comm. par M. H. Marlot.

CRAVOUSSE, GRAVOUSSE, Ban de la Roche, Oberlin.

GRÂVISSE, *f.* pays messin, recueilli personnellement.

GRAVÉSSE, pays messin, Jaclot.

GREVESSE, wallon, Carlier.

GRAVICHE, rouchi, Hécart.

GRAOUISSE, Lunéville, Oberlin,

GRAWET, Vosges, *Feuille des jeunes naturalistes*, I, 28.

GRAVASE, Namur, Grandgagnage.

GREBOSSE, Les Fourgs (Doubs), Tissot.

GRABUSSE, Jura, Monnier.

GRAIBUSSE, GRAIBEUSSE, Montbéliard, Contejean.

GRÈBEUSSE, La Bresse (Vosges), com. par M. D. Pierrat.

GREUCHE, *f.* EQUEURVISSE, *f.* Morvan, Chambure.

(¹) Ce nom est aussi synonyme d'enfant maigre, chétif.

ESCARABISSA, Hérault, Marcel de Serres.

ESCOROBÎSSO, Tulle, Béronie.

ESCARABIDO, ESCARABISSO, Limousin, Sauger-Preneuf.

EICOROBISSO, Limousin, Foucaud.

ENGRAVISSO, Limousin, Chabaneau.

ESCRABISSO, Toulouse, Poumarède.

ESCREVICE, ESCREVISSE, ESCREVICHE, ancien français.

ETGRÉVISSE, Vagney (Vosges), com. par M. D. Pierrat.

ÉCREBISSE, *f.* Poitou. *Canard poitevin*, nᵒ 6. — Bussy-le-Grand,
    (Côte-d'Or) com. par M. H. Marlot.

ÉCREVISSE, *f.* français.

ÉCREVISSE, *m.* français vulgaire.

ÉCREVISSET, Tarentaise, Pont.

GRITA, Menton, Andrews.

CHAMARRA (du lat. *cammarus*) (¹), basque, Fabre.

CAIMBRE, *m.* Saint-Amour (Jura), Monnier.

CHAMBRÉ, *m.* provençal moderne, Castor.

CHAMBRI, provençal moderne, Honnorat.

DJAMBRE, ESCARABISSO, JAMBRE, Gard, com. par M. P. Fesquet.

CHAMBRE, Isère, Charvet.

CHAMBRÒ, Dauphiné, Champollion-Figeac.

CHAMBERROT, TSAMBERROT, Suisse romande, Bridel.

CANCRE, *m.* Bussy-le-Grand (Côte-d'Or), com. par M. H. Marlot.

CRANC (du lat. *cancer*) ancien provençal, Raynouard.

GUÉORENN, GÉORENN, *f.* breton de Tréguier, Troude.

PIAU DAU DIABLE (= pou du diable), Alpes, Bridel.

Noms étrangers :

Crawfish, Crayfish, angl. — Granchio, Gambero, it. — Gambaro, Venise. — Gambao, Gênes, *Descr.* — Cangrejo, esp. — Krebs, all. — Mieter, Mieterkrebs (= l'écrevisse qui a déposé sa carapace), allemand, Poëtevin. — Changurru, Guipuzcoàn, Van Eys.

2. — « On dit d'un homme qui a le visage haut en couleur : *rouge comme une écrevisse* (²). — *Éplucher des écrevisses* signifie s'arrêter à des minuties. »   FÉRAUD.

______

(¹) A l'Ile de France l'écrevisse est appelée **camaron**. — PLUCHONNEAU.
(²) Sous entendu : quand elle est cuite.

3. — On dit : *aller à reculons comme les écrevisses;*
en italien : *muoversi come il gambero, sgrancchiare.*

Proverbe allemand :

« Er lehrt den krebs vorwärts gehen. »

Citation populaire facétieuse allemande :

« Vorwärts wie ich ! sagt der krebs. »   HOEFER.

« *I miei vecchi andavan così,* rispose il granchio a colui che gli
domandava perche andasse a traverso. »   Italie, PESCETTI.

Dans Aristophane, *La Paix,* on trouve cette phrase :
Tu ne pourras jamais faire que l'écrevisse marche droit.

4. — « Les mots *craibosson, vieille craibosse* sont des injures à
l'adresse de certaines personnes ridicules. »
                         Côte-d'Or, com. par M. H. MARLOT.

5. — Locution :

« *Prends donc une écrevisse là-dessus,* dit-on, en étendant la
main ouverte (c.-à-d. : la chose est aussi impossible que de prendre
une écrevisse sur ma main). »   Franche-Comté, PERRON.

6. — Locution allemande :

« Ist es nicht gefischt, so ist es doch gekrebset (toujours pêche
qui en prend un; on profite toujours en faisant un petit gain; mot
à mot : si on n'a pas pris de poisson on a pris des écrevisses). »
                                             POETEVIN.

7. — « Cavare i granchi dalle case loro (*var.* : della buca) colla
man di altri (cercare d'arrivare al suo intento coll' altrui pericolo). »
                                        Proverbe italien.

8. — « Hà da far tanto con lui, quanto i granchi con le balene. »
                                 Proverbe italien, PESCETTI.

« I granchi vogliono (o credono) mordere le balene (quando chi
è spossato si metti a offendere il potentissimo). »
                                        Proverbe italien.

9. — « Che ha da far la luna co granchi ? (Qu'a à faire la lune avec les écrevisses ? se dit lorsque quelqu'un fait une comparaison hors de propos). »   Proverbe italien, DUEZ.

« Agguagliar la luna ai granchi. »   ARRIVABENE, p. 427.

10. — « Più lunàtico de' granchi, o che i granchi (si dice d'uomo fantastico e fastidioso, perciocchè secondo il crescere, o lo scemar della luna, dicono che i granchi siano pieni o voti). »
                    Proverbe italien.

11. — « Dovè la buca è il granchio (si dice de cose che reggo-larmente non vanno disgiunte). »   Proverbe italien.

12. — « Tu parli meglio ch'un granchio, c'ha due bocche. »
                    Proverbe italien, PESCETTI.

13. — « I gamberi cominciano andar per la cesta. »
                    Locution italienne, PESCETTI.

14. — « On dit d'un malin : E hîrt de kripes näsen (= er hört die krebse niesen). »
                    Niederrheinisch aus Siebenbürgen. REINSBERG.

15. — « Pigliare un granchio, fare un mazzo di granchi, pigliare un granchio a secco, vagliono pigliare errore, ingannarsi, non riuscire nell' impresa. »   Italien.

II.

1. — « Crancs fluvials valo contra vere (écrevisses valent contre venin). »   *Elucid. de las propr.* cité par RAYNOUARD.

2. — « Le cancer du sein se guérit en mettant dessus une écrevisse vivante liée par les pattes. »   Liége, HOCK.

3. — « Wenn man einen lebendigen Krebs im Hause einmauert so ziehen die Wanzen fort. »   Vienne (Autriche), BLAAS.

ASTACUS MARINUS. Fabricius. — LE HOMARD.

LAGOUSTE (1), normand, Le Héricher.
LIGOSTA, Menton, Andrews.
LINGOUSTO, Bouches-du-Rhône, Villeneuve.
LANGROSTA, basque, Fabre.
LEGESTR, *m.* breton, Troude.
LEGRESTR, *m.* île de Sein, com. par M. L. F. Sauvé.
LINGOUNBAOU, Bouches-du-Rhône, Villeneuve.
LIGOUBAN, Nice, Risso.
COQUIÀGE, *m.* Bessin, Joret.
CRABE A COE (= crabe à queue), Guernesey, Métivier.
TAILLEUR, Houat et Hoédic, Delalande.
PAON, Boulonais, com. par M. Em. Deseille.
HOMARD, *m.* français. — Halles de Paris.
HOUMAR, Jersey, Lerouge, p. 83.
LORMAN, Gard, com. par M. Fesquet.

Noms étrangers :

Aragosta, Gênes, *Descr.;* mil.. Bauti. — **Longobardo**, Gênes, *Descr.* — **Langosta**, esp. — **Aliusta, Lupicante**, it. — **Lombrigante**, Pontevedra, Piñol. — **Steur Krab**, holl. — **Lobster**, angl. — **Hommer**, danois. — **Hummer**, all. — **Grillo de mare**, golfe de Venise, Olivi. — **Camar**, roumain, Cihac. — **Granciporro, Pesce margherita**, italien, Arrivabene.

PALINURUS VULGARIS. Latreille.

MACOTTA LINGOUSTA, Nice, Risso.
LANGOUSTE, *f.* Halles de Paris.
GAOR VOR (chèvre de mer), Paimpol (Côtes-du-Nord), com. par
    M. L. F. Sauvé.
GRIS, Houat et Hoédic, Delalande.
GRILL, *m.* (= grillon), Audierne, com. par M. L. F. Sauvé.

Remarque : On confond habituellement cette espèce avec la précédente.

(1) Du latin **locusta**. — Ce crustacé a été appelé ainsi probablement parce qu'il saute comme une sauterelle quand on veut le saisir.

SCORPIO (Genre). L. — LE SCORPION.

I.

1. — ESCOURPIOUN, *m.* midi de la France.
ESCORPIEN, *m.* Bouches-du-Rhône, Villeneuve.
SCROPIAN, Menton, Andrews.
SCORPION *m.* français.
ESCORPI, ESCORFI, ESCOURPIEU, Gard, com. par M. P. Fesquet.
ARRIABOA, basque, Baudrimont.

II.

1. — « La salive de l'homme jeun occist les escorpions. »
J. DE LUBA. *Ortus Sanitatis* (trad. en français).

2. — On lit dans G. Faidit (cité par Raynouard) :

« Mais l'usatge del escorpion té
Qu'auci rizen. . . . .

Mais (il) suit l'usage du scorpion qui tue en riant. »

3. — Proverbe espagnol :

« Quien del alacran (= *scorpion*) esta picado, la sombra le espanta. »

ARANEA. L. — L'ARAIGNÉE.

I.

1. — Au latin *aranea* se rattachent :

ARANH, ARANHA, ERANHA, ancien provençal, Raynouard.
ARANIA, ARAGNA, *f.* Queyras, Chabrand.
RAGNO, *f.* Limousin, Foucaud.
ARAGNE, ARAIGNE, *f.* anc. fr. — tout le Nord-Est de la France.

AIRAIGNE, ÉRAIGNE, ÉRAGNE, *f*. Lorraine, Bourgogne, Franche-Comté, Poitou.

IRAIGNE, IRAGNE, *f*. anc. fr. — Picard, Normandie, Lorraine, Poit.

ARAINE, *f*. rouchi, Hécart.

AIRIGNE, *f*. Montbéliard, Contejean.

ORIGNE, *f*. Plancher-les-Mines, Poulet.

IROGNE, Poitou, Lalanne.

IRAGNENN, *f*. pays de Vannes, Troude.

LÔGNO, Tulle, Béronie.

ARAIGNÉE ([1]), *f*. français.

ARIGNÉE, *f*. Pithiviers. com. par M. L. Beauvillard.

AIRIGNÉE, *f*. français du XVIIe siècle, Littré.

ARAIGNIE, ARÈGNIE, AIRÈGNIE, ÉRAGNIE, norm., pic., bourg.

AIRGNIE, *f*. Morvan, Chambure.

IRAGNÉ, *m*. Tarn, Gary.

Cf. **Ragno**, it. — **Ragn**, mil. Banfi. — **Arañ**, Val Soana, Nigra.

2. — Autres noms de l'araignée :

ERME ([2]), Deux-Sèvres, Lalanne.

TARANTORA, Menton, Andrews.

TARGAGNO, Gers, Cénac-Moncaut.

TARGAGNE, Landes, de Métivier.

TARDAGNE, Bayonne, Lagravère.

TATARAGNO, Lauragais, com. par M. P. Fagot.

ESTÉRIGÀGNA, Hérault, Marcel de Serres.

ESTERIGAGNO, Gard, com. par M. P. Fesquet.

AINHARBA, labourdin, bas navarrais, Van Eys.

FÉLÉRE, FLÉRE, FILIRE, FLIRE, Vosges, com. par M. D. Pierrat.

FILÈRE, Ban de la Roche, Oberlin.

KEONIDENN, *f*. Audierne, com. par M. L. F. Sauvé.

KEFNIDENN, *f*. breton, Troude.

KANIVEDENN, *f*. pays de Vannes, Troude.

BILIMENN, *f*. (Cf. *bilim*, venin), Braspartz, com. par M. L. F. Sauvé.

Noms étrangers.

Attercoppa, anglo-saxon. — **Attercob**, Hundred of Londsdale, Peacock. — **Spider**, anglais.

[1] A l'origine **araignée** (lat. * araneata) signifiait toile d'araignée ; il a fini par devenir synonyme d'**araigne**.

[2] Ce mot a aussi le sens de **petit filet à prendre les oiseaux**.

3. — La toile de l'araignée est appelée :

ARAIGNÉE, *f.* ancien français.

ARAGNIE, *f.* Mons, Sigart.

AIRGNIE, *f.* Morvan, Chambure.

ARAGNOU, *m.* languedocien, Azaïs.

IRAGNADO, *f.* Tarn, Gary.

ARNITOILE, rouchi, Hécart.

ARANTÈLE. *f.* Poitou, Saintonge, Aunis, Berry.

ÉRANTEÜLE, *f.* pays messin, recueilli personnellement.

ÉLANTEÜLE, *f.* pays messin, Jaclot.

RENTELLA, *f.* Creuse, Vincent.

TEULE D'ARINCRET, ARINCRET, Liége, Hock, III. 123.

ARÎKRET, ARINKRET, Liége, Forir.

TERAGNIGNA, Menton, Andrews.

TARGAGNÈRO, Gers, Cénac-Moncaut.

TARDAGNE, Bayonne, Lagravère.

TATARINO, Lauragais, com. par M. P. Fagot.

« A Lyon on appelle *iragnoir* le balai ou l'instrument destiné à enlever les toiles d'araignée. »

Voyez Chignol et Gnafron, 13 avril 1878.

« Dans le Lauragais, *estatarina* signifie *enlever les toiles d'arai-gnée* et l'instrument qui sert à cet usage porte le nom de *estatari-nadouro.* »   Com. de M. P. FAGOT.

Noms étrangers de la toile d'araignée :

Ragna, Ragnatelo, Ragnatela, ital. — Ragnèra, mil., Banfi. — Cop web, Cob web, Cock web, Lop web, Aran web, angl., Adams. — Wevet, Bimbom, Draught, Somersetshire, Adams.

4. — On dit d'une personne qui a les doigts longs et maigres qu'*elle a des doigts d'araignée.*

5. — On appelle *araigne*, *araignée* une femme maigre et méchante. — On dit : *méchant comme une araignée.*

« *Airaignou*, m. *airaignouse*, f. = méchant, méchante comme une araignée. »   Côte-d'Or, com. par M. H. MARLOT.

A Montbéliard (selon Contejean), *airignu* (du mot

airigne, araignée) signifie *qui harcelle*, *querelleur*, et *airignie* = harceler, taquiner.

Le mot français *hargneux* pour *argneux* a la même origine.

6. — L'araignée passe à tort pour faire des morsures ou des piqûres très dangereuses.

On lit dans Eust. Deschamps, *Œuvres* éditées par Queux de Saint-Hilaire, I. 292 :

> « C'est par péchié . . . .
> Qui nous enfle plus que venin l'yraigne. »

7. — *Tisser des toiles d'araignée* = faire quelque chose de peu solide qu'il faudra recommencer.

« Faire e desfaire es lou travai de l'aragna. »   Nice. Toselli.

« Fach ai l'obra de l'aranha et la musa del Breto.
(J'ai fait l'œuvre de l'araignée et l'attente du Breton). »
                    P. Vidal, cité par Raynouard.

8. — « Leva las iragnados d'aou kiou (c'est-à-dire : fouetter un enfant). »   Languedoc, Thiessing.

« Je t'ôterai les araignées du derrière, dit une mère en menaçant son enfant. *Elle devrait dire :* je te secouerai les puces, c.-à-d. : je te fouetterai. »   Basses-Alpes, Rolland.

« Les araignes ont fait leur toile sur nos dents (c.-à-d. : il y a longtemps que nous n'avons pas mangé). »
                    Ancien français, Duez.

« Les ceusse qui ont tout plein de vertu.... mais poin d'argen d'avec, il peuve être sûre que les aragnées tarderons pas à fair leur toile après leû dents, à force de jeûné. »
                    Lanterne de Boquillon, 1er juillet 1870.

On dit d'un avare que *sa poche est pleine de toiles d'araignées*, c.-à-d. : qu'il n'y met jamais la main pour donner.

9. — « Gli amanti legano la borsa con un filo di ragnatelo. »
                          Proverbe italien, PESCETTI.

10. — « Non sapere, o non potere cavare un ragno di un buco
dicesi proverbialm. d'uomo dappoco, di chi abbia pochissima abilità.»
                                        Proverbe italien.

11. — « Aombrare, o Inciampare ne' ragnateli, vale lo stesso
che Affogare in un bicchier d'acqua. »   ,   Proverbe italien.

12. — « Le ragne son fatte per le mosche. »
                          Proverbe italien. ARRIVABENE, p. 437.

II.

1. — « Porter une araigne vive dans une noix, pendue au col
est un remède contre toute fièvre. »
                          L. JOUBERT (1600), p. 173. — Voyez aussi
                SOUVESTRE. *Les derniers Paysans.*

« Pour se débarrasser de la fièvre, avalez le matin à jeun trois ou
neuf araignées vivantes. »
                          Annales des Basses-Alpes, 1837, p. 165.

« Un sorcier garantit un jour un bon numéro à la conscription à
un jeune homme. Il lui fit d'abord verser 300 francs. Le sortilége
consistait en une noix creuse dans laquelle était enfermée une
araignée que le dupé devait mettre sous son aisselle gauche en la
maintenant avec un mouchoir; après quoi il devait réciter cinq
pater et cinq *ave.* Malgré cela, le jeune homme fut pris à la conscription et le sorcier, poursuivi, fut condamné à six mois de pris. n. »
                          Voyez *Gazette des Tribunaux*, 3 novembre 1834.

2. — « Les toiles d'araignée sont bonnes pour mettre sur les
coupures. »

3. — « Contre les coliques on fait manger à l'enfant malade
une omelette à la toile d'araignée. »   BESSIÈRES.

4. — « Remède contre *the whooping cough :* Let the parent of
the child afflicted find a dark spider in her own house, and hold it
over the head of the child, repeating three times :

> Spider, as you waste away
> Whooping cough no longer stay.

The spider must then be hung up in a bag over the mantleshelf and when the spider has dried up the cough will be gone. »

Norfolk, J. GLYDE. *Norfolk Garland.*

5. — « *Money-Spider* = the aranea scenica, which when they see it hanging by its thread, folks sometimes take and try to swing it round their head three times without throwing it off ; and then put it into their pockets, wither it is believed it will soon bring money. »   Dorset, BARNES.

« The *money spinners* prognosticate good luck ; in order to propitiate which, they must be thrown over the left shoulder. »

Notes and Queries, II, 165.

« If a small black spider — a money spider it is called — descends upon you, it prognosticates good luck — some persons say you will soon receive a legacy. »

Norfolk, J. GLYDE. *Norfolk Garland.*

6. — « Si une araignée qui file descend sur une personne, c'est pour celle-ci un présage de bonheur. »   Argentan, CHRÉTIEN.

« When a spider is found upon your clothes, or about your person it signifies that you will shortly receive some money. »

Notes and Queries, III, 4.

« Les araignées portent bonheur dans les étables. »

Limoges, J. J. JUGE.

La croyance que le fait de balayer les toiles d'araignée dans les écuries, porte malheur, est assez générale.

« Les toiles d'araignée laissées dans les étables préservent les chevaux du *gripë*, espèce de lutin qui protège ou tourmente les chevaux. »   Cévennes, D'HOMBRES-FIRMAS.

« Im stalle in dem *spinnen* sind, ist das vieh gesund. »

Tyrol, *Zeitsch. f. d. d. Myth.* I. 236.

7. — « He who would wish to thrive
> Must let spiders run alive. »   Kent, HENDERSON.

8. — Présages :

> « Araignée du matin — chagrin
> Araignée du soir — espoir. »
>
> Dans toute la France.

> « Araignée du matin — chagrin
> Araignée du soir — espoir
> Araignée du midi — souci
> Araignée de la nuit — profit. »
>
> Franche-Comté, PERRON.

> « *Une araignée vue* le matin — chagrin
> A midi — plaisir
> Le soir — désespoir (*Var.* : bon espoir). »
>
> Marseille, RÉGIS DE LA COLOMBIÈRE.

> « Araignée du matin — signe de chagrin
> Araignée du midi — signe de cris
> Araignée du soir — signe de victoire. »
>
> Lorient, recueilli personnellement.

> « Araignée du matin — chagrin
> Araignée du tantôt — du cadeau
> Araignée du soir — de l'espoir. »
>
> Saint-Moret (Yonne), recueilli personnellement.

> « Araignée du matin — chagrin
> Araignée du midi — ennui
> Araignée du soir — espoir. »
>
> Loiret, com. par M. L. BEAUVILLARD.

> « Araignée du matin — chagrin
> Araignée du midi — esprit
> Araignée du soir — espoir. »
>
> Loire, com. par M. Sylvain EBRARD.

> « Araignée du matin — signe de chagrin
> Araignée du midi — signe de plaisi
> Araignée de tantôt — signe de cadeau.
> Araignée du soir — bon espoir. »
>
> Fontenay-le-Comte (Vendée), com. par M. L. DESAIVRE.

> « Araignée blanche — signe d'argent ;
> Araignée jaune — signe d'or
> Araignée noire — signe de mort. »
>
> Eure-et-Loir, com. par M. J. POQUET.

16

« Eine spinne am abend — ist erquickend und labend ;
Eine spinne am morgen — bringt kummer und sorgen. »

Allemagne.

« Spinnerin am morgen
Bringt kummer und sorgen :
Spinnerin am abend
Bringt wohlstand und gaben. »

Stockerau (Basse Autriche), BLAAS.

« One for sorrow — two for mirth
Three for a wedding — four for death. »

Anglais, *Notes and Queries*, 1re série, XII, 37.

9. — « Voir filer une araignée c'est signe de querelle ou
d'argent. »

ROUVEROY. *Le petit marchand forain*, p. 80.

10. — « Quand l'araignée se laisse pendre au bout de son fil, c'est
signe de pluie. »   Pithiviers, com. par M. L. BEAUVILLARD.

11. — Citation populaire hollandaise :

« En voilà un qui m'irait comme dit l'araignée de la mouche. »
VAN LENNEP. *Aventures de Van Huyck*, trad. Paris, 1871, I. 178.

12. — « Ce qu'on appelle les *fils de la Vierge* est produit par
les araignées et ils paraissent être le résultat de cette quantité
innombrable de fils d'araignée qu'on voit de tous côtés, dans les
beaux jours d'automne, sur les branches, les feuilles, les écorces
des arbres et sur toutes les plantes, ainsi que sur la terre même.
Ce sont les jeunes et les vieilles araignées qui font ces fils, excitées
dans cette production, par la saison, où la nature les y prédispose
davantage, parce que sans doute elles ont plus particulièrement
besoin de filer cette soie pour envelopper leurs œufs ou leurs petits
afin de les défendre contre le froid de l'hiver qui s'approche. —
Selon Walckenaer et Latreille les espèces qui fournissent le plus de
ces fils sont : *l'araignée-loup* et *l'araignée-diadème*. »

AMYOT. Sur la production des fils d'araignée. *Annales*
de la Soc. entomol. 1862. p. 163.

Ces fils sont appelés :

FILANDRES, *f. plur.* français.

FILS DE LA VIERGE, *plur.* français.

COTON DE LA SAINTE-VIERGE, Langres, Mulson.

FILÉS-MADAME, Warloy-Baillon (Somme), com. par M. H. Carnoy.

FILASSE DE LA VIERGE MARIE, ancien français, Duez.

FILETS DE SAINT MARTIN, français.

CHEVEUX DE LA VIERGE, CHEVEUX DE LA BONNE ANGE, JETONS DE
    MARIE, Centre, Jaubert.

BILOTS DE SAINT REMY, Reims, com. par M. A. Béthune.

FILS DE SAINT REMY, Sommepy (Marne), com. par M. A. Béthune.

BEAUX D'ÉTÉ, *plur.* pays messin, rec. pers.

FLAURES, FELAURES, FILEUSES, Côte-d'Or, com. par M. H. Marlot.

AWEÛR (= latin *augurium*), Liège, Forir.

Noms étrangers :

Gossomer, St Martin's summer, angl. — Sunbeam, Yorkshire, Adams. —
Summer goose, nord de l'Angleterre, Ad. — Mariengarn, Marienfaden, Unserer
lieben Frau fäden, Mädchensommer, Jungfergarn, Altweibersommer, Mechtilde-
sommer, Graswebe, Sommer, Sommerfäden, Fliegende sommer, Mättchensommer,
Sommerflöcken, Sommerwebe, Gallussommer, Gallensommer, all. — Gottesmut_
terhaar, Trèves, recueilli pers. — Slamettchen, Duché d'Oldenbourg.
Stracker. — Herfstdraden, Zoomer draaden, hollandais.

13. — A la première apparition des fils de la Vierge on
dit :

> « Feulaure de coton
> Feule pou qu'a faisse bon. »

(Fileuse de coton, file pour qu'il fasse beau).
    Laroche-en-Brenil (Côte-d'Or). com. par M. H. MARLOT.

14. — « Quand on voit les *fileuses* c'est le moment d'aller en
benisson (= semailles du blé). »
    Côte-d'Or, com. par M. H. MARLOT.

15. — Dans les prières populaires le pont qui conduit
au paradis est comparé pour sa tenuité aux fils de la
Vierge :

« En Paradis y a une planche qu'est pas pu vene et pas pu grande
que les *biaux jetons de Marie.* »
    Cher, *Poésies populaires de la France*, Ms. I. fº 24.

« Ceux qu'saront la Sainte Quarantaine pass'ront sur une petite
planche qu'est pas si grosse ni pas si grande qu'iun des ch'veux
d'la bonne dame Sainte Ange (1). »

Cher, *Poésies populaires de la France*, Ms. I. f° 59.

PHALANGIUM OPILIO.

SORCIÈRE, VAUDOIE (2), Morvan, Bogros. *Histoire de Château-
Chinon*, 1873, p. 332.

DIVINE, Nièvre, recueilli personnellement.

CHANCE, Vosges, communiqué par M. D. Pierrat.

BERGÈRE, Morvan, communiqué par M. H. Marlot.

FAUCHEUX, *m.* français.

FAUQUEUX, rouchi, Hécart.

BOURRA (= bourreau), Deux-Sèvres.

LEU, rouchi, Hécart.

GROUMANDA, provençal moderne, Honnorat.

ARAGNO CAMBARUDO, Bouches-du-Rhône, Villeneuve.

ARAIGNÉE DE DAME, DAME ARAIGNÉE, pays messin, rec. pers.

PUTAIN, *f.* Centre, Jaubert.

PUTE, Saintonge, Jônain.

GRAND'MÈRE, *f.* normand, Delboulle.

KEMENER (c.-à-d. : tailleur), breton, Troude.

CAIETERÈSE (3), wallon, Grandgagnage.

Noms étrangers :

Meier, Weberknecht, all. — Shepherd, Haymaker, angl. Adams. — Stagge-
ring bob, Devonshire, Ad. — Harvest man, Norfolk, Ad. — Harvest bob,
Hants and Sussex, Ad. — Pirik (m. à m. : grand mère), Kurde, F. Justi. —
Tscharvan awel (4) (m. à m. : grand mère), langue des Kalmouks, Nemnich.

Cette araignée est remarquable par ses longues pattes

(1) La Vierge. Voyez aussi dans *Mélusine*, c. 71.

(2) Vaudoie est synonyme de sorcière.

(3) Ainsi appelée à cause de ses longues jambes qui semblent *caieter*.
Caieter en wallon signifie tricoter des dentelles.

(4) Voy. sur ce nom donné au Phalangium araneoides. *Falks Reisen.*
III, 441.

qui ont encore de la vie quand on les a séparées du corps. En s'agitant elles font le mouvement du faucheur ou du tailleur, d'où quelques-uns des noms de cet animal. Ce mouvement est aussi consulté comme un oracle. On lui dit :

« Chance, chance dé bon Dieu, motèr me dèvo de tè pètte de qué cota qu'a lé loup ou biè j'te tuera dèvo d'enne tonne dé fla (chance du bon Dieu, montre moi avec ta patte de quel côté est le loup ou bien je te tuerai avec une barre de fer). »

Vosges, comm. par M. D. PIERRAT.

> « Bergerette, Bergereau
> Dis moi de quée côté
> Que le loup ô. »

Saint-Germain-de-Modéon (Côte-d'Or), com. par M. H. MARLOT.

En Saintonge on lui dit en lui arrachant les pattes :

> « Voure le çhu de la pute se virerat
> In tel (*ou* ine telle) se marierat. »   JÔNAIN.

« On arrache les pattes à cette araignée et autant de fois elles remuent, autant la personne pour laquelle on tire ce présage a d'années à vivre. »
Deux-Sèvres.

ONISCUS (Genre). L. — LE CLOPORTE.

I.

COCHON, *m*. Centre, Jaub. — norm., Trav. — pays de Bray, Decorde. — Sarthe, com. par M. Aug. Besnard.

COCHONNET, *m*. Pithiviers, com. par M. L. Beauvillard.

POURQUET, Bouches-du-Rhône, Villeneuve. — Gard, com. par M. P. Fesquet.

POURCOU, Lauragais, com. par M. P. Fagot.

PORCHET, Menton, Andrews.

POURCELET, ancien français, Duez.

PORSALET, *m*. Suisse romande, Bridel.

POCHELOT, Plancher-les-Mines, Poulet.

POURCIAU-SINGLÉ, *m*. wallon montois, Sigart.

TRUIE, *f*. Le Charme (Loiret), com. par M. L. Beauvillard.

TRÜYATTE, *f.* pays messin, D. Lorrain.

TRUEGETO, Gard, com. par M. P. Fesquet.

TRAIE, Sarthe, com. par M. Aug. Besnard.

TREUE, Chef-Boutonne, Beauchet-Filleau.

TRIE D'BO, Jersey, Le Héricher.

POURÇAIS DE CAVE, Liége, Hock, III. 30.

POURÇAI D'CÀVE, wallon, Carlier.

POURCHON DE MUR, rouchi, Hécart.

POURCHAU DE MUR, Flandre française, Vermesse.

COCHON DE CAVE, Châlon-sur-Saône, Guillemin.

PORQUET DE CROTO, TREJO DE CROTO, provençal, Azaïs.

COCHON DE SAINT ANTOINE, *m.* français.

POURCEAU SAINT ANTOINE, *m.* ancien français, Duez.

POHHÉ DE SAINT ANTOINE, pays messin, recueilli personnellement.

POUCHÉ DE SAINT ANTOINE, Lunéville, Oberlin.

POUÉR DÉ SANT ANTONI, Aix, Boyer de Fonscolombe.

TRUÈYO DE SAN JAN, provençal moderne, Castor.

TRÉPLÉE, *f.* normand, Travers.

TREUCUÔDE, *f.* Morvan, Chambure.

ÀNE BOURDIN, *m.* Queyras, Chabrand.

FREME A CLÉ, poitevin, Favre.

CLOPORTE, *m.* français.

CLOPORTE, *f.* ancien français.

CLOU A PORTE, français vulgaire.

POU DE COCHON, *m.* normand, Delboulle.

POUE DÉ PRÉTE, Vagney, com. par M. D. Pierrat. — Ban de
la Roche, Oberlin.

POUAILLOU DE SAINT LLAUDOU (= pou de saint Claude), Les
Fourgs, Tissot.

LAOUENN DAR, *f.* (m. à m. pou d'égoût), breton, Troude.

BARBOTTE, BARBELOTTE, Allier, Tixier.

BARBOTO, cévenol, Azaïs. — Gard, com. par M. P. Fesquet.

BABAROTTA, Nice, Risso.

MACHEPAIN, boulonnais, Corblet.

LOUCHE POIL, picard, Corblet.

GRAC'H, *f.* breton, Troude.

ICHICHAMORRUA, basque, Fabre.

BESTIO DE LA PLÉJO (= bête de la pluie), BESTIO A MILLO PATTOS.
Gard, com. par M. P. Fesquet.

Noms étrangers :

ʼΟνίσκος, grec ancien. — Porcellio, latin. — Porcelletto, Porcelletto di Sant' Antonio, Porcellione, Porcello, Tilone, ital., Duez. — Porquinha de Santo Antão, port., Nemn. — Kitchin boll, Kitchen ball, Chisselbol, Pig, Wall louse, Wood louse, angl. dial., Adams. — Lock-chester, Lock chest, Oxfordshire, Ad. — Pigs louse, Somersetshire, Ad. — Hog louse, Sow louse, Cheesélip, Cheslip, Cherbug, Sowe, Dirty hog, anc. angl., Ad. — Hog, Oldsow, comtés de l'Est, Ad. — Grammersow, Cornwall, Ad. — Tiggy hog, Northamptons-hire, Ad. — Gaers-swyn (m. à m. cochon d'herbe), anglo-saxon. — Thrush louse, comtés du Nord, Ad. — Robin-good-fellows-louse, anc. angl., Ad. — Thurs louse, angl. Merrett. — Tylers lowse, angl., Charleton. — Kelleresel, Kellerassel, Assel, Atzel, Nassel, Nössel, Ossel, Kellerwurm, Mauerassel, Keller-laus, Mauerwurm, Asselwurm, Wetterwurm, Esel, Eselschen, Kellerschabe, Holzwentle, Mauerschweinchen, Murchel, Schäflein, différents dialectes de l'Allemagne. Nemnich. — Pissebed, Aard pissebed, Muurvarken, Zeug, holl.

II.

« En fait de remèdes pour la fièvre lente on place 5, 7 ou 9 clo-portes dans des bandelettes de toile qu'on lie aux poignets. »

Liége, HOCK, III. 167.

APHRODITA (Genre). L.

CHENILLE DE MER, français.
LOCHE DE MER, Rochefort, *Annales maritimes*, 1820, p. 55.

NEREIS (Genre). L.

CHATTE, Saint-Malo, Audouin.
CÀRPLUE, Boulogne-sur-Mer, Labille.
CORDELLO, Bouches-du-Rhône, Villeneuve.
SCOLOPENDRE DE MER, français.
PESTICHE, Houat, Delalande.

ARENICOLA (Genre). LAMARCK.

VERMÉ NÉGRÉ, Bouches-du-Rhône, Villeneuve.
BUGUE DE MER, BIHUEGUED, Houat, Delalande.

LUMBRICUS (Genre). L. — LE VER DE TERRE.

I.

1. — LOMBRIC (= lat. *lumbricus*), VER DE TERRE, VER ROUGE, fr.
LOUMBRIN, provençal moderne, Castor.
LOUMBRI, Bouches-du-Rhône, Villeneuve.
LAICHE, ACHET, ACHÉE, VERME, VERM, VARM, différents dialectes.
VERP, Alpes-Maritimes.
ANCHET, Beauvais-sur-Mer, Gallet.
TALOS, *m*. Béarn, Lespy.

Noms étrangers :

Lombrico, it. — **Lombriz**, esp. — **Limbric**, *m*. roum., Cihac. — **Vermen**, mil.,
Banfi. — **Miñoca**, gall., Piñol. — **Twachet, Angel touche, Angel twitch, Angel
twache**, angl. — Oelke [1], **Moddick, Mottken, Ese**, Duché d'Oldenbourg, **Strack**.
— **Pier, Pierworm**, holl. — **Regenwurm, Erdwurm, Pieraas**, allemand. —
Cruim, vieil irlandais, d'Arbois de Jubainville. — **Preñv**, breton.

2. — On dit : Pauvre comme un ver de terre.

3. — « Il n'y a point de si petit ver qui ne se *recroqueville* si
l'on marche dessus (c.-à-d. : il n'y a point de si petit ennemi qui ne
songe à se défendre quand on l'attaque). »
Dictionnaire portatif des proverbes.

« An ne hàye me su lè quaoue d'i véhh sans qu'i remouèssc (on ne
remue pas sur la queue d'un ver, sans qu'il se debatte). »
Pays messin, recueilli personnellement.

4. — « N'avoir pas plus de force qu'une achée = être mou. »
Poitou, LALANNE.

5. — « *Calarsi à un lombrico* = se tromper, s'attacher à rien. »
Italien, DUEZ.

II.

« Pour guérir les tout petits enfants du mal de gorge on leur met
un collier de toile rempli d'*achets* (lombrics).
Deux-Sèvres, SOUCHÉ.

(1) **Oelke** signifie proprement **lutin**.

SIPUNCULUS NUDUS.

VIÉ MARIN DE FANGO, Bouches-du-Rhône, Villeneuve.

HIRUDO (Genre). L. — LA SANGSUE.

1. — SANGSUGE (= lat. *sanguisuga*), poitevin, Beauchet-Filleau.
SANSUGO, SANSUO, PIPO SAN, provençal moderne, Castor.
SANGSUCCE, ancien français. Grevin, 1568, p. 263.
SANGSUA, provençal moderne, Honnorat.
SANGSUE, *f.* français.
SANSURO, SANSOGNO, SANNAIROLO, Gard, com. par M. P. Fesquet.
CHANCHUE, *f.* Morvan, Chambure.
SANSOWE, wallon, Hécart.
SANSURE, *f.* Norm. — Pic. — Lorr. — Champ. — Poitou.
SANSURNE, SANSOURDE, picard, Corblet.
IRÈGI, provençal moderne, Castor.
ALUDZA, Velay, Haute-Auvergne, Deribier de Cheissac.
EIRUDGE, canton de Murat (Auvergne), Labouderie.
PÀCHEPIE, Vosges, *Feuille des jeunes naturalistes*, I, 28.
GWELAOUENN, breton, Troude.
ZAINA, basque, Baudrimont.
CHINCHIMARIA, basque, Fabre.

Noms étrangers :

Ambisùa, sarde logodourien, Ascoli. — **Sanguetta**, mil., Banfi. — **Leech**, angl. — **Lop loach**, Angleterre du Nord, Adams. — **Blutigel**, all. — **Mignatta**, **Sanguisuga**, italien. — Antcha, bas navarrais, Van Eys.

2. — « Dans le commerce on appelle *germement* les sangsues qui viennent de naître, *filets* les très petites sangsues, *vaches* les grosses. » MOQUIN TANDON. *Zoologie médicale.*

3. — Locution :

« Fade comme une sangsue. »
Cernois près Semur (Côte-d'Or), com. par M. H. MARLOT.

SCOLOPENDRA. (Genre).

MILLEPIEDS. MILLEPATTES, français.

MILLOPATTOS, Lauragais, com. par M. P. Fagot.

TREUE, Semur (Côtes-d'Or), com. par M. H. Marlot.

VERPILLÈRE, Centre, Jaubert.

ORILLIÈRE A CHENT PIEDS, f. Guernesey, Métivier.

Nom étranger :

Meggy-mony-foot. Ecosse. *Notes and Queries,* 2ᵉ série, IV. 157.

IXODES RICINUS. LATREILLE.

1. — TIQUE. f. POU DE BOIS, LOUVETTE, RICIN, PUCE MALIGNE, franç.

LOVET, m. LOVETTA. f. Suisse romande, Bridel.

TIC, TIQUET, ancien français, Duez.

PAT, m. Toulouse, Poumarède. — Tarn, Gary.

BARGEAU, LEBACHO, limousin, *Bull. de la Soc. de Méd. de la Haute-Vienne*, 1868, p. 333.

LAGAS, PIGAS, Landes, Métivier.

LAGAST, Lauragais, com. par M. P. Fagot. — Gard, com. par M. P. Fesquet.

LINGÀSTA, bas Languedoc, Moquin Tandon. *Zoologie médicale.*

LINGASTO, Bouches-du-Rhône, Villeneuve.

LIGASTO, Périgord, *Bull. de la Soc. de Méd. de la Haute-Vienne*, 1868, p. 333.

LOUACHE, LOUÔ, Bussy-le-Grand (Côte-d'Or), c. par M. H. Marlot.

LOUBÀCHE, Bourbonnais, com. par M. Ern. Olivier.

LIACHE, Bresse châlonnaise, Guillemin.

LLIACHE, Montrêt, Gaspard.

IACHE, environs de Semur, com. par M. H. Marlot.

LÀCHE, pays messin, Jaclot.

LAQUE, normand, Travers.

BOSQUÉ, rouchi, Hécart.

BOSKARD, BOSKART, breton, Troude.

REZE, Gard, com. par M. P. Fesquet.

Noms étrangers :

Wood teck, Tik, anglais. — **Zecca,** italien. — **Zecke,** all. — **Rezno,** esp.

2. — On dit : *soûl comme une tique.*

3. — Locution :

« Sale et faignant comme enne *iache.* »

Semur, com. par M. H. MARLOT.

4. — « Es arrapat coum' un reze, c.-à-d. : il adhère comme une tique, on ne peut pas s'en débarrasser. »

5. — « On dit d'un individu, bouffi d'orgueil, *coufle coum' un reze.* »

Locutions du Gard, com. par M. P. Fesquet.

LEPTUS AUTUMNALIS. LATREILLE.

ROUGET (¹), VIGNERON, français dialectal.

AOÛTI (²), AOÛTIN, environs de Paris.

AOUTÀ, *m.* Bessin, Joret.

AOUTAT, Provins, Bourquelot.

BÊTE D'AOÛT, BEC D'AOÛT, PIQUE AOÛT, français dialectal. Moquin Tandon, *Zoologie médicale.*

VENDANGERON (³) Charente-Inférieure, Moquin Tandon. *Zoologie médicale.*

BÊTE ROUGE, Haute-Garonne, Moquin Tandon. — Haut-Maine, Montesson.

ROUJON, Chef-Boutonne, Beauchet-Filleau.

LOUP ROUGE, CÈLOT, SÉNOT, Haut-Maine, Montesson.

(¹) Ce tout petit animal est rouge et cause des démangeaisons insupportables qui font devenir la peau rouge tout autour de la piqûre.

(²) Il est appelé **aoûti** parce qu'il commence à faire sentir sa présence vers le mois d'août.

(³) Dans certains pays c'est pendant les vendanges qu'on est piqué par cet insecte, d'où on l'a appelé **vigneron, vendangeron.**

ACARUS CIRO. L.

ALAMBIC, Hérault, Marcel de Serres.

ARABIC, Camargue, Rivière,

CHIROUN, FRION, provençal moderne, Honnorat.

PEDICULUS CERVICALIS. — LE POU.

I.

1. — Au latin *pediculus*, *peduculus* se rattachent :

PEDOULH, béarnais, Lespy.

PEZOLH, PEZOILL, PEOILL, ancien provençal, Raynouard.

PÉSOUL, PÉZOUL, provençal moderne. — Languedoc.

PÉOU, Corrèze, Béronie. — Toulouse, Poumarède.

PÉVOU, PÉVOULINO, provençal, Castor.

PEOY, Menton, Andrews.

POUAIL, Deux-Sèvres, *Canard poitevin*, n° 17.

POUEIL, poitevin, Beauchet-Filleau.

POUAILLOU, *m.* Les Fourgs, Tissot.

POUAÏ, Guernesey, Métivier.

POILL, Poitou, Lalanne.

POUIL, anc. fr. — Saint., Jônain. — Plancher-les-Mines, Poulet.

POUILLE, Côte-d'Or, com. par M. H. Marlot. — Bresse châl.
    Guillemin.

POUILLOT, *m.* Morvan, Chambure.

POU, *m.* français.

PAU, *m.* Champagne, Tarbé.

PIAU, *m.* Suisse romande, Bridel.

PIOU, Centre, Jaubert. — wallon.

Cf. **Pidocchio**, italien. — **Piojo**, espagnol. — **Piolho**, portugais. — **Piollo**,
gallicien, Piñol. — **Pieucc**, milanais, Banfi. — **Paduche,** *m.* roum., Cihac.

2. — Autres noms du pou ([1]) :

ZÔRRIA, basque, Fabre.

LOULOU, langage enfantin ([2]).

([1]) Une partie de ces noms sont des plaisanteries.

([2]) **Loulou** = petit loup. — Le pou dans les cheveux est assimilé à un
loup dans les bois.

LAOUENN, *f.* breton.

TITI, Lille, P. Legrand. *Suppl. au dict. du patois de Lille.*

PUCE MUSNIÈRE, PUCE DE MEUSNIER, ancien français, Duez.

C'HOANENN-MILINER (= *puce de meunier*), breton, Troude.

C'HOANENN-VAILL (= *puce panachée*), breton, Troude.

BARBAN, languedocien, Azaïs.

GRISON, ancien français, Duez.

ESTAFIER MORDANT, bas langage, Leroux. *Dictionnaire comique.*

ESPARVIER DE MONTAIGU, ancien français, Duez.

ÉPERVIER DE MONTAGU, ancien français, Rabelais,

GRANADIÉ, Castres, Couzinié.

BANDES GRISES, MOUSQUETAIRES GRIS, *pl.* ancien argot, F. Michel.

AVOIR DE LA GARNISON (= avoir des poux), français vulgaire.

COQUILLON, PÉGOCE, ancien argot, F. Michel.

MIE DE PAIN, argot, F. Michel.

GAU, GOT, argot, F. Michel.

GOU, argot bellau, Toubin.

GO, *m.* wallon montois, Sigart.

VERMEIGNE, AIRTUSON, Côte-d'Or, com. par M. H. Marlot.

3. — Noms étrangers :

Biss, mil., Banfi. — Pod, Banffshire, Greg. — Biddy, Hundred of Londsdale, Peack.

4. — Les œufs de poux sont connus sous les noms suivants :

LENTE, *f.* (= lat. *lens, lendis*) français.

LEN, LENT, *m.* Plancher-les-Mines, Poulet. — Neuchâtel, Bonh.

LENDE, *f.* Lyon. — Suisse romande. — Saintonge.

LENDE, *m.* anc. prov., Rayn. — languedocien. *Revue des langues romanes*, 1877, p. 96.

LENDINE (= ˙ lendinem), fribourgeois, Grangier.

LANDA, LEINDA, *f.* Suisse romande, Bridel.

LÈNI, *f.* gascon, Lespy.

LENDE DOOU PÉVOU, provençal moderne, Castor.

Cf. Lendine, ital. — Lendea, port. — Liendre, esp. — Lindina, *f.* roumain, Cihac.

5. — On appelle *pouilleux* un misérable, un homme de rien. Quelquefois, on se sert de l'expression *pou affamé.*

« On appelle un homme malpropre ou couvert de vermine : *Iann-Laou* (Jean aux poux). »   Breton, TROUDE.

6. — « Bal maï leba de pesouls
        Que de fenouils. »

(Il vaut mieux se nourrir de poux (être dans la misère) que de fenouils (plante des cimetières ; c.-à-d. : que d'être mort). »
                    Proverbe gascon, TAUPIAC.

7. — « Tous gueux et autres experts cognoistront au seul toucher une puce d'avec un poux, fut-il ferré à glace. »
                    NOEL DU FAIL, édit. Assézat. II. 100.

Locution allemande :

« Ich habe es im griff, wie der bettler die laus (c.-à-d. : je le trouve à tâtons). »   POËTEVIN.

8. — On dit d'un avare : *qu'il écorcherait un pou pour en avoir la peau.*

Un avare est appelé en allemand *lausknicker*. *Lauserei*(¹) = avarice dans la même langue.

9. — « On dit d'un pauvre orgueilleux *qu'il se dresse comme un pou sur une galle.* »

« On dit encore : *fier comme un pou sur un chignon.* »
                    Champagne, GROSLEY.

« On dit d'un parvenu insupportable, qu'il est un *pesoul revengut* (un pou revenu). »   Gard, com. par M. P. FESQUET.

10. — « *Chercher des poux sur la tête de quelqu'un*, c'est lui reprocher des minuties. »

« A Neuchâtel, on dit dans le même sens : *Chercher des poux parmi la paille.* »   BONHOTE.

11. — Locution ironique :

« Estre vesiat (= *mignard*) commo un pesoul de vieillo. »
                    Languedoc, ODDE DE TRIORS.

(¹) En anglais lousiness.

« Veziat coum' un pezoul de viéhio (alerte comme un pou de vieille femme). »   Gard, com. par M. P. FESQUET.

12. — « Giuoco di mano dispiaoe fin' a' pidocchi (¹). »
                                                    Italien, DUEZ.

13. — Proverbe latin :

« In alio pediculum vides, in te ricinum non vides (Tu vois un pou sur ton voisin et tu ne vois pas une tique sur toi). »   PETRONE.

14. — « Quando il pidocchio casca nella tramoggia, si pensa d'esser il mugnaio. »   Proverbe italien, PESCETTI.

15. — « Point de lans sans poux (c.-à-d. : il n'y a point de feu sans fumée). »   Côte-d'Or, com. par M. H. MARLOT.

16. — « Le pou est l'ami du soldat. » — Dicton.

17. — « Per un pezoul mettrié pas la man al se (pour un pou, il ne porterait pas la main au sein, c.-à-d. : il ne se dérange pas pour de petites choses). »   Gard, com. par M. P. FESQUET.

II.

1. — « Il ne faut pas tailler ni coudre des chemises les vendredis parce qu'elles attirent des poux ; il ne faut pas se peigner le même jour pour la même raison. »   THIERS, I, 296.

2. — On dit assez généralement que c'est un signe de santé pour les jeunes enfants que d'avoir des poux. Aussi, arrive-t-il souvent qu'on ne les leur ôte pas.

3. — « On dit aux enfants qui ne se peignent pas ou ne se laissent pas peigner par leurs parents que les poux tressent dans leurs cheveux des cordes pour les entraîner dans la mer. »
                Lorient, recueilli personnellement.

« On dit aux enfants qui ne se laissent pas pouiller, que leurs poux deviendront aussi gros que des ânes et qu'ils les entraîneront à la rivière. »   Côte-d'Or, com. par M. H. MARLOT.

(¹) Ceci est une plaisanterie. Les poux craignent le jeu de mains, parce que c'est avec les deux pouces qu'on les tue.

Y a t-il un rapport entre cette manière de parler traditionnelle et la formulette suivante que chantent les enfants lapons ?

« Liebe ameise, liebe ameïse, — komm, komm ! Ziehe, ziehe — das kind in den see — mit haar-zügeln ; — ziehe, ziehe. »

Voy. O. DONNER. *Lieder der Lappen*, Helsingfors, 1876, p. 121.

4. — « Dans un village près d'Arcis-sur-Aube, deux individus sont accusés par toute une population d'être sorciers, d'avoir héréditairement le pouvoir de donner des poux à tous ceux à qui ils en veulent et d'avoir usé de ce pouvoir. »

Voyez *Gazette des Tribunaux*, 4 juin 1835.

5. — On trouve dans un grand nombre de recueils de contes ou de facéties, la petite historiette suivante :

« Un jour, une femme ayant appelé son mari *pouilleux*, celui-ci la jeta dans un puits : là elle continua de l'appeler *pouilleux*. Alors il lui enfonça la tête sous l'eau ; ne pouvant plus parler, la femme entêtée sortit ses deux mains de l'eau et fit avec les ongles rapprochés de ses deux pouces un geste significatif. »

Voyez sur ce conte une note de M. Kœhler, dans Bladé *Contes populaires de l'Agenais*, 1874, p. 155.

6. — Dans un conte portugais (Coelho. *Contos popul.*, Lisboa, 1879, p. 92), un pou arrive à une croissance extraordinaire sur la tête du roi, qui le fait écorcher, fait faire avec la peau un tambour et promet la main de sa fille à celui qui devinera de quel animal provient cette peau.

Dans un conte gascon (Cénac-Moncaut. *Litt. popul. de la Gasc.*, p. 85), la fille du roi élève une punaise qui devient énorme. Elle se sert de la peau pour en recouvrir un coffret, et elle doit épouser celui qui devinera quel animal l'a fournie.

7. — Citation populaire facétieuse allemande (Trad.) :

« Ceci est aussi de bonne prise, dit le paysan qui prit une puce tandis qu'il était à la chasse aux poux. »

HŒFER. *Wie das Volk spricht.*

PEDICULUS PUBIS.

CÂBRO, Languedoc, Sauvages.

POU DU PUBIS, MORPION, français.

ARPIAN ([1]), Gard, com, par M. P. Fesquet.

LAOUEN PHARAON, *f.* (= *pou de Pharaon*) breton d'Audierne, com. par M. L. F. Sauvé.

RAPATU, argot, Halbert d'Angers. *Dict. du jargon*, 1840.

MORBEC, argot, L. Rigaut.

PIATELAN, MORPIAN, Menton, Andrews.

LAGAS, Bayonne, Lagravère.

ÉQUERVICHE D'CORPS DÉ GARTE, rouchi, Hécart.

Noms étrangers :

Crablouse, Peirtlouse, angl. Merret, 1667. — Piattola, Piattone, it. — Platluis, holl. — Plattlaus, Filzlaus, all. — Scravagghiedu, Sic. — Ladilla, esp. — Piolho latro, port. — Huhdeluhs, Mulhouse, Dollfus.

« Ogni scravagghiedu a so matri ci pari beddu. »

Sicile, REINSBERG.

PULEX IRRITANS. L. — LA PUCE.

I.

1. — Au latin *pulicem* ([2]) se rattachent :

POULUC, *m.* Gers, Cénac-Moncaut.

PIUZE, PIUTZ, *f.* PIUSSA, *f.* ancien provençal, Raynouard.

PIOUZO, Castres, Couzinié.

PIOUSÉ, PIOUZÉ, *f.* Languedoc.

PIOUSE NEGRO, Toulouse, Poumarède.

PUNCE, *f.* Barrois, Cosquin.

PUCHE, *f.* Normandie. — Picardie. — Hainaut. — Ardennes.

PUGE, Montrêt, Gaspard.

PUSE, PÛZE, Saintonge, Jônain. — Limousin, Chaban. *Revue des langues romanes*, IV. 70.

([1]) Cf. le provençal **arpioun** dans le sens de griffe et l'italien **arpione** = crampon.

([2]) Sur l'étymologie du latin **pulex**, voyez *Mémoires de la Société de linguistique de Paris*, 1879, p. 85.

PUCIA, *f.* arrondissement de Lodève, Ad. Espagne. *Proverbes et dictons populaires recueillis à Aspiran*, p. 29.

PIOUZE, PIOZE, PIOUSÉE, Poitou, Lalanne.

PIUZE, Gard, com. par M. P. Fesquet.

PIÚSE, *f.* Forez. *Revue des langues rom.* juillet 1877, p. 23.

PUDGE, PUDZE, *f.* Suisse romande, Bridel.

POUDZE, Savoie, Joret. *Du c dans les langues romanes.*

PIDHE (avec *dh* germanique), Chambéry, Joret.

Cf. **Pulce**, italien. — **Pures**, milanais, Banfi. — **Püdi**, Val Soana, Nigra. — **Pulixi, Pulighe**, Sardaigne. — **Pulga**, espagnol. — **Purice**, roumain, Cihac.

2. — Autres noms de la puce :

NIERA, Alpes-Maritimes.

NIÉRO, provençal moderne. — Alpes cottiennes, Chabrand.

NIEIRO, Gard, com. par M. P. Fesquet.

GNIÉYRA, Hérault, Marcel de Serres.

NEGRO, Corrèze, Béronie.

NÉRA, NÉIGRA, Velay, Deribier de Cheissac.

ÉGLANTE, Bourgogne, Mignard.

HOUINE, Avranches, Le Héricher.

C'HOANENN, *f.* breton, Troude.

FENENN, *f.* Audierne, com. par M. L. F. Sauvé.

KÙKUSUA, basque, Fabre.

ARKAKUSO, guipuzcoan, Van Eys.

KUKUSO, labourdin, guipuzcoan, Van Eys.

ARDI ([1]), biscayen, Van Eys.

SAUTEUSE, argot, Halbert d'Angers. *Dict. du jargon*, 1840.

SAUTERELLE, argot, L. Rigaut.

Nom étranger :

Flaich, Shetland, Edmondston.

3. — Locutions :

« *Éveillé, dégourdi comme une puce.* »

4. — « N'avoir pas plus de force qu'une puce. »

5. — « Qui bien dort pulce ne sent. »

Proverbe ancien français, LEROUX DE LINCY.

« Chi ben dorme non sente le pulci. »

Proverbe italien, PESCETTI.

6. — « Il ne faut pas laisser de dormir pour les puces (les petites contrariétés ne doivent pas nous empêcher d'être en repos). »

QUITARD, 1860, p. 129.

« Una pulce non leva il somno. »   Proverbe italien.

« Que be dourmis — nieiros noun crenis. »

Gard, com. par M. P. FESQUET.

7. — « Il ne faut se presser en rien, excepté pour attraper les puces. »

— « Nichts mit hast als flöhe fangen. »

Proverbe allemand.

— « Naething to be done in haste but gripping fleas. »

Proverbe écossais.

8. — « Trouver quelqu'un plus facilement qu'une puce. »

Glossaire de l'ancien théâtre français.

9. — « Frema, cat e can
An de niera tout l'an. »

Nice, TOSELLI.

— « Sio damo ou doumouisello
O nieyro sous l'aysello.
(Dame ou demoiselle — a puce sous l'aisselle). »

Annuaire de l'Aveyron, pour 1842, p. 266.

10. — « Qui se couche avec des chiens se lève avec des puces. »

— « Quien con perros se echa, con pulgas se levanta. »

Proverbe espagnol.

11. — « Une puce qui naît le matin est grand'mère à midi (les mauvais bruits se répandent avec rapidité). »   QUITARD.

12. — « *Vatti fare spulciare* (va te faire épucer, va te promener). »   Locution italienne, DUEZ.

13. — « *Charmer les puces* = s'enivrer. »

LEROUX. *Dictionnaire comique.*

14. — « On dit d'une chose rare : Cela ne se trouve pas dans l'oreille d'une puce. »

Le Charme (Loiret), com. par M. L. BEAUVILLARD.

« Quarante mille francs !... ça ne se trouve pas dans la main d'une puce... »   LALANDELLE, *L'épaulette d'amiral.*

15. — « Il est plus facile de garder un huitième de sac de puces qu'une jeune fille. »
Proverbe basque, FABRE.

« E piú difficile a tene una donna che un saccu di puce. »
Proverbe corse, MATTEI.

« Leichter einer wanne flöhe hüten, als eines weibes. »
Proverbe allemand.

« Het is gemakkelijker, een' korf met vlooijen te hoeden (te bewaaren) dan een dozijn jonge meisjes. »
Proverbe hollandais.

16. — « *Secouer les puces à quelqu'un* c'est le battre. »
— « *Remuer les puces à un enfant* c'est lui donner le fouet. »
LEROUX, *Dictionnaire comique.*

17. — « Au pays d'Adieusias si les puces étaient de la marée nous ne manquerions jamais de poissons en carême et encore moins dans la canicule. »
Aix en Provence, LUCAS DE MONTIGNY, *Récits variés.*

18. — « In ogni famiglia c'é croce,
E in ogni lettu c'é puce. »   Proverbe corse, MATTEI.

19. — « Far d'una pulce un cavallo. »   Italien, PESCETTI.

« Fazer de huma pulga hum cavalleiro armado. »
Proverbe portugais.

« Hacer de una pulga un elefante. »   Proverbe espagnol.

20. — « L'elefante non teme il morso dalla pulce. »
Proverbe italien, ARRIVABENE.

21. — Il est difficile de bien tuer une puce ; pour y arriver sûrement il faut la brûler. C'est ce que dit la puce elle-même dans un dicton où on la met en scène :

« Qui me noie, me baigne, — Qui me roule, m'endort ;
Qui me toque, me saigne : — Le feu c'est mon sort (c.-à-d. *ma mort*). »   Franche-Comté, PERRON.

22. — « Cada uno tiene su modo de matar pulgas (chacun a sa manière de tuer les puces). »   Proverbe espagnol.

23. — «Je vais donner à manger aux puces (= aller me coucher).»

24. — Devinette grecque moderne :

« Εἶναι ἕνα πρᾶγμα ποῦ τὸ ἔχεις, δὲν τὸ θὲς καὶ τὸ γυρεύεις (Il y a une chose que tu as, que tu ne veux pas et que tu cherches. — *La Puce*). »

E. Legrand. *Rapp. sur une miss. litt. en Grèce*, Paris, 1877.

II.

1. — « Pour chasser les poux et les puces il faut prendre une poignée de paille provenant de la paillasse du lit et la faire brûler le jour du carnaval dans l'intérieur des maisons. »
Le Charme (Loiret), com. par M. L. Beauvillard.

« A Lucé dans la Perche on attribue aux tisons des feux de Saint Jean la propriété d'éloigner les puces. »
A. S. Morin. *Le Prêtre et le Sorcier*.

Cf. **Mélusine**, c. 115.

« La première fois qu'on entend chanter le coucou on doit prendre la terre qu'on trouve sous son sabot et la mettre dans son lit. Dans le courant de l'année on n'y trouvera pas une seule puce. »
Laroche-en-Brénil (Côte-d'Or), com. par M. H. Marlot.

« Pour n'être point mordu des puces, il faut dire *och, och*, en entrant dans un lieu où il y en a. »   Thiers, I, 415.

« Flöhe kommen nicht in die betten, wenn man diese am Grün-donnerstag lüftet. »   Oldenbourg, Strackerjan.

2. — « O la couléro del pastissié que couchavo las nieiros emb' un aste (Il ressemble au pâtissier qui, dans sa colère, pour-chassait les puces avec une broche). »
Gard, com. par M. P. Fesquet.

APIS (Genre). L. — L'ABEILLE.

I.

1. — Au latin *apis, apicula,* se rattachent :

AES, ÉES, ES, *plur.* ancien français.
AVETTE, *f.* ancien français. — Côtes-du-Nord, communiqué
par M. P. Sébillot.
AVILLE, *f.* ancien français, Littré.
ABILLO, Aix, Boyer de Fonscolombes.
ABEILLO, Lauragais, com. par M. P. Fagot.
ABEILLE, *f.* français.

Cf. **Ape,** italien. — **Ava,** Rovigno, Ive. — **Avi,** milanais, Banfi. — **Abeja,**
espagnol. — **Abélla,** gallicien, Piñol.

2. — Autres noms de l'abeille :

MOUCHE A MIEL, *f.* français.
MONCHE A MIEL, Champagne, Saubinet.
MOUCHE, MOUCHETTE, MOUCHOTTE, diff. provinces de la France.
MOUCHE D'ABAÏE, Canton d'Escurolles, Texier.
MOINCE DU BON DIEU, *f.* Morvan, Chambure.
MOUHHATTE, Vosges, com. par M. D. Pierrat.
ERLIA, basque, Fabre.
BEDEYO, tsigane du midi de la France, Baudrimont.
GWENANENN, *f.* Finistère, com. par M. Sauvé.

3. — L'abeille femelle dont la seule occupation est de
propager l'espèce est appelée :

MÈRE ABEILLE, MÈRE, REINE, français.
MÈRE DES MOCHES, Côte-d'Or, com. par M. H. Marlot.
BELO, *f.* Toulouse, Poumarède.

Noms étrangers :

Abélla maestra, gallic., Piñol. — **Aguellid** [1] (= le roi), kabyle, Hanoteau.

4. — Les mâles destinés à féconder la reine sont
appelés :

---

[1] Les anciens aussi appelaient roi la mère des abeilles.

BOURDONS, FAUX BOURDONS ([1]), français.
BODIONS, Côte-d'Or, com. par M. H. Marlot.
MOUCHES BÂTARDES, ancien français, Desvaux.

5. — Les abeilles ouvrières sont appelées :

NEUTRES, ABEILLES NEUTRES, OUVRIÈRES, français.

Noms étrangers :

Abejon, espagnol. — Abêllon, gallicien, Piñol.

6. — Le couvain des abeilles est appelé :

NION, NIAU, MIEI PORA, environs de Semur et Morvan, com.
par M. H. Marlot.

A l'état de nymphes les abeilles portent le nom de :

FÈVES, *plur*. français, Desvaux.

7. — L'ensemble d'une population d'abeilles alors qu'elle sort spontanément d'une ruche est nommé :

ESSAIM (du latin *examen*), français.
ESSIAN, ESSION, *m*. Centre, Jaubert.
ESSIAIN ([2]), Le Charme (Loiret), com. par M. L. Beauvillard.
ECHAMI ([3]), Landes, Métivier.
JETON. anc. fr. — Pithiviers (Loiret), com. par M. L. Beau-
villard. — Lorraine. — Franche-Comté.
NAN, Morvan, Chambure.
ABEILLON, *m*. vieux français.

Noms étrangers :

Enxame, portugais. — Enxambre, espagnol.

8. — L'habitation qu'on prépare aux abeilles est appelée :

([1]) On les appelle **faux bourdons** pour les distinguer du genre bourdon
(**bombus**) dont les mœurs ont beaucoup de rapports avec celles des
abeilles.
([2]) On dit **essiâner** = essaimer. — BEAUVILLARD.
([3]) D'où **echamia** = essaimer. — MÉTIVIER.

PANIER A MOUCHES, RUCHE, *f.* français.
RUNCHE, français dialectal, Desvaux.
REUCHON, *m.* Côte-d'Or, com. par M. H. Marlot.
BOUTRON, *m.* Morvan, Chambure.
BRUSC, *m.* Queyras, Chabrand.
BRESCA, Menton, Andrews.
BEUSSE, Plancher-les-Mines, Poulet.
VASSÈLE, Bas Valais, Gilliéron.
CAOUEN, Landes, Métivier.
HIVE, pays de Caux, Collen-Castaigne.
APIÉ, *m.* Bessin, Joret.
BOURNAIS, ancien français.
BOURNA, BOURNAT, *m.* Périgord, *Magasin normand*, juillet 1867,
        p. 40. — Toulouse, Poumarède.

L'ensemble des ruches est appelé :

RUCHER, *m.* français.
LAPIER, *m.* normand, Delboulle.
APIÉI, Médoc, Tourtoulon, *Limite de la langue d'oc*, 1876.
ASI, Plancher-les-Mines, Poulet.
ESIE, *f.* Montbéliard, Contejean.

9. — Faire une récolte de miel et de cire dans une
ruche se dit :

TAILLER, CHÂTRER, COUPER LES ABEILLES, français, Desvaux.
BRÊCHER UNE RUCHE, Aunis, L. E. Meyer.
CURA LAS ABELHOS, Toulouse, Poumarède.
ÉGADYÉ, Bas Valais, Gillieron.

10. — Locution : chargé comme une abeille.

11. — « Ourgulhous coumo uno abelho dins uno peto. »
            Locution limousine, *Armana du Lengado.*

12. — « Il ne faut pas tant faire de bruit ; ce ne sont pas des
abeilles, on ne les assemble pas au son du chaudron. »
            Glossaire de l'ancien théâtre français.

13. — « L'ape succhianu u mele senza guasta i fiori. »
            Proverbe corse, MATTEI.

14. — « Une abeille vaut mieux que mille mouches. »
Com. par M. J. POQUET.

15. — « L'abeille est petite mais elle produit un miel délicieux. »
Com. par M. J. POQUET.

16. — « La douceur du miel ne console pas de la piqûre de l'abeille. »
Com. par M. J. POQUET.

17. — « Ruche sans royne
      Ruche en poine. »
Proverbe vieux français, DESVAUX.

« Abeilles sans reine, enfants perdus. »
Proverbe russe, *Éléments de la langue russe*, 1791.

« On dit des abeilles privées de leur reine qu'elles sont *dimiernées*. »
Wallon, GRANDGAGNAGE.

18. — « Avettes jeûnant,
      Avettes passant (= périssant). »
Proverbe vieux français, DESVAUX.

19. — « A vieille rûche, chandelles du diable (cire noire). »
Proverbe vieux français, DESVAUX.

20. — « Non si può aver il mel senza le pecchie. »
Proverbe italien.

« El havo es dulce, mas pica el abeja. »
Proverbe espagnol.

« Qui veult du miel, faut qu'il seuffre les aes.
Proverbe vieux français.

Cf. le proverbe wolof : « Si tu aimes le miel ne crains pas les abeilles. »
DARD, p. 143.

21. — « Sé l'abèye poun pas quan nâi, — poun nâi (Si l'abeille ne pique pas en naissant, elle ne piquera jamais). »
Vaucluse, BARJAVEL.

22. — « Nam morde a abelha — se nam a quem trata com ella. »
Proverbe portugais, PEREYRA.

23. — « Les abeilles ne deviennent point frelons. »
COTGRAVE.

24. — « Que met tout soun orgen en abillos — risco de grotta los oourillos. »   *Annuaire de l'Aveyron* pour 1842.

« Cu' è riccu d'api e di jumenti — è riccu e nun havi nenti. »
Proverbe sicilien, Pitrè.

25. — « Faignant quèman un bodion = fainéant comme un faux bourdon. »   Environs de Semur, com. par M. H. Marlot.

26. — « A un importun on répond souvent : Vè cri du miei de bodion, c.-à-d. : va chercher du miel de faux bourdon, chose qui n'existe pas. »   Côte-d'Or, com. par M. H. Marlot.

27. — « Si les abeilles font leurs *nions* (couvain) de bonne heure, cela annonce une année précoce. »

28. — « A swarm of bees in May
Is worth a load of hay
A swarm of bees in June
Is worth a silver spune ;
A swarm of bees in July
Is not worth a fly. »
Norfolk, Glyde, p. 156.

29. — On dit à propos d'une personne qui possède quelque chose sans qu'on sache d'où elle lui est venue et qu'on soupçonne de l'avoir volée :

« A ges d'abiho, e vèndes mèu? — Sies un lairre, Miquèu! »
Armana prouvençau, 1860, p. 76.

« Miguel, Miguel, nam tens abelhas e vendes mel? »
Portugais, Pereyra.

II.

1. — « Quand les essaims tournoient on leur crie *arame, arame* en frappant sur des poèles. »
Canton d'Escurolles, Texier.

« C'est un usage très répandu lorsqu'un essaim prend son essor de s'armer de pelles, poèles et chaudrons et de crier à pleine tête en frappant dessus : *Ah ! Cybèle ! ah ! Cybèle !* jusqu'à ce que cet essaim réuni en peloton se soit fixé dans un arbre. »

Châtelleraud. L'abbé LALANNE. *Histoire de Châtelleraud* 1859, I. 55.

« Quand un essaim est sorti et suspendu à une branche, on lui prépare une demeure en la frottant à l'intérieur avec des feuilles de fèves enduites de miel. On étend une toile blanche sous l'arbre où l'essaim est posé; on y met la ruche, inclinée de manière à ce que l'ouverture soit libre; on coupe la branche; on la secoue fortement sur la toile, et une fois les abeilles tombées, on frappe sur la planchette, en disant très vite : *Appelle, appelle, mère, appelle!* Si la ruche plaît aux mouches, elles y vont, se suivant toutes, filant pour ainsi dire comme de l'eau qui coule. »

Périgord, *Magasin normand*, juillet 1867, p. 41.

« Les Kabyles n'ont pas l'habitude d'arrêter les essaims sur des instruments bruyants. Ils se contentent de siffler et de jeter de la poussière en criant : *pose-toi, roi, les autres se poseront.* »

HANOTEAU. *La Kabylie.*

2. — Quand le maître de la maison est mort il est d'usage dans toute la France d'annoncer ce décès aux abeilles et de couvrir les ruches d'un crêpe noir. Sans cette précaution, les abeilles périraient.

3. — « Poser à chaque ruche une branche de buis que l'on a fait bénir à la messe le jour des Rameaux et que l'on a rapportée chez soi sans parler à personne donne le pouvoir de faire essaimer les abeilles à volonté. »

Le Charme (Loiret), com. par M. L. BEAUVILLARD.

4. — « Le jour de l'Invention de la Sainte Croix on plante au sommet de chaque ruche une petite croix de coudrier ou d'aubépine bénite à la messe. » Loiret, com. par M. L. BEAUVILLARD.

5. — « Le jour du Vendredi-Saint on place sur chaque ruche une petite croix bénite, en cire, afin d'empêcher les abeilles de quitter la ruche. »

Val d'Ajol (Vosges), MONTÉMONT. *Voyage à Dresde et dans les Vosges.*

6. — « Si une ruche essaime le jour de la Fête-Dieu, le jeune

essaim ne manquera pas de construire dans sa nouvelle ruche un
gâteau qui aura la forme d'un ostensoir. »

ROUVEROY. *Le petit marchand forain.*

7. — « Dans la nuit de Noël on entend les ruches d'abeilles
célébrer par un cantique merveilleux la naissance du Sauveur. »

J. OLIVIER. *Le canton de Vaud,* I. 327.

« It was a belief that bees in their hive emitted a buzzing sound
exactly ad midnight on the last day of the year. That was the
hour of the Saviour's birth. »   Écosse, GREGOR.

8. — « On *coupe les mouches* (c.-à-d. : on leur ôte leur miel)
le jour de la Chandeleur, qui est le jour de leur fête. »

Côte-d'Or, com. par M. H. MARLOT.

9. — « On croit généralement que si une fille n'a pas conservé
sa chasteté, les abeilles la reconnaitront entre mille et la
piqueront ([1]). ».

« Les abeilles et les guêpes ne piquent que les coureurs de filles. »

Deux-Sèvres, SOUCHÉ.

Dans les œuvres de Plutarque il y a un chapitre con-
sacré à cette question : *Pourquoi les abeilles lancent-
elles leur aiguillon contre les gens débauchés ?*

« Jurer, prononcer des paroles impures devant les abeilles
les font périr. Il en est de même si on dit du mal d'elles. »

Différentes provinces de la France.

« Les abeilles piquent les jureurs. — Si les maîtres de la maison
n'ont pas de religion elles abandonnent leurs ruches ou périssent. »

Côte-d'Or, com. par M. H. MARLOT.

10. — « On ne doit jamais acheter ni vendre les abeilles, sous
peine de les faire périr. On peut les échanger contre un objet de
même valeur. »

11. — « On ne doit pas se disputer à propos des abeilles, ça
les fait dépérir. »

Lorient, recueilli personnellement.

[1] Cf. « It was a common opinion that bees did not thrive with those
who had led an unchaste life. » — Écosse, GREGOR.

« Quand le désaccord règne dans la maison, les abeilles s'en vont. »
Deux-Sèvres, SOUCHÉ.

12. — « Wer sagt *die bienen fressen*, der hat kein *gfell* (= glück) damit; man soll sagen *essen*. »
Canton de Berne, ROTHENBACH, p. 36.

« Während man bei den übrigen thieren, wenn dieselben verenden, sagt : *sie sind hingeworden* sagt man von den *bienenstöcken*, wenn sie zu grunde gegangen sind *sie sind abgestorben.* »
Basse-Autriche, BLAAS.

13. — « Saint Pierre est préposé aux abeilles; là où il a une chapelle on lui apporte en présent de la cire. »
Lorient, recueilli personnellement.

14. — « Compter les ruches à miel porte malheur. »
Landes, MÉTIVIER.

15. — « To find a swarm of bees in a hedge or for a strange swarm to settle in your garden, is looked upon as a sign of extraordinary good fortune. »
West Sussex, LATHAM.

16. — « Rêver d'abeilles, signe de malheur. »
Côte-d'Or, com. par M. H. MARLOT.

17. — « Celui qui tue une *moche ai miei* est puni par le bon Dieu. »
Côte-d'Or, com. par M. H. MARLOT.

18. — « If bees make their nest in the roof of a house, none of the daughters born in that dwelling will marry. »
West Sussex, LATHAM.

19. — « Les Kabyles prétendent qu'on trouve dans une ruche des prédictions pour tous les événements remarquables de l'année : grêle, sauterelles, abondance, disette, etc. — La grêle est représentée par des boulettes de cire grosses comme du plomb de chasse; les sauterelles, par une statuette de sauterelle; l'abondance par un grand vase, etc. »
HANOTEAU. *La Kabylie et les coutumes kabyles*, t. I, p. 450.

20. — « Lorsqu'une ruche n'est pas tenue proprement ou que le nombre des abeilles n'est plus suffisant, il se développe dans la

cire un ver gros comme le doigt, blanc et à tête noire, qui mange le miel, la cire et la ruche elle-même. Ce ver se nomme en kabyle *thanoulia.*

D'après une croyance populaire, les ruches sont infailliblement envahies par le *thanoulia,* si on les touche pendant le *Nizzan,* période de 14 jours qui comprend les 7 derniers jours d'avril et les 7 premiers jours de mai. »

HANOTEAU. *La Kabylie et les coutumes kabyles,* t. I, p. 452.

21. — « Le roy des avetz n'a esguillon. »

Proverbe du XVI⁰ siècle, LEROUX DE LINCY.

C'est une erreur, *le roi des abeilles* que nous appelons aujourd'hui *la reine des abeilles* a un aiguillon.

VESPA VULGARIS. L. — LA GUÊPE.

I.

1. — VESPA, Menton, Andrews.

BÈSPO, *f.* Tarn, Gary. — Toulouse, Poumarède. — Lauragais, com. par M. P. Fagot.

VESPO, *f.* Languedoc, *Armana de Lengado* pour 1878.

GUESPO, *f.* Gers, Cénac-Moncaut. — Aix, Boyer de Fonscolombes. — Queyras, Chabrand.

GUÊPE, *f.* français.

MOUCHE-GUÊPE, Bouilly (Loiret), com. par M. J. Poquet.

GOUÊPE, Reims, Saubinet.

GUÊPRE, *f.* Côte-d'Or, com. par M. H. Marlot.

VÊPRE, *f.* Plancher-les-Mines, Poulet. — pays de Bray, Decorde. — Champagne, Grosley.

VRÊPE, Bray, Decorde. — cauchois, Collen-Castaigne.

VOUÊPRE, *f.* Montbéliard, Contejean. — Le Mesnil-sur-Oger (Marne), com. par M. A. Béthune.

VOUIÈPRE, Montbéliard, Contejean.

VOEPE, Marne, Tarbé.

VÉÉPE, Vagney, Vosges, com. par M. D. Pierrat.

VÉPA, Tarentaise, Pont.

VÉPE, VÈPE, Bayeux, Pluq. — pic., Corblet. — St-Amé, Thiriat.

OUIPPA, *f.* VOUIPA, *f.* VUIPPA, VOUËPPA, Suisse romande, Bridel.

WÎPA, Bagnard, Gruyère, Cornu.

OUÉIPA, Bas Valais, Gilliéron.

GÊPE, Centre, Jaubert.

JAIPE, Vienne, Lalanne.

GÉBRATE, GÉBROTE, Le Tholy, Thiriat.

YÊPE, Saintonge, Jônain.

NIÉPE, *f.* Morvan, Chambure.

VÔSSE, Meuse, Cordier.

VOISSE, Ban de la Roche, Oberlin.

VOISE, Vosges, Richard. *Mémoires de la Société des Antiquaires*, VIII, 122.

UESSE, UECHE, WESSE, *f.* Mons, Sigart.

GWESPEDENN, *f.* Finistère, com. par M. Sauvé.

GRAIVOLON, Canton de Flavigny (Côte-d'Or), c. par M. H. Marlot.

BÊCO, limousin, Foucaud.

VÉCHPÉRE, La Bresse (Vosges), com. par M. D. Pierrat.

TENEPPE, Béthune, Corblet.

MARRIDEI ABILLO, Bouches-du-Rhône, Villeneuve.

MALOT, Flandre française, Vermesse.

PÎMPERNUCHE (¹), Guernesey, Métivier.

LIZTAFIÑA, basque, Fabre.

Noms étrangers :

Vespa, gallicien, Piñol; roumain, Cihac. — Avispa, espagnol.

2. — Locution :

« Taquin comme une guêpe. »
> VARIN, *Un drôle de pistolet*, comédie représentée au Palais-Royal en 1854.

« On dit de quelqu'un qui est mutin : es uno vespo. »
> Gard, com. par M. P. FESQUET.

3. — « Année de neige, année de bon grain,
Année de guêpes, année de bon vin. »
> Côte-d'Or, *Statistique de la France*.

4. — Dans L. Noir, *la Belle Marinière*, on trouve *guêpe*

(¹) Ainsi nommée à cause de ses bigarrures. — MÉTIVIER.

dans le sens de *jeune voyou*. Ce mot d'argot semble expliquer la forme plus usitée *gouape*.

II.

1. — « The first wasp seen in the season should always be killed. By so doing you secure to yourself good luck and freedom from enemies throughout the year. »

Notes and Queries, II. 165.

2. — « On fait des prières à Sainte Agathe pour les piqûres de guêpes. »

Liège, A. Hock, III. 184.

Formule suédoise pour conjurer les guêpes :

> « Getingen aer den vaersta orm
> Som i verlden aer,
> Haer skal du vara
> Och aldrig laengre komma,
> Mig skal du aldrig vala. »

Moman. *De superstitionibus hodiernis*, 1750.

VESPA CRABRO. L. — LE FRELON.

1. — Vespan, Menton, Andrews.
Brespe, Bayonne, Lagravère.
Vespo guêpo, Bouches-du-Rhône, Villeneuve.
Tavan, Dauphiné, Champollion-Figeac.
Tahon, *m.* Lille, Debuire du Buc.
Talaina, *f.* Suisse romande, Bridel.
Taleno, Gard, com. par M. P. Fesquet.
Talène, *f.* vaudois, Callet.
Alabroun, Garabroun, provençal moderne, Castor.
Boussaloun, Gers, Cénac-Moncaut.
Boussaillon, Landes, Métivier.
Fourçélou, Fourçalou, Lauragais, com. par M. P. Fagot.
Foussalou, Toulouse, Poumarède.
Foussoulou, *m.* environs de Montpellier, *Revue des langues romanes*, 1877. p. 138.
Liabou, Velay, Haute-Auvergne, Deribier de Cheissac.

CABRIDAN, Bouches-du-Rhône, Villeneuve.

CABRÏAN, provençal moderne, Castor.

CHABRIAN, provençal moderne, Azaïs.

GRAOULË, Languedoc, Sauvages.

GRAVALON, Bresse châlonnaise, Guillemin. — Franche-Comté, Dartois. — Neuchâtel, Bonhôte.

GRAIVELON, GRAV'LON, GRÔVOLON, Franche-Comté, Dartois.

GROV'LON, GRAOULÉ, Franche-Comté, Dartois.

GRANVOLLON, GRANVALLON, *m.* Montbéliard, Contejean.

GOURLON, GROLLON, Centre, Jaubert.

GRÔLON, Canton de Flavigny (Côte-d'Or), com. par M. H. Marlot.

FOULON, Pays de Bray, Decorde.

FOLAN, *m.* pays messin, recueilli personnellement.

FULON, FEUILLON, Bayeux, Pluquet.

FEÛYON, FIEÛYON, Bessin, Joret.

FRELON, FRÉLON, *m.* français.

FREULON, Haut-Maine, Montesson.

FEURLON, environs de Semur (Côte-d'Or), com. par M. H. Marlot.

FERLON, Marne, com. par M. A. Béthune.

FRÔLON, Saint-Germain-de-Modéon (C.-d'Or), c. par M. Marlot.

FROLON, Loiret, com. par M. J. Poquet.

FRONDON, *m.* Plancher-les-Mines, Poulet. — Montbéliard, Contej.

BURGAU, limousin, Foucaud.

BURGAUD, BREGAUD, Poitou, Beauchet-Filleau.

BREGAUD JAUNE, Poitou, Lalanne.

BREGOT, Allier, com. par M. Ern. Olivier.

BRAHON, BRÉHON, picard, Corblet.

FIACON, Vosges, com. par M. D. Pierrat.

HOÉRNAT (¹), Ban de la Roche, Oberlin.

BESANTÈNNA, *f.* Lons-le-Saulnier, Dartois.

GUICHÉ, *m.* Morvan, Chambure.

MALOT, wallon, Grandgagnage.

MALETON, rouchi, Hécart.

LICHTORRÁ, basque, Fabre.

SARDONENN, *f.* Finistère, com. par M. Sauvé.

Noms étrangers :

Crabro, latin. — Calabrone, Scalabrone, italien. — Galavron, milanais, Banfi. — Crabon, gallicien, Piñol.

(¹) Cf. les formes all. citées par Nemnich : Horniss, Horneis, Hornaus, Harnischer, Hornse, Hornte, Hornke, et le hollandais Hornaar.

2. — Le nid de frelon est appelé :

FOUSSALOUGNERO, Toulouse, Poumarède.
BRIGAUDIÈRE, BREGAUDIÈRE, Poitou. — Berry.

3. — Le dard de frelon est appelé :

HISSOUN, Landes, Métivier.

4. — « Il ne faut pas émouvoir les frelons. »   Proverbe.

On trouve dans Plaute l'expression :

« *Irritare crabrones.* »

«*Stuzzicare i calabroni* vale *provocare colui che ti può nuocere.* »
                                        Locution italienne.

5. — «Mettere un calabrone in un orecchio altrui, che è alquanto
più che mettere una pulce in un orecchio ; e vale *dare un gran
sospetto.* »   Locution italienne.

6. — « Conoscere il calabron nel fiasco, che vale aver aperti gli
occhi, conoscer bene. »   Locution italienne.

7. — « Enfurounat coum' uno taleno = courroucé comme un
frelon. »   Gard, com. par M. P. FESQUET.

BOMBUS (Genre). — LE BOURDON.

1. — BOURDOU, *m.* Tarn, Gary.
BOURDON, *m.* français.
BOUDON, Vosges, com. par M. D. Pierrat.
BODION, Cernois près Semur (Côte-d'Or), com. par M. H. Marlot.
BONDON, pays messin, rec. pers. — Haute-Marne, Tarbé. —
        Langres, Mulson. — Ménétreux-le-Pitois (Côte-d'Or),
        com. par M. H. Marlot.
BRONDON, Franche-Comté, Dartois.
FRONDON, *m.* Montbéliard, Contejean.
MOINCE BOURDONIÈRE (= *mouche bourdonnière*), Morvan,
        Chambure.
BORNIÈRE, Saint-Germain-de-Modéon (Côte-d'Or). com. par
        M. Marlot.

MALOT, MÀLOT, Meuse, Cordier. — Reims, Saubinet.

MASLOT, Ardennes, Tarbé.

MALTON, Vosges, com. par M. D. Pierrat. — wallon, Grandg.

MELON, Saintonge, Jônain.

MOUAIROT, provençal moderne, Castor.

GORLON, GOURLON, GOLERON, *m.* Morvan, Chambure.

ABEILLARD, BOUSOUN, Lauragais, com. par M. P. Fagot.

ABILLO FERO, Bouches-du-Rhône, Villeneuve.

MOCHE VOULUE (= *mouche velue*), Saint-Germain-de-Modéon
   (Côte-d'Or), com. par M. H. Marlot.

BURJAUD, Poitou, Lalanne.

ALUNE, *f.* Centre, Jaubert.

TANNETTE, *f.* (= bourdon jaune et noir) Suisse romande,
   U. Olivier. *Une voix*, etc. p. 32.

KELIENENN FROM (= mouche qui bourdonne), Finistère, com.
   par M. Sauvé.

Noms étrangers :

Bummer, Banffshire, Gregor. — **Aardhommel**, holl. — **Hummel, Erdhummel**,
allemand.

2. — « On dit d'une personne qui maugrée ; *elle bodienne ; —
quée bodion !* »   Environs de Semur, com. par M. H. MARLOT.

« Dans la Franche-Comté, bourdonner se dit : *brondená* (DARTOIS).
— En italien on dit : *rombare, rombazzare, rombeggiare* (DUEZ). »

3. — « En all. *tolle hummel* = personne farouche ; *der Hum-
meln im Steisz hat* = homme inquiet (POËTEVIN). »

« En vaudois *bordon* = grognon (CALLET). »

FORMICA (Genre). — LA FOURMI.

I.

1. — Au latin *formica,* * *formicus* se rattachent :

FOURMIGA, *f.* provençal moderne, Honnorat.

FOURMIC, Lauragais, com. par M. P. Fagot.

FOURNIGA, *f.* Lausargues (près Montpellier), *Revue des langues romanes*, VII, 341.

FOURNIGO, *f.* provençal moderne, languedocien.

FOURNIGUETA, *f.* Montpellier, *Rev. des langues rom.* 1871, p. 294.

FROUMICHE, FRUMIHË, wallon, Grandgagnage.

FOURMICHE, *f.* Mons, Sigart. — rouchi, Hécart.

FOURMISSE, rouchi, Hécart.

FRUMICH, FROUMICHE, Liège, Forir.

FRIMOUCHE, FRUMOUCHE, FROUMOUCHE, wallon, Grandgagnage.

FREMISE, *m.* Queyras, Chabrand.

HOURMIGO, *f.* Gers, Cénac-Mon. — Bagnères de B., rec. pers.

HOURMIC, *m.* HOURMIGUE, *f.* Auch, Abadie.

ARROUMIGUE, ARROUMITS, Bayonne, Lagravère.

FROUMIT, *f.* Villeneuve-sur-Lot, *Revue des langues romanes*, 1873, 2ᵉ livre p. 271.

FORNIGORA, Menton, Andrews.

FERMILLE, FRÉMIE, pays de Bray, Decorde.

FOURMILLE, Charente-Inférieure, Chapelot, *Contes balzatois*.

FREMIE, FROUMIE, Côte-d'Or, com. par M. H. Marlot.

FOURMI, *f.* français.

FROMI, *m.* ancien français. — différents patois.

FROUMI, *m.* ancien français. — Les Fourgs, Tissot.

FREMI, *f.* Yonne, Cornat.

FREMI, *m.* pays messin, rec. pers. — Bourg., Migu. — Suisse romande, Bridel.

FEURMI, Vosges, com. par M. D. Pierrat.

FIRMIS, Tulle, *Revue des langues romanes*, oct. 1877, p. 179.

FIRMI, Tulle, Béronie.

FREMION, ancien français. — picard, Corblet.

FROMION, *m.* Hainaut, Pierart, *Guide du Touriste*.

FOUARMION, Guernesey, Métivier.

FROUMION, picard, Corblet.

Cf. **Formica**, it. — **Formiga**, mil. Banfi ; gallic. Piñol. — **Hormiga**, esp. — **Furmeiga**, Rovigno, A. Ive, — **Firmija**, Montferrat, Ferraro, *Canti Monferrini* — **Formigola**, vénitien. — **Furnica**, roumain, Cihac.

2. — Autres noms de la fourmi :

SICOUNO, Gard, com. par M. P. Fesquet.

MARE, MAROUAS, MASE, MASET, *m.* MASETTE, *f.* Centre, Jaubert.

MASOUAIS (= esp. de grosse fourmi), Centre, Jaubert.

MAZÉDÀ, Haute-Auvergne, Labouderie.

AMAZÉDA, Velay, Haute-Auvergne, Deribier de Cheissac.
MERIENENN, *f.* breton, Troude.
MERIONENN, *f.* Vannes, Tréguier, Troude.
MERIANENN, Audierne, com. par M. Sauvé.

3. — Noms étrangers de la fourmi :

Emmerteen, Banffshire, Greg. — Mooratoog, Shetl. Edm. — Pismire, *Hundred of Londsdale*, Peacock. — Mire, angl. — Ohmeise, Mulhouse, Dollfus. — Mig immken, Oldenbourg, Strack. — Migemken, 'bas allemand (de la racine migen = pissen). — Menvionen, vieux cornique D'Arbois de Jubainville.

Voir dans *Transact. of the phil. Soc. 1858*, p. 94 un article de M. Adams dans lequel sont réunis les noms germaniques et anglo-saxons de la *fourmi* et de la *fourmilière*.

Sur l'étymologie de l'anglais *pismire*, voy. *Notes and Queries*, X, 398.

4. — La fourmi ailée, c.-à-d. la fourmi mâle à une certaine époque, est appelée :

ARUDO (¹), prov. mod. *Bull. de la Soc. prot. des an.* VIII, 305.
ALLUDRE, anc. prov. *Capitouls de la Cadière*, dans *Bull. de la Soc. des Sciences du Var*, 1851, p. 84.

5. — Le nid des fourmis s'appelle :

FOURMILIÈRE, *f.* français.
FREMELLHIRA, Suisse romande, Bridel.
FRÈMILIÈRE, pays de Bray, Decorde.
FREMIGÈRE, poitevin, Beauchet-Filleau ; *Canard poitevin*, p. 9.
FOURMIOUGNIÈRE, Guernesey, Métivier.
FREMIÈRE, Côte-d'Or, com. par M. H. Marlot.
FROMIÈRE, *f.* anc. fr. *Œuvres d'Eustache Deschamps*, éd. Queux de Saint-Hilaire I. 317.

(¹) On se sert de l'arudo pour amorcer des pièges appelés arbarestes, destinés à prendre les petits oiseaux. — Provence.

FRUM'HIN, wallon, Cambrésier. — Liège, Forir.

FREMIURE, pays messin, recueilli personnellement.

FREMIZIER, *m.* Queyras, Chabrand.

FOURMISIÈRE, rouchi, Hécart.

FREMYÀ, Bas Valais, Gilliéron.

FREUMIÈYE, pays messin, Jaclot.

FIRMIDZIÉ, Tulle, Béronie.

ARROUMICADE, Bayonne, Lagravère.

MAZEDIÉ, Haute-Auvergne, Labouderie.

MASILLIÈRE, MASOUAILLÈRE, MASETIÈRE, *f.* Centre, Jaubert.

6. — « Quand quelqu'un lâche beaucoup de vents, on dit qu'*il a mangé des œufs de fourmi.* »

LEROUX. Dictionnaire comique.

7. — « On dit qu'*un homme a des œufs de fourmi sous les pieds,* lorsqu'il ne peut demeurer en place, qu'il a grande envie de marcher. »   LEROUX. *Dictionnaire comique.*

8. — « *Rendre quelqu'un plus petit qu'une fourmi* signifie l'humilier beaucoup, ou le ruiner. »

LEROUX. Dictionnaire comique.

« Quand un homme se tient dans une grande soumission devant un autre, on dit qu'*il est plus petit qu'une fourmi devant lui.* »

LEROUX. Dictionnaire comique.

9. — « On dit d'une personne qui possède quelque chose par grandes quantités *qu'elle en a autant qu'il y a de fourmis dans une fourmilière.* »   Côte-d'Or, com. par M. H. MARLOT.

10. — « Ne pas avoir la force de tuer un formy. »

Glossaire de l'ancien théâtre français.

11. — « Restes pas de samena per leis fourniguos (que les fourmis ne t'empêchent pas de semer; qu'un petit inconvénient ne t'empêche pas de faire ton devoir). »

Bouches-du-Rhône, VILLENEUVE.

« Per lei fournigue, fôou pa rèsta dé samena. »

Vaucluse, BARJAVEL.

12. — Locution du Warwickshire :

« *On an ant's foot* c.-à-d. : en très peu de temps, en un clin d'œil. »
ADAMS, *Trans. phil. Soc.* 1858.

13. — « Le moindre formy s'enfle souvent de colère. »
Glossaire de l'ancien théâtre français.

« Cada hormiga tiene su ira. »   Proverbe espagnol.

« Ameisen haben auch galle. »   Proverbe allemand.

« Ook de mieren hebben hare koppen. »   Proverbe hollandais.

« Als is uw vijand maar een mier,
Nog acht hem als een gruwsam dier. »
Proverbe hollandais.

14. — « Ogni formica ama il suo buco. »
Italien, PESCETTI.

15. — « Deu Deos azas à formiga, pera se perder mais asinha. »
Proverbe portugais.

« Quannu la furmicula mette l'ali, allura mori. »
Proverbe sicilien, REINSBERG.

16. — « En boca tancada no hi entra mosca ni alada (En bouche fermée il n'entre ni mouche ni fourmi ailée). »
Proverbe catalan.

17. — « Le formiche non vanno a granai voti. »
Proverbe italien, ARRIVABENE.

18. — « Avere la formica ad una cosa vale pretendere ad essa, averne il baco. »   Locution italienne.

II.

1. — « Détruire les fourmilières porte malheur. — Un pâtre qui le ferait perdrait ses vaches. »
Vic-de-Chassenay (Côte-d'Or), com. par M. H. MARLOT.

2. — « Si vous connaissez un nid de merle n'en parlez pas à l'intérieur de la maison, sinon les fourmis le connaîtront et iront immédiatement manger les jeunes merles. »
Coussac (Haute-Vienne), com. par M. G. MALLOIZEL.

« Quand on sait où est un nid il ne faut pas le dire près d'un ruisseau parce que les fourmis iraient le détruire. »

> A. De Chesnel, *France littéraire*, déc. 1839, p. 23.

Cf. ci-dessus, p. 37, § 19.

3. — « Lorsqu'un campagnard est atteint d'une fièvre tierce on fait cuire un œuf dans son urine ; on va cacher cet œuf au fond d'un bois, dans une fourmilière. La maladie décroît à mesure que l'œuf est rongé par les insectes. »

> **Pays de Liège, Rouveroy.** *Le Petit marchand forain.*

« On guérit la fièvre en mettant dans des fourmilières des œufs et 77 boulettes de pain. »

> Saar-Union, *Journal d'Alsace*, 1875.

4. — « Pour se faire aimer il faut mettre une grenouille vivante dans un nid de *chiens-haies* ([1]) (espèce de grosse fourmi). Quand la grenouille sera disséquée cherchez-y deux os formant la fourche; ce talisman forcera la personne que vous aimez à vous payer de retour. »

> Liège, Hock, III, 242.

5. — « Si l'on bouleverse une *masetière* en temps de sécheresse, c'est un moyen infaillible de faire venir la pluie. »

> Centre, Jaubert.

6. — « *Far formica di sorbo* (faire la fourmi du cormier, qui ne sort point encore que l'on bucque, c.-à-d. : faire la sourde oreille, ne respondre rien, encore qu'on soit interrogé). »

> Locution italienne, Duez.

7. — *Gasconnade :*

« Oh ! vois donc cette fourmi à la cîme de cette montagne. — Oui, c'est vrai, moi, je l'entends très distinctement. »

> Ardèche, recueilli personnellement.

« En télugu, on dit d'un homme qui est toujours sur ses gardes, qu'il entendrait marcher une fourmi. »   Voyez Carr, *Prov.* 1427.

8. — « *Atteler des fourmis*, c.-à-d. : faire une chose impossible. »

> Quitard.

([1]) Cette fourmi est appelée **Waldhengst** dans la Suisse allemande, selon Lütolf, p. 259.

9. — « Formica, ò danari, ò briga (si suol dire, quando si vede una formica addosso a uno). »   Italien, PESCETTI.

10. — « La furmica si carria lu frumentu, e la cicala si lu mancia. »   Proverbe sicilien, REINSBERG.

11. — Sur la fable de La Fontaine *La Cigale et la Fourmi* et les quarante-quatre auteurs qui ont traité ce sujet avant lui, voyez *Œuvres d'Eustache Deschamps*, éd. par M. Queux de Saint-Hilaire, I, 399, *notes*.

12. — Dans les contes, la fourmi à laquelle un service a été rendu, se montre toujours reconnaissante. Voy. par ex. : LUZEL, *I*ᵉʳ *rapport*, p. 115, *V*ᵉ *rapport*, pp. 6 et 36 ; Cosquin, *Contes lorrains,* pp. 254, 255, et P. Sébillot, *Contes*, p. 62.

13. — « Les enfants font une malice avec les fourmis. Ils se demandent l'un à l'autre : *connais-tu la mère des fourmis ?* Quand il se trouve un niais qui répond *non*, l'espiègle qui a fait la question cherche un nid de fourmis et tout en faisant semblant de regarder attentivement pour voir *la mère*, il prend une poignée d'œufs et de fourmis qu'il jette dans les yeux de l'ignorant en lui disant : *la voilà !* »
Vosges, com. par M. D. PIERRAT.

14. — Les enfants récitent à la fourmi la formulette suivante :

« Mamm al labour vraz
A labour hirio evit warc'hoaz.
(C.-à-d. : Mère du grand labeur — qui travaille aujourd'hui pour demain). »   Breton du Finistère, com. par M. SAUVÉ.

15. — Un conte esthonien publié dans *Das Inland*, Dorpat, 1858, p. 38 (le *Magasin pittoresque*, 1865, p. 127 en donne la traduction) explique pourquoi le dos de la fourmi est si mince : C'est depuis que le bon Dieu lui a appliqué sur l'échine un bon coup de bâton pour avoir accusé à tort les pâtres de certain méfait.

16. — Il existe à la Guyane française une espèce de fourmi très méchante appelée (par les Européens ?) *fourmi flamande (flammant*, selon le naturaliste Barrère).

Cette fourmi joue un rôle important dans certaines fêtes des sauvages de la Guyane :

« Vers le milieu du jour, et avant que le *cachiri* (boisson enivrante) eût produit ses derniers effets, les femmes furent appelées pour assister à l'application des *fourmis flamandes*. Les Indiennes, je l'ai déjà dit, ne se laissent jamais aller à l'abus des boissons et ne se mêlent point aux danses des hommes, bien que ces danses, en raison même de leur absence, ne présentent rien d'indécent et ne se composent que d'images guerrières. Mais l'Indien tient à faire parade devant elles du courage avec lequel il affronte les doulou- reuses morsures de ces insectes. Ces fourmis, de la grosseur d'une guêpe, sont attachées, par groupes de cinq ou six, au moyen d'un lien qui ne leur laisse d'autre liberté que celle de mordre : elles sont, en outre, privées depuis quelques jours de nourriture, afin d'exciter leur fureur. C'est dans cet état que les Sauvages, pour s'aguerrir aux souffrances et montrer leur mépris de la douleur, les appliquent sur les parties les plus sensibles du corps. Quelque soit l'empire qu'ils exercent sur eux-mêmes, ces horribles morsures leur arrachent des cris aigus et sont suivies de tumeurs généra- lement accompagnées de fièvre. Les Indiens qui ont volontairement accepté l'application des insectes, ont le droit de l'imposer aux autres et de les soumettre à leur tour à ce supplice. Les excitations que s'adressent ceux qui s'offrent spontanément aux morsures, les applaudissements prodigués au courage des uns, les moqueries provoquées par la faiblesse des autres, les cris échangés entre les patients et les témoins de leurs souffrances, forment un ensemble hideux. »

E. PUECH, La Guyane française, Récits d'un missionnaire,
Revue du monde catholique, 1865.

FORMICA RUFA.

1. — FREMIE ROUSSOTTE, Côte-d'Or, com. par M. H. Marlot.
FREMI ROUSSÔ, Bresse châlonnaise, Guillemin.
RABAXI, Pyrénées-Orientales, Companyo.

2. Locution :

« *Méchant comme un fremi rousso.* »

Bresse châlonnaise, GUILLEMIN.

MYRMELEO FORMICARIUS.

FOURMILION, *m*. français.

LIOUN DAS AFOURMIX, Tarn, Gary.

MANGEO FOURNIGO, Bouches-du-Rhône, Villeneuve.

MANGEA FOURNIGAS, provençal moderne, Honnorat.

LIBELLULA (Genre). — LA DEMOISELLE.

DEMOISELLE, *f*. français.

DAMEISELLO, DAMEISELLETO, Bouches-du-Rhône, Villeneuve.

DAMAYSELLE, Landes, Métivier.

DEMOSELLE, MOSSIEU, Sarthe, com. par M. Aug. Besnard.

DOUMAÎZELO, Tarn, Gary. — Gard, com. par M. P. Fesquet.

DAME DE PARIS, St-Germain-de-Modéon (Côte-d'Or), communiqué par M. H. Marlot.

PRÊTRE, Gien, com. par M. J. Poquet.

MOINE, Saintonge, Jônain. — Melle, com. par M. Ed. Lacuve. — Orléans, com. par M. J. Poquet.

CAVOLUÉ, MOUNGETO, MOUSCOULO, ROUMPO VEIRÉ, prov. mod., Cast.

MOURDJÊTO, Languedoc, Sauvages.

TREMPO-QUIOU, TRENCO L'AIGO, TRENQUIEIRO, MOURGUETO, DAMÉTO, Gard, com. par M. P. Fesquet.

ESPUGO-SERS, *m*. (m. à m. : peigneur de serpents) Gers, Cénac-M.

CHEVAU-AU-DIABLE, Chef-Boutonne, Beauchet-Filleau.

MÂRTAI-DIÀL, MÀRTAI D'DIAL, wallon, Grandgagnage.

MAURTIA D'ÀRM, Namur, Grandgagnage.

ARROUTRESSE, *f*. Guernesey, Métivier. *Dictionnaire des rimes*.

GODE D'U, picard, Corblet.

PAHH ARAILLE (= perce oreille), Vagney, com. par M. D. Pierrat.

PISSE EN Z'YEUX (1), Lyon, Molard.

---

(1) Le peuple attribue à la libellule la faculté de faire jaillir une matière liquide dans les yeux de ceux qui la poursuivent. — MOLARD.

SAUTERALLE AI OLE (m. à m. : sauterelle à aile), Montigny-sur-Armançon (Côte-d'Or), com. par M. H. Marlot.

BIBACHE, picard, *Romania*, VIII, 230.

GARDO D'AIGO, Lauragais, com. par M. P. Fagot.

GUIBLET, Eure-et-Loir, com. par M. J. Poquet.

AIGUILLETTE, français du Finistère, com. par M. Sauvé.

NADOZ EAR, *f.* (m. à m. : aiguillé de l'air), breton, Troude.

NADOZ AER (¹) (= aiguille-serpent), toute la Bretagne, com. par M. Sauvé.

DANTROSS, environs de Lorient, recueilli personnellement.

Noms étrangers :

Corrogolo, Brendola, Donnola, Barbello, it., Duez. — Cevettone, Libella, Saetta. it., Nemn. — Zittone, Ravenne, Nemn. — Nadadora, Nadadera, esp., Nemn. — Caballito del diablo, Aragon, Nemn. — Dragon fly, Lady fly, Ballance fly, Adderbolt, angl. Nemn. — Bullstang, Cumberland, Nemn.; *Hundred of Londsd.* Peacock. — Hoss stinger (²), Dorset, Barnes. — Trollstánda, suéd., Nemn. — Guldsmed, Jomfrue, danois, Nemn. — Ormstyng, norvég., Nemn. — Juffer, Juffertje, Libel, Puistebyter, Rambout, Sparren, Koorebout, Skarbout, Nayer, holl., Nemn. — Teufelsgrossmutter, Meggen (Suisse all.), Lütolf. — Die Libelle, Die Nympfe, Die Jungfer, Die Wassernympfe, Die Wasserjungfer, all., Nemn.; Provinzialbenennungen sind : Schillebold, Schillerbold, Schillebolz, Wasserhure, Wasserdocke, Drachenhure, Grasmetze, Teufelspolz, Teufelsnadeln, Bolz, Gaaspeerd, Ridderpeerd, Reerer, Mohrman, Kornbeisser, Schlangenstecher, Glaser, Schneider, Schleifer, Wildpferd, Wassermann, Wasserpfau, Pfaufliege, Pfaff, Pfaffenköchin, Perle, Wägle, Wagkerderle, Augenschiesser, Kameel, Otterkopf, Schuhflicker, Hure, Verfluchte jungfer, Teufelspferd, Des Teufels Reitpferd, Heupferd, Gottessperling, Spinnejungfer, Schurschotte, all., Nemn.

PHRYGANE (Genre). L.

La larve de cet insecte employée par les pêcheurs comme amorce est appelée :

CHARRÉE, PORTE BOIS, PORTE FEUILLES, PORTE SABLE, français.

PORTEFAIX, CHERFEUIL, CHÊNEFER, CHERFAIX, CAZET, franç. dial.

(¹) M. Sauvé, savant celtiste, m'écrit que **nadoz aer** (aiguille serpent) est la vraie forme et que la forme poétique **nadoz ear** (aiguille de l'air) semble être une méprise des littérateurs. Le paysan breton, ajoute-t-il, assure que la piqûre de la libellule est aussi dangereuse que celle du serpent et il ne manque pas d'ajouter que la **méchante mouche** n'a pas volé son nom.

(²) Dans ce mot **hos** = **horse**. — Barnes.

AZEROTTE, environs de Dijon, Vallot.
DRAGO, Lauragais, com. par M. P. Fagot.
FRAYER, Marne, com. par M. A. Béthune

Noms étrangers de la phrygane et de sa larve :

Frühlingsfliege, Wassermotte, Wasserfliege, Hülsenmotte, Grashülsenmotte, Wasserwurm, Holzwurm, Strohwurm, Röhrleinswürm, Badermücke, Käder, Käderle, Sprot, Sprockaas, all., Nemn. — Summerfly, Waterfly, Cod bait, Stone bait, Stone fly, angl.

ÉPHÉMÈRE (Genre).

MOUCHE DE MAI, fr. *Journal des chasseurs*, 1869, 2ᵉ sem. p. 191.
BIETTE D'ORAGE, wallon montois, Sigart.
BIBET, VIBET, normand, Le Héricher.
MANES (*plur.*), Poitou, Lalanne.
PORTEFAIX (la larve d'éphémère), Poitou, Lalanne.

« C'est dans le courant de l'été et principalement dans les mois de juin et de juillet que les éphémères se métamorphosent en insectes parfaits. Souvent il en vient une si grande quantité à la fois que tous les environs de la rivière en sont couverts et que l'air en est obscurci. Mais ces essaims d'éphémères ne durent pas longtemps. Comme ces insectes ne vivent souvent que quelques heures, après deux ou trois jours on en est délivré et on voit tout à coup disparaître cette multitude d'insectes dont beaucoup tombent dans l'eau et servent de pâture aux poissons. Aussi, dans certains endroits, les pêcheurs appellent-ils ces insectes *la manne des poissons*. »

GEOFFROY. *Histoire des insectes des environs de Paris.*

BLATTA (Genre).

I.

BLATTE, *f.* CAFARD, *m.* RAVET, *m.* BÊTE NOIRE, *f.* BÊTE PUANTE. *f.* français.
BÊTE A PAIN, Reims, com. par M. A. Béthune.
FOURNEIROOU, provençal moderne, Honnorat.
PANATIÈRO, *f.* BABAROTO, *f.* provençal moderne, languedocien.
PANATARIO, PALLATARIO, PANATIEIRO, Gard, c, par M. P. Fesquet.

BÊTE DES BOULANGERS ([1]), **GRUGEUR**, français dialectal, Cloquet.

BARBOT, *m.* poitevin, Favre.

BABAROT, Lauragais, com. par M. P. Fesquet.

ESCARAVA, Bouches-du-Rhône, Villeneuve.

KAKERLAC, KANKRELAT, français.

CANQUERLIN, NOIROT, Paris, Quatrefages, *Souvenirs d'un naturaliste*, I, 192.

CANKERLA, La Rochelle, recueilli personnellement.

GOUROUFE, GOUROUFLE, normand, Travers.

MARISSIAU, rouchi, Hécart.

MARICHAU, MARICAU, Flandre française, Vermesse.

PAPIN ([2]), Lille, Debuire du Buc.

PAPAN, Guernesey, Métivier.

SORCIÈRE, Laroche-en-Brenil (Côte-d'Or), c. par M. H. Marlot.

Noms étrangers :

Black clock, Yorkshire, Adams. — **Black bess**, Salopsh. Adams. — **Black bob**, Berksh. Ad. — **Blackworm**, Cornwal, Ad. — **Blackdor**, Suffolk, Adams. — **Parson**, Leicestersh, Ad. — **Bete**, Devonsh. Ad. — **Schwabe, Schabe, Torrakan, Kakkerlak, Däne** (= **blatta germanica**), all. — **Schwowe**, Strasbourg, Arnold. — **Proussaki** c.-à-d. : **prussien** (= **blatta germanica**), russe, com. par M. J. Fleury.

II.

1. — « Dans le Lancashire, les blattes sont appelées *thunder-clocks* ; on croit que si l'on marche sur un de ces insectes un coup de tonnerre s'ensuit immédiatement. »

ADAMS, Transact. philol. Soc. 1859, p. 92.

« Il arrive malheur à celui qui tue une *panatario*. »

Gard, com. par M. P. Fesquet.

2. — « En Russie on considère comme un présage de bonheur la présence du *tarakan noir* (= Blatta orientalis) dans les maisons. Lorsqu'un russe change de logement il ramasse tous les *tarakans noirs* qu'il peut rencontrer pour les transporter à son nouveau domicile. »

([1]) C'est surtout chez les boulangers que l'on rencontre cet insecte.

([2]) **Papin** signifie proprement **colle de pâte**. Lorsqu'on écrase la blatte, il sort de son corps une liqueur ressemblant à la colle de pâte, d'où son nom.

« Quand les blattes abandonnent une maison c'est signe de malheur. »
Russie, communiqué par M. Jean FLEURY.

GRILLUS (Genre). — LE GRILLON.

I.

1. — GRILH ([1]), GREILL, *m.* ancien provençal, Raynouard.

GRIL, *m.* anc. prov., Rayn. — limousin, Sauger-Prén. — Montpellier, *Revue des langues romanes*, 1871. — Hérault, Marcel de Serres. — Lauragais, com. par M. P. Fagot.

GREL, *m.* Béziers, *Rev. des langues rom*, juillet 1877, p. 239.

GRILL, *m.* Audierne, com. par M. L. F. Sauvé.

GRILLEU, Bussy-le-Grand (Côte-d'Or), com. par M. H. Marlot.

GRILLOT, *m.* Côte-d'Or, com. par M. H. Marlot. — Haute-Marne, Mulson. — Plancher-les-Mines, Poulet. — Jura, Ogérien.

GRILLÔ, GRILLAU, Bourgogne, Mign. — Le Charme (Loiret), com. par M. L. Beauvillard.

GRIOT, *m.* Lunéville, Oberlin.

GRIYA, *m.* Pays messin, recueilli personnellement.

GUERIAT. Ban de la Roche, Oberlin.

GUÉRIAT, Vagney, com. par M. D. Pierrat.

GRILIOT, *m.* rouchi, Hécart.

GREILLOT, Morvan, Chambure.

GRELET, *m.* Poitou, Beauchet-Filleau. — La Rochelle, M. 1780.

GRELLET, GRILLET, *m.* Suisse romande, Bridel.

GUERLET, *m.* Centre, Jaubert.

GRILLET, *m.* Bouches-du-Rhône, Villeneuve.

GRIHET, Avignon, *Revue des langues romanes*, août 1877, p. 84.

GRIET, provençal moderne, Castor.

GRÉIÉ, Alais, La Fare Alais.

GRILHOUN, Gers, Cénac-Moncaut.

GRILLON, *m.* français.

GRIL-CANTIRUE, Menton, Andrews.

GRICH, Bayonne, Lagravère.

GRITZ, béarnais, Lespy.

GRÉSILLON, ancien français. — Haut-Maine, Mont. — environs de Paris, recueilli personnellement.

GUERSILLON, Côtes-du-Nord, com. par M. P. Sébillot.

([1]) Du latin **gryllus**.

GRIGRI, La Roche-en-Brenil (Côte-d'Or), com. par M. H. Marlot.

CRICRI ([1]), Champagne, Saubinet. — Flandre française, Verm. —
　　Bouches-du-Rhône, Villeneuve. — Côte-d'Or, com. par
　　M. H. Marlot. — Pithiviers, com. par M. L. Beauvillard.
　　— Allier, com. par M. E. Olivier.

CRIQUET, picard, Corblet. — Orne, L. Dubois.

RIQUÉT, Languedoc, Sauvages.

CRIQUION, Maubeuge, Hécart. — Liège, Forir. — Mons, Sigart.

CRIQUELION, rouchi, Hécart. — Mons, Sigart.

CRÈKEILLON, picard, Corblet.

CRIGNON, CRINON, picard, Corblet.

CRINCHON, Flandre française, Vermesse.

SINCEGNON, SINSGNION, pays messin, Jaclot, D. Lorrain.

CERASERON, ancien français, Œuvres d'Eust. Deschamps, I. 311
　　(édit. Queux de Saint-Hilaire).

CHIQUÉT, CHIKËT, Languedoc, Sauvages.

RENE, Haute-Loire, Aulanier, p. 195.

CORDONNIER, Eure-et-Loir, com. par M. J. Poquet.

SEYIN, Saintonge, Jônain.

MOURLIET, Dauphiné, Champollion Figeac.

CHEVAL DU BON DIEU, Le Charme (Loiret), com. par M. L. Beauv.

PETIT CHEVAL DU BON DIEU, français dialectal, Nemnich.

MIDI, MÉDI, Centre, Jaubert.

LINDI, Saintonge, Jônain.

JEUDI, Chef-Boutonne, Beauchet-Filleau.— Poitou, Lalanne.—
　　Loiret, com. par M. J. Poquet.

SAUTERIAU, Le Charme (Loiret), com. par M. L. Beauvillard.

SAUTESIAU, Laas (Loiret), com. par M. L. Beauvillard.

Noms étrangers :

Grilo, gall., Piñol. — Grillo, esp., it. — Grill, Grillun, monferrin, Ferraro,
p. 117. — Grier, *m.* roumain, Cihac. — Grillu, corse.— Cricket, angl. — Krekel,
Kriek, holl. — Heime, Heimchen, Heimlichen, all. — Heimelmaüschen, Palatinat,
Nemn. — Trütjen, Oldenbourg, Strackerjan. — Heumizl, Alsace, rec. pers.

2. — « *Grillo,* fantaisie, boutade. »　　　　　　　　Italien, DUEZ.

3. — « *Come il grillo, ò salta ò sta fermo,* comme le grillon, il
saute ou il s'arrête, c.-à-d. : il est ou prodigue ou avaricieux. »
　　　　　　　　　　　　　　　　　　　　Italien, DUEZ.

4. — « *Pigliare il grillo. montare ; ò saltare il grillo*, = se mettre en colère. »   Italien, DUEZ.

5. — « *Ogni otioso ha de' grilli per la testa*, = ceux qui sont oisifs ont toujours diverses fantaisies. »   Italien, DUEZ.

« *Avoir des grillons dans la tête* = être un peu fou. »
                        Glossaire de l'ancien théâtre français.

6. — « *Avoir les grillots* signifie avoir mal à la tête le lendemain d'un excès bachique. »   Montbéliard, CONTEJEAN.

7. — « *Andare alla caccia de' grilli*, = aller à la chasse des grillons ou aller prendre des grenouilles à la pippée, c'est faire quelque sottise ou une chose impertinente et inutile en perdant son temps à pourchasser une chose incertaine. »
                                Italien, DUEZ.

8. — « Ogni grillo grilla a se. »
                        Proverbe italien, PESCETTI.

9. — « Mal vai à raposa quando anda aos grillos (c.-à-d. : le renard est dans une situation bien malheureuse quand il est obligé de faire la chasse aux grillons). »
                        Proverbe portugais, PEREYRA.

10. — « En argot on appelle *petits grillots* les garçons aimables et jolis, sans argent, reçus à l'occasion dans l'intimité des filles galantes. »   Eug. DELIGNY. *La grande dame.*

Cf. le mot **greluchon**, même sens.

II.

1. — « Lo grilh a tal natura que tant ama son cantar e tan s'en delecha, que no s percassa de vianda e mor cantan (Le grillon a telle nature qu'il aime tant son chanter et s'en délecte tant qu'il ne pourchasse pas de nourriture et meurt en chantant). »
                Naturas d'alcunas bestias (cité par RAYNOUARD).

2. — « Qui tue un grelet voit bientôt crever son plus beau mouton. »

Bull. de la Soc. hist. de Saint-Jean d'Angély, 1866, p. 88.

3. — « Cet insecte fait le bonheur de la maison. Si les boulangers ne font pas plus souvent banqueroute c'est qu'ils ont toujours des *crinchons* autour d'eux. »   Flandre française, VERMESSE.

4. — « Le chant du grillon présage le bonheur de la maison ; quand il cesse c'est signe de malheur. »

« Les sorciers et les huissiers n'ont aucun pouvoir sur les personnes qui ont des *grillots* dans leur maison. »

Différentes provinces de la France.

5. — « Dans une maison où il y a des *grillôs* il ne peut y avoir de sorcier. »   Le Charme (Loiret), com. par M. L. BEAUVILLARD.

6. — « L'agriculteur qui devient riche tout à coup ou sans qu'on sache par quels moyens, passe pour avoir des grillets, c.-à-d.: pour avoir fait un pacte avec le diable. »

RICHARD. *Guide aux eaux d'Aix*, p. 156.

7. — Quand le guerlet des champs construit l'entrée de son terrier du côté du midi, c'est signe que l'hiver sera rigoureux ; s'il la fait du côté du nord, l'hiver sera doux. »   Centre, JAUBERT.

8. — « Le café fait avec des *cricris* est excellent contre l'hydropisie. »   Seine-et-Oise, recueilli personnellement.

9. — « A la Rochelle les enfants chantent en tourmentant le grillon avec un brin d'herbe pour le faire sortir de son trou :

>   Grelet, grelet, sors de ton creux,
>   La serpent va manger tes œufs [1]. »

Com. par M. Léo DESAIVRE.

Cette formulette du Nord-Est de l'Italie est employée dans le même but :

>   « Grill grill de San Zuam
>   To sta paiuola'n mam !

[1] Sur l'inimitié qui existe entre le serpent et le grillon, voy. ci-dessus, p. 37, § 20.

Grill grill rei for dalla tô tana.
Che tô mare la te ciama,
Che tô pare l'è'n presom,
Per en gram de formentom ! »

(*Traduction.* : Grillon de Saint Jean, prends en main ce brin de paille !
grillon, grillon, sors de ton trou, car ta mère t'appelle, car ton père est
en prison à cause d'un grain de maïs !)   SCHNELLER.

Dans une variante du pays de Brescia on ajoute : *ton
père doit mourir pour un grain, c'est pourquoi tes frères
t'appellent.*

Dans la Côte-d'Or on dit au grillon :

Grigri veux tu seuti, si tu ne seutes pas, i t'airèche les cônes (¹).
Laroche-en-Brenil, com. par M. H. MARLOT.

10. — En serrant le grillon entre les doigts les enfants lui
disent : « Seyin, seyin (²), quand me feras tu mes souliers ? — lindi (³)
(répond l'insecte). »   Saintonge, JÔNAIN.

11. — CONTE.

« Un nommé Grillet (ou Grillon) qui avait toujours été dans
la misère voulut absolument faire trois bons repas avant de
mourir. Dans ce but il se présenta comme devin chez une
princesse à qui les domestiques avaient dérobé de concert un
diamant de grande valeur. Il demanda trois jours pour découvrir
les voleurs et exigea qu'il lui fût servi chacun de ces jours un repas
splendide, ce qui lui fût accordé. Grillet pensa que ce serait toujours autant de gagné et ne prit pas souci de ce qui pourrait lui
arriver quand on découvrirait qu'il n'était pas devin du tout.

Au premier repas qu'il fit il dit : *en voilà déjà un*, voulant parler
du repas. Le domestique coupable qui le servait comprit qu'il disait
en parlant de lui : *voilà déjà un des voleurs.* Le deuxième jour et le
troisième jour même histoire avec le deuxième et le troisième domestique coupables. Les voleurs se croyant donc découverts se jetèrent
aux pieds de Grillet et lui avouèrent toutes les circonstances de leur

(¹) Cf. *Zeitsch. f. d. d. Myth.* I, 476.

(²) **Scieur.** On l'appelle ainsi parce qu'il imite par son chant le bruit de
la scie.

(³) **D'où** son autre nom de **lundi, lindi.**.

vol. Grillet les rassura, se fit remettre le diamant, et le fit avaler à un dindon. Il déclara à la princesse qu'elle avait perdu son diamant et qu'il avait été avalé par cet oiseau. On tua le dindon et le diamant fut retrouvé.

Le mari de la princesse, qui ne croyait pas que Grillet fût un véritable devin, fit mettre un grillon dans un réchaud et devant toute la cour, lui demanda de deviner ce qu'il contenait. *Hélas, tu es pris, Grillet !* dit-il, se parlant à lui-même. Le prince crut alors qu'il était réellement devin et le combla de présents. »

La locution : *Tu es pris, grillet*, qui vient de ce conte est très usitée.

« Dans le pays de Vaud on dit *fin comme un grillet.* »

CALLET.

12. — « Quand on met deux grillons dans un chapeau ils se battent et il ne reste plus que les pattes. »

Ille-et-Vilaine, com. par M. P. SÉBILLOT.

GRILLUS DOMESTICUS.

GRIL BLANC, GRIL DÉ FOUR, Lauragais, com. par M. P. Fagot.
GRILLOT GRIS DE TAQUE (¹), Côte-d'Or, com. par M. H. Marlot.
GRILLON DU FOYER, français.
PORTE-BONHEUR, Deux-Sèvres.

Remarque. — Il est rare que le vulgaire fasse une distinction entre le **Gr. domesticus** et le **Gr. campestris.** — Voy. ci-dessus, art. **Grillus.**

GRILLUS CAMPESTRIS.

GRILLOT NOI (= gr. noir), Côte-d'Or, com. par M. H. Marlot.
GRILLON DES CHAMPS, français.
SERI, *m.* Bussy-le-Grand (Côte-d'Or), com. par M. H. Marlot.

Noms étrangers :

Grj dj pra, Piémont, *Annales de l'Observ. de Turin*, 1809, p. 91.

(¹) Taque = foyer.

LOCUSTA (Genre) et ACRIDIUM (Genre).

I.

1. — LOQUSTA, *f.* (= lat. *locusta*) ancien provençal, Raynouard.

LANGOUSTO, *f.* Toulouse, Poumarède. — Queyras, Chabrand.

LANGOUST, *m.* pat. du Queyras, Chabrand et Rochas.

LANGOUTE, Allier, com. par M. Ern. Olivier.

LINGASTO, SAUTO-BOUC, Gard, com. par M. P. Fesquet.

LOTÊ, *m.* LÒTA, *f.* Bagnard, Cornu.

SAUTERELLE, *f.* français.

SAUTERALLE, *f.* Côte-d'Or, com. par M. H. Marlot.

SAOUTARELA, SAOUTARELO, *f.* provençal moderne. — Languedoc.

SAUTICOT, SAUTELICOT, normand, Travers.

SAUTERI, CHAUTERO, CHAUTERI, Suisse romande, Bridel.

SAUTRÀ, Saintonge, Jônain.

SAUTÉRIAU, Flandre française, Hécart, Vermesse.

SAUTEURIAU, Les Fourgs, Tissot.

SAUTERÉ, Tarentaise, Pont.

SAUTEREA, SAUTEREAU, SAUTERLLIA, SAUTERLLAIN, Poitou, Lal.

BOUQUÉT, Haute-Auvergne, Deribier de Cheissac.

BOUQUIT, Canton de Murat (Auvergne), Labouderie.

BOITSCHOT, Plancher-les-Mines, Poulet.

BOUCHA DE FOUAU (m. à m.: *bouc de foin*), Vosg., c. de M. D. Pierrat.

CHÈVRE, *f.* Haute-Loire, Aulanier. — Montrêt, Gaspard.

CHEUVRE, Bresse châlonnaise, Guillemin.

CHIEUVRE, Le Charme (Loiret) com. par M. L. Beauvillard.

TSÀBRA, *f.* Velay, Deribier de Cheissac.

BIQUETTE, Ille-et-Vilaine, com. par M. P. Sébillot.

BICHE, Bussy-le-Grand (C.-d'Or), c. par M. H. Marlot. — Deux-Sèvr.

KARV, *m.* (= cerf), breton.

KARV RADENN (m. à m.: *petit cerf de bruyère*), breton, Troude.

CAVALETA, Menton, Andrews.

CHEVALET, *m.* Alpes cottiennes, Chabrand et Rochas.

CIGALOT, Lauragais, com. par M. P. Fagot.

CIALO, *f.* Tarn, Gary.

CIDIALE, Laroche-en-Brenil (Côte-d'Or), com. par M. H. Marlot.

CANTEREULLE, ancien français, Scheler. *Ms. de Lille.*

CANTARELLO, Bouches-du-Rhône, Villeneuve.

COQ D'AWOUSS, Liège, Forir.

AOUTEUX, Flandres, Vermesse.

AVOÙTRESSE, Guernesey, Métivier.

LARRAPOTEA, basque, Fabre.

DIZIOUR, *m.* Plogoff, com. par M. L. F. Sauvé.

GRILL RADENN, *m.* (grillon de fougère) Audierne, com. par
M. L. F. Sauvé.

LAMPIKÉREZ, *f.* Brasqartz, com. par M. L. F. Sauvé.

Noms étrangers :

Cavalletta, ital. — Saltmartin, mil., Banfi. — Lacusta, roumain, Cihac.
— Caballeta, Langosta, Langostilla, Salta matos, Salta pericos, Salton, Salta
capas, esp., Nemn. — Springhaan, holl. — Springhahn, Heupferd, Graspferd
allemand.

Dans l'Hedjaz la sauterelle de la plus petite espèce est
appelée *Jarad Iblis* c.-à-d. : *sauterelle du diable.*
Voy. R. BURTON. *A pilgrimage to Mecca.*

2. — « Les Arabes ont remarqué que cet animal, malgré sa
petite taille, ressemble à beaucoup d'animaux : il a la tête du
cheval, les yeux d'un éléphant, le cou d'un taureau, les cornes de
l'antilope, la poitrine du lion, les ailes de l'aigle, les cuisses du
chameau, les pattes de l'autruche et le corps du serpent. »
Voy. DAUMAS. *Le Grand Désert.*

3. — « Ce que la chenille n'a pas mangé, les sauterelles le dévo-
rent (se dit des personnes dont la ruine commencée est achevée par
les usuriers). »   *Proverbiana.*

II.

1. — « *Recette infaillible des Arabes contre les irruptions de
sauterelles.* — On prend quatre sauterelles et l'on écrit un de ces
quatre versets du *Koran* sur les ailes de chacune :
— Dieu vous rassasiera, il entend, il sait.
— Mettez une opposition entre eux et ce qu'ils désirent.
— Partez, Dieu a dégagé vos cœurs.
— Lorsque l'ordre sera donné, elles s'en iront confuses.
On les relâche ensuite au milieu de l'essaim et leur armée va se
perdre dans une autre direction. »
DAUMAS. *Le Grand Désert.*

2. — « Les Indous dravidiens ont un proverbe qui fait sans
doute allusion à quelque conte ; ils disent d'un individu téméraire

qu'il est comme la sauterelle qui se jette dans le feu (pour
l'éteindre). »   CARR. *Tamil Proverbs*, § 27.

LOCUSTA VIRIDISSIMA.

BARBANCHUAN, provençal moderne, Honnorat.

CIGALE ([1]), dans différentes provinces du Nord et du Centre.

CIGALO, CIGALO DÉ SÉGO ([2]), Lauragais, com. par M. P. Fagot.

FAUQUEUX, rouchi, Hécart.

CO D'AOUTT, *m.* Mons, Sigart.

LANGOUSTO, *f.* Tarn, Gary.

COUSI (*onomatopée*), Béziers, Azaïs.

AMOUDEUSE ([3]), BIRNELLE, env. de Pithiviers, com. par M. J. Poquet.

KARVIK BRUK, *m.* (*petit cerf de bruyère*) Léon, communiqué
        par M. L. F. Sauvé.

GRYLLOTALPA VULGARIS. L.

1. — COURTILIÈRE ([4]), *f.* français.

COURTIOL, COURTIOLO, languedocien, com. par M. P. Fesquet.

COURTEROLLE, *f.* Lyon, Molard. — Haute-Loire, Aulanier.

COURTHELLIRA, *f.* COURTELLHIRA, *f.* Suisse romande, Bridel.

JARDINIÈRE, vaudois, Callet.

TAILLO CEBO ([5]), Bouches-du-Rhône, Villeneuve.

TAIO SEBO, provençal moderne, Castor. — languedocien.

TARRETTE, Montrêt, Gaspard.

TERILLON, *m.* Côte-d'Or, com. par M. H. Marlot.

TOURILLON, *m.* Morvan, Chambure.

ARIDELLE, Baume, Dartois.

ARÊTE, Jura, Ogérien.

([1]) La véritable cigale ne se trouve en France que dans les départe-
ments les plus méridionaux.

([2]) Quand cet insecte commence à chanter on dit qu'il annonce la
moisson en disant : ségo, ségo.

([3]) Ce nom vient de ce qu'on a comparé son chant au grincement de la
meule à repasser les couteaux.

([4]) Elle remue beaucoup de terre et cause ainsi beaucoup de dégâts
dans les courtils (= jardins).

([5]) Cebo = oignon. La courtilière mange les oignons.

ARIDÉ, AIRITÉ, Besançon, Dartois.

ÊRITAI, *m.* ÊRITÉ, *m.* Montbéliard, Contejean.

AROTE, AIROTE, Montbéliard, Dartois.

HÉRAT, Montigny-sur-Armançon, com. par M. H. Marlot.

LÉRIÀ, Bussy-le-Grand (Côte-d'Or), com. par M. H. Marlot.

AROSSE, Bresse châlonnaise, Guillemin.

ÉSTRÛSSI, Hérault, Marcel de Serres.

DESTRUSSI, Gard, communiqué par M. P. Fesquet.

SCORPION, Bayeux, Pluquet. — Pays messin, recueilli person-
        nellement. — Côtes-du-Nord, Habasque, III, 226.

FUMEROLLE (¹), *f.* Chef-Boutonne, Beauchet-Filleau.

TAUPE GRILLON (²), français. — Jura, Ogérien.

GRILLON TAUPE, Jura, Ogérien.

TAUPETTE, Pont-Audemer, Vasnier.

DARBON, Allier, communiqué par M. Ern. Olivier.

BOUBIOU, Aix, Boyer de Fonscolombes.

BABOI, Bouches-du-Rhône, Villeneuve.

BOBELINE, Guéret, Roudaire, p. 268.

BARBBÛLE, Gray, Dartois.

BABARÀOUDO, *f.* Gers, Cénac-Moncaut.

ESQUIR, ESCHIRPE, languedocien, com. par M. P. Fesquet.

TA, *m.* Montbéliard, Contejean.

TÊ, *m.* pays messin, recueilli personnellement.

ÉCREVISSE DE FUMIER, français dialectal.

CHEVROLLE, Berry, Jaubert.

ÉTRANGLE PORC (³), français dialectal.

TAYA POARE, *m.* Menton, Andrews.

TREUE, Saintonge, Jônain.

AIMPOURLIA, *f.* Lons-le-Saulnier, Dartois.

VOÙRPE, VOÙRPO, *f.* Pontarlier, Dartois.

RATAILLON, Gers, Cénac-Moncaut.

RAINE, Haute-Loire, Aulanier.

TÊTE VACHE, Auvergne, Jusserand, p. 48.

GORGE ROUGE, Laroche-en-Brenil (Côte-d'Or), c. par M. H. Marlot.

GRAND GRILLOT, Cernois près Semur, com. par M. H. Marlot.

(¹) Ainsi appelée parce qu'elle fréquente le fumier.

(²) Les dégâts que fait la courtilière ressemblent beaucoup à ceux de
la taupe.

(³) On assure que les cochons qui mangent une courtilière, périssent
d'une maladie putride.

Fausseraïe, Vagney (Vosges), com. par M. D. Pierrat.

Noms étrangers :

Fen-cricket, angl., Charleton. — Werre, Reitwurm, Erdkrebs, all. — Aardkrekel, holl.

2. — « Manjo coum' un destrussi, signifie il dévore, il mange beaucoup. »   Languedocien, com. par M. P. Fesquet.

MANTIS RELIGIOSA.

I.

1. — Cet insecte s'appuie souvent sur ses quatre pattes de derrière et tenant les deux de devant élevées, il les joint l'une contre l'autre, ce qui l'a fait appeler, dans le Languedoc, *prega-diou*, comme s'il priait Dieu. Les paysans prétendent qu'il montre les chemins qu'on lui demande parce qu'il étend ces mêmes pattes de devant, tantôt à droite, tantôt à gauche. On le regarde comme un insecte presque sacré auquel il ne faut faire aucun mal. Voici ses noms :

PRÉGA DIOU, Hérault, Marcel de Serres.
PRÉGO DIÉOU, provençal moderne, Castor.
PRIE DIEU, CIGALE, Jura, Ogérien.
PREGO DIEU BERNARDO, Cévenol, Azaïs.
PREGO DIOUS BERNADO (¹), *f.* Castres, Couzinié. — Lauragais,
        com. par M. P. Fagot.
PREGO DIEU DAS RASTOULS, Cevenol, Azaïs.
PRÉGO DIOU DE RESTOUBLÉ, Provence, Villeneuve.
DAMO, Drôme, recueilli personnellement.
BERGÉIROUNETO, Cévenol, Azaïs.
PREGO JUONO, Quercy, Azaïs.
CÀBRO, CABRETO, SAN JACQUES, Gard, com. par M. P. Fesquet.
SERÈNE, Bas Berry, Jaubert.
CHEVAU DU DIABLE, Aunis, L. E. Meyer.
AGAGNAOU, provençal moderne, Castor.

(¹) Au figuré, **prego dious bernado** signifie grande dévote. COUZINIÉ.

2. — « Las coum' un prego-Dieu = las, fatigué, paresseux comme une mante. »   Gard, com. par M. P. Fesquet.

II.

1. — « La mante perchée sur un gramen montre leur route aux voyageurs égarés. »

2. — On lui demande ordinairement où est le loup :

> « Prega diu, prega diu,
> Tu que saves tout
> Ounte es lou loup ? »

« A Arles on lui débite une formulette dont voici la traduction (¹) : Prie Dieu, infortunée, petite bête bénie, viens avec moi, ta mère est morte, au bas d'une porte, ton père est mort au pied d'un olivier. » *Revue des langues romanes*, octobre 1873. p. 583.

A Castelnaudary on lui dit :

« Prego Dius, Bernado, — que ta maire s'es negado (Prie Dieu, mante, ta mère s'est noyée). »
      Communication de M. Aug. Fourès.

Dans le Gard on la menace ainsi :
« Cabro, prego Dieu, ou ti tuïe. »
      Communication de M. P. Fesquet.

Dans le Lauragais on l'engage à continuer sa prière :
> « Prego Diou, Bernado,
> Qué saras salbado. »
      Communication de M. P. Fagot.

CIMEX LECTULARIUS. L. — LA PUNAISE.

1. — Au latin *cimex, cimicem* se rattachent :

SEMICS, *f.* Gers, Cénac-Moncaut.
CIMEC, CINZÉ, CINZO, languedocien, Sauvages.

(¹) Voir le texte provençal dans la *Revue des langues romanes.*

CIMÉ, *f.* Tarn, Gary. — Aix, Boyer de Fonscolombes. — Toulouse, Poumarède.

SUMI, provençal moderne, Castor.

SEINGNE, Vagney (Vosges), com. par M. H. Marlot.

CHIMITCHA, basque, Fabre.

CHEINDRA, Haute Auvergne, Deribier de Cheissac.

Cf. **Chincha**, gall., Piñol. — **Chinche**, esp., port. — **Cimice**, italien.

2. — Autres noms de cet insecte :

PURNACHO, *f.* Gers, Cénac-Moncaut.

PUNASHA, tsigane du midi, Baudrimont.

PUNACHE, *f.* Lille, Debuire du Buc.

PUNASSE, rouchi, Hécart.

PUNAISE, *f.* français.

PENAISO, Bouches-du-Rhône, Villeneuve.

PUNAIRE, Bouilly (Loiret), com. par M. J. Poquet.

PENAIGE, PENAGE, PENASSE, Côte-d'Or, com. par M. H. Marlot.

PEUNAÎLLE, P'NAÎLLE, *f.* Morvan, Chambure.

PUANT, Haute-Marne, Tarbé.

PEUTTE, *f.* (= latin *putida*) pays messin, recueilli pers.

TAFION, *m.* Suisse romande, Bridel. — Neuchâtel, Bonhote.

TEÛFION, *m.* Montbéliard, Contejean.

TOFION, Plancher-les-Mines, Poulet.

BARDANE ([1]), *f.* Lyon, Molard.

BARDANA, Dauphiné, Champollion-Figeac.

VOUENDEL, Ban de la Roche, Oberlin.

WANDION, wallon, Grandgagnage.

PARIANNA, *f.* PARIOLA, *f.* (= qui fréquente les parois) Suisse romande, Bridel.

LEÛVERIN, Namur, Grandgagnage.

Noms étrangers :

Bug ([2]), angl. — Wall lowse, angl. Charl. — Wandlaus, Wanze, all. — German duck, Mahogany flat, argot angl. J. C. H. *Slang Dictionary.* — Stenica, vieux slave (de stena = murus), Cihac.

([1]) On appelle **bardanière** une claie d'osier dont on garnit les lits pour prendre les punaises. — MOLARD.

([2]) **Bug** means originally and properly a bogie, hobgoblin or phantom to scare children. — PALMER.

Le nom tibétain de la punaise équivaut littéralement à *pou du diable* (Schiefner).

3. — Locutions : *Plat comme une punaise ; vide comme une punaise ; puer comme une punaise.*

4. — Mac Curtin, dans son *Dict. anglo-irlandais* (1732) dit à l'art. Bug : *petite bête sale et malfaisante qui tourmente les hommes dans leurs lits, apportée en France par les Saxons et multipliée dans tous les pays bien qu'on ne la trouve point en Irlande.*

« On assure que la punaise a été introduite en Europe. Cependant, Aristote, Pline et Dioscoride en parlent d'une manière assez claire.

Ce qu'il y a de sûr c'est qu'on ne connaissait pas cet insecte en Angleterre avant le XVIIIe siècle. — On dit qu'il y a été importé d'Amérique en 1666 avec un chargement de bois. D'autres le croient originaire des Indes orientales. »

Moquin Tandon. Zoologie médicale.

CIMEX HORTENSIS.

Púnais, *m.* Guernesey, Mitivier.
Puant, Langres, Mulson.
Entèie, Entégne, wallon, Grandgagnage.
Sóni, Plancher-les-Mines, Poulet.

Nom étranger :

Knolster, angl., Charl.

LYGAEA APTERA.

Bioou dé nostré ségné, Tarn, Gary.
Bestios del boun dieu, Castres, Azaïs.
Soldat du guet, Saintonge, Jònain.
Chape, Loiret, com. par M. J. Poquet.
Boué punais, Poitou, Lalanne.
Martin boeu, Centre, Jaubert.

Nom étranger :

Vaquita de San Antonio, espagnol.

NOTONECTA GLAUCA. L.

PUNAISE A AVIRONS, PUNAISE AQUATIQUE, français.
COURDOUGNÉ (¹), Languedoc, Sauvages.
COURDOUNIÉ D'AIGO, TIRO LIGNOOU, provençal moderne, Castor.
TISSERAND, Isère, Charvet.
BATELIER (²), Paris, recueilli personnellement.

CICADA (Genre). — LA CIGALE.

1. — CIGAU, CIGAOU, CIGALO, provençal moderne.

2. — « Qan la cigalo cant' en setembré noun coumprés bla per revendré (Qand la cigale chante en septembre — n'achète pas de blé pour revendre). »   Cévennes, D'HOMBRES FIRMAS.

3. — « Remeno lou quiou coum' uno cigalo = il remue le derrière comme une cigale. »   Gard, com. par M. P. FESQUET.

4. — « *O de cigalos en testo; — o la testo à la cigaletto* sont des expressions qui signifient *il est fantasque, il est fou.* »
          Gard, com. par M. P. FESQUET.

CICADA POPULI.

CIGALA, provençal moderne, Honnorat.

CICADA PICTA. FABRICIUS.

CIGALON, Aix, Boyer de Fonscolombes.

(¹) Cet insecte, par ses mouvements, imite le cordonnier tirant le ligneul.

(²) Il fait avec ses pattes en nageant le mouvement d'un batelier qui se sert de ses rames.

CERCOPIS SPUMARIA. Fabricius.

1. — CICADELLE, *f.* français.
    CIGALOUN, provençal moderne, Honnorat.
    CIGARO, CIGAROUN, Bouches-du-Rhône, Villeneuve.

Nom étranger :

Brock, *Hundred of Londsdale.* Peacock.

2. — Cet insecte secrète une espèce d'écume blanchâtre qu'elle attache aux branches d'arbres ; cette sécrétion est appelée :

    BAVE DE COUCOU (1), CRACHAT DU COUCOU, français.
    CRACHAT DE SORCIÈRE, dans le Luxembourg, Eug. Fischer.
    CRACHAT DE GRENOUILLE, français, *Soc. des sciences natur. du Lux.* 1853, p. 79.

Noms étrangers :

Cuckoo spit, angl. — **Gookoospettle,** Dorset, Barnes. — **Froschspeichel, Frühlingsschaum,** allemand, Grimm.

3. — « *To sweat like a brock* is a common simile applied to any one in a profuse state of perspiration. »
        Hundred of Londsdale, PEACOCK.

On compare ici la personne qui transpire à la cicadelle secrétant son écume.

FORFICULA AURICULARIS. — LE PERCE OREILLE.

1. — On croit vulgairement que cet insecte cherche à s'introduire dans l'oreille (2) de l'homme, d'où ses noms :

    PERCE OREILLE, PINCE OREILLE, *m.* français.
    POICHE-AIREILLE, environs de Semur, com. de M. H. Marlot.
    PINCE AIROILLE, Côte-d'Or, com. par M. H. Marlot.

---

(1) Voy. le vol. II de la *Faune populaire,* à l'article **Coucou.**
(2) **On assure que c'est pour manger la cervelle.**

MICHORELLE, *f.* Lille, Debuire du Buc.

MICHORÉLE, rouchi, Hécart.

MOUSSÉRRAÏE, Ban de la Roche, Oberlin.

CREUGE OREILLE, GRUGE OREILLE, Poitou, Lalanne.

CURA AURELHA, provençal moderne, Honnorat.

OREILLARDE, *f.* Loire, com. par M. Sylvain Ebrard.

ORILLIÈRE, *f.* Guernesey, Métivier. — normand, Lamarche.

AOURELIÊRO, CUR' AOURELIO, Languedoc, Sauvages.

2. — Autres noms de cet insecte :

PINCE CUL, Vosges, com. par M. D. Pierrat.

PINCHE TCHU, Guernesey, Métivier.

TRAOUCO PÈ, Tarn, Gary.

COUPO PÈ, Bouches-du-Rhône, Villeneuve.

TALIO PERO ([1]), languedocien, Sauvages.

TAIO SEBO, provençal moderne, Castor.

CU FOURCHÉ ([2]), Orne, L. Dubois.

FOURCHA, provençal moderne, Honnorat.

FOURCHETTE, *f.* pays messin, recueilli personnellement.

CAGNO BERBERO, Gers, Cénac-Moncaut.

ARITHALA, ARETHALA (m. à m. : *arrête toi là*) ([3]), Suisse
          romande, Bridel.

IPHURDISARDIA, basque, Fabre.

GARLOSKENN, *f.* breton, com. par M. L. F. Sauvé.

Noms étrangers :

Earwig, Twitch ballock, angl., Charl. — Pincher-wig, sud de l'Angleterre,
Adams. — Battle-twig, est de l'Angl., Ad. — Arrawiggle, Narrow-wriggle,
Northamptonshire, Ad. — Forkin-robin, Twinge, Twich-bell, Cat-with-two-
tails, nord de l'Angl., Ad. — Gellock, Gavelock, écossais, Adams. —
Gabellang, Ohrwurm, allemand.

TIPULA OLERACEA.

Noms étrangers :

Schnake, Erdschnake, Erdfliege, Langfuss, Gölse, Hexe, all., Nemn. — Crane
fly, angl. — Daddy long legs, Harvestman, Dorset, Barnes.

([1]) Cet insecte s'attaque à différents fruits et à divers légumes.

([2]) Ainsi appelé à cause des appendices de sa queue en forme de fourche.

([3]) Sous entendu : sur le bord de l'oreille.

Voir dans les *Transact. of phil. Society*, 1859, p. 226,
les différents noms qu'on lui donne en Angleterre.

Le vulgaire confond souvent ensemble la *tipule* et
l'araignée faucheux.

CULEX PIPIENS. L. — LE COUSIN.

I.

COUSIN (= latin *culicinus*, dim. de *culex*), français.

CINCELLE, *f.* ancien français.

PIQUERON, *m.* wallon montois, Sigart.

CHUCHE, Poitou, Lalanne.

GUIBELET (¹), Seine-et-Oise, recueilli personnellement.

ABIBÔ, Nantes, recueilli personnellement.

MOUCHETRON, *m.* Morvan, Chambure.

MUSSET, Poitou, Lalanne. — La Rochelle, Ms. de 1780.

MOUSSION, Poitou, Lalanne ; Beauchet-Filleau.

MOUISSOLO, Bouches-du-Rhône, Villeneuve.

QUINQUERÉ, *m.* Montbéliard, Contejean.

QUINQUERNIAU, *m.* Morvan, Chambure.

CAQUÉRIAU, Berry, Jaubert.

CAQUENAUDE, Gâtinais, com. par M. J. Poquet.

BIGAL, Toulouse, Poumarède. — Tarn, Gary.

BIGAR, Tarn, Gary. — Lauragais, com. par M. P. Fagot.

LOURDÀ, LOURDAU, wallon, Grandgagnage.

PIROUÈNE, picard, Corblet.

BOITE, Plancher-les-Mines, Poulet.

BOUATTE, Vosges, com. par M. D. Pierrat.

Noms étrangers :

Zenzára, Zanzára, it. — Zenzàla, mil., Banfi. — Schnooge, Mulhouse, Dollfus.

II.

1. — « On dit aux enfants, le jour du Carnaval, il ne faut pas
manger de soupe ce soir, si vous en mangez les *moussions* vous
mangeront toute l'année. »   Deux-Sèvres, LALANNE.

2. — « Celui qui ne mange pas de soupe grasse pendant les

(¹) Guibelet en ancien français = tarière. Voy. *Romania*, 1874, p. 149.

trois derniers jours de carnaval sera piqué par les cousins tout le reste de l'année. »   Lorient, recueilli personnellement.

CULEX PULICARIS. L.

PIBOU, ARABI, Midi de la France, Moquin Tandon. *Zool. méd.*

MUSCA (Genre). — LA MOUCHE.

I.

1. — MOUSCA, MOUSCO, provençal moderne.
   MOUSQUE, Bayonne, Lagravère.
   MOUQUE, normand, picard.
   MOUCHE, *f.* français.
   MOUICHO, *f.* Alpes cottiennes, Chabrand.
   MOINCE, *f.* Morvan, Chambure.
   MOCHE, MOHHE, Lorraine.
   ULIA, basque, Fabre.

2. — La larve de certaines espèces du genre *Musca* est appelée :

   ASTICOT, GUILLOT, GUYOT, français.
   MOULON, MOLON, Flandre française, Vermesse.
   VIEN, Bouches-du-Rhône, Villeneuve.
   ASSISES *(plur.)* (= réunion de ces larves), français.
   ASSIS *(id.)* pays messin, D. Lorrain.
   NICHE, *f.* NIZE (œufs de mouche déposés sur la viande), Morvan,
      Chambure.

3. — La chrysalide de la mouche est appelée :

   ÉPINE VINETTE (1), français.

4. — « Saint Crépin (25 oct.) la mort aux mouches. »
                  Le prévoyant jardinier, pour 1781.

   « A la Saint Simon (28 oct.)
   Une mouche vaut un mouton. »   *Idem.*

---

(1) Elle a une certaine ressemblance de forme et de couleur avec le fruit de l'arbrisseau appelé **épine-vinette**.

5. — « Quand une personne avale une mouche par mégarde on la console par ce dicton : Il faut avaler un demi minot de mouches avant de mourir. »

> Morbihan, recueilli personnellement.

6. — « O la mousco = il a la mouche, il a de l'entrain. »

> Gard, com. par M. P. FESQUET.

On lit dans Vadé. *Les Racoleurs :* il a avalé une mouche car il a le cœur gai.

7. — « Bouche cousue n'avale pas de mouches. »

« In bocca chiosa un c' entra mosche. »   Corse, MATTEI.

8. — « C'est une mouche dans la gueule d'un éléphant. »

9. — « Ne pas tenir en place plus qu'une mouche. »

10. — « Tant vole mouche qu'elle est prise. »

> LEROUX. *Dictionnaire comique.*

11. — « Il n'y a pas là dedans de quoi tuer une mouche. »

> P. DE KOCK, *Taquinet le Bossu.*

« Faire querelle sur un pied de mouche, c'est faire une querelle, un procès sur une chose de néant. »   LEROUX. *Diction. com.*

« Pour le vent d'une mouche = pour une bagatelle, pour une chose futile. »   Montbéliard, CONTEJEAN.

« On dit d'un valet paresseux qu'il ne faut qu'une mouche pour l'amuser. »   *Dictionnaire portatif des proverbes.*

« *Guigner aux mouches* = ne rien faire, regarder en l'air. »

> Champagne, SAUBINET.

« *Jeter des pierres aux mouches* se dit de ceux qui ne s'amusent qu'à des bagatelles, des oisifs. »

> Côte-d'Or, com. par M. H. MARLOT.

Duez traduit le mot français *naque-mouche* par l'italien *perdi-giornata.*

« On dit qu'un homme *gobe des mouches* lorsqu'il perd son temps
à attendre ou qu'il n'a rien à faire. »

Dictionnaire portatif des proverbes.

Gobe mouche est synonyme de *badaud, niais, sot.*

12. — « Autant qu'en couvrirait l'aile d'une mouche = très-peu,
en petite quantité. »   Leroux. *Dictionnaire comique.*

13. — On lit dans Noel du Fail (édit. Assézat) I, 76 :
« Je n'eusse pas pensé que ce fust été un tel client ; car à
le voir on eust dist *qu'il n'eust su deslier une mouche.* »

14. — « Se débattre comme une mouche qui se noie dans la
bouillie. »   Eug. Deligny. *La grande dame, p. 286.*

15. — « *Il sait connaitre mouches en lait,* pour dire qu'il
n'est pas niais, qu'il sait l'air du monde. »

Leroux. *Dictionnaire comique.*

16. — « On dit d'une demoiselle qui a le teint très noir et qui
est habillée en blanc qu'elle ressemble *à une mouche dans du lait.*»

17. — « Marcher comme une mouche qui sort du lait (c.-à-d.:
marcher lentement, être paresseux). »

Boulonnais, D'Héricault. *Un paysan de l'ancien régime.*

18. — « Frotter le cul de miel à quelqu'un pour l'abandonner
ensuite aux mouches (c'est le flatter pour le tromper). »

Théatre des boulevards, 1756, II. 92.

« Chi si face di mele u si manghianu e mosche. »

Corse, Mattei.

« Si te fizeres mel, comerteham as moscas. »

Portugais, Pereyra.

19. — « On dit d'un homme lâche *qu'il n'oserait point écraser
une mouche qui lui mangerait les yeux.* »

Normandie, D'Héricault. *La fille aux bluets.*

20. — « *Quelle mouche vous pique ?* = quel sujet avez-vous
de vous mettre en colère ? »

« *Er hat mücken,* = il a pris la mouche, la mouche l'a piqué. »
Allemand, POËTEVIN.

— « *Prendre la mouche* = se piquer, se fâcher sans sujet et mal à propos. »

— « *Il est bien tendre aux mouches* = il est sensible aux moindres incommodités et s'offense de peu de chose. »

— « Es hindert ihn eine Fliege an der Wand. »
Allemand, POËTEVIN.

— « Il s'esmeut aussi tost qu'il lui passe une mouche devant le nez. »   *Glossaire de l'ancien théâtre français.*

« *Salir le mosche al naso, à darla alle mosche* = se mettre en colère, prendre la mouche. — *Ha preso il moscherino* = il a pris la mouche, il est en colère. — *M'è saltato il moscherino* = je suis en colère, la mouche m'a passé devant les yeux(1). »
Italien, DUEZ.

L'italien *far montare il moscherino* = faire mettre en colère, et *saltar la mosca* = se mettre en colère.

21. — *Ce sont des pieds de mouche, ce sont des pattes de mouche,* se dit d'une écriture dont le caractère est fort petit et mal formé.

22. — « *Fine mouche* = femme adroite et rusée. On le dit aussi d'un homme. »
FERAUD.

— « *Egli v'è mosca* = il y est habile, il l'entend bien. »
Italien, DUEZ.

23. — « Moscone = importun. »   Italien, DUEZ.

— « Egli è più fastidioso d'una mosca, si dice di persona noiosa. »
Italien.

« Pegous coumo las mouscos al mes d'agoust = il poisse comme les mouches au mois d'août. »
Gard, com. par M. P. FESQUET.

_____

(1) Au mot **mouche**, Duez traduit : passer la mouche devant les yeux par l'italien : fare andare in colera.

24. — « Lu veritable amic soun rar couma li mousca blanchi. »
Nice, Toselli.

« Più rari che le mosche bianche. » Italien, Pescetti.

25. — « *Disner de mouche* = dîner chétif. » Duez.

26. — « *Restar con le mani piene de mosche* = demeurer avec les mains vides, pleines de vent. » Italien, Duez.

27. — « *Una mosca* = une femme maigre. » Italien, Duez.

28. — « *Cerca e mosche in padula* (se dit d'une personne très minutieuse. » Corse, Mattei.

29. — « *Menar la mosca cieca* = parler au hasard. »
Italien, Duez.

30. — « Alla pentola che bolle le mosche non vi s'appressano. »
Italien, Arrivabène.

31. — « Tanto và la mosca al miele, che vi lascia il capo. »
Italien, Pescetti

.32. — « Mosca cieca và ballando, chi la trova s'abbia il danno. »
Italien, Pescetti.

33. — « E 'se n'è andato in cacature di mosche. »
Italien, Pescetti.

34. — « Aggirarsi com'una mosca senza capo. »
Italien, Pescetti.

« Restare come mosca senza capo. » Italien.

35. — « Voir une mouche sur le dos du prochain et ne pas apercevoir un fagot qu'on a sur sa propre poitrine. »
Provence, Lucas de Montigny. *Récits variés.*

36. — « Faire un éléphant d'une mouche = exagérer. »

« Una mosca gli par una grù. » Italien, Pescetti.

37. — « Non si lasciar posar le mosche addosso (cioè correre, affaticarsi, non istar mai fermo). » Italien, Pescetti.

38. — « Ognun si pari le mosche con la sua coda. »
Italien, Pescetti.

39. — « Corta coda non para mosche. »   Italien, PESCETTI.

40. — « Come la mosca d'oro, che dopò esser si aggirata un pezzo, all' ultimo, andò a riporsi sopra uno stronzolo. »
Italien, PESCETTI.

41. — « E come la mosca del mulino, che per che havea imbrattato un poco la coda di farina, si credea esser il mugnaio. »
Italien, PESCETTI.

42. — « Quand on ne veut pas répondre à quelqu'un qui vous demande : *où un tel est-il allé ?* on dit : *A Piogre pour ferrer les mouches.* »   Suisse, BLAVIGNAC.

43. — « Il a dit plus de mille fois que quand il irait à confesse *les mouches porteraient des bottes* et les vaches llucheraient dans les pommiers. »
Perche, FRET. *Scénes percheronnes*, p. 56.

44. — On appelle *voleur* une mouche tombée sur la mèche d'une bougie allumée, ce qui cause des pétillements.

II.

1. — « On appelle *mouche* le jeu d'enfants qui consiste à courir pour s'attraper les uns les autres. »
Canton de Fribourg, GRANGIER.

2. — « A Quimper, le soir de la Saint-Marc (25 avril), le *pardon des mouches* attire dans le quartier Saint-Mathieu (un vrai dédale de ruelles tortueuses et obscures), toute la partie jeune et bruyante de la population. Là, chacun, armé d'un piquant d'épine ou d'une épingle émoussée, cherche à joindre dans la foule ou guette au passage les personnes de sa connaissance. Gare à l'aiguillon qu'il tient en main ! S'il n'est pas remarqué, il sait en jouer en fine mouche. Ce divertissement, très goûté des jeunes filles, qui s'y distinguent particulièrement, offre au Quimpérois, grave et compassé d'ordinaire, comme un clerc sous l'œil de son évêque, une des rares occasions qu'il a de rire de bon cœur et de donner libre cours à sa verve gauloise. »
Communication de M. L. F. SAUVÉ.

HIPPOBOSCA EQUINA. L.

MOUCHE ARAIGNÉE, MOUCHE BRETONNE, MOUCHE D'ESPAGNE, français,
   Moquin Tandon. *Zoologie médicale.*
MOUSCO DÉ CHIVAL, Languedoc, Sauvages.
MOUSCO DE XAVAL, Tarn, Gary.
MOUSCO D'AÏ, Bouches-du-Rhône, Villeneuve.
MOUSQUE BOUBOINO, Aix, Boyer de Fonscolombes.
BOUZINE, BOUINE, Poitou, Lalanne.
MOUCHE PIGE, Creuse, Roudaire.
MOTZA VAIRE, Suisse romande, Bridel.

HIPPOBOSCA OVINA.

BARBIN, BARBEZIN, LINGASTA DEIS MOUTONS, prov. mod., Honnorat.

OESTRUS (Genre). L.

1. — BERLIN, Centre, Jaubert.
   BURIN, Poitou, Lalanne.
   SOUFFLE, Canton de Murat, Labouderie.
   MOCHE CHAGOIGNOTTE, Saint-Didier (Côte-d'Or), com. par M. H.
      Marlot.
   LAGUERAIS, NONNE, environs de Semur (Côte-d'Or) com. par
      M. H. Marlot.
   BABOUINO, MOUSCO BOUINO (= *œstr. bovis* L.), Bouches-du-Rhône,
      Villeneuve.

·Noms étrangers :

Asillo, itien. — Cleg, *Hundred of Londsdale*, Peacock. — Gad fly, anglais.
La larve de l'Œstrus est appelée : Wornaïl, Wornil, Dorset, Barnes;
Wornul, Wormul, Warble, Bot, dans diff. prov. de l'Angleterre (*Transact. of
Linn. Soc.* 1797, p. 297).

2. — « Quand la *nonne* s'élève haut dans les airs pour jouer
c'est signe de beau temps pour le lendemain. »
   « Quand les *laguerais* piquent les chevaux c'est signe de pluie. »
                     Côte-d'Or, com. par M. H. MARLOT.

TABANUS (Genre). L.

1. — TABAN, Alais, La Fare Alais. — Suisse romande, Bridel.

TOBON, *m.* Contrexéville (Vosges), recueilli personnellement.

TAVAN, *m.* provençal moderne. — Suisse romande, Bridel. — Tarentaise, Pont. — Alpes cottiennes, Chabrand.

TOVAN, *m.* Les Fourgs, Tissot.

TÈVAN, *m.* Montbéliard, Contejean.

TAVIN, Côte-d'or, com. par M. H. Marlot. — Montrét, Gaspard. — Vosges, com. par M. D. Pierrat.

TAIVIN, TÈVIN, TÊVIN, Côte-d'Or, com. par M. H. Marlot. — Vosges, com. par M. D. Pierrat. — Morvan, Chambure. — Langres, Mulson.

TAVOIN, Jura, com. par M. Ed. Toubin.

ATAIVIN, TAIBIN, Morvan, Chambure.

AVAN, *m.* Suisse romande, Bridel.

TAVON, Vosges, com. par M. D. Pierrat.

TUON, Saintonge, Jônain.

TAHON, rouchi, Hécart. — Flandre française, Vermesse.

TAON (prononcez *tan*) (¹), français.

TON, Seine-et-Oise, recueilli personnellement.

TAUNA, TÔNA, Lyonnais, Onofrio.

TAVOT, environs de Béziers, *Rev. des l. rom.* oct. 1874, p. 604.

TAVEU, Plancher-les-Mines, Poulet.

TOOU, Quercy, Azaïs.

TALANT , MOUSQUAR, Landes, Métivier.

MOUSCA D'ÀZÉ, Hérault, Marcel de Serres.

MOUSCO DÉ BIOOU, Tarn, Gary.

MOUCHE VOAIRE, Gers, Cénac-Moncaut.

MOUCHE BOUINE, Poitou, Favre.

MÀLAT, *m.* pays messin, D. Lorrain.

MELON, Poitou, Lalanne.

QUIENGNE, *m.* Deux-Sèvres, Lalanne.

EZPATA, basque, Fabre.

BOULIENN, breton, Troude.

SARDONENN, *f.* KELIENENN VORS (*mouche engourdie*), *f.* Léon, com. par M. L. F. Sauvé.

Noms étrangers :

Tàbano, esp. — Taban, Tabau, gall., Piñ. — Tavan, mil., Banfi. — Tafàno, it. — Tàuna, Val Soana, Nigra. — Burrel fly, Stout, Breez, angl., Charl.

(¹) D'où le verbe **tanner** = ennuyer, tourmenter comme un taon.

Remarque. — Les genres **Hippobosca, Oestrus** et **Tabanus** sont fréquemment confondus sous les mêmes noms par le vulgaire.

2. — « Mronostic : Quand le taon pique l'orage s'apprête. »

3. — « On dit d'une personne qui s'exagère les difficultés : pour lui toute mouche est un taon. »

4. — « La première mouche qui le piquera sera un taon (c'est-à-d. : le premier malheur qui lui arrivera le ruinera sans ressource.

5. — « Mariâdê-vo, mariadê vo pas — Mô lè motzè, mô lè tavans. (*Trad*. : Mariez-vous, ne vous mariez pas — mauvaises les mouches, mauvais les taons ; c.-à-d. : le célibat comme le mariage ont chacun leurs désagréments). »   Gruyère. BRIDEL.

6. — En italien on appelle par plaisanterie l'heure de midi *alba de' tafani.* C'est à ce moment du jour que les taons commencent à voler et à bourdonner.

7. — « L'apparition du *tavan rouss* est de bon augure et celle du *tavan négré* annonce quelque malheur. »
        Bouches-du-Rhône, VILLENEUVE.

LE PAPILLON.

I.

Les nombreuses espèces de la famille des *papillons* sont habituellement confondues par le vulgaire sous les noms suivants :

1. — PAPILLON (= latin *papilionem*), *m.* français.
   PAPILLONE, breton d'Audierne, com. par M. L. F. Sauvé.
   PAPION, Vagney (Vosges), com. par M. D. Pierrat.
   PAUPILLON, normand, Le Héricher.
   PAVILHOU, limousin, Chabaneau.
   PAPOÏON, Bengy (Cher), Jaubert.
   PAOUÏON, pays messin, recueilli personnellement.
   PAPALHON, ancien provençal, Bartsch. *Glossaire.*
   PABALHOL, *m.* ancien provençal, Raynouard.

PAPILLOT, Canton de Flavigny (Côte-d'Or), communiqué par M. H. Marlot. — Franche-Comté, Dartois.

PAPILLOTE, Loiret, com. par M. J. Poquet.

PAPOILLOT, Franche-Comté, Dartois.

PARPILLON, PARPION, Poitou, Lalanne.

PARPALH, Gard, com. par M. P. Fesquet.

PARPALHOUN, PARPALHOU, PARPAÏOUN, provençal, languedocien.

PARPAILLON, Velay, Deribier de Cheissac.

PARPAILLOU, Dauphiné, Champollion-Figeac.

PARPAILLO, PARPAILHO, m. Bayonne, Lagr. — Gers, Cénac-Monc.

PARPAILLHORS, Murat (Haute-Auvergne), Labouderie.

PARPAILHOL, m. Auch, Abadie. — Tarn, Gary. — Lauragais, com. par M. P. Fagot.

PORPOLIOL, Corrèze, Béronie.

PARPOUILLON, m. Morvan, Chambure.

PARPAILLOT, PARPEILLOT, PARPOILLOT, Franche-Comté, Dartois.

PAIRPILLOT, PARPEUILLOT, PARPEILLEU, Franche-Comté, Dartois.

PORPOILLOT, PIRVOILLOT, Franche-Comté, Dartois.

PAMPELION, PAMPOILLOT, PIMPOILLOT, Franche-Comté, Dartois.

PAMPILLON, Semur (Côte-d'Or), com. par M. H. Marlot.

PAMPIOULLET, Tarentaise, Pont.

PIMPIRINA, basque, Fabre.

POFIÔLOTTE, f. Les Fourgs (Doubs), Tissot.

PIVOLETTE, normand, Le Héricher.

PANFIRON, Franche-Comté, Dartois.

FARFAILLET, Suisse romande, Bridel.

PILLEVOUET, PELEVOUÉ, PILIOUET, Suisse romande, Bridel.

PENEVOI, PILIVET, PREVÒLET, Suisse romande, Bridel.

VOULET, m. VOÙLE, f. Pontarlier, Dartois.

VOLE-BÉBÉ, VORE-BÉBÉ, VOU-BÉBÉ, Lure, Dartois.

POURVOLE, GLAÎNE DIEU, Nord de la France, *Feuille des jeunes naturalistes*, 1872, p. 56.

BOUBELÉ ([1]), Hautes Vosges, com. par M. D. Pierrat.

BALAFEN, BALAVEN, MALAVEN, breton, Legonidec.

HAMUSLAUDE, wallon, Grandgagnage.

TAVOILLOT, Franche-Comté, Dartois.

SEREILLOT, SEUREILLOT (m. à m. : *petit soleil*), Baume, Dartois.

PENAILHO, Gers, Cénac-Moncaut.

FOLLETAU, FOULLETAU, Plancher-les-Mines, Poulet.

([1]) Cf. **Borboleta**, portugais.

ANJOULET, Landes, Métivier. — Gers, Cénac-Moncaut.

EALIK, *m.* (= *petit ange*) breton de l'île de Sein, com. par M. L. F. Sauvé.

ANGE (= *papillon qui vient le soir se brûler à la lumière*), normand, Delboulle.

ÂME (= *id.*), français, Nucérin.

Noms étrangers :

Parpaglione, Farfalla, it. — Parpaj, mil., Banfi. — Parpajóla, Val Soana, Nigra. — Parpajón, Piémont, Nigra. — Summervogel, Mulhouse, Dollfus. — Kapel, Witje, Uil, Vlinder, Vyfwouder, holl. — Marïhöne, norvégien, Nemn. — Soul (= *pap. de nuit*), angl., Charl. ; Yorkshire, *Notes and Queries*, III, 220. — Witch (= *pap. de nuit*), écossais, Gregor. — Ψυχή, Πετομένη Ψυχή, grec.

2. — « Lés pampillons font pairti l'ivar (les papillons font partir l'hiver). »　　　　Côte-d'Or, com. par M. H. Marlot.

3. — Le papillon blanc (genre *Pieris*) est considéré comme signe de temps doux, le papillon jaune (autre espèce du genre *Pieris*) comme signe de froid d'où le dicton　:

« Paupillon blanc,
Prends quenouille et va t'en aux champs,
Paupillon jaune,
Prends du bois et pis te chauffe. »
　　　　Normandie, LE HÉRICHER.

4. — Proverbe :

« Le plus beau papillon n'est qu'une chenille habillée. »
　　　　Limoges, JUGE.

5. — Quelquefois papillon signifie *caprice* ; on lit dans Labiche, *Les noces de Bouchencœur* : « J'ai un fort papillon pour le célibat. »

6. — « On dit qu'un *homme court après les papillons* quand il s'amuse à des bagatelles. »

7. — « *Dir farfalloni* = dire des sottises, *fare un farfallone* = faire une grande faute. »　　　　Italien.

II.

1. — « Qui veult estre marié dans l'an, prenne le premier papillon qu'il verra. »　　NOEL DU FAIL, édit. Assézat, I, 112.

« Celui qui attrape le premier papillon blanc qu'il voit au printemps, trouvera un essaim dans l'année. »

Ille-et-Vilaine, com. par M. P. Sébillot.

« La personne qui peut saisir le premier papillon qu'elle aperçoit au printemps, trouvera des couteaux dans l'année (¹). »

Deux-Sèvres, Touché.

2. — « I am told of a custom among the children in Somersetshire, who, when they have caught a certain kind of large white moth, which they call a miller, chant over it this uncouth ditty :

> Millery ! millery ! dousty-poll !
> How many sacks hast thou stole ?

and then with boyish recklessness, put the poor creature to death for the imagined misdeeds of his human namesake. »

Notes and Queries, III, 133.

« Miller, millard = a large withe moth such as the puss-moth (*Phalœna vinula*) and the pale tussock-moth (*Phalœna pudibunda*). Children sometimes catch these moths or millers and having interrogated them on their taking of toll, make them plead guilty, and condemn them in these lines :

> « Millery, millery, dousty poll ! »
> « How many zacks hast thee a-stole ? »
> « Vowr an' twenty, an' a peck. »
> « Hang the miller up by's neck. »

Dorsetshire, Barnes.

3. — *Cache cache papillon* est un jeu dans lequel un enfant cherche un objet caché à dessein, ses camarades lui disant :

> Cherche, cherche, papillon,
> Tu es bien loin de ta maison !

Si le chercheur s'approche du but on l'en avertit par : *tu brûles !* s'il s'en éloigne par : *tu gèles !* On lui offre la *clef des champs* moyennant un gage si l'espérance l'abandonne.

(¹) Cf. ci-dessus, p. 32.

4. — LES NOCES DU PAPILLON.

(Chanson)

Eh là ! Papillon marie-toi,
Hélas ! nout' mait', je n'ai pas d'quoi,
J'ai là trois pains dans ma maison ;
C'est pour la noce du Papillon,
    Du Papillon.

Eh là ! que dit l'Égzon (*héron*),
J'ai les ail', j'ai l'cou long,
Je fournis carp' aussi brochetons ;
C'est pour la noce du Papillon,
    Du Papillon.

Eh là ! que dit le Geai,
Je suis petit, je suis bien gai,
Je fournis des pois verts dans la saison ;
C'est pour la noce du Papillon,
    Du Papillon.

Eh là ! que dit le Loup,
Je suis bien plein, je suis bien soûl,
Je fournis brebis aussi moutons ;
C'est pour la noce du Papillon,
    Du Papillon.

Eh là ! que dit le Renard,
Je suis petit, je suis gaillard,
Je fournis poul' aussi chapons ;
C'est pour la noce du Papillon,
    Du Papillon.

Eh là ! que dit l'Écurio (*écureuil*),
Je suis petit, je n'suis pas sot,
Je fournis noisett' aussi calons (*noix*) ;
C'est pour la noce du Papillon,
    Du Papillon.

Eh là ! que dit le Chat,
Je suis petit, je suis bien plat,
J'ai brûlé ma rob' gris' sur les charbons ;
C'est pour la noce du Papillon,
    Du Papillon.

Eh là ! que dit le Chien,
Moi je ne fournirai rien,
J'ai reçu cent coups d'bâton ;
En faisant la noce du Papillon,
Du Papillon.
Le Charme (Loiret), com. par M. L. Beauvillard.

LA CHENILLE.

I.

1. — Dans son premier état la chenille est appelée :

ERUCA, (= lat. *eruca*) ancien provençal, Raynouard.

RUCO, *f*. Tarn, Gary. — Gers, Cénac-Moncaut.

ÉRUGO, Alais, La Fare Alais. — Gard, com. par M. P. Fesquet.

ARCHET, Troyes, Grosley.

TÔRA, Hérault, Marcel de Serres.

TORO, Gard, com. par M. P. Fesquet.

TOUARO, provençal moderne, Castor.

TOIRO, Bouches-du-Rhône, Villeneuve.

CANILHO, *f*. Tarn, Gary. — Gard, com. par M. P. Fesquet.

CHENILLE, *f*. français.

CENILLE, CNILLE, Berry, Jaubert.

CHELIGNE, Champagne, Saubinet. — canton de Flavigny (Côte-
d'Or), com. par M. H. Marlot.

CHENEILLE, CHENIGNE, Côte-d'Or, com. par M. H. Marlot.

CHERIGNA, *f*. TCHERIGNE, *f*. Suisse romande, Bridel.

TSATA, Velay, Haute Auvergne, Deribier de Cheissac.

CAZÉ, picard, Corblet.

CATTE PELAEURE, Guernesey, Métivier.

CAPELOUSE, normand.

CHAPELEUSE, Bayeux, Pluquet.

CARPLEUSE, pays de Bray, Decorde. — Pont-Audemer, Vasnier.

CHARPLEUSE, Pont-Audemer, Vasnier.

CHARPELOUSE, Ille-et-Vilaine, com. par M. P. Sébillot.

ALENNE, HELENNE, OUYENNE, Liège, Sigart.

HALÈNE, wallon, Grandgagnage.

HONAINE, *f*. Lille, Debuire du Buc.

OLÉNE, OLÊNE, ONÉNE, OULÉNE, OUNÉNE, ONINE, rouchi, Hécart.

OUNELLE, OUNENNE, wallon, Sigart.

BLANDA, Dauphiné, Champollion Figeac.

ROUPE (¹), Ban de la Roche, Oberlin.

VLIN, Aube, Tarbé.

VERMINE, VERMENNE, pays messin, recueilli personnellement.

BREZENC, *m.* Auch, Abadie.

SÈGUE DIT, Bayonne, Lagravère.

BISKOULENN, breton, Troude.

Noms étrangers :

Oruga, gallicien, Piñol. — Caterpillar (= *chenille poilue*) ; Cankerworm (= *chenille glabre*) angl., Charl. — Gattinn, mil., Banfi. — Muskel, Devonshire, Adams. — Mascal, Ouest de l'Angl., Adams.

2. — « Entre les deux sacres — les chenilles cessent leurs ravages. »　　　　　　　　　　　　　　　Anjou, SOLAND.

3. — On croit généralement que s'il fait froid au mois d'octobre, il y aura peu de chenilles l'année suivante.

4. — On dit : malin (ou méchant) comme une chenille. A Lyon on se sert de l'expression *mauvais comme une chenille verte* (*Chignol et Gnafron*, 29 septembre 1878).

5. — « A un curieux qui demande où l'on va on répond : *je vais écheniller mes noyers*, parce que cet arbre ne porte jamais de chenilles. »　　　　VIAN. *Histoire de Saint-Chéron*, IV, 152.

6. — Proverbe :

« Il faut que la chenille vive du chou et le prêtre de l'autel. »　　　　　　　　　　　　　　PERRON. *Proverbes.*

7. — « Ama coum'uno toro = amer comme une chenille. »　　　　　　　　　　　Gard, com. par M. P. FESQUET.

II.

1. — « On chasse les chenilles d'un jardin *en les envoyant à la foire*. Pour faire cette opération, on choisit un jour de foire dans

(¹) De l'allemand **raupe.**

une localité voisine. — Le matin, avant le lever du soleil, on prend dans sa main droite une baguette de coudrier que l'on a préalablement plongée dans l'eau, puis de la main gauche on saisit trois chenilles que l'on porte hors du jardin dans la direction du pays où se tient la foire. Les insectes disparaissent comme par enchantement. »   Loiret, com. par M. L. BEAUVILLARD.

2. — *Excommunication des chenilles.* — « On va remplir à une source d'eau située dans une commune voisine de celle qu'on habite et d'où l'on ne peut apercevoir le champ qu'il s'agit d'expurger, un arrosoir dont au retour on répand en petits filets le contenu sur les bords du champ dévasté, tout en prononçant ces mots :

> Erugo ruguieiro — Chenille rongeuse
>
> Sor de ma rabieiro ! — sors de ma ravière).

et les chenilles sortent aussitôt par une issue que l'on n'a pas soumise à l'incantation. Cela se nomme *escumergà las erugos* (excommunicare erucas). »

Gard, com. par M. P. FESQUET.

Voyez dans la *Revue des langues romanes*, 1873, p. 564, une formule de conjuration contre les chenilles.

LA CHRYSALIDE.

MARMOTE, MAROTE, rouchi, Hécart.

GAIRLOT, PETIOT GAIRLOT, TABATIÈRE, Côte-d'Or, com. par M. H. Marlot.

SPHINX ATROPOS.

1. — PAPILLON TÊTE DE MORT ([1]), français.

TAVAN DE LA MOUAR, Bouches-du-Rhône, Villeneuve.

MASCA (c.-à-d. : *sorcière*), provençal moderne, *Revue des langues romanes*, octobre, 1873, p. 569.

([1]) Ce papillon, introduit en même temps que la pomme de terre en Europe (la chenille vit sur les feuilles de pommes de terre) a sur le dos une tête de mort assez ressemblante. Il inspire la terreur partout où on le rencontre.

2. — La chenille de ce papillon est appelée :

TAC, TÈ, différentes provinces du Nord de la France.

SESIA (Genre).

MOÛNIÈRE (c.-à-d. : meunière) ([1]), Saintonge, Jônain.
VACANCE ([2]), Saintonge, Jônain.
NOUVÈLO, VISITO, POURCELÈNO, provençal moderne, Castor.

AGROTIS (Genre).

La Chenille des espèces de ce genre est appelée :

VER GRIS, COURT VERT, français, Boisduval.

BOMBYX AURIFLUA.

CUL DORÉ, français.

BOMBYX MORI. — LE VER A SOIE.

I.

1. — La larve du *Bombyx mori* est appelée :

VER A SOIE, MAGNAN, français.
MAGNAC, Gard, com. par M. P. Fesquet.
BORNI (c.-à-d. : l'aveugle), Gard, com. par M. P. Fesquet.

2. — « Le papillon mâle est appelé *bouc*, le papillon femelle *cabro;* la chrysalide est appelée *babot.* »

.Gard, com. par M. P. FESQUET.

([1]) Ainsi appelée parce qu'elle offre des teintes farineuses.
([2]) Les écoliers nomment ainsi la sésie parce qu'elle leur annonce les **vacances.** — Voy. sur ce papillon, Gubernatis. *Myth. zool.* II. p. 224.

3. — « *O'n babot* = il a (dans le cerveau) une chrysalide de ver à soie, il est fou. »

> Gard, com. par M. P. FESQUET.

4. — « Merchan de grano, merchan de vi,
>   Se n'attroubas un franc, serés prou fi. »

(*Trad.:* Marchand de graine de vers à soie, marchand de vin; — si vous en trouvez un franc vous serez assez fin.)

> Gard, com. par M. P. FESQUET.

II.

1. — « Il faut faire bénir la graine de ver à soie à la procession de la Saint-Marc (25 avril). »

> Provence, LUCAS DE MONTIGNY. *Récits variés.*

2. — « Il faut faire à la Vierge hommage de ses premiers cocons. »   *Idem.*

3. — « Les magnans sont sortis pour la première fois des plaies du saint homme Job. »   *Idem.*

4. — « Lou pagamen de Tourgan : *as magnatz* (le paiement de Turgan : *aux vers à soie*, c.-à-d.: aux Calendes grecques). »

> Gard, com. par M. P. FESQUET.

TINEA (Genre).

1. — TIGNE, *f.* ancien français.
TEIGNE, *f.* français moderne.
ARNA, ARNO, *f.* provençal moderne.
DARNO, *f.* Tarn, Gary. — Gard, com. par M. P. Fesquet.
ARDA, ancien provençal, Raynouard.
ARTE, AITAJIN, Côte-d'Or, com. par M. H. Marlot.
ARTIRON, ancien français, Cotgrave.
ARTISON, *m.* français moderne.
ARTUISON, *m.* Provins, Bourquelot.
ARTOISIN, Bourgogne, Piron. *Evairement de la peste*, 1832, p. 26.
HARTOUZ, *m.* Audierne. — Ile de Sein, com. par M. L. F. Sauvé.
HARLE, *f.* Auch, Abadie.

TARL, Menton, Andrews.

MITE, *f.* français.

MITAINE, *f.* pays de Vaud, Callet.

NIPPE ([1]), Centre, Jaubert.

CAMOUR ([2]), *m.* Alpes cottiennes, Chabrand.

Remarque. — Ces noms servent ordinairement à désigner les différentes espèces du genre **Tinea** à l'état de chenille et à l'état d'insecte parfait.

Ils servent aussi souvent à désigner d'une manière générale tous les petits insectes qui rongent les étoffes, le bois, le fromage, le blé, etc.

2. — « *Amor del tarlo* = amour de la tigne ou du ver qui ronge ; il m'aime comme les choux ; il me voudrait avoir mangé. »

DUEZ. *Dictionnaire italien-françois.*

« Amour d'arna que roujoun giusca lu crucifis (= un faux amour qui ennuie, offense ou tourmente). »   Nice, TOSELLI.

« Scrupolo del tarlo che dopo mangiato il crocifisso non volle mangiare il chiodo. »   Italien.

« Tu sei parente d'i tarli che non fanno differentia d'una zangola a un crucifixo (= Tu es parent des *tarles* qui ne font point de différence d'une sangle à un crucifix). »

Proverbe italien, *Bonne response à tous propos*, 1547.

« E come il tarlo che non fà differenza da una zangola à un nappo. »   Italien, PESCETTI.

CARABUS (Genre).

COUNÂYE DÉ TIARRE, Saint-Amé, Thiriat.

DAMOTTE, Plancher-les-Mines, Poulet.

JARDINIÈRE, Jura, Ogér. — Meuse, *Alman. de la Meuse*, 1830.

([1]) Ce mot signifie en même temps « débris que les teignes laissent sur les étoffes. » JAUBERT. — Le mot français nippe dans le sens de guenille vient peut-être de là. Il est possible aussi que le mot hardes se rattache aux formes arda, arte.

([2]) Cf. càmola, milanais, Banfi.

CARABUS AURATUS.

I.

BÊTE A BON DIEU, Yonne, *Annuaire du départ. de l'Yonne*, 1839.

CHEVAL DU BON DIEU, Jura, Ogérien.

CHIVA D'OR, Liège, Forir.

CHEVAL D'OR, Neuchâtel, Bonhote.

SARGEAN, Lauragais, com. par M. P. Fagot.

SERGENT, normand, Travers.

SERGENT D'ARBOIS, Jura, Toubin.

JARDINIÈRE, CLOU D'ENFER, Reims, com. par M. A. Béthune.

JEANNETTE, Allier, com. par M. E. Olivier.

COUTURIÈRE, VINAIGRIER, CATHERINETTE, différentes provinces, *Journal de la ferme et des châteaux*, 1868.

MARTINGNOT, Mesnil-sur-Oger (Marne), com. par M. A. Béthune.

Nom étranger :

Guldsmed, suédois dialectal, Rietz.

II.

1. — « On regarde le meurtre d'un de ces insectes comme une cause de pluie. »   Jura, TOUBIN.

2. — « A Bouxwiller (Alsace) on craint de perdre quelque chose quand on a eu le malheur d'écraser avec le pied un carabe doré. »
                     Revue d'Alsace, 1851, p. 563.

3. — « Celui qui tue un *sargent* est sûr de perdre quelque chose dans la même journée. »   Eure-et-Loir, com. par M. J. POQUET.

BRACHINUS (Genre).

Les espèces de ce genre sont remarquables par la propriété qu'elles ont de lancer par l'anus une vapeur qui sort avec une petite crépitation et qui roussit un peu les doigts ; on leur donne les noms suivants :

BOMBARDIER, CANONNIER, français.

PÉTARD, BOMBARD, PISTOLET, Jura, Ogérien.

HYDROPHILUS (Genre) et DYTISCUS (Genre).

PUCE D'EAU, POULE D'EAU, BÔLAINE, pays messin, rec. pers.
BÊTE D'AUVE, Saint-Amé, Thiriat.
CURETTE, Jura, com. par M. Ed. Toubin.
COQ ANGUILLE, Bayeux, Pluquet.
BÊTE COQUETTE, Mesnil-sur-Oger (Marne), c. par M. A. Béthune.
SABOT, Reims, com. par M. A. Béthune.

« La *curette* passe à tort pour venimeuse. »

Jura, TOUBIN.

« En Sardaigne on croit que cet insecte donne naissance aux anguilles, aussi l'appelle-t-on *mamma de sas ambiddas* (c.-à-d. : la mère aux anguilles). »

Azuni, II, 244.

GYRINUS (Genre).

TOURNIQUET ([1]), *m.* différentes provinces du Nord de la France.
PUCE D'EAU, français, *Journ. de la ferme et des chât.*, 1868.
COUTRÈRE (c.-à-d. : *couturière*), CANE D'EAU, Côte-d'Or, com. par M. H. Marlot.

STAPHYLINUS (Genre).

I.

DIABLE ([2]), *m.* français.
CURÉ, PRÊTRE, Yonne, *Annuaire du départ. de l'Yonne*, 1839.
SCORPION, Reims, com. par M. A. Béthune.
GUIGNO CUÉOU, LÈVO CUEOU ([3]), provençal moderne, Castor.

Noms étrangers :

Devil's cow, Somersetshire, Adams. — Devil's horse, Devil's coach horse, angl. dial., Ad. — Derrighan dioul (c.-à-d. : diable rouge), irlandais, Ad. — Turn up tail, Cock tail, Rove beetle, anglais dialectal, Adams.

([1]) Les gyrins vivent en troupes nombreuses tournoyant sans cesse les uns autour des autres avec une prodigieuse rapidité.
([2]) Ainsi appelé parce qu'il est tout noir.
([3]) Cet insecte relève constamment la queue.

II.

« Après le massacre des innocents la Sainte Famille rencontre en Egypte des semeurs à qui elle demande des secours. Ces secours sont accordés. En récompense le blé semé devient subitement mûr. Arrivent les émissaires d'Hérode; ils questionnent immédiatement les semeurs qui sont maintenant des moissonneurs ; ceux-ci répondent pour ne pas mentir que depuis qu'ils ont semé le blé ils n'ont vu personne. Les émissaires sont sur le point de repartir, lorsque le méchant insecte, qui, caché sous une pierre, avait tout vu, tout entendu, sort de sa retraite et leur raconte tout. Il était jusque là d'un beau rouge cramoisi; par la volonté du Ciel il devient d'un noir satanique; il est voué à l'exécration universelle et il est décidé que ceux qui l'écraseront avec le pouce de la main droite seront considérés comme des bienfaiteurs de l'humanité et que les sept péchés capitaux leur seront remis. »

Légende irlandaise, *Transact. of Phil. Soc.*, 1859, p. 94.

NECROPHORUS (Genre).

FOSSOYEUR, FOUÏSSEUR, français.
TASSE VÈCHE, Saint-Amé, Thiriat.

SILPHA (Genre).

BOUCLIER, français.

DERMESTES LARDARIUS.

Nom étranger :

Bacon bee, Lincolnshire, Adams.

LUCANUS CERVUS.

I.

CERF VOLANT (¹), *m.* (le mâle) BICHE, *f.* (la femelle) français.
CERF DE CHAGNE, Semur, com. par M. H. Marlot.

(¹) La tête de cet insecte est armée d'énormes mandibules qui ont quelque ressemblance avec les cornes de cerf.

CHER VOLANT, Bessin, Joret.

CIÂ, Saint-Amé, Thiriat.

C'HOUÎL-KORNEK (= *scarabée cornu*), breton, Legonidec.

CORNARD, Creuse, Roudaire.

CÔNARD, Bayeux, Pluquet.

BANAR, MANJO PERO, Gard, com. par M. P. Fesquet.

BANARD, BANARUT, BANUT (1), Languedoc, Azaïs.

BŒUF DE LA SAINT JEAN, Allier, com. par M. E. Olivier.

C'HOUIL SANT IANN (= *scarabée de saint Jean*), Audierne, com-
    muniqué par M. L. F. Sauvé.

CERF SAINT PIERRE (le mâle), CERF SAINT JEAN (la femelle),
    Lorient, recueilli personnellement.

ESCARABAT, Tarn, Gary.

ESCARBAT, Lauragais, com. par M. P. Fagot.

CRABAT, ESCRABAT, Toulouse, Poumarède.

PORESCRAOUAT, Bagnères-de-Bigorre, recueilli personnellement.

SARDINE (la femelle), Pithiviers, com. par M. L. Beauvillard.

ESCANYA-POLLETS (= *étrangle poulets*), Pyrén.-Orient ; Comp.

SCIEU DE BUÔ (= *scieur de bois*), Ban de la Roche, Oberlin.

MARICHA, *m.* normand, Delboulle.

COPE DÉ (*coupe doigt*), Deux-Sèvres.

TENALEY (= ˙ *tenacularium*), Bagnard, Cornu.

CHARPENTIER, Côte-d'Or, com. par M. H. Marlot.

ARKULO, basque, Fabre.

Noms étrangers :

Cornabò, mil., Banfi. — Vaca-lóura, gallic., Piñ. — Hirschschröter, Feuers-
chröter, Feuerkäfer, Hausbrenner, Eichochs, Hirschkäfer, Hirsch, Donnerpuppe,
Donnergugge, all. — Oak bull, Stag, Stag beetle, Hart beetle, Stag fly, Flying
fly, Flying hart, anglais. — Nippy dor, Suffolk, Adams. — Veado voante, port.
— Donnerguegi, Suisse all., Lütolf. — Pincher bob, Surrey, Adams.

II.

1. — « Aux environs de Pithiviers les enfants, armés de branches
d'arbre, cherchent à abattre les lucanes en leur criant : *cerf bas !*
cerf bas ! — Ces paroles, croient ils, les font descendre. »

        Com. par M. L. BEAUVILLARD.

---

(1) Du mot **bano** = corne.

2. — « Si l'on veut avoir de l'argent toute l'année il faut porter constamment dans sa poche une tête de cerf volant. »

Châteaudun, com. par M. L. DE TARRAGON.

3. — « Avoir une tête de cerf volant dans sa poche fait gagner à la loterie. » Loiret, com. par M. L. BEAUVILLARD.

4. — En Allemagne on croit que si l'on apporte un cerf volant dans une maison, cela attire la foudre. On croit aussi qu'il apporte dans les maisons des charbons ardents pour les incendier.

COPRIS (Genre).

BOUSIER, FOUILLE MERDE, français.

GEOTRUPES (Genre).

FIESTRON, FOLÈGNE A TRON, Saint-Amé, Thiriat.
MANGE BRAN, MÂCHE CROTTE, FOUILLE MARDE, Marne, communiqué par M. A. Béthune.

ORYCTES NASICORNIS.

RHINOCEROS, LICORNE, français.

MELOLONTHA VULGARIS. — LE HANNETON.

I.

1. — HANNETON ([1]), *m.* français.
ANNETON, français vulgaire.
JANETO, JANETOUN, Colognac (Gard), com. par M. P. Fesquet.
JANITON, *m.* Vosges, com. par M. D. Pierrat.
NANI, Loire, com. par M. Sylvain Ebrard.

([1]) **Hanneton** est évidemment pour **Jehanneton**. Dans l'ancien français on trouve **Hanne** pour **Jehanne**.

PAPO DÉ SAN JOUAN, Bagnères-de-Bigorre, com. par M. A. Cazes.

ARNOUD, Reims, Saubinet.

BERTAL, BERTAOU, *m.* provençal moderne, Azaïs.

BERNAOU, Marne, Tarbé.

ESCARNOT, Meuse, Cordier. — Marne, Plonquet, *Topog, méd. du canton d'Ay,* 1855.

ÉCARNOT, Marne, Tarbé.

ÉQUERGNOT, champenois, Diez.

ESCARBOT, Bas-Poitou, Beauchet-Fileau.

ÉSCARABAT, Tarn, Gary.

ÉCHARBOT, Vienne, Lalanne. — Bas-Poitou, Beauchet-Filleau.

SAIRBAT, *m.* pays messin, D. Lorrain.

TABAN, mentonais, Andrews.

TAVAN, Bouches-du-Rhône, Villeneuve.

BRUANT (¹), *m.* wall. Sig. — Lille, Hécart. — picard, Corblet.

BRIGAND, Saint-Lô, Le Héricher.

BRÛLAIN, Deux-Sèvres.

BRUMAN, Côtes-du-Nord, com. par M. P. Sébillot.

BRONCHION, normand, Le Héricher.

BRONCHAS, BRONCHIOUS, normand, Duméril.

BRONFIOUS, Granville, Le Héricher.

BOUDION, Vosges, L. Jouve. *Coup d'œil sur le patois vosgien.*

BOURDIENNE, Lons-le-Saulnier, Monnier.

HURLAT, anc. messin, *Mém. de Vigneulles.* —Ardennes, Tarbé.

HARLÔ, *m.* Metz, recueilli personnellement.

ARLOT, HEULAT, pays messin, D. Lorrain.

HEULO, pays messin, Jaclot.

HOURLON, *m.* picard, de Poilly.

HEURLON, picard, Corblet.

HURLION, URLION, URION, rouchi, Hécart.

OURLON, *m.* vallée d'Yères, Delboulle.

OULLON, Warloy-Baillon (Somme), com. par M. H. Carnoy.

CANQUE, CANKEUCE, Franche-Comté, Dartois.

CANCOIRNE, CANCOUARNE, *f.* Morvan, Chambure. — Bresse châlonnaise, Guillemin.

KANKOUAIRA, KANKOUARA, *f.* Suisse romande, Bridel.

CANCOIRE, CANCOUARE, *f.* Pays de Vaud, Callet. — Montbéliard, Contejean. — Jura, Monnier.

____

(¹) Ainsi appelé parce qu'il fait du bruit en volant.

CANCOUÈRE, Allier, com. par M. E. Olivier.

CANCOIROTTE, *f.* Montbéliard, Contejean.

CANCOUANE, CANCOINE, Franche-Comté, Bonnet. — Côte-d'Or,
com. par M. H. Marlot.

CANQUANE, Jura, Ogérien.

CANCOUENNE, Côte-d'Or, com. par M. H. Marlot.

CANCOUAINOTTE, *f.* Les Fourgs, Tissot.

CANKÔNE, Montigny-sur-Armançon, com. par M. H. Marlot.

CANCOIGNE, Semur (Côte-d'Or), com. par M. H. Marlot.

QUINCORNE, Louhans, Guillemin.

CANCOUARDE, CANCOUAGE, Franche-Comté, Dartois.

CANCOUADGE, CANCOIDJE, Plancher-les-Mines, Poulet.

QUANQUADIE, Franche-Comté, Perron. *Proverbes,* p. 122.

CANCOUELLE, CANCOUÈLE, CANCOELLE, *f.* Langres, Mulson. —
Morvan, Chambure. — Salins, com. par M. Ed. Toubin. —
Bourg., Mign. — Semur (Côte-d'Or), com. par M. H. Marlot.

CANKOUELLOTTE, *f.* Hte-Marne, Tarbé. — Mouthe (Doubs), Tissot.

KUKARA, *f.* pays de Vaud, Bridel.

CUCARE, Fribourg, Grangier.

CACOUARE, Franche-Comté, Dartois.

COUCOUARA, Dauphiné, Champollion-Figeac.

COUCOIRO, Dauphiné, J. Ollivier. *Essai,* etc. — Alpes cott., Chab.

KOUAIKOUARA, *f.* Suisse romande, Bridel.

CARCOIE, *f.* CARCOILLE, *f.* Neuchâtel, Bonhote.

KOUAIRKALLA, *f.* Suisse romande, Bridel.

KAKAMARLUA, basque, Fabre.

BAMBAROT, *m.* BAMBAROTO, *f.* provençal moderne, Azaïs.

BOURGAINE, *f.* Jura, Monnier.

BRÉGUE, Poitou, Favre.

FANFAROOU, Alais, La Fare Alais.

GUERGOURA, Laroche-en-Brenil (Côte-d'Or), communiqué par
M. H. Marlot.

GRINGOISE, Bussy-le-Grand (Côte-d'Or), com. par M. H. Marlot.

HALAMBON, Thicourt (Pays messin), com. par M. Aug. Peupion.

BARDOIRE, *f.* Lyonnais, Onofrio.

MÉRI, *m.* Vosges, com. par M. D. Pierrat.

BROUTARD (¹), *m.* Melle, com. par M. Ed. Lacuve. — Saintonge,
Jônain.

BROUTOU, Poitou, Lalanne.

(¹) Ainsi appelé parce qu'il mange les feuilles des arbres.

MARMOTTO, Saint-Félix, com. par M. P. Fagot.

VACHE DE CHÊNE, environs de Rennes, com. par M. Sébillot.

BUNE QUÊNE, BU D'QUÊNE, Cherbourg, com. par M. J. Fleury.

C'HOUIL-TANN, *m.* breton, Troude.

FIL DERO, *m.* C'HOUIL DERO (*scarabée de chêne*), breton, com.
   par M. L. F. Sauvé.

BALOWE, Liège, Grandgagnage.

BALOUJE, Namur, Grandgagnage.

BALOUCHE, Fleurus, Sigart.

BIESS-À-BALOW, ÀBALOW, Liège, Forir.

PINVOLE, Lisieux, Le Héricher.

VOLTON ([1]), VOLTRA, *m.* pays messin, rec. pers.

CAGETON, argot, Halbert d'Angers.

BÔGNEÛ, Lunévillle, com. par M. Aug. Peupion.

BEURGNE, *f.* Poitou, Lalanne.

BINE, Allier, com. par M. E. Olivier.

CANELORDE, Saint-Germain-de-Modéon, (Côte-d'Or), communiqué
   par M. H. Marlot.

MACÂRAN, ACÀRAN, Meuse, Cordier.

BIKARA, pays messin, recueilli personnellement.

KLÉBEÛR, Landroff (pays messin), recueilli personnellement.

FROINTRO, Ban de la Roche, Oberlin.

PRINCHEUX, Mons, Vermesse.

PRÊCHEUX, *m.* Mons, Sigart.

MOULINIÈRO, Lauragais, com. par M. P. Fagot.

MOUNNÉÏRÂ, Canton de Murat (Hte-Auvergne), Labouderie,

MEUNIÈRÉ, Haute-Loire, Pomier.

MAGNIER, MAGNIÈRE, picard, com. par M. H. Carnoy.

MOUGNÎ, *m.* (le hanneton de couleur foncée), MOUGNIRO, *f.* (le hanneton à teintes farineuses) Creuse, com. par M. F. Vincent.

Noms étrangers :

Kitty-witch, Norfolk, Ad. — Hum-buz, Cornwall, Ad. — Blind buzzart,
Shropshire, Adams.

2. — La larve du hanneton est appelée :

CATTE, Guernesey, Métivier.

COTTEUR, Guernesey, Métivier.

([1]) Le mot évaltoné = étourdi, se rattache peut-être à ce mot. Cf. la
locution : étourdi comme un hanneton.

COTAIRU, *m.* Fribourg, Grangier.

COTERÉ, CAUTERÉ, Plancher-les-Mines, Poulet.

COTTERIA, Bourgogne, *Revue des Jardins*, II, 5.

COTTEREAU, Bourgogne, Joigneaux.

COTTERET, *m.* Suisse romande, Bridel.

MAGOT, *m.* Guernesey, Métivier.

MÀCON, Meuse, Cordier.

MAN, différentes provinces du Nord de la France.

TA, TÀ, TÊ, différentes provinces du Nord de la France.

MEUNIER, MATIS, TON, français dialectal, Mathieu.

MULOT, Rozoy-en-Brie (Seine-et-Marne), com. par M. Leclerc.

VERS MATI, français dialectal, Boisduval.

VER BLANC, VER BOUVIER, français.

VERMANT, VERMEAU, picard, Corblet.

VEROUL, Tulle, Béronie.

VARA, VOUARA, *f.* Suisse romande, Bridel.

VOIRE, VOIRNE, pays de Vaud, Callet.

VARÈS, Rouergue, *Insectologie agricole*, II, 69.

VARVI, Centre, Jaubert.

WARBOT, wallon, Sélys Longchamps.

VER-COI, Neuchâtel, Bonhote.

CHÀLON, MOLON, wallon, Grandgagnage.

QUIEN DE TERRE, normand.

CHIEN DE TERRE, français dial., *Insectologie agricole*, III, 171.

TURC, VER TURC (¹), français.

TEÙR, Montargis, Royer. *Catéch. des cultivateurs*, 1839.

BOBO, *f.* Toulouse, Poumarède.

ENGRAISSE POULE, TERRE, français dialectal.

BERLAUD, Centre, Jaubert.

BRELAAU, Poitou, Lalanne.

3. — « Ils se tiennent tous par le cul comme des hannetons, ou comme des Juifs ; se dit de plusieurs gens alliés en même famille. »

Dictionnaire portatif des proverbes.

4. — Le hanneton est très lourd et ne dirige pas très bien son vol ; il va souvent se heurter contre une personne ou un corps dur, ce qui le fait tomber. De là les expressions :

« Étourdi comme un hanneton. »

(¹) La tête de la larve du hanneton semble être coiffée d'un turban turc.

« N'avoir pon pus d'tête qu'un hourlon. »
> Boulonais, com. par M. Ern. DESEILLE.

Cf. **Blind as a buzzart**, anglais. — Le hanneton est appelé dans le Shropshire **blind buzzart**, selon Adams.

5. Pronostics :

« Année de hannetons,
Blé, vin à foison. »
> Semur, com. par M. H. MARLOT.

« Année de hannetons,
Année de grenaison. »
> *Statistique de la France.*

« Année hannetoneuse,
Année pommeuse. »
> Bayeux, PLUQUET.

« Grande hannetonnée,
Petite vinée ;
Grande hannetonnée,
Grande pommée. »
> Oise, *Statistique de la France.*

« Pour avoir une bonne année,
Il faut qu'elle soit bien hannetonnée. »
> Eure-et-Loire, *Statistique de la France.*

« Quant la larve du hanneton ne sort point de terre, l'année est mauvaise en sarrasin. »
> Côtes-du-Nord, *Statistique de la France.*

« Si l'année a produit beaucoup de hannetons, il y aura beaucoup de châtaignes. »
> Dordogne, *Statistique de la France.*

II.

1. — « A Cherbourg l'on vendait il y a quelques années un hanneton pour une épingle. Le vendeur s'annonçait par ce chant :

A une épingle les bunequênes, quêne, quêne, quêne, quêne de
rebette, quêne de rebou, bou, bou. »

Communication de M. J. Fleury.

2. — On appelle *pain de hanneton* la semence de l'orme
dont cet insecte est très friand.

3. — Lorsque le hanneton soulève ses élytres à
plusieurs reprises pour faire provision d'air, les enfants
disent *qu'il compte ses écus.*

4. — « Lorsque l'on veut transformer les hannetons en *prédicateurs*, on les attache, à l'aide d'un gros fil, dans une espèce de
chaire faite avec des morceaux de cartes, en ayant soin que leurs
deux premières pattes seulement paraissent. Les hannetons, ainsi
retenus, font des efforts pour s'échapper ; ils rapprochent leurs
antennes ou cornes, et semblent avoir un bonnet carré ; ils tirent
la tête, étendent les pattes, ce qui leur fait parfaitement imiter les
gestes des prédicateurs. »

Dans différents dialectes le hanneton est appelé prédi-
cateur (par ex. : *predikker* dans le Brabant méridional).

5. — « Pour faire un *moulin à vent* avec des hannetons il
suffit de couper une carte en deux, dans sa longueur, d'en rogner
un peu les morceaux, de les coudre en croix de saint André, et
d'attacher le milieu de cette croix au bout d'un bâton ; puis, aux
quatre extrémités de la croix, on attache un hanneton ; on fiche le
bâton au soleil, et les hannetons, qui volent en ronflant, font tourner
la petite aile du moulin à vent. »

C'est sans doute à cause de ce jeu que le hanneton est quelquefois appelé *meunier* (¹). Cependant, ce nom de *meunier* est plus ordinairement donné aux espèces de hannetons qui ont sur les élytres une matière farineuse grise.

6. — Le jeu le plus simple et le plus connu des enfants consiste à attacher un fil à la patte d'un hanneton et à le faire envoler, ce qui le force à tourner en cercle. Pour l'engager à prendre son vol on lui chante quelqu'une des formulettes suivantes :

« Hanneton, vole, vole, vole,
Ton mari est à l'école ;
Il a dit si tu ne voles
Qu'il te couperait la gorge,
Avec un couteau de Saint Georges. »

> Seine, Seine-et-Oise, Seine-et-Marne, Vosges,
> Picardie, Franche-Comté, etc.

« Hanneton, vole, vole, vole,
Marie Nicole,
Ton grand-père est à l'école ;
Si tu ne voles pas bien,
J'te couperai la gorge,
Avec un couteau de Saint Georges. »

> Lorient, recueilli personnellement.

« Hanneton, vole, vole, vole,
Marie Nicole,
Votre mari est à l'école ;
Si vous ne volez pas bien,
On vous donnera cinq coups de rotin. »

> Lorient, recueilli personnellement.

« Hanneton, vole, vole,
Ton grand père est à l'école ;
Il m'a dit que si tu ne voles
Il te coup'ra la tête
Avec une harminette. »

> Bretagne, com. par M. L. F. Sauvé.

« Hanneton, vole, vole
Ta grand'mère (var. *ton grand-père*) est à l'école
Elle a dit que si tu ne voulais pas voler,
On te couperait en mille, mille, mille morceaux. »

> Environs de Niort, com. par M. L. Desaivre.

« Cancouèle, vole, vole
Ton mari est à l'école,
Il a dit, si tu ne voles
Qu'il te couperait la gorge
Avec le couteau de Saint Roch,
Roch, Roch, Roch. » Jura, com. par M. Ed. Toubin.

« Hanneton, vole, vole !
Ton mari est à l'école,

Il a dit qu'si tu volais
Tu aurais d'là soupe au lait ;
Il a dit qu'si tu n'volais pas
Tu aurais la tête en bas. »   Reims, TARBÉ.

« Hanneton, vole, vole
Ta p'tite fille est à l'école ;
Elle m'a dit si tu ne voles
Qu'elle te couperait la patte
Avec un grand sabre,
Et puis si tu volais
Qu'elle te donnerait du lait. »

                    Paris, com. par M. H. CARNOY.

« Hanneton, vile, vile, vole,
Ton mari est à l'école ;
Il m'a dit si tu n'y allais
Qu'il te donnerait un coup de balai. »

        Courbevoie (Seine) com. par M. H. CARNOY.

« Hanneton, vole, vole, vole
Ton mari est à l'école ;
Il dit si tu ne voles,
Qu'il te coupera le nez. » *Insectologie agricole*, 1. 3.

« Hanneton vole, vole, vole
Ton mari est à l'école.
Qui m'a dit qu'si tu ne voles
Il te coupera la gorge,
Avec un couteau Saint Georges,
Georges, Georges, Georges.
Tu viendras dimanche,
'vec ta robe blanche,
Tu viendras jeudi
'vec ton habit gris. »

Cherbourg, com. par M. J. FLEURY.

« Hanneton vole, vole
Ta maitresse est à l'école
Ton mari est à Paris,
Qui achète de beaux habits ;
Il a dit, si tu ne voles
Qu'il te couperait la gorge,
Avec son grand couteau de bois. »

Sens (Yonne), recueilli personnellement.

« Hanneton, vole, vole
Ta p'tite fille est à l'école
A l'école dans un grenier,
Au milieu d'un petit panier.
Hanneton, file, file,
Va trouver ta petite fille. »

Orne, com. par M. H. CARNOY.

« Hanneton, vole, vole, vole,
Si tu ne veux pas voler
Tu n'auras ni pain ni blé. »

Melle, com. par Ed. LACUVE.

« Urlion, urlion
Préns tés ailes, z'ailes
Si tè n'prends point tés ailes
J'te coperai l'tiéte
Avé l'corbé d'nos préte
Qui est là sus l'ferniéte. »

Pays rouchi, HÉCART.

« Hourlon vole, t'envol'ras tu !
— Oui mon père, pour cent écus !
A petits pas, petits pas, monsieur,
Hourlon vole ! »

   Boulonnais, com. par M. Ern. Deseille.

« Li-on, li-on
Prainds tes ailes, tes ailes,
Li-on, li-on
A bo bon, à bo bon
Meunier, vlà vo moulin qui brûle ! »

       Mons, Sigart.

« A Bruants, à Ronchin
I n'y a du fu dins tin molin »

     Lille, Debuire du Buc

« Pinvole, vole, vole
Fais trois tours et puis t'envole
Tintaribaud ! »   Normandie, Travers.

« Hanneton vole, hanneton vole !
Ton p'tit frère est parti
Est parti à Paris
Sur la queue d'une souris
Pour chercher du pain bis.
Si tu n'me dis pas pour qui,
Je le dirai à ta vieille mère
Ta vieille mère, ol magnière !
J'irai chercher à manger
A manger pour éch' magnier !
Hanneton vole, hanneton vole ! »

   Abbeville, com. par M. H. Carnoy.

« Hanneton, vole, vole, vole,
Tu ne vas pas à l'école
Comme moi pauvre écolier
T'ennuyer le jour entier
A griffonner du papier
Ou lire dans le psautier.
La clef des bois, la clef des champs,
La clef des marmousets. »

 Meuse, Cordier. *Coumédies en patois meusien.*

« Hanneton, envole-toi ! ouvre la grange à ta mère, les juifs viennent, les paysans viennent, ils veulent compter avec toi, ils veulent te mettre à mort, toi et tes chers enfants. »

Traduction d'une formulette alsacienne du recueil de STOEBER.

« Hanneton, envole-toi, ton petit feu brûle, ta petite soupe cuit, ta mère est assise sur le seuil. »   *Idem.*

7. — « If you kill a beetle it is sure to rain. »

HULL. *Notes and Queries*, VI, 311.

8. — « Le jour de l'Ascension, a lieu, au bourg de Gouesnou, près de Brest, un pardon connu sous le nom de *pardon des hannetons*. Pour se rendre à cette assemblée, tout coq de village qui se respecte doit avoir au moins un hanneton piqué sur le ruban de son chapeau. »   Com. par M. L. F. SAUVÉ.

CETONIA AURATA.

MARTRE, Plancher-les-Mines, Poulet.

POUILLE DE SERPENT (= *pou de serpent*), Bussy-le-Grand (Côte-d'Or), communiqué par M. H. Marlot.

GRILLOT DE SERPENT, Cernois près Semur (Côte-d'Or), com. par M. H. Marlot.

VRONVRON DORÉ, Morbihan, recueilli personnellement.

REINE, Allier, com. par M. E. Olivier.

CLAQUINETTE, Reims, com. par M. A. Béthune.

Noms étrangers :

Moon's horse, angl. Mouffet, *Theatre of insects*. I, § 2. — Rose chafer, Goldenchafer, Greenchafer, June bug, anglais.

BUPRESTIS (Genre).

RICHARD (¹), *m*. français.

(¹) Les insectes de ce genre sont appelés ainsi à cause de leurs brillantes couleurs.

ELATER (Genre).

1. — MARTEAU, TOQUE MARTEAU, MARÉCHAL, français.
TOQUE MAILLET, TAUPIN, français.
MERCHAU, Saint Amé, Thiriat.
TOQUE MIDI, Les Fourgs, Tissot.
TAC NAVETTE, Langres, Mulson.
TAQUET, Neuchâtel, Bonhote.
TAC TAC, KA-CRAQUÉ, Antilles françaises, Turiault.
SAOUTO ROUBIN, Bouches-du-Rhône, Villeneuve.
TAVAN SAOUTAIRÉ, provençal moderne, Castor.
BOBA, provençal moderne, Honnorat.
BOBO, Agen, Azaïs.

Les insectes de ce genre, quand on les met sur le dos, détendent brusquement les muscles du thorax et exécutent des sauts parfois assez élevés. A ce moment on entend un petit bruit sec que l'on interprète par *toc* ou *tac*.

2. — La larve de l'Elater est appelée :

VER JAUNE, VER FIL DE FER, CORDE A BOYAUX.

LAMPYRIS NOCTILUCA. — VER LUISANT.

I.

La femelle de cet insecte n'a ni ailes ni élytres, ce qui fait qu'elle ressemble plutôt à une larve ou à un ver qu'à un coléoptère. Pendant les nuits d'été elle émet une lueur phosphorescente assez vive. Voici les noms qu'on lui donne :

VER LUISANT, *m.* LUCIOLE, *f.* français.
BABAU LUSENT, languedocien, Azaïs.
VERME QU'ALOUNE, Suisse romande, Bridel.
LUSETA, *f.* LUSETO, *f.* LUZETO, provençal moderne.
LUZÈRNO, Bouches-du-Rhône, Villeneuve. — Tarn, Gary. —
    Gard, com. par M. P. Fesquet.
RELUSOTTE, Bussy-le-Grand (Côte-d'Or), com. par M. H. Marlot.
LUNET, *m.* languedocien, com. par M. P. Fesquet.

BAISSO LUVERNO, provençal moderne, Azaïs.

LUMEROTE, *f.* Flandre française, Ch. Deulin. *Contes d'un buveur de bière.*

LUSCAMBRO, Gard, com. par M. P. Pesquet.

LUSCRAMBO, Toulouse, Poumarède. — Castres, Couzinié. — Lauragais, com. par M. P. Fagot.

LUJAMBO, Menton, Andrews.

CUCO, *m.* Gers, Cénac-Moncaut.

CULUT, Dauphiné, Champollion-Figeac.

BARBARATA, *f.* Alpes cottiennes, Chab. et Roch.

BARBÉLOTTE, Bresse châlonnaise, Guillemin.

BOBORAOUNA, Tulle, Béronie.

VER COUREAU, Meuse, Cordier.

MOURVÉHH, pays messin, recueilli personnellement.

VER BLET, picard, Corblet.

VER GOIÉ, wallon, Grandgagnage.

VER COQUIN, Laas (Loiret), com. par M. L. Beauvillard. — Beauce et Gâtinais, com. par M. J. Poquet.

VARMOUCHEAU, VERMOICHEREAI, Morvan, Chambure.

KEULAIS (¹), Semur (Côte d'Or), com. par M. H. Marlot.

TEURLUGEOTTE, Cernois près Semur (Côte-d'Or), communiqué par M. H. Marlot.

LANTERNE DE MOO (*lanterne des morts*), Saulieu (Côte-d'Or), com. par M. H. Marlot.

PRÉV-NOZ, PRÉV-LUGERNUZ, PRÉV-GOULOU, breton, Legonidec.

HAR DIRDIRANTA, basque, Fabre.

Noms étrangers :

Lucerna, gall., Piñ. — Luciérnaga, esp. — Lucciola, it. — Stare-basin, Somersetshire, *Notes and Queries*, 3 nov. 1877. — Luminat, Piémont, *Annales de l'Observatoire de Turin*, 1809, p. 91. — Saint-Johannes güöggi, Suisse all. Lütolf. — Svatojanska moucha, tchèque.

Remarque. — Les mâles de certaines espèces de Lampyres sont phosphorescents et volent en l'air, ce que ne sauraient faire les femelles. On les appelle **mouches de feu.**

2. — Locutions italiennes facétieuses :

« *A rivederci come le lucciole,* à revoir comme les lucioles, c.-à-d.: le feu au cul). »   DUEZ.

(¹) Ce mot signifie aussi **feu follet.**

« *Far la coda alle lucciole* (faire la queue aux lucioles, c.-à-d. : couvrir ou desguiser une affaire). »   DUEZ.

. « *Ogni lucciolo non è fuoco* (c.-à-d. : tout ver luisant n'est pas feu ; tout ce qui reluit n'est pas de l'or). »   DUEZ.

« *Far véder le lucciole* (faire voir les estoilles de jour, en frappant à la teste). »   DUEZ.

« *Monstrar lucciole per lanterne* (faire acroire que des vessies sont lanternes). »   DUEZ.

II.

1. — « Le ver luisant dans une maison empêche le lait de se cailler. »   L. JOUBERT, 1600.

2. — « Prendre des *vers luisants* ou *vers de Saint Jean*, le 24 juin (jour de la Saint-Jean) porte bonheur. »
                    Belgique, REINSBERG. *Traditions et légendes.*

TELEPHORUS FUSCUS.

MOINE, *m.* employé sous ce nom comme appât par les pêcheurs.

ANOBIUM (Genre).

VRILLETTE, HORLOGE DE LA MORT, français.
ARTEZIN, Jura, Ogérien.
VERMINIA, Bussy-le-Grand (Côte-d'Or), com. par M. H. Marlot.

Quand cet insecte fait entendre dans les boiseries vermoulues, de petits · coups secs, c'est un présage de mort.

BLAPS (Genre).

ÉSCARABAT PUDENT, Tarn, Gary.

TENEBRIO (Genre).

La larve de ce coléoptère est appelée *ver de la farine*.

MELOE (Genre).

I.

BÊTE DE SAINT JEAN, *f.* BOUSIER, français.

BÊTE DU BON DIEU, *f.* Cernois près Semur (Côte-d'Or), com. par
M. H. Marlot. — Rozoy-en-Brie (Seine-et-Marne).

BARBOT, *m.* Melle, com. par M. Ed. Lacuve.

CARBO, *m.* Bessin, Joret.

BARBOULOTTE DE SAINT JEAN, Morvan, Chambure.

MARGUERITE, Bretagne française, com. par M. P. Sébillot.

VINCENT, Le Charme (Loiret), com. par M. L. Beauvillard.

PÀN, Guernesey, *Notes and Queries*, I, 194,

VER DE MAI, Marne, com. par M. A. Béthune.

MORELLE, Anjou, com. par M. P. Sébillot.

Nom étranger :

Esgano, gallicien, Piñol.

II.

Cet insecte se trouve communément sur les bruyères
ou herbes sèches, dans les terrains sablonneux ; il
a la propriété de teindre en rouge la goutte d'eau sur
laquelle on le dépose ; aussi, les enfants après l'avoir
placé dans la main sur un peu de salive, se mettent-ils à
dire :

> « Petite bête de Saint Jean
> Donne-moi de ton rouge [1]
> Je te donnerai de mon blanc [2]. »

L'insecte rougit aussitôt la salive et l'enfant croit qu'il
accepte le marché.

---

[1] **Var.** : de ton sang rouge ou de ton vin rouge.
[2] **Var.** : de mon sang blanc ou de mon vin blanc.

A Saint Germain de Modéon (Côte-d'Or), la formule est :

> « Bête de Saint Jean
> Baye moi de ton bon sang
> J' t'en rendra de mon méchant. »

Com. par M. H. MARLOT.

A Guernesey elle se récite ainsi :

> « Pân, pân, mourtre mé ten sang
> Et j'té doûrai de bouan vin blianc. »

Notes and Queries, I, 194.

A Châteaulin (Bretagne), on dit au Meloë :

> « C'houilik Doue, tol da woad
> Me cheto ac'hanout dreist ar c'hoad
> Da gaout da vammik ha da dad,
> Da zikour dastum ar wiad. »

(Scarabée de Dieu, jette ton sang, je t'enverrai par dessus le bois trouver ta petite mère et ton père pour les aider à ramasser de la toile). Com. par M. L. F. SAUVÉ.

« A Castelnaudary les enfants couvrent cet insecte de crachats jusqu'à ce qu'il ait émis sa goutte rouge en lui disant : *rend la sang de nostre Segne, ou te tui.* On croit que le bousier s'abreuva des gouttes de sang tombées au pied de la croix. »

Com. par M. Aug. FOURÈS.

CANTHARIS VESICATORIA. GEOFFROY.

1. — Au latin *cantharis* se rattachent :

CANTHARIDE, *f.* MOUCHE CANTHARIDE, *f.* français.
CANTARIDA, CANTARIDO, Languedoc.
TANARIDO, Gard, com. par M. P. Fesquet.
CANTARILHO, *f.* Tarn, Gary. — Lauragais, com. par M. P. Fagot.
MOH CANTARIK, Liège, Forir.
MOUCHE CATHOLIQUE ([1]), *f.* Reims, Saubinet. — Centre, Jaubert.
— Deux-Sèvres.

[1] Amusant exemple de fausse étymologie populaire; celle-ci a contribué également à déformer certains autres dérivés de **cantharis**.

MOUCHE TANTALIQUE, Bayeux, Pluquet. — Lisieux, Travers.
MOUCHE TANTARINE, Saintonge, Jônain.
CANTALIQUE, Bouilly (Loiret), com. par M. J. Poquet.
INCANTARÏO, Saint-Jean-du-Gard, com. par M. P. Fesquet.
PANTALIQUE, Poitou, Favre.
MÔCHE CATHARINE, Semur (Côte-d'Or), com. par M. H. Marlot.
MOUCHE CANTINE, *f.* Morvan, Chambure.

Cf. **Cantarella**, **Canterella**, italien. — **Cantaridess**, milanais, Banfi.

2. — Autres noms de la Cantharide :

VEREUSE, La Roche-en-Brenil (Côte-d'Or), c. par M. H. Marlot.
AMBLAVIN, *m.* Alpes cottiennes, Chabrand et Rochas.
MOUCHE DE MILAN, *f.* français (*nom pharmaceutique*).
MOUCHE D'ESPAGNE, *f.* français.
MOUSCO DOOURADO, Bouches-du-Rhône, Villeneuve.
MOUCHE DE FRAGNE (¹), FRAGNOLE, Chef-Boûtonne, Beauchet-
    Filleau.
C'HOUÎL-GLÀZ, breton (= *scarabée vert*), Legonidec.

CURCULIONIDES (Famille des).

CALANDRE, CHARANÇON, français.
CHALANDRE, Meuse, *Almanach de la Meuse*, 1830, p. 63.
CHARANTON, ancien français, Duez.
TSORONTOU, Corrèze, Béronie.
CHALANÇON, Bretagne française, Miorcec de Kerdanet.
CARENCE, ancien provençal, Raynouard.
KOS, SKOS, breton, Legonidec.
KOSENN, *f.* Audierne, Braspartz, com. par M. L. F. Sauvé.
CUNCHE, *f.* Marne, Tarbé.
COSSON, ancien français. — Poitou. — Suisse romande. — Loiret.
CUSSOU, Corrèze, Béronie.
COCHON, Guernesey, Métivier.
GOUSSON, GOSSON, GUEUSSON, Côte-d'Or, com. par M. H. Marlot.
COURCOUSSOUN, Aix, Boyer de Fonscolombes.

(¹) Les cantharides se trouvent habituellement sur les frênes (**fragnes**
dans le Poitou). Cf. **Mosca de freixo**, portugais.

COURCOUSSOU, Languedoc, Sauvages.
COUSCOUL, Languedoc, Sauvages.
GOURGOUL, *m.* Tarn, Gary.
GOURGOU, Velay, Deribier de Cheissac.
GARGOUY, Haute-Loire, Aulanier.
GOURGOUILLOU, Livradois, Grivel.
GOURGOUILLON, Jura, Ogérien.
GORGOLLION, Neuchâtel, Bonhote. — Suisse romande, Bridel.
GARGOUILLON, Bresse châlonnaise, Guillemin.
CAVET, CAVAROUN, CAVANILLO, Bouches-du-Rhône, Villeneuve.
COUGNOTTE, Jura, E. Gascon.
BARBOU, Eure-et-Loir, com. par M. J. Poquet.
BABOUÉ, Bouches-du-Rhône, Villeneuve.
BABOUA, Provence, *Insectologie agricole*, I, 266.
BALOUATTE, *f.* pays messin, recueilli personnellement.
CADÈLO, Languedoc. — Provence.
LANFAROU, Gard, com. par M. P. Fesquet.
BONUT, Corrèze, Béronie.
POINTRELLE, POINTRAILLE, Aisne, Brayer, 1806, II, 200.

RHYNCHITES BETULETI.

COUPE BOURGEON, LISETTE, URBEC, BÊCHE, français.
BÈGUE, Alpes-Maritimes, Fodéré, I, 73.
ERUBÉ, Centre, Jaubert.
MIRBÉ, Indre, Dalphonse, p. 160.
GUÉRIBÉ, Neuchâtel, Bonhote.
GRIMAUD, GARIBET, Suisse romande, Bridel.
CUL CROTTÉ, BEC MARE, Marne, Tarbé.

CERAMBYX (Genre).

CAPRICORNE, *m.* français.
ESCORPION, BANARUT, provençal moderne, Honnorat.
TAVAN BANARU, Bouches-du-Rhône, Villeneuve.
COURDOUNIÉ, TRAOUCO PERO, provençal moderne, Castor.
MANGEO-PÉRO, MANGEA-PERAS, provençal moderne.
MANJO-ROSO, Gard, com. par M. P. Fesquet.

CERAMBYX MOSCHATUS.

MOUSCO DÉ TABAT (¹), Tarn, Gary.
ECARLAT, Poitou, Favre.
MUSC, Jura, Ogérien.

Noms étrangers :

Muscardin, Macoubar, Piémont, *Annales de Turin*, 1811, p. 71. — Moscardinna, milanais, Banfi.

CRIOCERIS (Genre).

Les criocères émettent au moyen du frottement de leur corselet un petit son aigu ; on leur donne les noms suivants :

QUIQUI, *m.* Centre, Jaubert.
TITI, Creuse, Roudaire, p. 265.
VIOLON, pays messin, recueilli personnellement. — Bresse
    Châlonnaise. Guillemin.
PETIT VIOLON, Ille-et-Vilaine, com. par M. P. Sébillot.
CHANTEUSE, environs de Paris, rec. pers.
CANTINETTE, pays de Bray, Decorde.
BÊTE AU BON DIEU, BÊTE A LA VIERGE, Languedoc, Azaïs.

CRYPTOCEPHALUS (Genre).

GRIBOURI, français.

CHRYSOMELA (Genre).

CATARINETTO, MARGARIDETTO, Bouches-du-Rhône, Vill.
PIBOLLE, Gironde, Petit Lafitte. *L'année.*

(¹) On met cet insecte dans le tabac à priser pour lui donner du parfum.

HALTICA (Genre).

ALTISE, TIQUET, PUCE DE TERRE, PUCEROTTE, PUCE DES JARDINS,
PUCERON, SAUTEUR DE TERRE, français.

BLUETO, NIÉROUN, provençal.

COCCINELLA (Genre). — LA COCCINELLE.

I.

COCCINELLE, *f.* nom savant.

BÊTE AU BON DIEU, BÊTE DU BON DIEU, français.

GÉLINE DÉ BON DIEU, Vosges, com., par M. D. Pierrat.

POULETTE AU BON DIEU, Calvados, *Mém. de la Soc. linnéenne
du Calvados*, 1824.

VAQUE AU BOEN DIEU, normand, Le Héricher.

FILIK DOUE (= *petit scarabée de Dieu*), ELIK DOUE (= *petit ange
de Dieu*), IARIK DOUE (= *poulette de Dieu*), IARIK CHOUAR,
Audierne, com. par M. L. F. Sauvé.

BIOC'HIK DOUE (= *petite vache de Dieu*), breton, Sauvé.

BUOU DÈ NOUESTE SÉGNÉ, Manosque, *Arm. prouv.*, 1875.

BESTI DOOU BOUEN DIOU, *f.* Marseille, Régis de la Colombière.

BIETTE DU PARADIS, Mons, Sigart.

POURQUET DOOU BON DIÉOU, prov. mod., *Arm. prouv.* 1875.

CHEVAL A DIEU, VACHE A DIEU, BÊTE DE LA VIERGE, franç., Nemn.

POULO DE SAINT JAN, Draguignan, *Arm. prouvençau*, 1875.

LABOUCHIK AR C'HREC'H (= *oiselet de la montée*), Ile de Sein,
com. par M. L. F. Sauvé.

BALAFENNIK-DOUE (= *petit papillon de Dieu*), breton, Troude.

AGATHE, CHEVAL DE LA VIERGE, français dialectal, Mathieu.

CATARINETTA, CATARINETTO, MARGARIDETO, provençal moderne.

BÊTE A SAINTE CATHERINE, VOLE MIDI, Reims, c. par M. Béthune.

CATHERINETTE, Mesnil-sur-Oger, com. par M. A. Béthune.

MADELEINE, Boulonais, com. par M. Ern. Deseille.

MARGUERITE, Côte-d'Or, com. par M. H. Marlot.

MARGARIDETO-VOLO, provençal moderne, Castor.

MORGORIDETO, Vals (Ardèche), recueilli personnellement.

NICOLE, *f.* Fontenay-le-Comte (Vendée), com. par M. L. Desaivre.

ÔGOTTE, ÔGATTE, *f.* Pays messin, recueilli personnellement.

BARBIROTTE, Loire, com. par M. Sylvain Ebrard.

BARBELOTTE, Calvados, *Mém. de la soc. linn. du Calvados*, 1824.
— Manche, com. par M. J. Fleury.

BARBOULOTTE, Clamecy, Jaubert.

BÊTE DE SAINT JACQUES, Eure-et-Loir, com. par M. J. Poquet.

BOLO-GUIRAOUT, Castres, Couzinié.

MARTELOT, Meuse, *Almanach de la Meuse*, pour 1830.

MARIÉE SALÉE, *f.* Borinage, Sigart.

GALINÈTA, GALINÉTO, provençal moderne.

GALIGNETTO, Bouches-du-Rhône, Villeneuve.

CAQUELINETTE, Marne, Tarbé.

PERDIGOULETO (c-à.-d : *petite perdrix*), Cévennes, *Armana prouvençau* pour 1875.

PERNETTE, Montreux (Suisse romande), Bridel.

PARPAIOLO, provençal moderne, *Arm. prouvençau*, 1875.

PARPALHOLA, prov. mod., *Revue des l. romanes*, 1873, p. 578.

PAPILLOTTE, Le Charme (Loiret), com. par M. Beauvillard.

MARMOTTE, français dialectal, Boisduval.

BERBIETTE, Suisse romande, Blavignac.

TORTUE, PETIT BŒUF, franç. dial., *Journal de la Ferme*, 1868.

CHÈRIGÒGATTE, CHÈRITÒGATTE, pays messin, recueilli pers.

CHÈRIGANGOTTE, Pont-à-Mousson, recueilli personnellement.

VOLE-MIDI, Reims, com. par M. A. Béthune.

DOR-MIDI, picard, *Romania*, tome VIII, 230.

VOULE-BÉBÉ, *m.* Montbéliard, Contejean.

BOLO-PAOULO, Lauragais, com. par M. P. Fagot.

BIMBORO, provençal moderne, Castor.

PIRVOLE, *f.* Morvan, Chambure. — Saintonge, Favre.

PERVOLE, Indre-et-Loire, *Journ. d'agr. pratique*, 1841.

PIRANVÒLE, *f.* Morvan, Chambure.

PIPEVOLE, Creuse, Roudaire.

PIPO, *f.* Creuse, com. par M. F. Vincent.

PIBOLO, Gascogne, *Armana prouvençau* pour 1875.

PIBOLE, Saintonge, Jônain. — Poitou, Lalanne. — Melle, com. par M. Lacuve.

PAPIVOLE, Le Charme (Loiret), com. par M. L. Beauvillard.

MANIVOLE, Berry, com. par M. L. Beauvillard.

MARIVOLE, Centre, Jaubert.

PILMORIN, Aunis, L. E. Meyer.

MARÉCHAL ([1]), français.

([1]) Quand la coccinelle soulève ses élytres à plusieurs reprises pour faire provision d'air avant de s'envoler, elle semble imiter les mouvements des maréchaux, des cordonniers, des couturiers.

MARICHAU, MAIRICHAU, MARCHAU, différentes provinces.
QUEUDERI (= *couturier*), pays de Gex, Blavignac.
COUTURIÈRE, *f.* Châteaudun, com. par M. L. de Tarragon. —
Yonne, com. par M. J. Poquet.
COSANDEI, *m.* pays de Vaud, Bridel.
CORDONNIER, TAILLEUR, Suisse romande, Blavignac.
CORDAGNI, *m.* CORDANGNI, *m.* pays de Vaud, Bridel.

Noms étrangers :

Buei de Dios, Vaquilla de Dios, esp. — Coquita de San Anton, province de
Madrid, Voy. Salva, *Dicc. esp.-fr.* — Lady cow, Lady bird, Lady bug, Lady fly, God
almighty's cow, Goldie bird, angl. — Cushy-cow-lady, Lady clock, *Hundred of
Londsd.* Peacock. — Bishop Barnaby, Sussex, *Notes and Queries*, 1875. —
Gullhöna, Jesu vallflicka, Jesu höna, suédois, Rietz. — Jungfru Mariä höna,
suédois. — Lievenheeres haantje, holl. — Marihöne, danois. — Sprinzel,
Sprinzkäferl, Herrgottskalb'l, Muttergotteskäferl, Frauenkäferl, Sonnenkäferl,
Basse Autriche, Blaas. — Sünneküken, Sunnekathrine, Leewherrgottsvoegel,
Hemkenflügel, Duché d'Oldenbourg, Strackerjan. — Johannisvögele, Wurz-
bourg, Nemn. — Hergottspferdchen, Hergottskuhchen, Prusse, Frischbier.

On trouvera d'autres noms populaires de la Coccinelle
dans Rochholz, pp. 92 et 543.

II.

« On consulte la Coccinelle pour savoir quel temps il fera ou
de quel côté se trouve la personne que l'on doit épouser. Pour
cela on met cet insecte au bout du doigt, on lui récite certaines
formulettes pour l'engager à s'envoler et selon qu'il prend telle ou
telle direction le présage est interprété de telle ou telle façon. »

Voici quelques unes des formulettes employées dans ces
circonstances :

« Marchau, fera-t-il chaud ?
Pleuvra-t-il ?
Quel temps fera-t-il ? »   Jura, TOUBIN.

« Marichau, vole en haut
Pour voir si demain a feré chaud. »
(Si la coccinelle refuse de s'envoler c'est qu'il fera mauvais
temps).   Côte-d'Or, com. par M. H. MARLOT.

« Vole, vole, mairichô
Va dire au bon Dieu qu'il fasse chaud. »

Franche-Comté, PERRON.

« Papivole
Vole, vole ;
S'il fait chaud
Vole en haut ;
S'il fait froued
Va te cacher. »

Le Charme (Loiret), com. par M. L. BEAUVILLARD.

« Queuderi ! Queuderi
Fa mé on bon habi ;
Va dire au bon Dio
Que demain fasse sau. »   Pays de Gex, BLAVIGNAC.

« Merchau, merchau
Enveule te, tu ne enviré demain du chaud. »

Bussy-le-Grand (Côte-d'Or), com. par M. H. MARLOT.

« Maréchaut, chaut, chaut
Demain fera-t-il chaud ? »

Remiremont, *Bull. de la soc, d'archéol. lorr.*, IV, 515.

« Couturière, couturière, fera-t-il chaud demain ? »

Yonne, com. par M. J. POQUET.

« Bolo, bolo-guiraout.
Que déma fara caout »

Castres, COUZINIÉ.

« Géline, géline dé bon Dieu
Vè-t-en voir tes père et mère
Voir sè feré chaud demain
Ou bié j'tè tuera daivo enne tônne dé fia (1) »

Vosges, com. par M. D. PIERRAT.

« Sola, sola, taña (2)
Vete à la montaña
Y dile al pastor

____

(1) *Trad.* : je te tuerai avec une masse en fer.
(2) **Taña** = coccinelle.

       Que traiga buen sol
       Para hoy, y mañana
       Y toda la semana
       A Dios. »

                        Espagne, BARNES ([1]).

    « Sunnenkäferl fliag über den Rhein
    Und lass die Sunn' schên schein. »
                    Basse Autriche, BLAAS.

« Muttergotteskâferli, flüg uf, flüg über e höche Berg us, und wenn es will cho regne oder risle, so chum säg' mer's. »
(Si alors la coccinelle, après s'être envolée, revient près de la personne qui a prononcé ces paroles, c'est signe de pluie, si elle ne revient pas c'est signe de beau temps).

                Suisse allemande, LÜTOLF.

    « Sunne-Sunne-Katharine,
    Lat de Sunne schinen
    Lat den Rägen oewer gahn,
    Dat wi koent na Schole gehen. »
          Duché d'Oldenbourg, STRACKERJAN.

En Russie, on demande à la coccinelle dans quel pays on ira demeurer :

    « Bojia Korovka
    Gdié mnié jit ? »
(Vache de Dieu, où dois-je vivre) ?
            Communiqué par M. Jean FLEURY.

Les jeunes filles disent à la coccinelle :

    « Catharinetto, digo mi mounte passarai
    Quand mi maridarai. »

(Catherinette, dis-moi où je passerai, quand je me marierai). Si la coccinelle s'envole du côté d'un jeune homme, cela annonce un mariage prochain ; si elle s'envole du côté d'une église, on dit à la jeune fille : *ti faras mounjo*, tu te feras religieuse.
         Marseille, RÉGIS DE LA COLOMBIÈRE.

---

[1] L'anglais Barnes ne dit pas où il a trouvé cette formulette.

« Vole, vole, ma petite Nicole,
De quel côté me marirai-z-y ?
Me marirai-z-y, etc. ? »
(On répète ces dernières paroles jusqu'à ce que l'insecte s'envole.)
Fontenay-le-Comte (Vendée), com. par M. L. DESAIVRE.

« Pibole, pibole, de quel côté me marierai-je ?
De La Rochelle ou de Paris ? »
Poitou, Pierre CAILLET. *Michelle*, 1868.

« Marichau volant en haut
Dis mé de quei côté
I vai me mérier. »
Côte-d'Or, com. par M. H. MARLOT.

« Chèritôgatte
Monteur me té cattes,
Monteur me où est-ce que je m'mérira,
A-ce pè lè ? A-ce pé lè ([1]) ? »
Pays messin, recueilli personnellement.

« Perdigouleto del bon Diéu
Ounte me maridarai iéu ?
En çai ? en lai ?
Al cél ou sus la terro ? »
Cévennes, *Armana prouvençau* pour 1875.

« Bishop, bishop Barnabee
Tell me when my wedding shall be ;
If it be to morrow day
Open your wings and fly away »
Ouest de l'Angleterre, *Notes and Queries*, 5e série, III, 145.

« A Aix la coccinelle sert à prédire leur sort aux jeunes filles.
L'un des cinq doigts de la personne reçoit le nom de son prétendu.
Ensuite la *catharinetto* est placée dans la main qu'on ferme un
moment. Si, lorsque la main est rouverte, la petite bête va sur le
doigt en question, le mariage est certain. »
RÉGIS DE LA COLOMBIÈRE.

([1]) Est-ce par là, est-ce par là ! en disant ces mots on indique diffé-
rentes directions.

On demande encore à la coccinelle *quelle heure il est* :

> « Petite bête à bon Dieu,
> Dis-moi l'heure qu'il est ;
> S'il est une heure,
> Envole-toi ;
> S'il est deux heures,
> Envole-toi ;
> S'il est trois heures,
> Envole-toi, etc., etc. »
>
> Pithiviers, com. par M. L. BEAUVILLARD.

> « Midi, midi, envole té
> Kiou (*petit*) dor—midi
> S'il est midi, envole té. »
>
> Bertrancourt (Somme), com. par M. H. CARNOY.

On demande quelquefois les richesses à la coccinelle :

> « Bête à bon Dieu, au ciel envole toi,
> Tu m'apporteras de l'or et de l'argent. »
>
> Paris, com. par M. H. CARNOY.

> « Herrgottspferdchen, fliege weg,
> In die Welt,
> Bring' mir tausend Thaler Geld ! »   Prusse, FRISCHBIER.

Voici encore quelques formulettes chantées à la coccinelle pour l'engager à s'envoler :

> « Petite manivole
> Vole, vole, vole !
> Ton père est à l'école,
> Vole, vole, vole !
> Il t'achète une belle robe,
> Vole, vole, vole,
> Si tu ne voles pas,
> Tu n'en auras pas. »
>
> Berry, com. par M. L. BEAUVILLARD.

> « Bête du bon Dieu, envole-toi,
> Envole-toi vers le grand bon Dieu,
> Surtout dépêche-toi,

Tu te reposeras à midi,
Petit dor-midi. »

Warloy-Baillon, com. par M. H. CARNOY.

« Pervole, Pervole,
Si le bon Dieu m'aime t'envole. »

Ille-et-Vilaine, com. par M. P. SÉBILLOT.

« Barbelote, barbelote, monte au ciel,
Garde-moi une place auprès du bon Dieu. »

Manche, com. par M. J. FLEURY.

« Buoc'h Doue, me ho ped,
Va zreminit dreist ar gled ;
Ma c'haset d'ar barrdoz
Me ho suppli deiz ha noz. »

(Vache de Dieu, je vous prie, — passez-moi par dessus la barrière : — de m'emporter au paradis — je vous supplie jour et nuit).

Braspartz, com. par M. L. F. SAUVÉ.

« Galinéta ! Galinéta !
Ounte vos anà,
Au ciel ou à la terra ?
Monta au ciel
Que manjaras de pan d'agnel (¹). »

Provence, *Revue des langues romanes*, oct., 1879.

« Bolo, bolo, paoulo
Te dounarai uno raoubo. »

Lauragais, com. par M. P. FAGOT.

« Catharinetto, vouelo,
Toun pero ti soueno :
Ti dara de figuettos,
Santo Catharinetto. »

(Catherinette, vole ; ton père t'appelle ; il te donnera des figuettes ; sainte Catherinette).

Marseille, RÉGIS DE LA COLOMBIÈRE.

(¹) Du pain d'agneau.

« Petito poulo dòu boun Guiòu
    Voulo, voulo ;
Toun païs, to maï t'appelant.
Petito poulo dòu boun Guiòu
    Voulo, voulo,
Toun païs, to maï te valant tànt. »

(Petite poule du bon Dieu, vole, vole, ton père, ta mère t'appellent; petite poule du bon Dieu, vole, vole, ton père, ta mère, te veulent tant).

Creuse, com. par M. F. VINCENT.

« Voulo, voulo, mo pipo,
Toun fraï, to sor se maridant ;
Voulo, voulo, mo pipo
Toun païs, to maï te valant tant. »

(Vole, vole, ma pipe; ton frère, ta sœur se marient; vole, vole, ma pipe, ton père, ta mère te veulent tant).

Creuse, com. par M. F. VINCENT.

« Volo, volo
Perdigolo
Que ta maire es à l'escolo
E toun paire à Paris
D'ounte pourtaro de ris.»

(Vole, vole — coccinelle, — que ta mère est à l'école — et ton père à Paris, d'où il apportera du riz).

Gard, com. par M. P. FESQUET.

« Goldie bird, goldie bird, fly away home !
Your house is on fire, your children are gone ;
They are all burnt but one,
Poor Molly, that sits on the marble stone. »

Hertfordshire, ADAMS.

« Lady bird, lady bird, eigh thy way home
Thy house is on fire, thy children all roam,
Except little Nan, who sits in her pan
Weaving gold laces as fast as she can. »

Notes and Queries, IV, 53.

« I had a Lady-bird
I had a Lady-bird.
Where is my Lady-bird
My pretty Lady-bird ?
It is in the blue sky,
My pretty Lady-fly (¹). »

Environs de Londres, com. par M. H. CARNOY.

« La petite bête de la Vierge porte bonheur à qui la trouve. Si on la prend à la Saint-Jean, elle préserve pendant une année entière contre divers maux de tête et de dents. »

Belgique, REINSBERG. *Légendes et Traditions.*

« On fait porter des coccinelles au cou des enfants en guise d'amulettes. »   Creuse, com. par M. F. VINCENT.

(1) Je ne sais pas si cette formulette se récite comme les précédentes, pour engager l'insecte à s'envoler.

TABLE DES MATIÈRES.

NOMS LATINS.

NOMS FRANÇAIS.

FIN DE LA TABLE.

PAUL LEPRÊTRE ET Cie IMPRIMEURS A DIEPPE, GRANDE-RUE, 133.